育先机 开新局

HIGHLIGHT THE
OPPORTUNITIES.
UNDERTAKE THE NEW
INITIATIVES.

新形势下的中国经济

光明日报社组织编写

张 政 ◎ 主编

人民出版社

责任编辑：陈佳冉

装帧设计：王欢欢

图书在版编目（CIP）数据

育先机　开新局：新形势下的中国经济／光明日报社组织编写；

　张政主编 . —北京：人民出版社，2021.1

ISBN 978 - 7 - 01 - 023026 - 9

I.①育… II.①光…②张… III.①中国经济 - 研究 IV.① F12

中国版本图书馆 CIP 数据核字（2020）第 263880 号

育先机　开新局

YU XIAN JI KAI XIN JU

——新形势下的中国经济

光明日报社　组织编写　张政　主编

人民出版社 出版发行

（100706　北京市东城区隆福寺街 99 号）

北京雅昌艺术印刷有限公司印刷　新华书店经销

2021 年 1 月第 1 版　2021 年 1 月北京第 1 次印刷

开本：710 毫米 ×1000 毫米 1/16　印张：40.5

字数：670 千字

ISBN 978 - 7 - 01 - 023026 - 9　定价：168.00 元

邮购地址 100706　北京市东城区隆福寺街 99 号

人民东方图书销售中心　电话（010）65250042　65289539

前　言

2020 年全国两会上，习近平总书记在看望参加全国政协十三届三次会议的经济界委员时强调，要坚持用全面、辩证、长远的眼光分析当前经济形势，努力在危机中育新机、于变局中开新局。

为深入学习贯彻习近平总书记重要讲话精神，生动反映各地齐心协力、奋发有为、危中寻机，所作出的积极努力、探索形成的案例经验、取得的可喜成就以及生发的理论思考，6 月 16 日至 9 月 7 日，光明日报"红船初心""学习贯彻习近平新时代中国特色社会主义思想"两个专刊双版联动，精心策划、周密组织，推出"育新机、开新局"系列专题，聚焦各地"怎么干""怎么看"，充分彰显习近平新时代中国特色社会主义思想的强大真理伟力。

"怎么干"采用案例写作模式，重在讲述各地具体的硬招实招和实践做法。内容宏阔厚重，全景展示和反映 31 个省区市及新疆生产建设兵团、5 个计划单列市等在"育新机、开新局"方面的经验做法和理论思考；故事性强、细节生动，宏观、中观、微观相结合，既关注宏大叙事，也关注具体事件的参与者、见证者、奉献者，注重展现基层一线工作者的所为、所思、所感；文风质朴平实，版面元素丰富，精心选取版面配图，画面视角独特，提升视觉冲击力，给读者以信心和力量。

"怎么看"是对"怎么干"的理论升华和思考，理论阐释类文章主要围绕党中央重大决策部署和地方重大政策进行解读，同频共振、卡点卡位意识强，重点要点突出；对策研究类文章主要针对本地面临的重大理论或实践问题展开论述，立足本地实际，具有较强现实针对性，反映了作者经过实践调查后的理论思考。

世界正经历百年未有之大变局。新冠肺炎疫情蔓延，经济全球化遭遇逆流，单边主义、保护主义、霸权主义抬头，面对不稳定不确定的世界，在以习近平同志为核心的党中央坚强领导下，全党全国各族人民团结一心、顽强奋斗，率先控制疫情，率先实现经济增长由负转正，一系列经济发展成就彰显风景这边独好。"育新机、开新局"系列专题正是客观反映这一成就的精彩篇章。

"十四五"时期，我国仍处于重要战略机遇期，但面临的国内外环境正在发生深刻复杂变化。2020 年 10 月，习近平总书记在中央党校（国家行政学院）中青年干部培训班开班式上发表重要讲话强调，面对复杂形势和艰巨任务，我们要在危机中育先机、于变局中开新局。党的十九届五中全会擘画了今后一个时期我国发展的宏伟蓝图，对应对变局、开辟新局作出顶层设计。总结经验可以更好地指导未来，现将专题相关报道及文章结集出版，以飨读者。

光明日报社编写组

2020 年 12 月

目　录

重 庆 篇

一区两群 双城记 经济圈

安 徽 篇

消费提振 创新驱动 脱贫攻坚 民生至上 统筹推进

福 建 篇

新福建 机制创新 产业升级 以人民为中心

甘　肃　篇

　　　　　　　　脱贫攻坚　"一带一路"建设　文旅产业

广　东　篇

　　　　　　　　战疫情　稳经济　创新驱动　复工复产

广　西　篇

　　　　　　　　复工复产　"六稳""六保"　党旗引领　脱贫攻坚

贵 州 篇

民生工程　产业革命　生态文明

海 南 篇

复工复产复学　脱贫攻坚　自贸港建设

河 北 篇

三件大事　新基建　防返贫

河 南 篇

| 粮食丰产　新发展理念　高质量党建 |

黑龙江篇

| 现代大农业　大项目建设　复工复产 |

湖 北 篇

| "搭把手、拉一把"　优化营商环境　发展新业态 |

湖 南 篇

| 智能制造　脱贫攻坚　高质量发展 |

辽 宁 篇

深化改革　营商环境　全面开放　新动能

内蒙古篇

创新驱动　脱贫攻坚　绿色发展

宁 夏 篇

生态保护　转型升级　高质量发展

青海篇

生态保护　经济形态　民生保障　高质量发展

山东篇

制度创新　工业互联网　政策"及时雨"

山西篇

"六新"攻坚战　生态环境　营商环境

陕西篇

产业结构优化　创新驱动　"三个经济"

四 川 篇

├── 抓项目促投资　高质量发展　新机遇 ──┤

西 藏 篇

├── 基础建设　富民兴藏　改善民生　绿色发展 ──┤

新 疆 篇

├── 新发展理念　特色产业集群　稳就业 ──┤

大 连 篇

青 岛 篇

宁 波 篇

厦 门 篇

提升本岛、跨岛发展　抓招商抓项目　产城人融合
牢记嘱托　一张蓝图干到底

深 圳 篇

惠企政策　营商环境　"新基建"

北京篇

新 消 费
新 业 态
高质量发展
保障民生

■ 新时代·新实践

高质量发展步伐积极稳健

前门大街京味消费季开启、北京人艺年度首演《洋麻将》、中关村国际美食节开幕、八达岭长城文化节启动、望京国际化步行商业街亮相……2020年以来，北京将统筹推进疫情防控和经济社会发展这条主线贯穿始终。最近一段时间，北京乘势而上发展新消费，培育壮大新业态新模式，环境质量持续改善，民生获得感显著增强，推动首都高质量发展的步伐积极稳健。

近700场活动助力文化消费

进入2020年8月，随着北京消费季重启，京城迎来一大波精彩活动。在严守疫情防控、保证活动安全的前提下，北京各大商圈、旅游景点、博物馆、演艺场所陆续恢复日常活动，不少商圈和文化地标都推出了夜间活动，带动京城夜经济全面升温。

北京市文旅局专门推出10条"漫步北京"都市休闲文化线路和40条京郊度假游线路，这些线路凸显新北京的文化活力和旅游魅力，为疫后出行提供了更多品质化、个性化的选择。

8月8日，北京正式启动第八届北京惠民文化消费季、2020年北京长城文化节、北京国际音乐产业高质量发展促进大会等三大团组总计近700场惠民文化活动，覆盖了文化活动、文化消费、产业发展、市民文化需求的方方面面，是北京在疫情防控常态化下促进首都文化消费推出的重大

◎ 2020 年 7 月 28 日，首农物美扶贫超市在北京市消费扶贫双创中心开业，工作人员在通过网络直播销售扶贫产品。新华社发

举措。

文化创新推广行动计划推出一批文化新品、文化新企、文创新店、文创新星。在文化新品方面，举办潮品牌新品征集，推出以颐和园、长城文化、冬奥冰雪等为主题的文创新品。在文化新企方面，北京将重点关注知识付费、云观演、虚拟现实（VR）直播、文化 IP 孵化等新业态发展。在文创新店方面，一批展现北京城市魅力和创新成果的特色消费场景以及具有品牌影响力的文创旗舰店将集中亮相。

最近，"没想到，夜长城这样美"相关图文刷爆朋友圈。

由北京市委宣传部主办的长城文化节给市民群众带来了全新的文化体验。此间，北京将举办"寻找最美长城守护人"宣传推介活动，推出一系列长城抢险系列节目、长城抗战红色影片、长城诗歌集等以长城为主题的文艺作品。"爱我中华　修我长城"主题灯光秀、"爱我中华　修我长城"题词纪念系列活动、"居庸山月"中秋晚会、"长城华颂"华服节日文化市集、长城公益线上讲堂等公众活动也将依次亮相。

北京市委宣传部副部长、北京市新闻出版局局长王野霏介绍，将于 10 月

9—11 日在京举办的北京国际音乐产业高质量发展促进大会将以"音乐点亮城市·创意美好生活"为主题,推动音乐产业高质量发展,努力打造华语音乐行业权威发布平台、行业交流平台、成果展示平台、互动体验平台、宣传推广平台等五大权威平台。活动举办期间,将开展论坛、演出、展示、盛典四大活动板块。截至 2020 年 8 月,本次大会吸引了行业协会、高校、平台企业、唱片公司、音乐企业、音乐类媒体 70 余家机构参与,推出各类活动 200 余场。

高精尖创新一刻不停

2020 年以来,北京怀柔综合性国家科学中心建设全速推进。北京市和中科院共建的第二批交叉研究平台介科学与过程仿真交叉研究平台、北京分子科学交叉研究平台两个项目完成前期准备工作,土方施工顺利进行。

以北京分子科学交叉研究平台为例,该项目将围绕分子的精准合成、可控组装、功能体系的构筑与应用等领域的重大科学问题,结合高能同步辐射光源等科学设施,建立国际一流的分子科学交叉研究平台。建成后,将在包括分子绿色高效合成、多尺度分子组装、表界面功能材料构筑、高性能有机光电材料和器件研发、极端使役高分子材料应用等重要领域取得一批原创性成果和若干重大突破。

据了解,"十三五"时期布局的怀柔科学城 26 个重大科技基础设施已经提前一年全部启动。目前,怀柔科学城已经构成重大科技基础设施与科教基础设施、交叉研究平台高效协同的支撑格局,成为全国科技设施最密集、原始创新最前沿、国际特色最突出的区域之一。

在位于房山区的北京高端制造业基地,航景创新无人机灭火演练试验已经相当成熟。无人直升机接到现场指挥车指令后,会自动携带灭火弹飞抵着火点上方约 30 米处精准投放,完成"灭火头、打火源"的消防任务。以航景创新公司为枢纽,灭火弹、火情侦察机、移动通信基站、应急指挥及物资保障等相关企业单位已经实现协同发展,无人机消防产业链已在该区初步形成。

北京出台加快新场景建设培育数字经济新生态行动方案,计划以解决产业升级、城市管理和民生服务中的难点痛点问题，开放机会支持中小企业参与为出发点，推动新技术和新产品迭代升级、示范应用，形成可复制可推广的商业模式，打造具有黏性的产业生态系统。北京市科委同时公布第二批 30 个应用场景建设项目。这 30 个应用场景项目的总投资额达 52.9 亿元，将带动人工智能、5G 等技术迭代升级和示范应用。

2020 年上半年，中关村在疫情考验中迸发的创新活力成为北京经济回稳的重要支撑力量。最新数据显示，1—6 月，中关村规模以上高新技术企业实现总收入 2.9 万亿元，同比增长 5.9%。

在中关村，新冠肺炎疫情给经济社会带来挑战的同时，也孕育了大量的新经济新业态，开辟了产业新赛道。专家介绍，中关村电子商务、网上办公、在线教育、无人配送等新技术和新产品的推广和应用得以加速，是推动中关村总收入"翻红"的重要因素。

保障和改善民生只有进行时

近年来，北京以"吹哨报到""接诉即办"为抓手，办好群众身边的操心事、烦心事、揪心事，切实保障和改善民生。

◎北京大兴国际机场。资料图片

2015 年起，东城区以南锣鼓巷地区雨儿、帽儿、蓑衣、福祥四条胡同为试点，通过"申请式腾退"的创新政策，对雨儿胡同 30 号、20 号、4 号等一批院落进行腾退改造，外迁改善一部分居民，留住居民生活同步提升。如今，"天棚鱼缸石榴树"的四合院景致渐渐回归，胡同居民迎来了现代生活，并探索出"共生院"等老城保护复兴的新路径。

传承文脉、改善民生、留住乡愁，雨儿胡同 30 号院作为修缮整治提升的样板院落，这里坚持"共生院"的修缮定位，被老街坊们亲切称为"雨儿人家"。如今的小院，除了留住居民生活环境得到极大改善外，还搭建了集合居民议事、公共活动、社区服务、展览展陈等功能的社区治理空间。

据了解，东城区南锣鼓巷四条胡同共有院落 118 个，其中公房院 57 个，通过申请式腾退，共腾退居民 437 户、1332 人，共涉及院落 56 个。截至 2019 年底，四条胡同人居环境得到改善、历史风貌得到保护、公共环境得到提升、社区生态得到重塑。

近段时间，汇集了中国社会科学院大学、北京理工大学、北京中医药大学、北京工商大学、首都师范大学等多所高校新校区的北京市房山区良乡大学城变各自为战为共建共治，生均资源不均衡的问题得到有效改善。如今，5 所大学的 4.3 万名师生登录"良乡大学城"微信公众号，就可共享纸质文献、电子书籍、特色论文等资源。

2020 年底，一条宽约 200 米、长约 4500 米、贯穿大学城南北、串联 5 所大学的中央绿化景观带将基本建成，以"林中有鸟、水中有鱼、看得见蜂蝶、听得见蛙鸣"为建设目标，这条中央绿化景观带将成为大学城内最大的绿色休闲空间，并面向师生和市民免费开放。

2020 年 6 月底，居住在北京回龙观、天通苑的市民群众盼了十多年的林萃路全线通车。北京"回天地区"三年行动计划实施两年以来，一批中小学、社区卫生服务中心、体育文化公园相继开学开业，重大民生短板持续得到改善。

"回天有我"社会志愿服务在社区抗疫实践中得到不断深化，"五方共建""社区议事厅"等治理模式愈发深入人心。在有关各方的共同努力下，"回天地区"三年行动计划各项任务正加速落地，北京最大的两个居住区已成为名副其实的健康美丽家园、和谐活力社区。

北京顺义：不断开创利民便企新模式

近年来，北京市顺义区大力推进"只进一扇门""最多跑一次"等政务服务模式改革，从"门难进"到"一扇门"、从"事难办"到"好办事"、从"一站式"办结到"一网通办"，利民便企的政务服务进一步增强了企业、市民的获得感，顺义营商环境进一步优化。

省心！全流程引导服务，特需"一对一"专帮

"您好，请问您要办理什么业务？"56岁的刘女士腿脚不好，刚缓缓走进顺义区政务服务中心，身着制服肩配绶带的引导员郭玉芳便迎了过来。"阿姨，您坐着喝口水，我替您取号。"引导员将刘女士引导到等候区后便前往智能取号机为刘女士办理公积金业务取号。

针对前来办事的群众不知道该去哪个办事窗口、不清楚办事流程等问题，顺义区建立政务服务引导员队伍，主动热情提供全流程"一站式"服务，对急需帮助的群众提供"一对一"专人帮办服务，并建立大厅《引导员标准规则》，细化引导服务工作要求。前来办理不动产权证的张女士表示，"第一次来办证真有点蒙，有了引导员的指引方便多了"。

省事！证件不齐"刷脸"办事，材料不齐"容缺受理"

企业、群众在业务办理过程中经常会出现换一证需多证、材料不齐跑多趟、问题无法溯源等情况，为了解决这一问题，顺义区政务服务管理局借助区块链技术开展政务服务一体化建设，全力覆盖企业、个人生命周期的各个事

项。居民可"刷脸"办事，户口本、身份证、居住证、结婚证、离婚证、驾驶证6类电子证照不再需要携带原件。

顺义区陈女士办理社保卡换领业务时忘记带身份证，便通过人脸识别技术确认了本人身份，整个换领业务在两分钟之内全部完成。陈女士拿着临时社保卡感慨："大热天不用来回跑，真方便。"

除了忘带证件，材料没带齐，工作人员也会告诉你，"没事儿，咱可以接着办。"顺义区开辟行政审批"容缺受理"机制，打破了"材料不齐不能办"的传统审批模式。对于申请人具备基本条件、主要申报材料齐全且符合法定条件，但次要条件或手续有欠缺的行政审批事项，相关职能部门可先予受理和审查，申请人承诺限期补齐资料，使企业、办事人员可享受缺件情况下先予受理的便利服务。

省时！千种证件免费邮寄，延时服务随时受理

为了更好地为市民服务，顺义区政务服务中心现在还启动免费寄递服务，企业、群众可在无法现场获取结果材料的情况下自愿选择涉及企业营业执照、护照通行证、不动产权证等近千种证照材料的免费寄送服务，实现办事取证由"上门取"向"送上门"转变。

针对企业群众"上班没空办、下班没处办"的痛点难点，顺义区政务服务管理局启动"早晚弹性办""午间不间断""周末不休息"延时服务机制，企业和群众可享受预约高频事项延时办理服务。此外，审批服务指导专员还可以向办事者提供视频咨询和远程审批指导服务，利用首都之窗在线导办功能及QQ视频等平台为办事者在线指导、解答，减少材料反复改，实现线上"面对面"。

顺义区政务服务管理局还在线上线下同步开设了"顺手提"专区，为办事企业和市民提供表达意见和建议的空间。黄先生业务办理结束后来到"顺手提"专区，在意见建议簿上写下了"希望大厅能有一个打印照片的地方"的意见，并表示，之前在"顺手提"上"留在停车场安装导示牌"的建议已经得以采纳。

■ **实践者风采** ···

北京市丰台区投资促进服务中心副主任
王润泽：上足劲的复工招商"马达"

"希望大家多了解丰台，来丰台投资创业，共同开创互利双赢的新天地。"在 2020 年"创客中国"工业互联网中小企业创新创业大赛华北区总决赛上，北京市丰台区投资促进服务中心党组成员、副主任王润泽为丰台做起了广告。

从年初的疫情防控，到现在的复工招商，王润泽像上足了劲的"马达"，一刻不停地在运转。

疫情发生后，王润泽迅速投入到抗疫一线。企业复工复产，但防护用品极度缺乏。"中小企业一旦停产，资金链就会断裂，随之而来的就是破产风险。"怎么办？王润泽急企业所急、想企业所想，提出"要和疫情抢时间"的口号，会同专业机构，仅用一周时间，就开发出"企业防疫需求 AI 智能采集平台"，利用微信搭建了"丰台区企业疫情防控互助平台"，筹集口罩 12 万余只，帮助 200 余家中小企业复工复产。

随着北京疫情防控力度加大，为缓解基层街乡的工作压力，王润泽临危受命，接手了丰台区 719 家商务楼宇的疫情防控工作，重点负责"双楼长"制的贯彻、手机应用软件"北京健康宝"的推广应用及楼宇疫情防控数据的采集工作。

这是一个硬任务！为掌握第一手资料，王润泽带领楼宇工作小组，用 3 天时间对全区 16 个街道的 719 家商务楼宇摸排了一遍，并列出了详细的"双楼长"名单和联系方式。与此同时，由他牵头起草了双楼长制工作规范等文件，对楼长的工作职责进行细化，确保楼长工作的规范有序。

"半年来，丰台区的商务楼宇防疫工作始终平稳有序开展，未出现一例感染病例。"对于这项工作，王润泽非常欣慰。

2020 年 6 月中旬，北京的疫情防控又紧张起来。端午节前一天，王润泽接到紧急指令，投促中心全体人员下沉社区，协助卢沟桥街道开展核酸检测工作。

几个月来，王润泽深知，疫情防控就是和时间赛跑，必须争分夺秒！他立即带领全体人员投入工作，配合医务人员采集登记信息。时值盛夏，当日气温高达 34 摄氏度。穿上防护服几分钟，每个人都大汗淋漓。几个小时下来，有的同志出现了脱水症状。王润泽跑前跑后，一会儿嘱咐大家多喝水，一会儿勉励大家工作要细致。从下午 2 点开始一直工作到午夜时分，共采集检测居民 4000 余人。对同事的执着与坚守，他由衷地竖起了大拇指，"没有一个人提前离场，没有一个人畏难退缩"。

2020 年 7 月 20 日，北京市应急响应级别由二级调整至三级。经过两波疫情，大家的消费信心不足，一些企业出现经营困难。王润泽看在眼里，急在心上。通过大量走访调研，他带领相关科室人员，制定了疫情期间商务楼宇、中小微企业租金减免补贴等政策，促进了区域经济的复苏回暖。据不完全统计，该政策累计为 41 家商务楼宇、1232 家企业减免租金 2725.64 万元，政策补贴 814.31 万元。

如今，北京疫情防控进入常态化。王润泽说："常态化防控不能有丝毫松懈，不然就前功尽弃。"他带领团队将"丰企通"线下活动调整为线上直播云课堂，为企业讲解疫情期间的相关政策，6 期直播活动上万人次在线观看。现在，他又马不停蹄，整合全区资源，为丰台的招商奔走着。

■ **启示与思考** ···

以首善标准推动首都高质量发展

党的十八大以来，习近平总书记多次考察北京并发表重要讲话，围绕"建设一个什么样的首都，怎样建设首都"重大课题，擘画新时代社会主义大国首都发展的宏伟蓝图。在疫情防控关键时刻，习近平总书记两次亲临北京一线，多次作出重要指示，充分体现了对首都工作的高度重视和巨大关怀，为北京打赢疫情防控阻击战、做好首都工作进一步指明了方向。长期以来，北京市坚持不懈用习近平总书记重要讲话精神武装头脑、指导实践，增强"四个意识"、坚定"四个自信"、做到"两个维护"，始终保持昂扬向上的精神状态、砥砺攻坚克难的决心和勇气，以首善标准推动首都高质量发展，全力把北京的事情办好，努力完成全年各项任务，为夺取全面建成小康社会伟大胜利作出应有贡献。

高质量发展贯穿首都工作各个方面

牢牢把握以人民为中心根本落脚点。持续深化供给侧结构性改革，丰富公共产品和公共服务供给，坚持把人民对美好生活的向往作为工作的奋斗目标，努力增强改革的人民主体地位，使全面深化改革成为推动首都发展的动力。面对"大城市病"，把环境治理作为重大民生实事紧紧抓在手上，深入推进疏解整治促提升专项行动，建立"留白增绿""腾笼换鸟"和完善公共配套设施等优化提升的衔接机制。创新以群众需求为导向的民生诉求回应机制，在解决人民群众反映最强烈、最紧迫的空气污染、交通拥堵、背街小巷环境差等问题上取得突破，使改革深得人民的广泛拥护和支持，激发出全社会推动发展的伟力。

将扎实推动高质量发展视为根本要求。党的十九大以来，北京市牢牢把握首都发展的要义，围绕城市战略定位，大力加强"四个中心"功能建设，提高"四个服务"水平，始终以首善标准做好首都各项工作。全面贯彻新发展理念，把注意力集中到解决各种不平衡不充分问题上来，将扎实推动高质量发展视为根本要求，牢牢把握减量发展这一特征。

充分发挥北京科技、人才优势。在高精尖产业、高投入产出率上下大功夫，以"三城一区"为主平台建设具有全球影响力的科技创新中心。推动高精尖产业发展系列政策落地，强化首都现代服务业优势，注重完善生产性服务体系，提升生活性服务业品质。进一步优化营商环境，率先推行社会投资低风险项目全流程简易办理，做好服务企业工作，带头建立与高质量发展相适应的政策、标准和考核评价体系。深入实施创新驱动发展战略，发挥科技创新带动作用，为建设创新型国家作出贡献。

◎中关村示范区。光明图片

把改革作为建设现代化经济体系的关键举措。以供给侧结构性改革为主线，推动经济发展质量变革、效率变革、动力变革。以金融业、信息服务业、科技服务业、商务服务业等为主的现代服务业占第三产业的比重不断提高。积极调整产业结构，不断优化经济发展方式，探索在减量刚性约束下城市实现更高质量发展的新模式，在全国城市中第一个提出减量集约发展，强化人均产出、地均产出等效益，全要素生产率显著提高。作为全国首个服务业扩大开放综合试点城市以来，不断放宽重点领域外资准入限制，优化营商环境，聚焦重点领域，加大贸易便利化改革力度，推动服务业迈向高端化、国际化。

坚持以党建引领高质量发展，抓实抓细抓落地。紧紧围绕"七有"要求和"五性"需求深化社会领域改革，经济社会发展协调性逐步增强。持续深化街道管理服务改革，"街乡吹哨、部门报到"和"接诉即办"机制不断深化，顺利完成街道管理体制改革各项任务。创新社会动员机制，充分发挥"在职党员双报到""小巷管家""责任规划师"等各方主体作用，鼓励社会组织、社会企业等社会力量参与，调动驻区单位、产权单位、物业服务企业等各方资源，调动辖区单位资源实现多方参与、共建共治，打造社会治理共同体。聚焦"一老一小"，加强普惠性、基础性、兜底性民生建设。利用"金角银边"多建体育健身设施，抓好公园、博物馆、实体书店建设。居民消费结构持续升级，进入耐用品消费时代，教育、文化、医疗健康、体育休闲等民生需求插上 5G、人工智能等高科技翅膀"飞入寻常百姓家"，线上线下发展型、享用型消费渐成消费新热点。

以首善标准履行新时代首都使命

高水平规划布局助推高质量发展。党的十八大以来，习近平总书记多次对首都规划建设作出重要指示。北京市深入贯彻"首都规划务必坚持以人为本，坚持可持续发展，坚持一切从实际出发，贯通历史现状未来，统筹人口资源环境，让历史文化与自然生态永续利用、与现代化建设交相辉映"指示，以强烈的责任心和使命感抓好新版北京城市总体规划的实施。正确处理"都"与"城"、"舍"与"得"、疏解与提升、"一核"与"两翼"的关系，全面建立多规合一的管控体系，严格实施人口与建设规模"双控"、严守"三条红线"，落实好"一核一主一副、两轴多点一区"空间布局，加强历史文化名城保护，着力加强"四个中心"功能建设，提高"四个服务"能力和水平。

◎抗疫发展贷助力企业扩大产能。图为赛诺威盛科技（北京）有限公司生产车间。光明图片

扭住疏解北京非首都功能这个"牛鼻子"。大力调整经济结构和空间结构，以疏解一般性产业特别是高消耗产业和区域性物流基地、区域性专业市场等部分第三产业为重点，将部分教育、医疗、培训机构以及部分行政性、事业性服务机构和企业总部等疏解到津冀地区，实现了京津冀在交通一体化、产业升级转移、生态环境保护三个重点领域集中力量率先突破。在遵循产业结构在区域协同发展中起关键作用这一基本规律的同时，又创造性地将协同重点延伸到民生公共服务等社会领域，实现京津冀三地优势互补，在均衡发展、充分发展、高质量发展上迈出了关键步伐。按照"千年大计"和"高起点、高标准、高水平"建设北京城市副中心和河北雄安新区，既为首都城市功能结构调整拓展了更大的空间，又为构建以首都为核心的世界级城市群提供支点。

扎实推进冬奥会筹办工作。面对新冠肺炎疫情带来的不利影响，北京冬奥会筹办、备战工作始终坚持以习近平总书记重要指示精神为根本遵循，坚持绿色、共享、开放、廉洁的办奥理念，扎实推进各项筹办、备战工作，各类场馆基础设施建设保质顺利推进，各类服务保障组织机构相继成立，各类高科技成果广泛应用，确保把北京冬奥会办成一届精彩、非凡、卓越的奥运盛会。

统筹推进疫情防控和经济社会发展

筑牢首都防疫大堤。在疫情全球蔓延、国际形势日趋复杂的大背景下，北京作为首都，在国家工作大局中的示范引领作用更加突出。在疫情防控关键时刻，北京市深刻领会习近平总书记关于首都疫情防控重要指示精神，发挥首都优势，凝聚全市力量，坚决打赢疫情防控的人民战争、总体战、阻击战。面对新发地批发市场突发疫情，北京始终秉持人民至上、生命至上的理念，坚持党建引领为方向，严格落实"四方"责任，团结各方力量，筑起疫情防控的人民防线，仅用一个月时间，疫情就得到有效控制，保障了人民生命健康安全。

努力完成各项发展任务。在疫情防控取得重大阶段性成果、各项事业取得新进展新成效的形势下，北京牢牢抓住统筹推进疫情防控和经济社会发展这条主线，深入梳理总结疫情防控应对工作经验，深刻认识疫情防控常态化要求，扎实细致做好各项工作。坚持改革开放创新，统筹国内国际两个大局，面向国内国际两个市场，加强资源整合运用，增强在危机中育新机、在变局中开新局的能力。坚持稳中求进总基调，扎实做好"六稳""六保"工作，加强安全生产管理，抓好防汛安全，确保首都和谐稳定。积极推进"五新"政策实施，完善产业布局和创新生态，做好项目落地服务，推动企业效益提升，培育创新发展动能。

迎难而上，不断开创首都发展新局面。北京在率先全面建成小康社会、如期实现自身7.26万户低收入农户增收目标的基础上，帮助全国7省区159万贫困人口脱贫致富。创新消费扶贫模式，从根子上解决需求，建设一个"永不落幕"的展销会——北京市消费扶贫双创中心。聚焦精准脱贫，完善京津冀协同发展、区域生态保护补偿机制，聚焦帮扶深度贫困县解决"两不愁、三保障"突出问题。巩固脱贫成果，建立防止返贫长效机制，做到摘帽不摘责任、不摘政策、不摘帮扶、不摘监管。生态保护力度持续加大，宜居环境更加优美。北京PM2.5年均浓度持续下降；深入推进"一微克"行动，细颗粒物年均浓度继续大幅下降；持续推进永定河综合治理和生态修复；持续推进土壤污染风险管控和修复工作；深化结对协作，完善生态涵养区多元化生态保护补偿机制。精准把握疫情防控与经济社会发展的关系，善于危中寻机、化危为机，培育新动能，抢占未来发展制高点。

（作者：北京市习近平新时代中国特色社会主义思想研究中心
执笔：唐鑫、董城、袁振龙、李晓壮）

上 海 篇

一网通办
一网统管
直播经济
人民城市

■ **新时代 · 新实践** ⋯⋯⋯⋯⋯⋯⋯⋯⋯⋯⋯⋯⋯⋯⋯⋯⋯⋯⋯⋯⋯⋯⋯

用"辩证法"按动重启键

创新打造"五五购物节"主动造风，抓住在线新经济拉动消费"马车"；加大新基建投资力度，加快新兴产业发展，为高质量发展夯实基础；政务服务"一网通办"、城市运行"一网统管"，精心编织的"两张网"牵引超大城市治理现代化；加快上海自贸试验区临港新片区、长三角生态绿色一体化发展示范区重大政策、重大项目、重点任务落地落实——

上海紧扣习近平总书记指出的"要坚持用全面、辩证、长远的眼光分析当前经济形势，努力在危机中育新机，于变局中开新局"，正力争形成更多新的增长点、增长极，全力构筑更具竞争力影响力的新格局、新优势，提升城市能级，更好服务国家战略，奋力夺取疫情防控和实现经济社会发展目标双胜利。

收放之间，展现超大城市治理能力

2020 年 5 月 30 日，上海静安嘉里中心旁的安义路变身"安义夜巷"，市中心的"国际生活圈"在细雨中全新回归，为上海的夜空再添一抹亮色。

这一天，各路主播活跃在申城各大商圈，由上海市委宣传部、上海市文旅局等单位联合主办的"五五购物节·品质生活直播周"开启，用直播解锁上海故事，通过场景式体验拉动文化消费，打开"上海之美"。作为上海首创的大规模消费节庆活动，"五五购物节"举办一个月就交出耀眼"成绩单"：线上零售额近千亿元，线下消费近 1500 亿元，新品首发 73 场，首店新开 33 家，

◎"五五购物节"期间，上海南京路步行街与喜马拉雅合作打造"有声南京路"。任鹏摄

实力"带货"之外也让城市"热"起来。

去青浦朱家角夜游水乡古镇，到上海科技馆体验博物馆奇妙夜，在上海博物馆逛一次文创夜市，或是在晚风轻拂下走进思南书局，在书香灯影中和自己独处……6月6日，首届上海夜生活节启幕，围绕"夜购、夜食、夜游、夜娱、夜秀、夜读"等主题，180余项重点特色活动，让"夜上海"活力四射。

普陀区的创享塔园区，白天是白领办公的创意园区，入夜就成了"吃货"扎堆的美食市集；宝山区的智慧湾科创园变身夜间文创市集，汇聚近300家企业、商户、社团和匠人参与，涉及新能源汽车、机器人、非遗、文创周边等多品类的夜间消费业态，营造既时尚又接地气的氛围……人们安心夜游、畅快夜购的背后，是上海因时因势而变的精细监管和贴心服务。

调整服务方式和手段，徐汇区率先推出智慧商铺"汇商码"，为每个街区小店"画像"，商户可以在线维护商铺证照、员工情况等基本信息，与政府部门沟通有了直通车，消费者也可以对商铺进行客观点评。针对大学路后备厢集市、手创集市等系列室外购物活动的新消费模式，杨浦区督促集市运营商与摊主签订"集市公约"，为消费安全打好"预防针"。

守护上海这座国际化大都市街巷"温度"的，还有一个身边看不见的体系。6月2日，上海市小学一、二、三年级学生返校复学，公办幼儿园全部开园，民办托幼机构也将陆续开园。此前，上海市高中、初中和小学四、五年级学生已分批复学。上海通过"一校一策""一园一策"开展防控工作，为孩子们筑牢安全"防护墙"。

◎ 2020 年 6 月 7 日晚，"思南夜派对生活市集"场景。孟歆迪摄

2020 年 4 月，上海在全国率先推出《关于完善重大疫情防控体制机制健全公共卫生应急管理体系的若干意见》，明确提出，到 2025 年，上海将建设成为全球公共卫生最安全城市之一。上海不断完善传染病监测预警系统，建立症候群监测系统，研发了基于电子病历直推和公共卫生"智能插件"的传染病疫情报告系统等。扎根社区的发热门诊、发热哨点诊室，在疫情防控中不断扩容完善，家门口的公共卫生"触角"持续延伸。看病网上预约已然成为风尚，"互联网 + 医疗"服务及时满足市民基本医疗需求。

有"守"也有"为"，收放自如，进退裕如，一个强健高效的城市安全体系，一个更具韧性的城市治理体系，是一座城市的活力之基、发展之基。

危中寻机，激发各类市场主体活力

经历了"五五购物节"拉动的"红五月"，有"中华商业第一街"之称的上海南京东路步行街，由一变二：一个在黄浦江边游客如织，另一个在"云端"品牌林立。数据显示，南京路步行街上，50%的品牌已"上云"。

这是上海率先拥抱在线新经济的一个缩影。长宁区"互联网＋生活性服务业"创新试验区里，集聚了拼多多、美团点评、携程等众多互联网企业。疫情打破了原有的生产生活模式，长宁区努力推动实体商业与在线平台相结合，以线上赋能线下，以平台赋能企业，大力发展新兴消费。

"每次重大危机都可能是一次重新洗牌，都会有脱颖而出者。"上海市委书记李强在基层调研时说，"要善于危中寻机、化危为机。既要看到疫情带来的不利影响，也要看到其中蕴含的机遇"。在他看来，疫情至少在利用外资、延揽人才、培育新产业和补齐短板等四个方面，为上海提供了潜在的契机。

在线新经济，正是上海顺时应势瞄准的一个增长点，是常态化疫情防控的支撑点、推动经济转型升级的着力点，也是构筑未来发展优势的发力点。2020年4月发布的《上海市促进在线新经济发展行动方案（2020—2022年）》，提出将上海打造成具有国际影响力、国内领先的在线新经济发展高地。

◎豫园夜经济升级重启，游人如织。颜维琦摄

激活城市"毛细血管",塑造新的生活方式,在线新经济爆发出惊人能量。据饿了么统计,上海小商户 2020 年 5 月订单量同比 2019 年恢复近九成。接入外卖拓展客流,使用"消费券"工具,一大批线下小店积极谋求数字化转型。支付宝 6 月 4 日的数据显示,上海近 26 万家小店近两个月营收超过 2019 年同期。2020 年 1—5 月,"新上海人"李佳琦成上海品牌最强带货人,佳琦直播间卖出 4.5 亿元上海产品。作为具有全球影响力的国际消费城市,上海持续创造着与城市地位相匹配的商业文明,成为当之无愧的"直播第一城"。

危机中孕育生机,全球企业持续看好上海。截至 2020 年 6 月,落户上海的跨国公司地区总部和研发中心累计达 730 家和 466 家。2020 年一季度,上海实到外资 46.69 亿美元,同比增长 4.5%,实现逆势飘红。

6 月,丹麦乐高集团在上海全球首发乐高悟空小侠系列新品。乐高集团高级副总裁、中国区总经理黄国强说:"上海优越的营商环境尤其是知识产权保护的环境,让我们非常有信心在这里继续发展。"

数据显示,仅 2020 年 5 月,上海新设企业达 37539 户,同比增长 19.1%。相当于平均一天有近 2000 户企业选择在上海"诞生",热度已超 2019 年全年平均水平。吸引创业者们"用脚投票"的,是上海的商业活力、市场潜力,是完整的供应链、产业链,更有营商环境的创新力、人文环境的软实力。

共享、共建、共治,凸显人民城市时代特征

2020 年 6 月 10 日,杨浦区和上海体育学院共同打造的创新型社会服务项目——"社区健康师"项目启动。武功锻炼与筋骨整复、老年人跌倒预防、舞蹈身心健康……一群来自体院的师生还搬来了平时专业运动员使用的测试器材,为市民带来"健康科普市集"。

不只有"社区健康师",在杨浦区,还活跃着社区规划师、社区政工师、社区治理顾问、社区法律顾问、社区党建顾问。"三师三顾问"制度,为推进社区治理体系和治理能力现代化提供了实践支撑,成为党建引领下社会基层治理体系创新的"杨浦品牌"。

习近平总书记要求上海"走出一条符合超大城市特点和规律的社会治理新路子"。坚持"人民城市人民建、人民城市为人民",要抓一些"牛鼻子"工

作，不断提高社会主义现代化国际大都市治理能力和治理水平。上海在疫情防控中深化政务服务"一网通办"，推进城市运行"一网统管"，抓住建设"两张网"这个"牛鼻子"，推动城市治理由人力密集型向人机交互型转变，由经验判断型向数据分析型转变，由被动处置型向主动发现型转变，以绣花般的细心、耐心、巧心提高精细化水平，绣出城市的品质品牌。

在浦东新区城运中心的"城市大脑——智慧文明指挥中心"大屏上，人们看到，从文明巡查员发现问题、图文上报，到处置解决，2分钟完成，大屏幕上整个过程一目了然。短短2分钟的"浦东速度"背后，智能化的信息技术手段助推精细化治理渗入日常生活，让百姓"日用而不知"。

社区，是人民城市的神经末梢。闵行区推广运用"社区大数据管理应用系统"，加快推进"云邻里"居村自治服务平台建设。虹口区针对养老、托幼、助医等民生服务需求，大力推进市民驿站建设，打造多元主体参与社区管理的共治平台、满足群众需求的服务平台。

共享、共建、共治，上海作为世界观察中国的重要窗口，正在努力打造成为我国城市的治理样板，向世界展现"中国之治"新境界。

■ 长 镜 头

城市治理的智慧化场景

2020年4月初，上海市长宁区虹桥街道启用了全市街镇一级首个"一网统管"垃圾分类场景运用。投入使用一个多月后，居住区的垃圾分类新标准达标率从4月上旬的59.2%提升到当前的95.56%，率先实现示范街道考评达标，成为上海市第一批垃圾分类示范街道。

通过"人工＋智能"模式，依托政务微信系统，"一网统管"平台可以让管理者做到垃圾分类问题的巡查—整改—核查全过程管控，对实时信息全面掌握。虹桥社区党委兼职委员、全国人大代表朱国萍说："我们发现，用'一网统管'来管垃圾分类，不仅好用，而且管用。"

"实战中管用、基层干部爱用、群众感到受用"，是上海市委书记李强对城市运行"一网统管"工作的形象化要求。

作为虹桥街道"垃圾分类"应用的设计单位，上海数据交易中心还设计了不少实用的应用场景，为"一网统管"平台赋能。比如，2020 年 2 月 7 日，该中心设计的"一网统管"防疫专页，首次在长宁区江苏路街道城运中心试点上线运行。江苏路街道网格中心主任张哲人介绍说，当时正值春节过后，辖区内商务楼宇和沿街店铺众多，人员多为外地返沪人员，人口流动性强、风险高。此外，辖区近 50 条老式弄堂和新式里弄密集交织，管理难度高、排摸工作量大。有了这个防疫专页，基层工作大大减负：社区工作人员告别"表哥表姐"，拿着手机就可以上门了解情况，收集信息一键上传，防疫专页直接处理信息，联动处置，效率大大提高。"当时碰到的最大问题就是疫情发展非常快，我们只能争分夺秒，设计稿都是连夜赶出来的。"回忆当时的工作场面，防疫专页设计负责人之一、上海市数据交易中心研发副总裁潘杰依然历历在目：春节放假前就已经开始召集团队，研发人员突破地域限制，不管在上海还是其他地方，不管是现场还是远程，都在同步日夜兼程，为"一网统管"设计防疫应用。"在开始阶段，同事们常常加班到早晨 8 点，在桌子上趴两个小时起来继续干，72 小时连轴转。"回忆起那段日子的辛勤付出，潘杰和同事们都说，在最关键的时候为上海的智能化防疫做了实实在在的事情，再辛苦也值得。防疫专页在江苏路街道上线后，经过一周紧张调试，又在上海 9 个区 121 个街镇推广，使上海率先从市级层面对街镇社区的防疫工作进行"一网统管"。

在"一网统管"防疫专页平台入口处，能看到一段话格外醒目——更多运用人工智能、大数据、云计算等现代信息技术手段提高实时发现各类城市管理问题的能力，形成常态长效管理机制，确保城市更有序、更安全、更干净。

作为上海最知名的商圈和高端商务区之一，南京西路汇集了国际上八成的顶级旗舰店、专卖店。为了给南京西路打造优美、清洁的环境，静安区为南京西路专门制定了"南西标准"：将"室内标准"运用到南京西路的"室外环境"，力争达到让人"席地而坐"的水平。2020 年，南京西路商业街城运分中心对标国际一流商圈，以精细管理打造"公共客厅"，开发上线了"智慧保洁"应用场景。

在这一场景中，线下配备一支18人的红旗班保洁队，沿街37组垃圾箱内安装传感器，对垃圾满溢情况及时发出报警信号。如在保洁队定点巡检间隙发生垃圾满溢，系统会自动通过"一网统管"平台流转工单指令，传达至保洁员的智能手环，使问题最快在几分钟内得到解决。

城市管理应该像绣花一样精细。作为上海"两张网"的另一张网，政务服务"一网通办"已经实施近两年，在减少审批材料、应用电子证照、缩短办理时限方面取得了良好效果。在2020年疫情期间，"一网通办"有力支撑疫情防控和复工复产，"随身码"已成为在上海工作、生活的健康通行证。

以人民需求为中心，上海正在大力推动"两张网"的建设，为推进治理体系和治理能力现代化，交出彰显初心和担当的上海答卷。

■ 实践者风采

他们，将忠诚写在蓝天

这是一次特殊的飞行——2020年2月5日，东方航空紧急派出一架飞机，从上海飞往新加坡，接147名因新冠肺炎疫情滞留的湖北籍同胞回家。

东航上海飞行部六部二分部副经理、A330机型机长杨韬主动请战："关键时刻，我是党员就该我上。"他所在的二分部104名飞行员也全部请求参加战"疫"。最后，14名机组成员获准参加这次"特别"的飞行。他们中，有11名党员、1名党员发展对象和2名入党积极分子。排定的航路是上海—新加坡—武汉—上海，杨韬与机组成员将身着防护服执飞，16个小时不吃不喝，过程异常艰辛。出发前，杨韬和他的机组成员除了格外精心的航前准备，还增加了一个无比庄严的环节：重温入党誓词。面对危急时刻的特别飞行，他们决心不辱使命，圆满完成任务！

这又是一次"寻常"的飞行——无论是汶川救援、利比亚撤侨，还是接回受多美尼克风灾影响被困同胞、抗击埃博拉病毒……在每一个危急关头，在每一次党和人民召唤的时候，东航飞行人都义无反顾，将忠诚写在蓝天，让党徽闪耀在蓝天。

新冠肺炎疫情发生后，飞行部党委迅速进入"战时"状态，第一时间组织党员干部学习习近平总书记对新冠肺炎疫情作出的重要指示精神，制订了详尽的预案，在国家需要的时刻，挺身而出。

驰援湖北的医护人员携带了大量防疫物资，运送他们需要临时更换载重更大的机型。六部一分部经理刘明甫接到任务后，从家中赶到出发准备大厅，只用了 35 分钟。刘明甫说，执飞这样的特别航班是一个党员机长义不容辞的责任。

飞行队伍不仅仅是生产运行单位，更是一支听党指挥、勇于担当的政治部队——东航上海飞行部党委针对飞行队伍特点，创造性地实施了机长党员的"双培养"制度，以优秀共产党员的标准锻造与培养机长。飞行队伍点多面广，常规的组织生活难以开展，东航上海飞行部创造性地将党建工作做到了蓝天上。飞行部与客舱部、空保部一道，通过空勤队伍所特有的"蓝天党小组"工作模式，将党建工作与飞行安全、航空服务工作有机结合在了一起。依托东航"蓝天党小组"APP 模块，通过 IT 系统自动在机组中超过 3 名党员的航班建立临时党小组，利用航前、航后、驻外时间开展组织生活与党建学习。让空勤队伍党员的组织生活足够、充沛，让党建学习"随身、随时、随地"。

拥有 8 年党龄的"90 后"女飞行员余婧彦，多次提交请战书请求参加战"疫"。2020 年 2 月 19 日，她参加了载运上海 257 名驰援武汉医疗人员和 17.6 吨防疫物资的航班飞行。新冠肺炎疫情发生之后，青年党团员和入党积极分子一次又一次向党委请战，十几位"90 后"青年飞行员在战疫中提交了入党申请书。

战"疫"期间，东航上海飞行部共执飞上海出发的支援湖北航班 20 架次，运送 3396 名医疗人员飞赴武汉抗击疫情，运送医疗物资 125.41 吨，同时还多次承担起运送滞留海外同胞归国的航班任务，以及运送援助各国抗疫物资的航班任务，为天空上的生命通道贡献出东航飞行人的力量。

■ **启示与思考** ···

牵起长三角　连接太平洋
——上海城市功能再提升的启示

◎首届上海夜生活节日前正式拉开帷幕，围绕"夜购、夜食、夜游"等主题，推出上海酒吧节、深夜食堂节、深夜书店节、购物不眠夜等180余项特色活动。图为读者在上海言几又书店读书。新华社发

"构建国内国际双循环相互促进的新发展格局"，是在新形势下统筹国内国际两个大局，推动两个市场、两种资源的新战略布局。上海作为全国最大的经济中心城市，一手牵起长三角和长江经济带，一头连着太平洋，在构建国内国际双循环相互促进的新发展格局中，有着特殊的节点和链接作用。面对当前全球经贸环境的深刻变化，坚定不移吃"改革饭"，毫不动摇走"开放路"，持之以恒打"创新牌"，需要更加重视内需市场，同时深化体制机制改革，推进更深层次、更宽领域、更大力度的全方位高水平开放，促进更多高质量项

目、高水平人才集聚上海，使上海真正成为汇聚商品流、信息流、人才流、科技流和品牌流的热土。

重启消费"大市场"

2020年5月4日晚，上海"五五购物节"如期正式启动，这一活动将贯穿整个二季度的劳动节、儿童节、端午节等多个重点节日，包括130多项重点活动和700多项特色活动。

消费回补带来信心回暖。上海是消费之都，2019年实现社会消费品零售总额13497亿元，居全国第一位。2020年以来，受疫情影响，经济增长"三驾马车"（投资、消费、出口）中，投资、出口受市场环境变动影响较大，消费在促进经济增长中的作用明显。常态化疫情防控条件下，上海从"购物"起步，消费正在快速恢复。

消费提振也形成了上海对国际市场的"虹吸"效应。受疫情影响，上海成为国内出境购物消费的替代选择，不少外贸企业开始转做高品质内销产品，如何充分借助自贸区的制度优势，通过加快与国外高端品牌和国际资本对接，打造立足上海、辐射长三角的全球高端品牌聚集地，值得期待。

集聚全球要素"新势能"

突如其来的疫情，没有打乱上海这座有着2400万人口的超大城市的生活节奏，上海市副市长带头、各区领导直播带货，全市学生有条不紊地进行在线学习，诸多文化设施开设"云旅游""云导览"。据统计，2020年第一季度，上海市商品类网络购物交易额逆势增长19.1%，彰显了城市的经济韧性。疫情催生出的"在线新经济"等新业态，让投资、消费找到了最佳结合点，意味着扩大内需有了面向未来的重要方向。

作为改革开放的排头兵、创新发展的先行者，上海在2020年4月8日发布了《上海市促进在线新经济发展行动方案（2020—2022年)》，明确提出聚焦一年，着眼三年，集聚"100+"创新型企业、推出"100+"应用场景、打造"100+"品牌产品、突破"100+"关键技术，通过这4个"100+"行动目标，上海力争成为具有国际影响力、国内领先的在线经济发展新高地。

◎上海浦江郊野公园举办购物节，打扮成高跷小丑的艺人迎接前来参观购物的
市民。新华社发

流量经济是上海做好国内大循环中心节点和国内国际双循环战略链接点的
"撒手锏"。根据康德拉季耶夫周期理论，世界经济正处于第五轮长周期下行
期和第六轮长周期上行期交汇的关键阶段，信息技术驱动的新一轮科技革命和
产业变革，将推动世界经济在 2030 年前后步入第六轮长周期的繁荣阶段，数
字优势将成为国家和城市新一轮竞争力的主要来源。作为全国最大的经济中心
城市，上海在我国经济高速增长过程中已具备较高水平的对外连通性和开放
性，并基本形成了大容量、高频率的流量高地。随着新一轮 5G 基础设施的建
设，上海的数字基础会更扎实，数字资源集聚能力将进一步增强，在要素流量
协同效应、流量经济统计体系完备性等方面会形成巨大的蓝海发展空间。

打造营商环境新高地

优化营商环境是上海长远发展的内在需要。要建设卓越的全球城市，增强
吸引力、创造力和竞争力，必须对标国际最高标准、最好水平，加快形成法治
化、国际化、便利化的营商环境，成为贸易投资最便利、行政效率最高、服务
管理最规范、法治体系最完善的城市之一。

◎近日，位于上海自贸区临港新片区的洋山特殊综合保税区正式揭牌。图为上海洋山港四期自动化码头。新华社发

2017 年 12 月 22 日，上海市委市政府召开上海市优化营商环境推进大会，正式提出举全市之力，打造上海营商环境新高地。2018 年至 2020 年，上海市从 1.0 版到 3.0 版，优化营商环境改革一路升级。1.0 版突出问题导向，以政府的"放管服"改革为核心，突出政府服务市场的效率；2.0 版更加注重系统施策，多维度、立体化、全方位地推动营商环境持续优化；3.0 版重在打通数据壁垒，推动全流程再造。

环境如水，企业是鱼，水好不好鱼最清楚。特斯拉上海超级工厂项目是中国首个外商独资整车制造项目，也是特斯拉在美国之外的首个超级工厂，实现了当年开工、当年投产、当年交付，让全世界见证了"上海速度"。

强化高端产业引领和科技创新策源功能，释放新兴消费潜力，更需要营商环境的持续优化。上海市经信委的相关报告生动描摹了疫情期间上海在线新经济的发展状况：一是远程办公、"无接触"配送等"无中生有"新模式；二是包括在线展览展示、在线教育、在线医疗等线上线下相互融合的"有中启转"模式；三是无人工厂、工业互联网、生鲜电商零售等"转中做大"模式。当前，上海正在加快培育创新型头部企业和领军企业，在推进的同时创新监管方式，逐渐形成上海经验、上海标准。

夯实"四大功能"新平台

2020 年是上海基本建成"五个中心"的决胜之年,也是上海转变发展方式、优化经济结构、转换增长动力的关键期,强化上海"四大功能",提升城市能级和核心竞争力,充分发挥好上海在统筹国内国外两个市场,集聚信息、技术、人才等要素上的独特优势,不断提升内外"枢纽"功能,更需要抢占先机。

在全球资源配置上,上海在集聚高能级、强辐射的贸易型总部和功能性平台上还存在短板;在科技创新策源上,还存在科研投入效率不高,科研转化链条不畅的问题;在高端产业引领上,还有很多"卡脖子"关键技术核心环节亟待解决;在开放枢纽门户上,以临港新片区建设和长三角一体化发展为重要契机,对标国际最具竞争力的制度体系上还需要更大突破。

上海要成为国内大循环的中心节点和国内国际双循环的战略链接点,一是引入,充分发挥市场规模大的优势,引入更多先进技术、高端人才和全球企业;二是融入,充分利用上海和长三角产业协同优势,围绕关键技术和核心环节维护产业链供应链安全,打造国际竞争力;三是嵌入,以进博会为平台,搭建面向国际市场和全球产业链、供应链的开放式、协同化、网络化平台,把进博会办成产业链的协同中心、新技术的标准中心和全球品牌的集聚中心。

(作者:汤蕴懿、干春晖,分别系上海社会科学院宣传部部长、副院长,均系上海市习近平新时代中国特色社会主义思想研究中心研究员)

天津篇

高质量发展
民生为本
党的领导

■ **新时代 · 新实践** ···

聚精会神答好"三道题"

2013年5月，习近平总书记视察天津时，对天津工作提出"三个着力"重要要求：着力提高发展质量和效益、着力保障和改善民生、着力加强和改善党的领导。

"三个着力"既是时代交给天津的三道"考题"，也是天津新时代高质量发展之路的醒目路标。1600万海河儿女以"三个着力"重要要求为元为纲，贯彻落实新发展理念，以澎湃激情、昂扬斗志，让习近平新时代中国特色社会主义思想在津沽大地结出丰硕成果。

质量为帅，打造发展"新动能"

对于天津这座老工业城市而言，实现从"高速度"到"高质量"的转变，必然要经历一番转型的"阵痛"。

关停整治2万多家"散乱污"企业，破解"园区围城""钢铁围城"——这是彻底转变粗放型发展方式的"壮士断腕"；实施875平方公里湿地保护、736平方公里绿色生态屏障、153公里海岸线保护等一系列工程——这是描绘"美丽天津"新画卷的全新布局；组建智能科技、生物医药、新能源新材料等战略性新兴产业集群——这是培育创新型经济的"大手笔"……"海港"向"智港"的华丽转身，让天津成为高新科技企业的深耕之地。

2020年3月20日，麒麟软件总部正式落户天津。这只以"打造我国安全先进的国家操作系统"为目标的"麒麟"在这里立下誓言：用5年时间，塑造

◎海河畔津湾广场建筑群。资料图片

一支规模逾万人的国产自主操作系统精英团队，打造桌面与服务器操作系统、云操作系统、嵌入式操作系统三大产品，支撑中国千亿规模的信创市场，带动万亿产业规模……这样一只"瑞兽"为何选择在天津安家？麒麟软件有限公司副总裁李震宁的一番话道出原委：一是天津有很好的信息产业基础，形成了产业集群；二是天津给予企业强有力的政策支持。

值得一提的是，"麒麟"与天津从沟通到签约，只用了5天时间。而当时天津还处于重大公共卫生突发事件一级响应时期。"'麒麟'落户天津的过程，充分体现了天津服务企业的高度、速度、力度和温度，彰显出一流的营商环境！"李震宁感叹。

良好的营商环境，来自政府秉承"企业家老大"理念，拿出"店小二"服务精神。近年来，天津大力推进政务服务标准化、智能化、便利化，天津政务服务系统坚持从打通企业和群众办事的难点、堵点、痛点着手，推出的"马上办""就近办""网上办""一次办"事项均数以千计，全方位推进便利化服务。

"想，都是问题；干，才有答案。政务服务改革、营商环境建设要紧紧抓住制度创新、大数据挖掘利用、建设世界标准营商环境三个'牛鼻子'，提升优化一单管理、一门办理、一网通办、一口交易、一号响应'五个一'便利服务，为企业和群众提供公平、高效、透明、便捷的智能政务服务，营造一流营商发展环境。"这是天津市政务服务办公室时任负责人的深刻体会。

加速新旧动能转换，天津政策支持不含糊。2019 年天津设立了百亿元智能制造专项资金，发挥"精准滴灌"引导作用，推动产业集聚发展，促进传统产业向数字化、智能化转型，培育新兴产业发展壮大。天津市科技局提供的数据显示，2019 年天津综合科技创新水平指数为 81.17%，位居全国第 3，R&D（研究与试验发展经费支出）占 GDP（国内生产总值）比重为 2.62%，位居全国第 5。

面对疫情带来的严峻考验，天津把保市场主体作为"六保"的关键，及时出台"惠企 21 条""支持中小微企业和个体工商户 27 条""关于营造更好发展环境支持民营企业改革发展的措施"等政策措施，从税收、社保、融资、用工、服务等方面加大支持力度，打通产业链、供应链、资金链堵点，充分激发释放消费需求，组织"一企三人两员"工作组上门为企业纾困解忧，全力让经济社会发展畅通起来、循环起来。

在全国工商联发布的《2019 年万家民营企业评价营商环境报告》里，天津在要素、法治、政务、市场、创新等 5 个维度均位居全国前列。栽下梧桐树，引得凤凰来。"天津这座老工业城市，战略新兴产业发展成绩抢眼，新动能正在加速集聚，可以说再次焕发了青春，发展潜力和空间无限。"在 2020 年 4 月下旬天津举办的亚布力企业家论坛上，众多企业家如是说。

民生为本，办好百姓"心头事"

发展的质量高不高，老百姓的评价是答案。"着力保障和改善民生"，归根结底就是要满足群众的需求，让人民满意。天津贯彻落实习近平总书记的重要要求，表现在用心、用情、用力办好百姓的"心头事"。

搬离"支开桌子占'满'了屋"的河东区韶山道老房，住进津南区泓春园敞亮的安置房，72 岁的戴增光乐得合不拢嘴。在 19.24 平方米的平房里住了 42 年，2019 年 7 月 19 日，戴增光一家终于搬进了棚改安置房，"这真是拨开云雾见阳光喽"。

被称为"天下第一难"的棚户区改造，事关千千万万群众安居乐业。群众的"心头事"再难也要办！天津破解难题的思路清晰：不怕老百姓"占便宜"，

◎ 2020 年 6 月 20 日，在天津市河西区举办的东西部协作电商产业节上，现场主播正在"直播带货"。新华社发

拒念"拖字诀"……2019 年底，天津全面完成 147 万平方米 3 年棚改任务，6.3 万户近 30 万人受益乔迁新居。8310 万平方米老旧小区及住房 3 年改造任务也顺利完成，127 万户居民的生活品质得到大幅提升。

就业乃民生之本，一头连着家庭幸福，一头关系社会稳定。天津把扩大就业和提高就业质量作为保障改善民生的重要途径，聚精会神筑牢这一"民生之本"的根基。

职业培训是就业利器。提升职业技能则是中国（天津）职业技能公共实训中心的"金字招牌"。目前，这家实训机构已累计为 358 家规模企业、56 所院校提供过培训、鉴定、大赛等服务，覆盖 15.6 万人。2018 年，为了满足天津市经济社会发展对高技能人才的需求，"工匠涵养创新工程实训班"又在这里应运而生。作为首期学员，贾富栋得到众多拥有"大国工匠"头衔的技能专家的悉心培养，最终被太重（天津）滨海重型机械有限公司聘用。

在天津，职业培训并非"一枝独秀"，而是"满园春色"：仅在 2019 年，天津启动"海河工匠"建设，就在长征火箭、长城汽车等先进制造企业建立 205 个企业培训中心，覆盖技能工人 15.8 万人。同年，天津开展了援企稳岗"护航行动"，支持青年群体就业创业，新发展见习基地 458 家，帮助 4.38 万名就业困难人员再就业。这一年，天津新增就业首次突破 50 万人，同比增长 2.39%；城镇调查失业率低于 5.5%……

每年实施 20 项民心工程，财政总支出这块"蛋糕"的 75%"切"给"民生"，两轮结对帮扶 1500 个困难村，推动 756 件信访积案"清仓见底"，为 30 余万户居民解决历史遗留的房屋产权问题，从 2016 年以来连续 4 年延长供暖时间，下大力解决养老、学前教育的"一老一小"问题……从"向群众汇报"做起，扑下身子、找准差距，带着恭敬、带着感情主动问需于民、问计于民，出实招硬招解决群众的操心事、烦心事，正成为天津党员干部的生动实践。围绕"衣食住行、业教保医"等群众最关心、最迫切、最现实的利益问题，天津坚持一件接着一件抓，积小胜为大胜，老百姓满满的获得感稳稳地托起了这座城市的幸福。

党建为魂，走稳时代"赶考路"

参天之木，必有其根；怀山之水，必有其源。正是因为有了党的坚强领导，高质量发展才能顺利推进，民生改善才能稳步实现。

2019 年 6 月 3 日，天津大礼堂，一场叩问灵魂的动员部署会拉开帷幕。问一问"我是谁"，想一想"为了谁"——"不忘初心、牢记使命"主题教育在全市各级党组织和党员当中全面展开。

这是一场触及灵魂的洗礼，是一次全体党员干部思想上的"大扫除"。静下心、坐下来，市委理论学习中心组先后举办两期读书班，在思想政治上检视、剖析、反思，贯通学习教育、调查研究、检视问题和整改落实，推动学习贯彻习近平新时代中国特色社会主义思想往深里走、往心里走、往实里走。全市各级党组织和广大党员干部"闭门"抓学习、"开门"找问题、"出门"抓整改、"上门"解难题，一个个难题有了破解的实招、硬招。

围绕"养老难"等民生重点问题，天津市委市政府多次进行专题调研、悉心听取各方意见；面对"幼儿入托难"的社会呼声，完成小区配套幼儿园专项治理，新增幼儿园学位 6 万余个；针对门诊挂号难的问题，整合网上预约挂号平台，实现看病"一码通"；对于老年人不会使用智能手机等问题，社区开办"手机课堂"、入户教学。

在主题教育过程中，天津成立了 10 个巡回指导组，开展暗访抽查；在"津云"客户端开设"民意直通车"留言板，依托"8890"便民专线开通民意热线……"赶考"路上，学好"新思想"、用好"金钥匙"，上好"必修课"、练好"基本功"，天津广大党员干部在主题教育中，接受了思想的洗礼。

以党建为魂，天津大刀阔斧地进行基层治理体制机制创新。2019 年初，天津将"战区制、主官上、权下放"列为"一号改革创新工程"，将全市视作一个"战区"，16 个区、248 个街镇、5205 个社区村层层划分为"分战区"，赋予街道对区职能部门的"吹哨"调度权、考核评价权、人事建议权，各战区党委书记是该区域社会治理第一责任人，确保党的领导"一根钢钎插到底"。

面对不期而至的疫情大考，一声号令，天津各级党政主要领导干部冲在了疫情防控第一线，及时采取有力措施，守土有责、守土尽责，凸显了街镇、社区党组织战区地位和轴心作用。

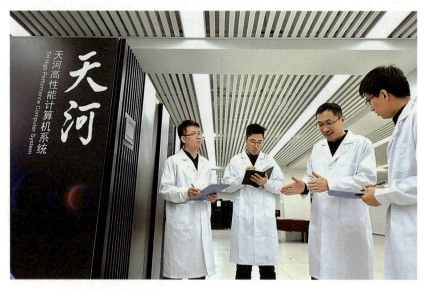

◎在国家超级计算天津中心"天河三号"原型机机房，工作人员在交流。新华社发

万山磅礴必有主峰。天津牢记习近平总书记"着力加强和改善党的领导"的重要指示，树立"抓好党建是最大政绩"的理念，通过主题教育这个"大熔炉"，让全市党员自觉把"小我"熔于"大我"，增强"四个意识"，坚定"四个自信"，做到"两个维护"。发展永无止境，奋斗未有穷期。天津的广大党员干部正在努力把"三个着力"重要要求转化为干事创业、造福人民的务实行动，以坚如磐石的信心、只争朝夕的劲头、坚忍不拔的毅力，敢挑"最重的担子"，敢啃"最难啃的骨头"，沿着习近平总书记指引的方向奋力前行。

■ 长 镜 头 ···

行政审批制度改革的"滨海样本"

改革行政审批制度是高质量发展的内在要求。2014 年 5 月 20 日，全国首家行政审批局在天津滨海新区挂牌成立——18 个部门的 216 项审批职能和工作人员全部划转，实现了"一枚印章管审批"。

时至今日，回望滨海新区行政审批改革的历程，可以清晰地看到，以体制机制改革为突破口，推动简政放权、放管结合，不仅是转变政府职能、打破利益固化藩篱的利器，也是破除体制机制束缚、激发社会活力的利器。这项改革在全国率先破解"公章围城"顽疾，实现了审批权力"清单化"、审批流程"科学化"、审批标准"规范化"、帮办服务"周到化"，政务服务变得更有温度。

2018 年 5 月中办国办联合印发《关于深入推进审批服务便民化的指导意见》，将"一枚印章管审批"的模式作为典型案例，供全国各地学习借鉴。

"从电话沟通到领取经营许可证只用了几天时间，比 6 年前开办第一所幼儿园时办理审批手续的时间缩短了很多。方便快捷的暖心服务是对我们创业者最大的鼓励和支持。"已经着手招生的滨海新区育苗第二幼儿园园长孔繁茹欣喜地说。

如今，在滨海新区办理幼儿园经营许可证的周期从过去的几个月缩短至一周左右。取证之所以变得"轻松"，主要得益于滨海新区持续推进的"一企一证"综合改革。

简单来说，"一企一证"即是政府各部门以"为企业办成一件事"为目标的流程再造，将准营涉及的多部门串联审批变为并联审批，实行一单告知、一表申请、一窗受理、一次踏勘、一证覆盖，从而达到减少审批材料，压缩审批时限，切实提高企业准入即准营的便利度。

目前，滨海新区已推出30个行业上线政务帮办平台，2020年内"一企一证"综合改革将覆盖48个行业。超高的工作效率、贴心的政务服务，让更多市场主体享受到了改革红利，也获得社会各界的由衷点赞。

疫情期间，PPG公司急需从国外进口一批特殊混合物产品。按照规定企业需要到公安机关办理备案证明，而且该证明是单次一个月内有效。由于国外采购周期长和疫情影响等多重因素叠加，企业无法在现有申请流程和时间要求内完成产品的进口，导致依赖PPG产品的其他汽车、航空制造及维修企业的复工复产和满产达产受到影响。

滨海新区公安局审批人员通过查询全国信用信息共享平台了解到，PPG属于信用良好的"红名单"企业，随即启用完全承诺审批方式：企业只提交了一张申请表和一张承诺书，便收到了有效期为半年并多次有效的备案证明。

这种"你承诺，我就批"的极简化审批制度，依托的是滨海新区在全国首创的信用承诺审批分级管理办法：对于信用良好的企业适用完全承诺，只需提交一张申请表和一张承诺书即可获得许可证；对于无失信记录、未被列入"黑名单"的企业，适用一般信用承诺审批，无须提交全部申请材料，审批机关即容缺发放许可证照和批文；对于违法失信、风险较高的企业，则不适用承诺审批方式。

"分级审批"让真正守信的企业办事从"便利化"变为"极简化"，通过正向激励，培养诚实守信的市场环境，营造良好的市场秩序，吸引更多诚信市场主体到滨海新区投资兴业，让市场主体切实感受到制度创新带来的获得感、幸福感。

"创新让工作更快乐"

——"时代楷模"张黎明的创新故事

自主识别引线位置、准确抓取引线，平稳移动至搭火点，精准完成接引线作业……2020年6月29日，在天津滨海新区一条试验线路上，单臂辅助自主配网带电作业机器人成功完成一系列操作。这个项目的带头人——国网天津滨海公司配电抢修班班长张黎明目不转睛地观察机器人操作的全过程。

"我们要不负嘱托，为新时代贡献工人智慧和工人力量。"张黎明清楚地记得，2019年1月17日，在天津滨海——中关村协同创新展示中心，习近平总书记勉励在场企业研发人员心无旁骛投入创新事业中。殷切的嘱托，让张黎明心潮澎湃，岗位创新的动力更足了。

积跬步，至千里。30多年扎根生产一线，累计巡查供电线路8万多公里，绘制抢修线路图1500多张，完成故障抢修作业近2万次……实践经验的点滴积累，让张黎明的岗位创新特别富有针对性。无论是急修专用工具箱、可摘取式低压刀闸这样"四两拨千斤"的小革新，还是人工智能配网带电作业机器人、电动汽车充电机器人这种前沿技术的大课题，张黎明的创新成果都在实践中得到广泛应用。如今，张黎明已经从一名普通工人成长为行业里响当当的"蓝领创客"，被誉为"点亮万家的蓝领工匠"。

"时代楷模""改革先锋""最美奋斗者"……在数不清的荣誉面前，张黎明的创新步伐一刻不停。研读科技读物、核心期刊，钻研人工智能前沿技术，在创新工作室殚精竭虑，不舍昼夜。经过数百个日夜的苦心钻研，最终完成了人工智能配网带电作业机器人的研发，在天津配网运行中成功完成操作80多次。双臂自主作业机器人、单臂人机协同作业机器人等系列产品也在山东、浙江等省市应用，并将在全国推广。

"创新让工作更快乐。"张黎明时常把这句话挂在嘴边，并勉励同事和徒弟们。目前，张黎明创新工作室已经孵化出"星空""蒲公英"等10个创新工作坊，培养出了更多肯钻研、爱创新的"蓝领创客"。

2020年，国家电网公司与天津市共同签署推进新型基础设施建设、打造能源革命先锋城市战略合作框架协议，推进经济社会高质量发展。这让张黎明更加坚定了以创新为高质量发展赋能的决心。"我们将进一步把人工智能、大数据技术等前沿科技融入能源互联网建设，用科技创新更好地保障能源安全，为社会、企业、百姓提供更加便捷优质的服务，为美好生活充电，为美丽中国赋能。"张黎明说。

■ 启示与思考 •···

坚持人民至上　践行初心使命

习近平总书记指出，"必须坚持人民至上、紧紧依靠人民、不断造福人民、牢牢植根人民，并落实到各项决策部署和实际工作之中，落实到做好统筹疫情防控和经济社会发展工作中去"。天津坚持以习近平总书记对天津工作提出的"三个着力"重要要求为元为纲，深入践行以人民为中心的发展思想，坚决打好三大攻坚战，扎实做好"六稳"工作，全面落实"六保"任务，努力克服疫情带来的不利影响，推动高质量小康社会建设，努力让发展成果更多更公平惠及全体人民，不断提升人民群众获得感、幸福感、安全感。

坚持以人民为中心，夺取疫情防控和经济社会发展"双战双赢"

坚决守护人民群众生命安全和身体健康。面对突如其来的疫情，天津把习近平总书记重要指示精神和党中央决策部署作为军令、战令，不折不扣认真落实，从最快速度启动重大突发公共卫生事件一级响应，到全面进入战时状态、落实战时机制、树立战时思维、采取战时方法；从断然处置"歌诗达赛琳

◎天津港集装箱码头作业场景。光明图片

娜号"邮轮、马来西亚来津航班、天津动车客运段,赢得"海陆空"疫情防控战役胜利,到"宝坻战疫"挨户敲门、万人排查;从推出天津微医互联网医院便民门诊,在线义诊、送药到家,到安排财政补贴6800余万元,始终坚持人民至上、生命至上,助力困难群体渡过疫情难关。天津战疫把人民至上的理念贯彻到底,救治攻坚、疫情防控齐头并进,民生保障、城市治理细致入微,凝聚起最宝贵的民心民气。

坚持在常态化疫情防控中推动经济社会发展。抓紧抓实抓细常态化疫情防控,持续抓好外防输入、内防反弹工作,当好拱卫首都的"护城河"。全力推动复工复产、复商复市、复学复业,做好"接链""促需""护企",畅通产业循环、市场循环、经济社会循环,促进消费回升,狠抓惠企政策措施落实。营造"安商""护商"的良好营商环境,积极为市场主体牵线搭桥,帮助解决燃眉之急、寻找发展新机,推动生产生活秩序全面恢复。开展"云招商""云洽谈""云签约",向社会公布2020年重点建设、重点储备项目清单,大大提振了投资信心。

坚定"化危为机",推动高质量发展。天津把发展方位置于"两个大局"

中去考量，对"国之大者"做到心中有数，坚持用全面、辩证、长远的眼光看待当前的困难、风险、挑战，充分发挥区位、交通、政策等方面优势，在推动形成以国内大循环为主体、国内国际双循环相互促进的新发展格局中展现更大作为。抢抓智能时代新机遇，紧紧扭住先进制造业、实体经济这个根本，大力发展智能科技产业，加快推动 5G、人工智能、工业互联网、特高压等"新基建"，稳步推进传统基础设施的"数字+""智能+"升级，跑出产业转型升级"加速度"，推动产业结构调整、新旧动能转换。连续举办四届世界智能大会，设立百亿元智能制造财政专项资金，创建 60 间智能工厂和数字化车间，打造智慧城市中新天津生态城样板，提出港口智慧化转型"天津港方案"，形成智能科技的丰富应用场景。

念好"人民大学"，在砥砺初心中强化使命担当

习近平总书记指出，我们党没有自己特殊的利益，党在任何时候都把群众利益放在第一位。天津坚持以民评民说为标准、以民心民力为依靠、以民意民声为依据、以民愿民盼为方向、以民惠民富为目标、视民苦民痛为失职，引领广大党员干部在"人民大学"终身修炼中，实现执政为民。连续多年将财政支出的 70% 以上用于改善和保障民生，让人民群众及时享受到改革发展的"红利"。按照兜底线、织密网、建机制要求，建立健全合理兼顾各类人员的社会保障待遇确定和正常调整机制。坚持城乡统筹，推进低保、低收入家庭、医疗救助等保障标准城乡一体化，连续多年提升最低生活保障标准。

始终同人民想在一起、干在一起。连续 13 年每年实施 20 项民心工程，从城市到农村，项项都是实打实的硬任务、真举措，从就业、住房、教育、养老、医疗到环境、食品安全、交通出行等各个方面，不断补齐民生短板，让群众年年有看得见、摸得着的实惠，凝聚起可贵的民心民气。开展结对帮扶困难村工作，选派 2000 余名党员干部，组成 684 个驻村工作组，结对帮扶 1000 个相对落后的困难村，与农民群众"同吃、同住、同学习、同劳动"，双脚沾满泥土，心中沉淀民情，小康路上一个也不掉队。

坚持"向群众汇报"。天津建立向群众汇报制度，请群众评判，让群众监

督。举办"向群众汇报"主题新闻发布会，新闻媒体推出"向群众汇报 请群众阅卷"特别报道，让各职能部门张榜公布年度答卷，接受群众检验。建立"津云"大数据平台，开设"政民零距离""百姓问政""公仆走进直播间"栏目，"8890"便民服务热线全年无休，受理百姓诉求。每年20项民心工程项目的确定，先期通过媒体、热线等广泛征集群众意见建议，与百姓需求对标，由百姓做主。相关主管部门及时报告目标、进度和结果，让群众明明白白。工程验收采取人大代表票决制，让群众监督过程、评价结果，百姓满意才能算合格，让群众真满意而不是"被满意"。

增进民生福祉，算好民心大账

从"小切口"解决"大民生"。解决群众困难，不能怕麻烦，更不能"怕老百姓占便宜"，要让发展成果更多更公平惠及全体人民。抓住百姓普遍关心的"一老一小"等"关键小事"，把小事当作大事办。积极构建机构、社区、居家互为补充的养老服务体系，实现居家养老补贴城乡统筹；推进老年人助餐服务，解决高龄和失能等老年人"吃饭难"问题；开设老年人手机培训课堂；

◎天津参与建设吉布提鲁班工坊。图为列车模拟驾驶教学现场。光明图片

为老年人单独预留挂号号源；优化老年人出行公共交通安排，着力解决老年社会问题，加大政府补贴、费用减免等政策支持力度；新增幼儿园学位6万余个，推动学前教育普惠优质发展。

着力补齐民生短板。实施市区棚户区改造"三年清零"行动计划，全面完成147万平方米棚改任务和8310万平方米老旧小区及远年住房三年改造任务，6.3万户近30万人受益。推出在职职工重病关爱和大病救助等普惠服务新举措，面向基层把更多的工会会费直接用于服务职工。两项政策共发放资金6000多万元，受益职工2.75万人。聚焦脱贫攻坚战精准发力，安排东西部扶贫协作资金16.92亿元，占一般公共收入预算比例0.85%。实施帮扶项目1144个，助力受援地区24个贫困县脱贫摘帽。

敢于直面民生痛点。把群众诉求作为工作出发点，制定"靶向"政策，根据天气冷暖情况延长供热时间，提高供热服务质量，连续4年集中供暖由120天延长到150天左右。延长供暖期不向老百姓加收供热费，政府因此每年增加供热补贴资金20多亿元。针对群众反映强烈的历史遗留房产"办证难"问题，本着"新官要理旧账"和依法依规原则，解决历史遗留产权证办理问题28.8万户，实现依申请应发尽发，让群众有了实打实的获得感。

党的领导"一根钢钎插到底"，压紧压实民生保障的政治责任

用党建创新引领基层社会治理。充分发挥党组织在基层社会治理中的领导核心作用，坚持基层为上、基层为重、基层为要，聚焦基层党建、城市管理、社区治理和公共服务等主责主业，把制度落实与创新基层治理结合起来，持续深化"战区制、主官上、权下放"党建引领基层治理，探索创新市域社会治理的"天津算式"，不断完善共建共治共享的社会治理格局。时刻绷紧安全稳定这根弦，在全市开展信访积案大排查、大起底、大清理，推动了1450件长期影响全市社会稳定的老大难问题"清仓见底"、彻底解决。在全市建设三级社会矛盾纠纷调处化解中心，16个区、257个街乡镇和功能区中心均承担起为民服务的使命。从原先的信访部门一家"只受理不办理"到"受办一体"；从"一元化解"到"多元化解"；从"多头访、多地访"到"跑一地、进一门、一

◎天津深之蓝海洋设备科技有限公司水下无人机亮相世界智能大会。光明图片

站式"，一系列的改变就是为了把心贴近人民，千方百计为群众排忧解难、化解心结。

扭住重大民生问题不松劲。紧紧抓住良好生态这个最普惠民生，坚持绿水青山就是金山银山，坚决打赢蓝天、绿水、净土保卫战。加快建设 736 平方公里双城间绿色生态屏障。提升 153 公里海岸线生态功能，近岸海域水质优良比例达到 81%。对 875 平方公里湿地自然保护区进行全面升级改造，使之成为京津冀地区的绿色之"肾"。加快推进京津冀大气、水、土壤污染环保协同，关停"散乱污"企业 2 万多家。开展农村人居环境整治三年行动和"百村示范、千村整治"工程，建设美丽村庄 250 个。生态保护升级和持续改善，让绿色发展的成果成为取之不尽、用之不竭的民生福祉。

压实保障和改善民生责任。市委在"不忘初心、牢记使命"主题教育专项整治中，对漠视侵害群众利益问题进行开门搞整治，重点对扶贫工作松劲懈怠、行政审批和政府服务效率低下、义务教育阶段孩子辍学、低保专项治理、群众"看病贵""看病难"、食品安全、生态破坏和环境污染、农村危房改造、农村公共基础设施等突出问题进行大排查、大扫除，列出清单、挂牌销号，实打实、硬碰硬地解决群众的操心事、烦心事、揪心事，并通过媒体分期分批公布整治成果，向群众汇报、让群众评判、受群众监督，教育引导广大党员、干部进一步搞清楚我是谁、为了谁、依靠谁的问题，增强了忠诚干净担当的主动性和自觉性。

（作者：袁世军、王庆杰，均系天津市中国特色社会主义理论体系研究中心研究员）

重庆篇

一区两群
双城记
经济圈

■ **新时代·新实践** ....

以实干实绩唱好"双城记"、建好"经济圈"

2020 年 1 月 3 日，习近平总书记在中央财经委员会第六次会议上强调，要推动成渝地区双城经济圈建设，在西部形成高质量发展的重要增长极。重庆市委第一时间组织传达学习，多次召开市委常委会、专题会议、理论学习中心组（扩大）学习会议进行学习贯彻和研究部署，建立"1+7+N"工作体系，市委常委带头领题，围绕 8 个方面 43 个选题开展集中调研，研究制定关于推动成渝地区双城经济圈建设的实施意见和 7 个专项行动方案。重庆始终坚持从全局谋划一域、以一域服务全局，在成渝地区双城经济圈大框架下谋划"一区两群"协调发展。

"一区两群"：打造双城经济圈建设"载体"和"极核"

推动成渝地区双城经济圈建设，"最根本的是集中精力办好自己的事情"，"最关键的是同心合力办好合作的事情"，始终坚持从全局谋划一域、以一域服务全局，在成渝地区双城经济圈大框架下谋划"一区两群"协调发展，以实干实绩唱好"双城记"、建好"经济圈"。

重庆市委五届八次全会明确提出，将"一区两群"协调发展作为成渝地区双城经济圈建设的载体，推动重庆主城都市区、渝东北三峡库区城镇群、渝东南武陵山区城镇群协同发展。

重庆主城都市区是成渝地区双城经济圈建设的"双核"之一。根据新形势新任务，在推动成渝地区双城经济圈建设中要展现新担当、实现新作为，首先

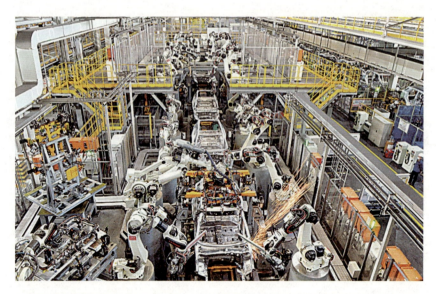

◎位于重庆两江新区的长安汽车两江基地乘用车工厂焊接车间整车线，"复苏"的机器人繁忙有序。张锦辉摄

要解决好重庆主城都市区扩大城市容量、优化城市布局、提升城市能级、彰显城市品质等问题。

重庆"一区两群"发展规划，将主城都市区由原来的 9 个区扩大到 21 个区，面积、常住人口、经济总量分别达到 2.87 万平方公里、2027 万人、1.8 万亿元，着力打造体量更大、辐射带动能力更强的区域龙头。

现在的布局，就是未来的格局。为促进资源优化配置，重庆决定按照"一核、一中心、四同城、四支点、四个桥头堡"五个层级，优化主城都市区城市布局。

重庆是著名的山城、江城，以长嘉汇 16 平方公里大景区联系周边 50 平方公里的"两江四岸"核心区，是城市形象的"客厅"和"窗口"。"两江四岸"整体提升工程，通过打造长江和嘉陵江交汇带的长嘉汇大景区，做实做靓"内陆开放高地、山清水秀美丽之地"的重庆地标，集中展示"山水之城·美丽之地"的独特魅力。

原来的主城九区是重庆主城都市区的中心城区。中部以老城为依托，做靓传承历史、展现未来的"历史母城"名片；东部以广阳岛为核心，精心打造"长江风景眼、重庆生态岛",做靓"生态之城"名片;西部依托中国西部(重庆)科学城、重庆高新区打造科技创新中心,做靓"科学之城"名片;北部以两江协同创新区、礼嘉智慧公园、悦来会展城等平台为引领,做靓"智慧之城"名片;南部依托九龙美术半岛和钓鱼嘴音乐半岛,做靓"人文之城"名片。

紧邻中心城区的四个同城化发展先行区,着力打造先进制造业基地、大健康产业集聚区、消费品工业高质量集聚区、城乡融合发展示范区,成为与中心城区功能互补、融合互动的高品质新城区;四个常住人口超过百万的支点城市,着力强化要素资源配置,吸引人口产业集聚,形成主城都市区发展的重要战略支点;位于重庆和成都中间过渡地带的四个节点城市,发挥连接城乡、联动周边的作用,加强与四川毗邻地区合作,着力打造川渝规律示范区、示范带,东西促进川渝毗邻地区联动发展。

东西南北中突出各自特色功能,共同提升城市产业能级、创新能级、开放能级、服务能级,共同彰显城市经济品质、人文品质、生态品质、生活品质,共同做靓"行千里、致广大"的重庆名片,共唱高质量发展的"重庆之歌"。

"智造重镇""智慧名城":共创智能时代,共享智能成果

总投资约1054亿元的28个新基建项目,2020年4月3日在重庆集中开工。这些项目主要涉及5G、大数据、物联网、人工智能等新技术、新应用领域,将在重庆建设"智造重镇""智慧名城",加速产业"补链成群"过程中发挥重要作用。

2018年8月,2018中国国际智能产业博览会在重庆举行,传统工业重镇重庆由此按下以大数据智能化加速新旧动能转换的快进键。到这一年年底,重庆智能产业实现产值4640亿元,同比增长19.2%。

2019年8月,在2019中国国际智能产业博览会上,重庆提出要集中力量打造"智造重镇"和"智慧名城"。这一年,重庆共实施了1280个智能改造项目,新增了890条数字化生产线,建设了115个数字化车间和25个智能工厂,全市数字经济增加值增长15%,智能产业销售收入增长14%,进入全国数字经济和智能产业第一方阵。

◎航拍重庆主城区。王正坤摄

在继续优化提升两江数字经济产业园、中国智谷（重庆）科技园、仙桃国际数据谷等产业园区的同时，重庆又启动了国家数字经济创新发展试验区和国家新一代人工智能创新发展试验区建设，持续壮大"芯屏器核网"全产业链，聚焦建设应用服务"云联数算用"要素集群，出台新型智慧城市建设方案，全面推行"云长制"，加快发展智慧交通、智慧医疗、智慧旅游等公共服务。加快数字产业化、产业数字化，推动数字经济与实体经济深度融合，推动"共创智能时代，共享智能成果"。

重庆的目标很明确很清晰：2020 年，大数据智能化产业年产值达到 7500 亿元，基本建成国家重要的智能产业基地和全国一流的大数据智能化应用示范之城；到 2022 年，全市累计实施 5000 家企业智能化改造，新能源汽车年产量达到 40 万辆，智联网汽车达到 120 万辆，成为全国重要的新能源和智联网汽车研发基地。重庆还将构建完善智慧城市"135"架构体系，建设 1 个城市智能中枢，夯实新一代信息基础设施、标准评估和网络安全三大支撑体系，发展民生服务、城市治理、政府管理、产业融合、生态宜居 5 类智能化创新应用。到 2022 年，建成大数据智能化应用示范城市、城乡融合发展的智慧社会样板，将"智慧名城"的雏形呈现在人们面前。

内陆开放高地：内外畅达，近悦远来

2020 年 6 月 18 日，被中央和重庆赋予建设内陆开放门户、做靓"智慧之城"名片的重庆两江新区，迎来 10 周岁生日。作为我国内陆首个国家级开发开放新区，两江新区是重庆由内陆腹地变身开放前沿的先驱和缩影。两江新区的果园港，是我国内河最大的多式联运港，也是西部地区唯一的港口型国家级物流枢纽。果园港向东联结长江黄金水道，向西有中欧班列联通欧亚，向南经西部陆海新通道从钦州港出海。三大国际物流通道无缝连接，将这个长江岸边曾经的堆场，变成了"一带一路"与长江经济带的重要物理联结点、连通世界的"中转站"，也让重庆得以更加便捷地全面参与国际分工、融入国际市场。

深度融入西部大开发、"一带一路"建设和长江经济带发展，积极发挥好"三个作用"，全力推动成渝地区双城经济圈建设。重庆始终着力培育内陆开放新优势，在西部地区带头开放、带动开放，为加快形成陆海内外联动、东西双向互济开放新格局作出新贡献。近年来，重庆始终着力突出互联互通，努力将通道优势转化为开放优势；强化多点支撑，通过重庆自贸试验区、中新互联互通项目、两江新区、高新区、科学城等重点平台的示范引领推动全域开放；注重辐射带动，立足长江上游、面向西部内陆推动设施联通、产业合作和政策协同；完善体制机制，对接国际通行经贸规则，改善优化营商环境，加快建设内陆开放高地，以高水平开放推动高质量发展。

"对标国际一流营商环境"是重庆近两年来不断明确和强化的目标。2019 年 8 月，重庆印发《重庆市营商环境优化提升工作方案》，针对开办企业、政务服务、市场监管等与营商环境密切相关的 20 个方面，出台了 91 个针对性极强的具体措施，还提出力争通过 3 年左右的努力，使重庆营商环境进入全国先进行列。2019 年 12 月，成立由市长任组长、下设 11 个专项小组的重庆市优化营商环境工作领导小组。2020 年 5 月 27 日，重庆发布《关于做好 2020 年全市深化"放管服"改革工作的通知》，推出 4 个方面 47 条进一步优化营商环境的举措。

2020 年 6 月 18 日，重庆市就发布的《重庆市进一步做好利用外资工作若干措施》举行专题新闻发布会。新出台的《措施》包括进一步扩大对外开放、进一步加大投资促进力度、进一步优化营商环境、保护外商投资合法权益、强化组织保障等 5 个方面的 25 条具体措施，目的是"推动重庆加快建设高质量外资集聚地"。

营商环境的持续改善，内陆开放的深入推进，使重庆成为国内外市场主体的投资热土。近年来，重庆累计引进外商投资已超过 1000 亿美元，落户世界 500 强企业 293 家，6000 余家外商投资市场主体贡献了全市一半以上的进出口总额、十分之一以上的就业人口和税收。疫情期间重庆市场主体数量"逆势上扬"，2020 年 1—5 月共新设立各类市场主体 17.15 万户，其中 5 月新设立市场主体超过 5 万户，同比增幅超过 50%。2020 年前 5 个月，重庆集成电路出口 96.6 亿元，同比增长 52.6%；笔记本电脑出口 1963.4 万台，同比增长 7.6%。5 月份，重庆出口同比增长 18.9%，外贸危中寻机、形势向好。

■ 长 镜 头

以"重庆平台"聚八方英才

重庆两江新区以网络直播形式举行的全球"云引才"活动，首个专场共吸引了 551.7 万人在线观看，线上引才专区浏览量近 50 万人，直播结束半小时就收到了近 3 万份简历。

参加"云引才"首个专场的 30 家用人单位多为两江新区的重点科研院所、博士后工作站和高新技术企业，发布的招聘岗位约 1600 人，其中一个汽车设计工程师岗位共有 800 余名海内外人才投放简历。

来自哈尔滨工程大学的赵俊妍向同济大学重庆研究院投递了简历。"重庆是一座极具发展潜力和优势资源集聚能力的城市，这从近几年国内外知名高校和科研院所纷纷在这里设立分支机构就能看出来。"赵俊妍求职的方向是两江新区的科研院所和其他科研岗位，她特别看好重庆"智造重镇"和"智慧名城"的发展，认定重庆加快推进两江协同创新区建设将为自己搭建最好的事业发展平台。

众多国家重大战略交汇，让籍贯四川乐山的范一鸣对到重庆发展充满了期待，成渝地区双城经济圈建设促使他明显加快了"求职重庆"的节奏。"我相信自己能在机遇和挑战中实现自身的价值。"从事高新技术研究的范一鸣说。

近年来，重庆秉承"实施更加积极、更加开放的人才政策，聚天下英才而用之"的精神，整合推出重庆英才计划，制定优秀科学、名家名师、创新创业领军人才（团队）、技能技术领军人才、青年拔尖人才等实施方案。通过举办重庆英才大会、"百万英才兴重庆"、全球科学家高峰会等活动，近两年共吸引20余名世界顶尖科学家来渝交流，引进培育高层次人才345名，引进各类紧缺优秀人才7000余名，形成了"八方英才汇巴渝"的生动局面。

为着力营造"近悦远来"的人才生态，重庆深化体制机制改革，向21所高校和4个区县投放了4800个引才育才周转编制，出台"1+10"分类推进人才评价体制机制改革的实施方案，对大数据智能化人才实行单列并单独评选。畅通特殊人才职称评定绿色通道，353名特殊人才获得高级职称；强化创新金融支持，发放"重庆英才"金融卡，推出"人才贷"及相关金融服务。2019年全市2118家科技型企业获得知识价值信用贷款同比增长3.9倍。

作为重庆英才计划的一部分，两江新区推出的"人才10条"，实现了从院士专家到工匠人才的政策全覆盖，高层次人才和项目团队最高可获得3000万元资助，一流科学家及团队最高可达1亿元，企业认可的本科以上优秀毕业生也可以享受过1万元的安家补贴。两江新区同步整合的国家海外人才离岸创新创业基地、留学人员创业园、留学报国基地以及院士专家工作站、博士后工作站、博士后创新实践基地等平台，提供科技服务、项目申报、职称评审等"一站式"服务，让人才办事"找得到门"、发展"摸得到路"、解困"寻得到家"。

依托智博会、国创会、国家海外人才离岸创新创业基地等平台以及一系列人才政策，两江新区已引育高层次人才71人，还有147人入选了重庆"鸿雁计划"。

■ **实践者风采** ....

"放管服"激发创业活力

受新冠肺炎疫情等多重因素影响，2020年以来许多企业都面临着比较严峻的生产经营环境。但来自重庆市市场监管局的数据显示，2020年1—5月，重庆新设立各类市场主体17.15万户，同比增长7.36%，其中5月新设立市场主体超过5万户，同比增加50%以上。

到底是什么推动了重庆市场主体数量的逆势上扬？

重磅推出了系列暖企稳岗政策。为尽量避免受疫情影响的企业因资金链断裂而倒闭，重庆一方面通过减负提高企业的存续能力，另一方面通过协调信贷展期避免企业因被"逼债"而难以为继。"支持企业40条"中，有15条涉及为企业降低用能用水成本等生产经营成本，初步估计累计降低各类生产经营成本超过150亿元。重庆还对企业实行了总额约10亿元税款"减免扣补缓"。受疫情影响面临特殊困难的企业，还可从总额16亿元的资金池中申请稳岗补助费。经重庆相关部门沟通协调，截至2020年4月中旬，各金融机构实行延期还本付息的贷款余额超过1350亿元，惠及全市1.46万个体户和1.49万个企业。

"一揽子"优惠政策扶持企业脱困变强。为引导企业积极主动谋发展，重庆通过担保增信、贷款贴息、涉农小微贷款等政策，推动金融机构为疫情防控重点企业、涉农小微新增低利率贷款250亿元，其中重点保障企业的实际融资成本只有1.3%左右。

"放管服"激发创业动力和活力。国家规定开办企业的审批时限是8.5个工作日，重庆自我加压在2018年缩短到5个工作日，2019年缩短到3个工作日，2020年起又缩短为1个工作日，实行"一网、一窗、一次、一日"全流程办结。为此重庆实行了材料"一次提交"、线上"一网通办"、线下"一窗通办"等3项企业注册便利化创新。重庆实行的开办企业全程网上"无纸化"办理，2020年以来已有2万余家新创办的公司通过这种便利化的操作完成设立登记。

"对标国际一流营商环境"是重庆近两年来的目标。2019 年 8 月印发的《重庆市营商环境优化提升工作方案》，针对与营商环境密切相关的 20 个方面，出台了 91 个针对性极强的具体措施。2020 年重庆两会，提出要"营造市场化法治化国际化的营商环境"。5 月 27 日，重庆发布《关于做好 2020 年全市深化"放管服"改革工作的通知》，推出 4 个方面 47 条进一步优化营商环境的举措。在 6 月 18 日发布的一份《2019 中国城市营商环境报告》中，重庆在综合评价排名中紧跟北京、上海、深圳、广州位列第五。

■ 启示与思考 ......

注重观大势育新机开新局
加快培育新增长极增长点

2020 年全国两会期间，习近平总书记在看望参加全国政协十三届三次会议的经济界委员时强调，要坚持用全面、辩证、长远的眼光分析当前经济形势，努力在危机中育新机、于变局中开新局。这一重要论述，既是科学的认识论又是重要的方法论，既管当下之用又谋长远之策，为我们做好各项工作提供了根本遵循，指明了前进方向。

党的十九大以来，重庆市委紧紧围绕把习近平总书记殷殷嘱托全面落实在重庆大地上这条主线，坚持从全局谋划一域、以一域服务全局，带领全市干部群众牢记嘱托、感恩奋进，推动重庆各项事业迈上新台阶。当前，重庆改革发展处于关键时期，面临全球经济格局深度调整带来的时代机遇、国家恢复经济发展的政策机遇、成渝地区双城经济圈建设的战略机遇、疫情催生的市场机遇。面对新形势新任务，我们将深入学习贯彻习近平总书记重要讲话精神，全面贯彻落实党中央决策部署，坚持稳中求进工作总基调，更加注重观大势、育新机、开新局，扎实做好"六稳"工作，全面落实"六保"任务，加快培育新的增长极、增长点，推动重庆高质量发展之路越走越宽广。

聚焦成渝地区双城经济圈建设培育新增长极

2020年1月，习近平总书记主持召开中央财经委员会第六次会议并发表重要讲话，亲自作出推动成渝地区双城经济圈建设的重大战略决策。建设成渝地区双城经济圈，是川渝两地发展的重大机遇，是重庆必须担当的重大责任。我们坚持把推动成渝地区双城经济圈建设作为增强"四个意识"、坚定"四个自信"、做到"两个维护"的实际行动，紧扣"两中心两地"目标定位，集中精力办好自己的事情，同心合力办好合作的事情，唱好"双城记"、建好"经济圈"，努力在新时代推进西部大开发形成新格局中展现新作为、实现新突破。

加快建设重要经济中心。产业兴则经济兴，产业强则经济强。坚定贯彻新发展理念，聚焦高质量、供给侧、智能化持续发力，构建具有国际竞争力的现代产业体系，切实做大经济总量、提升发展质量。坚持"两条腿"走路，一手抓汽车、电子信息等传统支柱产业转型升级，一手抓集成电路、生物医药、新材料等战略性新兴产业发展，推动产业结构迈向中高端水平。围绕人流、物流、资金流、信息流，做强做优商贸服务、现代金融、现代物流、文化旅游、

◎重庆江北嘴金融核心区。崔力摄

技术服务等现代服务业，加快建设内陆国际金融中心、国际消费中心城市。加强产业链、供应链合作，扎实推进产业合作示范园区建设，推动川渝毗邻地区加快融合发展。推进基础设施互联互通，加快出海出境大通道建设，打造国际性综合交通枢纽，努力以交通优势提升区位优势、彰显战略优势。

加快建设科技创新中心。调结构转方式、加快新旧动能转换，根本上要靠创新。坚持以"一城多园"模式合作共建西部科学城，联动国家自主创新示范区、两江协同创新区发展，统筹提升高新区、经开区等功能平台，加快区域协同创新体系建设，共建成渝科创走廊。高起点高标准规划建设西部（重庆）科学城，加快布局建设大科学装置、大科学工程和国家重点实验室、国家制造业创新中心，推进核心技术攻关和成果转化，让创新成为高质量发展的强大动能。深化国际科技交流合作，共建"一带一路"科技创新合作区和国际技术转移中心，共办"一带一路"科技交流大会，在更广领域、更大范围集聚配置创新资源要素，成为更多重大科技成果诞生地和全国创新重要策源地。

加快建设改革开放新高地。开放倒逼改革，改革促进开放。改革开放新高地的"新"，集中体现在改革分量更重、创新要求更高、开放力度更大。深入推进重要领域和关键环节改革，积极探索经济区与行政区适度分离改革，稳妥推进土地管理制度改革试点，为全国改革探索路子、贡献经验。强化要素市场化配置，持续优化营商环境，激发各类市场主体活力。抓住共建"一带一路"重大机遇，大力推进西部陆海新通道、中欧班列建设，加强中新互联互通项目建设合作，探索建设川渝自贸试验区协同开放示范区，以两江新区为重点打造内陆开放门户，建设"一带一路"进出口商品集散中心。巩固拓展开放型经济回升向好态势，加大稳外贸稳外资力度，更好融入国内国际双循环相互促进的新发展格局。

加快建设高品质生活宜居地。安居才能乐业，近悦才会远来。深入贯彻以人民为中心的发展思想，统筹生产生活生态空间布局，创造宜居宜业宜游良好环境，增进民生福祉，不断满足人民群众对美好生活的向往。推进公共服务共建共享，集中全力做好普惠性、基础性、兜底性民生建设，加强川渝两地教育、医疗、就业、养老等公共服务领域协同发展，增强人民群众获得感、幸福感、安全感。牢固树立绿水青山就是金山银山的理念，抓好生态环境保护，打

◎江北区智能城市运营管理中心，工作人员正在进行数据处理。龙帆摄

好污染防治攻坚战，筑牢长江上游重要生态屏障。加快建设国际化绿色化智能化人文化现代城市，推进两江四岸核心区整体提升，抓好文旅融合发展，加快建设美丽乡村，实现城市让生活更美好、乡村让人们更向往。

聚焦数字经济和实体经济深度融合培育新增长点

推动高质量发展，实体经济是根基，数字经济是引擎。重庆正处在转变发展方式、优化经济结构、转换增长动力的关键阶段，推进大数据智能化创新，有利于适应疫情后市场需求新变化，加快经济转型升级，满足群众高品质生活需要。我们围绕智能化为经济赋能、为生活添彩，加快数字经济与实体经济深度融合，深入推进产业数字化、数字产业化，积极培育线上业态线上服务线上管理，打造"智造重镇""智慧名城"，不断培育新的经济增长点、形成发展新动能。

推进新基建。这既是当前稳投资、扩内需、促增长的重要抓手，也是长远推动经济高质量发展的重要举措。着力完善"硬支撑"，按照高速、移动、安全、泛在的要求，加快推动5G网络、工业互联网等布局建设，确保新一代信

◎两江新区两路寸滩保税港区，消费者正在选购进口红酒。张锦辉摄

息基础设施早部署、广覆盖。优化中新（重庆）国际互联网数据专用通道，探索与"一带一路"沿线国家及地区数据通道互联互通路径，努力建设国际信息枢纽。着力提升"软实力"，加快建设城市大数据资源中心，形成统一数据资源体系和数据治理架构，破解数据"存不下、流不动、用不好"难题，加快形成数字经济发展核心驱动力。加大水利、交通、能源等领域智能化改造力度，提升传统基础设施的建设质量、运行效率和服务水平。

壮大新产业。新冠肺炎疫情催生了数字经济的新一轮需求，加速了产业转型升级。加强大数据智能化在传统产业中的应用，推进企业经营活动加速"触网""上云"，做到"喜新不厌旧""老树发新枝"，为传统产业转型升级发展插上智能的翅膀。大力发展智能产业，加快构建"芯屏器核网"全产业链，培育引进大数据、人工智能、云计算、区块链、超算等领域龙头企业，大力发展集成电路、智能终端等产品制造，全力打造数字产业集群。突出抓好智能制造，加快制造业转型升级步伐，加大智能化改造实施力度，打造数字化车间和智能工厂，推动数字化、智能化变革从龙头企业向产业链中小企业延伸、从制造环节向供应链各个环节延伸。大力推广在线医疗、在线教育、在线商务、线上生活等生活性服务业新业态，创新服务模式、丰富服务内容、提高服务品质、做响服务品牌，让群众生活更加数字化、智能化、便利化。抓住新型消费蓬勃发展的机遇，大力发展"直播电商""社交电商""微信电商"等新模式，激发消费新动能。

打造新平台。平台经济是生产力新的组织方式，是经济发展新动能。抓住用好先行先试机遇，一体推进国家新一代人工智能创新发展试验区和国家数字经济创新发展试验区建设，构建"云联数算用"要素集群，推动形成一批可复制可推广的示范经验。加快建设一批数字经济战略平台，做大做强两江数字经济产业园、中国智谷（重庆）科技园。加快打造一批数字经济研发创新平台，创建国家传感器产业创新中心、智能网联汽车技术创新中心，提升国家新一代人工智能开放创新平台。加快布局一批数字化转型促进中心，强化平台、服务商、专家、人才、金融等数字化转型公共服务，助力企业"上云用数赋智"。加快培育壮大一批数字经济孵化器、加速器、众创空间，推进中小企业公共服务平台建设，更好助力企业创新创业。

拓展新应用。发展大数据智能化，价值在于应用。重庆是著名的山城、江城，也是传统制造业重镇，智能应用场景十分丰富。绘就"智行千里、慧致广大"发展蓝图，注重以应用带产业、以产业促应用，持续拓展大数据智能化在产业发展、民生改善、政府治理等领域应用场景，充分挖掘大数据智能化商用、民用、政用价值。全面推行实施"云长制"，建好用好数字重庆云平台，提升城市治理数字化水平，让城市更聪明一些、更智慧一些。围绕民生领域"痛点""难点"问题，积极开展智慧交通、智慧医疗、智慧教育、智慧旅游等应用示范，高水平打造礼嘉智慧体验园，让广大群众共创智能时代、共享智能成果。

（作者：中共重庆市委理论学习中心组）

安徽篇

消费提振

创新驱动

脱贫攻坚

民生至上

统筹推进

■ 新时代·新实践

动能"跑起来" 经济"活起来"

推动绿色发展、低碳发展有基础，推动深化改革、内陆开放有闯劲，实施创新驱动、产业升级有优势。近年来，安徽高质量实施五大发展行动计划，经济社会发展取得历史性成就、发生历史性变革。

2020 年以来，经受住了疫情考验后的安徽，既管控优先、让社会"静下来"，又推进有序复苏、让经济"活起来"。守住"保"的底线，筑牢"稳"的基础，保持"进"的态势，安徽，正以"黑马"的姿态加入长三角一体化高质量发展的行列。

以强大新动能筑牢经济基本盘

从"傻子瓜子"到"三只松鼠"，芜湖市见证了中国个私经济的发展，也诞生了中国坚果电商第一家。三只松鼠 2020 年一季度营收近 36 亿元，同比增长 19%，目前正在向数字化供应链平台转型，"草根小松鼠"正在变身为"云上大企业"。

面对疫情冲击，安徽在做好疫情防控市场保供的同时，大力实施消费提振行动，有序推动各类商贸流通企业和市场复工复产、复商复市，促进生活服务业正常经营，着力保企业、保就业、保民生。

举办"皖美好车云端 GO"2020 安徽汽车云展消费活动，成交金额 9.4 亿元；举办为期一个月的"皖美好物云端购"活动，近千种皖货精品走向全国市场……2020 年以来，安徽省大力发展线下线上融合的消费方式，加快推进网

◎复工后的蚌埠港码头港区一派繁忙。李博摄

络购物、绿色消费、智能消费等新业态发展，不断释放新动能。

"在各种促消费政策的助推下，前期受疫情抑制的消费潜力逐步释放，市场销售快速恢复。仅 2020 年 4 月份全省线上消费品零售额 422.5 亿元，同比增长 10%。"安徽省发改委综合处处长陶宗华介绍说。

自动口罩机以每分钟 500 片的速度飞速运转，安徽长信安昌健康医疗大数据科技有限公司生产车间，一派繁忙生产景象。公司战略发展部总经理董海滨介绍说："我们是在疫情防控最关键的时候成立的，政府有关部门全程跟踪协调服务，特事特办、快审快批，从项目立项到开工投产，仅用了 148 个小时。"

148 个小时把蓝图变成现实，这得益于铜陵经开区良好的营商环境。"我们牢固树立'店小二'精神，竭诚为各级各类入驻企业服务，在全省率先试点工业项目'承诺即开工'，招商引资项目落地转化率大幅提升。"铜陵经开区党工委副书记何胜定说，政府各相关部门变"先批后建"为"先建后验"，同步实施全程跟踪服务、项目竣工后进行联合验收监督与发证、企业不达标不投产的审批制度。这一举措解决了工业项目审批存在的审批事项多、耗时长、落地难等突出问题，提高了审批效率，促进项目早落地、早投产、早见效。

面对境外疫情对外贸的冲击，安徽省出台多项支持政策，助力企业稳客户、稳订单、稳市场。2020 年前 5 个月，安徽外贸实现进出口 284.1 亿美元、增长 4.2%。

"四带一自"，探索产业扶贫新模式

淮河两岸，沃野千里，一片金黄。大型收割机正在麦浪中前行，安徽 4300 万亩小麦颗粒归仓。这是一季非同寻常的小麦：从种到收的 200 多天里，它经历了干旱、暖冬、新冠肺炎疫情、病虫害等一系列风险挑战。但安徽及时精准地打出"组合拳"，特别是 2020 年小麦拔节孕穗的关键时期，小麦主产区一手抓疫情防控，一手抓科学田管不松动，稳住了农业基本盘，为夏粮的"十七连丰"提供了重要保障。

比麦收更早更激动人心的收获是：2020 年 4 月 29 日，安徽 31 个贫困县实现全部脱贫摘帽，3000 个贫困村全部出列，脱贫攻坚取得了决定性胜利。

4 年前，余静从金寨县中医院被选派到偏远的花石乡大湾村，担任第一书记、扶贫队长。大湾村曾是金寨县 71 个重点贫困村之一，2014 年建档立卡贫困户 242 户、707 人，贫困发生率一度超过 20%。如今，通过探索走出一条"山上种茶、家中迎客、红绿结合"的特色脱贫之路，原本不为外人知晓的大湾村，一度成为"网红村"，从贫困村顺利出列。

这样的生动事例，在安徽各地的脱贫攻坚战场上随处可见。发展产业、易地搬迁、生态补偿……每一个贫困户脱贫、贫困村出列、贫困县摘帽都是一项系统工程，更是一场需要拼搏的硬仗。

全椒县马厂镇三合村是一个林业大村，全村耕地面积 2000 多亩，山林面积近万亩。怎样依靠绿水青山走出一条致富路？ 2016 年，村里通过"一村一品"到村项目种上了食用竹笋和苗木花卉等，当年村集体收入就达到 12.8 万元，成功出列县级贫困村。

2019 年底，安徽实施"资源变股权、资金变股金、农民变股民"改革的村达 52.8%、参改农户户均增收 1100 元。各地大力培育农村产业发展带头人，发展带贫新型经营主体已达 4.3 万个。"贫困户参与就业培训和产业入股等形式，密切了农业产业化龙头企业、新型经营主体和个体农户的利益联结机制，增强了贫困群众'造血'能力。"安徽省扶贫开发工作领导小组办公室副主任周勇介绍说。

◎砀山县葛集镇新华村油桃基地，村民"油桃哥"正在采摘油桃。如今，他和200多名村民一样，迷上了直播卖桃。李博摄

◎安徽省合肥市肥东县八斗镇八斗社区合肥迪美科技有限公司"扶贫车间"。高德升摄

安徽在全国率先探索"四带一自"产业扶贫模式，即各类园区带动、龙头企业带动、农民合作社带动、能人大户（家庭农场）带动、贫困户自主调整种养结构发展产业，走出了在就业扶贫过程中通过发展生态友好型产业、劳动密集型产业，组织外出打工就业和提供公益性岗位来提高就业覆盖面的"三业一岗"新路子。

全面小康路上，一个都不能少。2019年以来，安徽省脱贫攻坚工作精准发力，集中兵力打好深度贫困歼灭战，把大别山等革命老区作为首位重点，把皖北地区、沿淮行蓄洪区等深度贫困地区作为重中之重，2019年省级新增5.2亿元财政专项扶贫资金全部用于贫困革命老区县和深度贫困地区。

交出经济社会发展的"皖美"答卷

江水滔滔。2020年6月9日，坐落在长江边上的马鞍山华菱星马公司的重型卡车总装车间内，5—6分钟，一台车总装生产下线。安徽华菱汽车有限公司副总经理薛永昌介绍说："四五月份，我们已经把前面一季度欠产的订单全部拉回来了，1—5月份，生产比2019年同期增长20%。"

◎复工不久的安徽省马鞍山市博望区裕祥智能装备科技有限公司技术人员在装配出口的智能数控机床。王文生摄

来自安徽省发展改革委的数据表明，仅 2020 年 5 月，安徽主要经济指标保持向好态势，规模以上工业增加值、限额以上消费品零售额分别增长 7.8%、12%，同比分别提高 0.8 个、3.9 个百分点；固定资产投资、进出口总额分别增长 7.1%、8%。

左凤英是颍上县关屯乡凌圩村人，和丈夫在南通打工多年。一场疫情打乱了他们 2020 年外出打工的计划。2 月 18 日，凌圩村一家扶贫车间正式复工。在邻居介绍下，左凤英成了车间一名工人。一个月后，拿到 3190 元工资的她赶紧给孩子买了一斤猪肉。

当前，安徽 957 个就业扶贫车间复工复产率 100%，吸纳就业人口 30545 人，其中贫困人口 11109 人，带贫率 36.37%。扶贫车间让贫困户端起了稳就业的"饭碗"。

就业是最大的民生。受新冠肺炎疫情影响，2020 年稳就业任务十分艰巨繁重。为此，安徽出台《稳就业工作方案》，援企、稳岗、扩就业、保民生并举，确保零就业家庭至少有 1 人就业。

新冠肺炎疫情暴发后，安徽省突出一把手抓落实，完善五级书记抓疫情防控的组织领导体系。先后组织 8 批 1362 名医疗队员，160 余名公安、民政、司法等系统人员驰援湖北。从 2020 年 2 月 7 日起，对确诊和疑似病例的密切接触者一律实行定点隔离；对发现并纳入医学观察的所有确诊和疑似病例的密切接触者全部进行核酸检测初筛；对所有村组、小区一律实行封闭式管理。把重症和危重症患者集中到省级基地救治。组织实施 3 批 15 个应急科研攻关项目，中国科大"托珠单抗"治疗方案，被列入《新型冠状病毒肺炎诊疗方案》（试行第七版）向全国推广。3 月 8 日，全省新冠肺炎住院患者全部治愈出院，安徽在疫情较重的省份中率先"清零"，确诊患者临床治愈率高达 99.4%，居全国前列。

疫情过后，复工就是稳就业，复产就是稳经济。安徽省精准稳妥推进复工复产，深入开展送新发展理念、送支持政策、送创新项目、送生产要素、服务实体经济的"四送一服"专项行动，聚焦重点园区、重点工程、重点企业、重点项目和具备基本条件的中小微企业，着力解决好防疫物资、资金、设备、关键原辅料和零部件稳供等问题，帮助企业尤其是中小微企业渡过难关。

■长 镜 头 ⋯⋯⋯⋯⋯⋯⋯⋯⋯⋯⋯⋯⋯⋯⋯⋯⋯⋯⋯⋯⋯⋯⋯⋯

滁州小家电的智能蝶变

在安徽省滁州扬子空调配管车间，6 台"机器人"正在作业，将铜管旋转、弯曲、截断成同样的大小形状……"扬子江畔扬子扇，扬子美名四海传。"40年前，扬子，这个家电品牌，是滁州人辉煌的记忆。

"我们从来没有停下创新的脚步。"滁州经开区副主任潘金钟介绍，像扬子空调这样智能蝶变的家电企业在滁州已有 100 多家。2020 年 1—4 月，滁州家电工业增加值增速达 5.9%。今天的滁州，从传统的电视机、冰箱，到洗碗机、饮水机，有丰富的家电产品类型；从芯片设计、产品研发、模具装备、零部件生产、主机装配，到物流运输、线上销售，有齐全的配套企业；博世西门子、康佳、扬子、惠科等知名企业在这里集聚成势、发展壮大，构建起卓越的产业高地。

"小家电"串珠成链，滁州成为智能家电产业集聚发展基地。基地现有在库规模以上工业企业 102 家，已形成从装备制造到生产、研发、设计、检测一条龙的智能家电全产业链体系。

危中抢机，启动"不见面招商"

"请出示证件，请配合测量体温……"一辆辆大客车载着员工驶入厂区，员工依次按间隔排队下车，从家门到厂门，点对点接送；一台台机器高速运转、一块块原料加工成品、每一名工人都佩戴口罩在生产线上忙碌着……2020年 2 月 17 日，还处于新冠肺炎疫情防控最严峻的阶段，滁州经开区康佳电子有限公司在做好严密防护的同时，抢抓时间赶订单。2 月 26 日，滁州市总投资 422.6 亿元的百个重点项目集中开工；2 月 27 日，滁州市重点招商项目在线签约，国内外 20 多个城市与滁州同步签约，在线签约项目共 33 个，总投资 171.3 亿元……

危中抢机，滁州全方位启动电话谈、视频谈、在线签等线上招商。潘金钟介绍说，用这种以"云"为桥，见"屏"如面的"不见面招商"模式确保经济发展"不断链""不掉线",一批大项目、好项目先后落地滁州。特别是投资240亿元的惠科液晶面板显示器件项目,填补显示屏的空白,缓解了滁州家电产业"缺芯少屏"之痛。在整机和龙头项目方面,米润智能出行装备产业园、博西华干衣机洗衣机、康佳绿色智能工厂等项目陆续开工。在完善配套项目方面,全面梳理园区龙头企业上下游配套企业,开展针对性招商。

科技创新,"撬动"产业飞升

在做好常态化疫情防控的同时,滁州市深入推进"企业服务提升年"活动,制定基地2020年重点项目投资计划表,计划新开工亿元以上项目25个,协议总投资289.7亿元。续建亿元以上项目91个,协议总投资692.5亿元,已完成投资241.4亿元。瞄准企业疫情防控和经济发展中的难点、痛点问题和产业规划,先后出台多项支持政策,聘请中国家电研究院相关专家编制基地三年规划,发挥基地奖励资金"撬动"作用,各项奖励资金均已拨付到企业。基地一季度产值同比增长17.5%,立讯、惠科等企业累计净增产值近40亿元。

安徽康佳电子有限公司与华为合作,通过企业"上云",成为滁州智能家电家居"云典型"。"在没有这些新技术之前,家电与家电之间很少能互通互联。现在有了5G、云和AI,设备互联互通、数据平台打通成为可能。从业务创新和软件开发角度来说,我们的IT团队将承接更多、更新的任务。"安徽康佳电子有限公司信息技术专家朱华说,"5G一个重要的场景就是智能家居,智能家居里面肯定离不开电视产品。华为的5G发展起来了,对于电视机的高清化也是一种推动。"

■ 实践者风采 ······························

迎战"炎症风暴"

2020年1月下旬,在中国科大附一院(安徽省立医院)感染病院,一名

40 岁左右的新冠肺炎确诊患者引起了副院长、呼吸与危重症医学科专家徐晓玲教授的关注。患者发病 5 天，高热不退，影像检查提示双肺毛玻璃阴影，肺部炎症反应明显。多年的经验积累与敏锐的职业嗅觉告诉徐晓玲："炎症风暴"又来了！

徐晓玲对"炎症风暴"的关注源于 17 年前的非典型肺炎（SARS）感染病例。那时，由于临床上缺乏应对"炎症风暴"的有效治疗措施，很多轻症患者转成了危重症，很多危重症患者失去了生命……

徐晓玲说："感染的过程是病原体与免疫系统的一场博弈。'炎症风暴'是这场博弈中，人体免疫系统针对外界病毒、感染、药物的一种过度反应。当这种反应达到'敌我不分'的程度，就会导致免疫系统的'自杀式'行为。"新冠肺炎疫情肆虐期间，正是这位谦谦医者挺身而出，迎战新冠病毒带来的"炎症风暴"。

为科学应对新冠肺炎疫情，2020 年 1 月底，安徽省和中科院紧急启动"新型冠状病毒感染应急科技攻关"专项，力争通过协同攻关，尽快形成一批用于疫情防控的实际产品和治疗方法。徐晓玲迅速与免疫学家、中国科大生命科学与医学部魏海明教授联系，牵头组成联合攻关团队，国内最早的新冠肺炎"炎症风暴"机制与干预策略研究就此开启。

随即，一台流式细胞仪被直接送到了中国科大附一院感染病院治疗新冠肺炎的最前线。三天时间，联合攻关团队接力完成了 33 份新冠肺炎患者的血液样本检测，新冠病毒感染致重症肺炎"炎症风暴"可能的关键机制被逐渐揭示出来。

以此为基础拟定的"单克隆抗体药物托珠单抗＋常规治疗"的治疗方案在武汉 14 家重症患者定点救治医院推广应用，500 多位患者因此受益。国家卫生健康委将这一治疗方案列入正式发布的《新型冠状病毒肺炎诊疗方案》(试行第七版)。

作为中国政府第三批赴意大利抗疫医疗专家组顾问，徐晓玲还将"托珠单抗＋常规治疗"的相关临床研究与救治经验带到了异域他乡，在包括意大利在内的 20 多个国家推广应用。

"临床＋基础研究"的联合攻关模式让徐晓玲意识到机制创新、科技创新在疾病的预防、诊断、治疗、康复等重点科研领域所迸发出的强大动能。"医生解决不了的问题，就找科学家。"如今的徐晓玲在日常诊疗工作之外，正将更多精力投入到"理工医交叉融合，医教研协同创新，生命科学与医学一体化发展"的科大"新医学"理念实践中，并为之奔走呼号。

35 年的专业临床经验让徐晓玲多次奋战在 SARS 等急性呼吸道感染性疾病公共卫生事件一线，同时也见证了中国医学科学和公共卫生体系建设的长足进步。"非典暴发时，我们只有单一的影像检查方法来确诊病例。今天，我们已拥有了多元化的检测和诊断手段，在疫情早期就能迅速组建联合应急攻关团队。我相信，经历过这次疫情大考，中国医生能更好守护人民群众的生命健康。"徐晓玲说。

■ 启示与思考 ·······

用实干担当书写大战大考的合格答卷

习近平总书记指出，"敢于斗争、敢于胜利，是中国共产党人鲜明的政治品格，也是我们的政治优势"。新冠肺炎疫情发生以来，安徽坚持把习近平总书记重要讲话和重要指示批示精神作为根本遵循，坚决扛起"两手都要硬、两战都要赢"的责任担当，以"战"的姿态、"拼"的精神、"抢"的意识，统筹推进疫情防控和经济社会发展，全力抓好"六稳""六保"，在大战中践行初心使命，在大考中交出合格答卷。

聚焦"生命安全"，争当疫情防控"优等生"

安徽与湖北接壤边界线近 400 公里，有 86 条道路与湖北联通，防控任务十分艰巨。省委省政府坚决贯彻党中央决策部署，把人民群众生命安全和身体健康放在第一位，把疫情防控作为头等大事来抓。先后组织 8 批 1362 名医疗队员，160 余名公安、民政、司法等系统人员驰援武汉、战"疫"湖北。坚持

"一盘棋"抓统筹、"一张网"抓防控、"一把手"抓落实、"一防线"抓阻断、"一人一策"抓救治、"一关键"抓攻关，采取"三防三查三加强""八严八控"等严密措施，在疫情比较严重的省份中率先实现住院患者"清零"，临床治愈率高达 99.4%，战"疫"成绩可圈可点。

高擎科技战"疫"利剑，向科学要答案、要方法。组织实施 3 批 15 个应急科研攻关项目，中国科大"托珠单抗"治疗方案被列入第七版国家诊疗方案，"安徽药方"不仅为武汉保卫战贡献力量，还助力意大利、伊朗等国抗击疫情。

坚持平战结合，筑牢"内""外"两条防线，毫不松懈做好常态化疫情防控工作。抓紧补短板、堵漏洞、强弱项，出台《健康安徽行动实施方案》，开展健康知识普及、中小学健康促进、传染病及地方病防控等 15 个专项行动，努力构建强大公共卫生体系，全方位、全周期保障人民健康。

◎合肥高新区同路生物血液制品车间，工人加紧生产用于治疗新冠肺炎的血液制品。
杨竹摄

实践表明，面对任何灾难和危机，只要我们始终坚持人民至上的执政理念，以党的创新理论为指引，充分发挥党的领导和中国特色社会主义制度优势，紧紧依靠人民群众，迎难而上，奋力拼搏，就一定能够无坚不摧、无往不胜，最终取得伟大胜利。

聚焦"底线基础"，打好"六稳""六保""组合拳"

伴随疫情防控阻击战取得重大战略成果，安徽抓"六保"、促"六稳"，按下复工复产"快进键"，跑出经济建设"加速度"，生产、消费活动逐步复苏，经济社会机体的"元气"快速恢复。

守住"保"的底线。聚焦重点地区、重点企业、重点群体，援企、稳岗、扩就业、保民生并举，开展"进校园、进企业、进园区、进社区，促进就业"专项活动，出台226条托举政策，推动"大带小、上下游、产供销"协同复工复产。

筑牢"稳"的基础。以包地市稳全省、包企业稳发展、包项目稳投资，创新实施"四送一服"专项行动，常态化送新发展理念、送支持政策、送创新项目、送生产要素、服务实体经济。2020年，年度计划实施重点项目6878个、年度计划总投资1.3万亿元，目前已组织全省性五批集中开工现场推进会，累计开工项目1044个、总投资5430亿元。

保持"进"的态势。以积极进取的主动性对冲疫情带来的不确定性，在信息新网络、融合新业态、创新新平台上谋篇布局，夯实"进"的基础、拓展"进"的空间。5月份，全省工业用电增长12.5%，居中部第一；前5个月，全省实现进出口1988.9亿元、增长7.5%。

实践表明，"保"和"稳"是当前工作的基点和支撑。把"保"的重点放在居民就业上，把"稳"的重点放在实体经济上，在疫情防控常态化条件下加快恢复生产生活秩序，就能以保促稳、稳中求进，确保实现2020年经济社会发展目标。

聚焦"创新驱动"，激发高质量发展"新动能"

安徽坚持把创新作为推动发展的最大动力，立足巩固放大优势，危中寻机开辟新赛道，经济"抗压性""反弹力"显著增强。蔚来汽车落地合肥，德国大众重资"投注"，安徽近期在新能源汽车领域频出大手笔，成为关注的焦点。

◎庐江县白湖镇省级现代农业示范区大田里，农户驾驶收割机进行麦收作业。王闽摄

发力"新基建"支撑新动能。加快推进5G布局、天地一体化、江淮大数据中心、先进计算、超算中心特别是算力中心等重大项目，到4月底已建成5G基站8155个，2020年要在原定计划基础上再增加一倍。

提升"产业链"稳定新动能。实施产业链"链长制"、产业集群"群主制"，开展产业基础再造和产业提升强链、延链、补链"三大行动"，促进形成全产业链集聚发展态势。

推动"一体化"催生新动能。携手沪苏浙，抢抓长三角更高质量一体化机遇，启动江宁博望等一批一体化示范区建设，成立江北、江南新兴产业集中区，聚焦新兴产业，加快构建以先进制造业和现代服务业为主导的优势产业集群。

营造"好环境"激活新动能。推深做实"放管服"改革，深化新一轮全面创新改革试验，持续打造市场化、法治化、国际化营商环境。

实践表明，这次疫情是一场危机，但某种程度上也孕育了新的契机。应对危机、抓住契机，要求我们始终牢固树立新发展理念，抓住高质量发展新机遇，变疫情"危机"为发展"转机"，变下行"压力"为创新"动力"，掌握工作主动权，打好发展主动仗。

聚焦"决战决胜"，啃下脱贫攻坚"硬骨头"

安徽坚持战疫与战贫两手抓，弘扬老区精神，部署实施"抗疫情、补短板、促攻坚"专项行动，打响脱贫攻坚"春季攻势"。4月29日，最后一批9个县（区）正式退出贫困县序列，实现了全省31个贫困县全部摘帽，3000个贫困村全部出列，脱贫攻坚取得历史性成就。

瞄准首位重点。坚定不移贯彻习近平总书记在安徽调研时的重要讲话精神，把大别山等革命老区作为首位重点，统筹抓好皖北地区、沿淮行蓄洪区等地区脱贫攻坚，对贫困程度较深的7个县、12个村挂牌督战，集中火力攻克深度贫困堡垒。

突出成果巩固。把巩固脱贫成果摆在更加突出位置，严格落实"四个不摘"要求，健全返贫人口监测帮扶机制，聚焦"三户一体"，推深做实"四带一自"产业扶贫，加大帮扶力度、落实保障政策，把预防返贫致贫的"篱笆"扎得更紧。

推进有效衔接。接续推进脱贫攻坚与乡村振兴有效衔接，着重在观念、规

◎马鞍山经济技术开发区轨道交通装备基地，复工复产后的马钢轨道交通装备有限公司职工检验发往德国的高速动车轮对产品。王文生、徐亮摄

划、机制和政策上实现精准对接、逐步转变，探索建立具有安徽特色的解决相对贫困长效机制，全力让脱贫群众迈向富裕。

实践表明，打赢脱贫攻坚这场硬仗，越往后难度越大、责任更重，越要突出"精准"，坚决克服"懈怠"。做到坚持减存量与提质量并举，在"务实、扎实、真实"上见真章，在"有效衔接"上做文章，确保质量高、成色足、可持续，确保全面建成小康社会一个都不能少。

聚焦"担当作为"，锻造严紧硬实"好作风"

安徽认真学习贯彻习近平总书记关于力戒形式主义、官僚主义的重要论述，深入践行"三严三实"，以永远在路上的恒心和韧劲、以自我革命的勇气和精神，向顽瘴痼疾开刀。

坚持常态化制度化推进。建立以"四个第一"为重点的学习对标制度，对习近平总书记重要讲话和重要指示批示精神，做到组织学习第一时间、谋划工作第一步骤、落实任务第一要求、督查考核第一内容。探索实行党内政治监督谈话制度，把突出政治建设、做到"两个维护"摆在首位。聚焦"四联四增""十查十做"，深化"三个以案"警示教育，以彻底的自我革命精神纵深推进全面从严治党。

坚持发现问题与解决问题并举。针对形式主义、官僚主义"重留痕轻留心、重面子轻里子"等"八重八轻"突出表现，省委常委会形成检视报告，选取典型案例印发警示全省党员干部。制定力戒形式主义、官僚主义正负面清单，推行事前分析研判和评估预防机制，探索建立精准识别、精准量纪、精准问责机制。各级党组织认识到，作风问题特别是形式主义、官僚主义具有反复性和顽固性。必须坚持经常抓、长期抓，在根治顽瘴痼疾上动真格、在减轻基层负担上见真章、在激励担当作为上下真功，把形式主义、官僚主义连根拔起。

（作者：李兵，系安徽省中国特色社会主义理论体系研究中心特约研究员、中共安徽省委宣传部副部长）

福建篇

新　福　建
机 制 创 新
产 业 升 级
以人民为中心

■ **新时代 · 新实践** ···

"活"机制抓机遇 "优"产业谋发展

党的十八大以来，习近平总书记亲自为八闽大地擘画了建设"机制活、产业优、百姓富、生态美"新福建的宏伟蓝图。嘱托，声声入耳；前行，力量倍增。在抗击新冠肺炎疫情的同时，福建省委省政府牢记使命，努力化危为机，以推进"机制活"抓机遇，以促进"产业优"谋发展，以提升"生态美"、落实"百姓富"惠民生，全力为建设新时代新福建开新局，凝神聚力全方位推动高质量发展超越。牢记嘱托，砥砺奋进，八闽大地奏响了一曲曲奋进之歌。

加快体制机制创新，向改革要动力

习近平总书记强调，"要坚持用全面、辩证、长远的眼光分析当前经济形势，努力在危机中育新机、于变局中开新局"。

疫情之下，痛点、堵点频现。抓住"创新"这个关键环节，福建向改革要动力，大力推进体制机制创新，瞄准产业、资金、市场等痛点，出台《关于扎实做好"六稳"工作落实"六保"任务的实施方案》《关于促进中小企业平稳健康发展的若干意见》等一系列新政策，进一步补齐政策链条，化被动为主动，带动经济企稳向好。

惠安百润（中国）有限公司转产一次性民用口罩。企业一方面急需补充流动资金采购原材料，另一方面资产已办理抵押贷款。面对资金困境，在政府部门建议下，这家企业通过"金服云"平台发布融资需求。很快，兴业银行开通

◎牢记嘱托，砥砺奋进，八闽大地奏响了一曲曲奋进之歌。梁健摄

信贷审批"绿色通道"，当天审批当天放款，给予企业新增贷款950万元，利率较普通流动资金贷款下降60%。

疫情防控期间，企业融资需求较多且急，福建省金融服务云平台上线"战疫专区"，为抗疫企业、复工复产企业开辟专属申贷入口，实施在线申请、在线审批，为企业提供一站式全方位综合金融服务。兴业证券发行全国首支券商疫情防控债券，厦门象屿、紫金矿业、福耀玻璃等20多家非金融企业通过发行超短融、中期票据、私募债、公司债、可转债等进行融资。

产业链环环相扣，一个环节阻滞，上下游企业就无法运转。面对疫情对产业链的冲击，福建聚焦上下游产销对接疏堵点，分级分类协调解决企业对于设备、零配件、原材料等需求，切实疏导和打通人流、物流、资金流、信息流、技术流堵点，通过产业循环恢复生产力，通过市场循环培育竞争力，让社会经济生活回归常态化的良性循环。

面对前沿学科融合度不够高等痛点，福建正着力打造一批高起点、高标准的省级创新实验室，建设具有国内外先进水平、福建特色的一流科技创新高地。目前，已先行启动建设光电信息、能源材料、化学工程、能源器件等4家省级创新实验室。其中宁德时代创新实验室已在高能量密度锂离子电池技术等方面取得技术突破，相关技术水平均处于国际前列。

政策"组合拳"精准纾困，成效明显。数据显示，到 3 月底，福建全省用电量、工业用电量已接近 2019 年同期水平，规模以上工业企业、重大项目和重点园区复工复产率超过 99.7%。

凝神聚力，推动新旧动能转换

习近平总书记强调，要坚持不懈推动高质量发展，加快转变经济发展方式，加快产业转型升级，加快新旧动能转换，推动经济发展实现量的合理增长和质的稳步提升。

疫情中，一些传统行业受冲击较大，而数字经济、智能制造、在线消费、在线教育等新兴产业展现出旺盛潜力。福建聚焦产业消费"双升级"，推动形成市场供需的良性互动。

"宅家"时光，让在线教育逆势爆发。疫情发生以来，福建网龙网络公司的 Edmodo 平台活跃用户和新注册用户数量大幅增长。2020 年 3 月，Edmodo 被选定为埃及国家 K12 教育体制的指定远程学习平台。网龙首席执行官熊立透露，公司与埃及政府签署谅解备忘录，计划在三年内完成埃及 26.5 万间移动智慧教室的搭建。

◎游客在海边木栈道穿行。游斐渊摄

◎盛辉集团配合抢运应急防疫物资。资料图片

◎漳州古城风貌。游斐渊摄

　　数字福建是习近平总书记关于数字中国建设的思想源头和实践起点。近年来，"数字福建"建设取得显著成效，电子信息和数字经济成为福建的重

要支柱产业。福建提出，要抓住产业数字化、数字产业化赋予的机遇，加快新型基础设施建设，抓紧布局数字经济等战略性新兴产业，加快形成发展新动能。

爱拼才会赢的民营经济，是福建经济社会发展的重要力量和创造社会财富的活水源头。非常时期，福建给予民营企业"非常关照"，为民营企业提供长期稳定的制度保障、普惠公平的政策支持，持续帮助民营企业转型升级、创新发展。

全国政协委员、福建盼盼食品集团执行总裁蔡金钗说："减税降费政策给民营企业带来实实在在的好处，有力促进了复工复产。"疫情期间集团享受到了社保减半、稳岗补贴、交通补贴、电费优惠等一系列惠企政策。

疫情冲击之下，部分消费需求转移到线上。一段时间来，福建民营企业集中的服装鞋帽、针纺织品等相关企业，通过各大平台进行线上直播、展播。2020年4月"泉州线上产业直播节"期间，县市长领军直播，带动当月服装鞋帽、针纺织品等传统产品实现网络零售额140.6亿元。

"2020年全国两会期间，习近平总书记看望了参加全国政协十三届三次会议的经济界联组委员，并参加联组会。我很荣幸能现场聆听习近平总书记的殷切嘱托！"全国政协委员、厦门恒兴集团有限公司董事长柯希平说，"作为民营企业家，我们要履行好企业的责任与担当，为奋力夺取'双胜利'作出应有贡献！"

切实解决好群众的操心事、烦心事、揪心事

习近平总书记强调，"要坚持以人民为中心的发展思想，扎实做好保障和改善民生工作，实实在在帮助群众解决实际困难，兜住民生底线"。

疫情发生以来，福建对城乡低保、特困人员等救助对象，以及新冠肺炎患者中存在基本生活困难的人员，采取临时救助、低保救助等措施予以扶持。为及时发放救助资金，福建将低保、特困人员救助供养等社会救助审核审批权下放至乡镇（街道），同时积极推行社会救助申请审核审批全流程网上办理，不少地区还开通了临时救助绿色通道。

坚持以人民为中心的发展思想，福建创新举措，开展"暖心信访"，切实

解决好群众的操心事、烦心事、揪心事。

◎游客在东山岛风动石景区游览。陈逸帆摄

在福建龙岩永定区湖雷镇信访评理室，村民刘某说："谢谢你们帮助我们解决困难，这样的评理，我服。"信访评理室是福建推动信访工作重心下移、关口前移的创新举措，由党委政府主导、信访部门主抓、社会力量参与。评理员一般由有公信力的人大代表、政协委员、党员代表和群众代表组成。"信访评理工作，立足'为民解难、为党分忧'，使群众获得公平、快速、便捷的救济。"福建省信访局局长李斌说。

截至 2020 年 6 月，福建省县、乡、村三级共设立信访评理室 14527 个，其中县（市、区）级 95 个，乡镇（街道）级 1103 个，村（居）级 13329 个；评理员队伍达 129778 人，通过评理化解信访事项 8950 件次。

从让高校毕业生顺利毕业、尽早就业，到关爱因疫情在家隔离的孤寡老人、困难儿童、重病重残人员；从保障"菜篮子""米袋子"，到下大力气解决好疫情应对中暴露出来的公共卫生等方面的短板和不足，福建把破解民生难点作为着力点，坚决守住民生底线。心无旁骛，聚焦"机制活、产业优、百姓富、生态美"，新时代的新福建，正朝着梦想奋进！

一座海岛的生态"血脉"

从县委书记谷文昌带领全县人民为改变生存条件而开启的造林与治沙运动，到一任接着一任干所坚持的绿色发展，至今仍在为托起小康梦而全力推进的生态文明试验，福建省东山县的绿色治理探索，已走过了 60 多年的历程。

走进东山，不仅要为这座旅游岛的生态之美而赞叹，更要为东山人民为传承谷文昌精神所进行的矢志不渝的努力而敬佩。

漳州东山岛，福建东南隅一座迷人的海岛。近年来，东山秉持"一岛一景区"发展理念，全力推进生态旅游海岛建设，成为全国十大美丽海岛之首，入选首批"国家全域旅游示范区"创建名单，被作为 33 个国家生态保护和建设典型示范区之一向全国推广。

2020 年，面对突如其来的新冠肺炎疫情，东山如何借力生态优势，重启深受打击的全域旅游，重新走上复苏与发展之路？夏日来临，在碧水、金沙、绿林、奇礁间，已经有不少游客在尽享美好生态。这座福建省第二大海岛正在为加快生态旅游岛建设加倍努力。

守护"生态家底"

生态先行理念，是谷文昌留给东山的重要精神财富。在建设旅游海岛过程中，东山人民将它化为自觉行动。

"作为谷文昌精神的发祥地，我们注重接好谷文昌老书记的生态'接力棒'，努力打通'绿水青山'向'金山银山'的转化通道。几个月来，我们更是开展了一系列巩固'生态家底'的行动。"东山县委书记洪泰伟表示。

"风吹一石万钧动"。作为东山旅游的"经典名片"，风动石景区持续强化生态拓展。风动石景区服务中心主任施朝晖说："疫情闭园期间，我们一刻也没有松懈，对山坡岩石区进行'见缝插针'式的补植覆绿，并组织员工定期清

◎晋江在推动经济社会发展的同时，大力加强生态保护，不断提升城市品位。赖进财摄

理从远方漂来的海漂垃圾，时刻保持景区沙滩的整洁度。"

打造生态旅游海岛，是全民共建共享的好事。东山人民将打造全域旅游景区与建设美好家园合二为一，逐步推进。风动石景区所在的铜山古城，距今600多年历史。"古城中纵横交错着古街古巷，但不少年久失修，致使沿街居民及过往游客通行不便。"顶街社区主任谢紫娟说，"2020年来，顶街社区继续推进古街古巷修建工作，并引导沿街居民做好绿化花化工作，成为铜山古城保护的亮点。"

为保护海水、沙滩和岸线等宝贵资源，东山2020年全面推进大澳渔港养殖清退工作。养殖户郑建立从事鲍鱼养殖已有七八年的时间，面对养殖清退工作，他表示支持。大澳渔港海域共有养殖户128户、海鲜收购排37户、海上餐厅11户，到2020年6月为止全都签订了协议。

东山还将继续实施海湾、海滩、海砂、海岸、海岛"五海"资源保护，推进东南部沙滩修复、盗采海砂整治、海上渔排养殖清退等生态整治工程，为海岛的清新美好"保驾护航"。

壮大"旅游家业"

"2020年5月1日，我们开始推出登岛串岛游，大受游客欢迎。"华毅海上运动产业基地总经理孙康楠介绍，公司还将试水夜捕"小管"的互动体验式项目，进一步深掘海岛旅游经济。

用好"生态资源"，壮大"旅游家业"。一段时间来，东山大力实施南门湾片区改造、海湾公园、鱼骨沙洲综合体、串岛登岛游等旅游项目，让海岛游不断拓体量、提质量。

海湾公园是近年来东山打造生态海岛的重点项目。这里，9 栋听海餐厅建设如火如荼，工人们正抢抓施工进度，进行钢构件吊装。"以前这里是简单的大排档，比较不规范，所以要进行整体提升。在不破坏木麻黄等树木和生态环境的施工原则下，利用林下空间建设听海餐厅。"项目现场负责人林立超介绍。

在"海上仙山"东门屿，一个关于打造"相思岛"的计划正在实施。"2020年 4 月初开始，我们进行相思树、木麻黄套种试验，现已成功种植 1000 多棵相思树。"施朝晖介绍说，"等花期到来时，绿意盎然的东门屿上，会出现一片金黄的相思色，'相思岛'将成为新生网红打卡地。"

从荒山到绿洲，从传统经典景区到新生网红打卡点，这座富有生态气息的海岛越来越受游客青睐。2019 年全县接待游客 721 万人次，实现旅游收入74.92 亿元。当前，东山旅游已经走出疫情影响，风动石、马銮湾等景区再现往日的生机和活力。2020 年 6 月 11 日，从广东自驾而来的游客吴志杰忍不住赞叹："登岛的第一天，我就深深迷恋上这里。"

在东山的谷文昌纪念馆参观，人们能更深切体会到谷文昌精神的时代价值，以及东山生态文明试验的广阔前景。

■ **实践者风采** ···

助力复工复产　重启美好生活

"从大年三十开始，我就到公司上班，正月初三，集团迅即成立应对疫情防控领导小组，我亲自任组长。一路走来，有艰辛，但也看到了信心；有危机，但也看到了转机。"福建盛辉物流集团董事局主席刘用辉表示，"在国家好政策不断支持下，我们对企业的发展前景充满憧憬。"

"始终坚持党的领导，这是我们企业树立信心、渡过难关最大的力量源泉。"刘用辉说，盛辉物流集团虽然是一家民营企业，但党建一直是集团提升领导力与战斗力的法宝。早在2001年，盛辉就成立了党支部，成为福建民营物流企业中第一家成立党支部的企业。2010年盛辉物流党支部升格为党委。公司党委先后荣获全国非公有制企业"双强百佳党组织""全国创先争优先进基层党组织""全省先进基层党组织"等称号。

面对疫情，盛辉集团党委第一时间下发倡议书，引导广大党员干部展示新时代共产党人的政治本色和盛辉员工的精神风貌，号召广大党员干部提高政治站位、强化责任担当、争当先锋模范，积极投身抗疫一线。

有了党员冲锋在前，人员有了基本保障，盛辉物流集团迅速腾出3600平方米场地，用作福州市当时唯一指定疫情物资调度仓库。2020年1月24日，盛辉集团接上级有关部门通知，要求配合抢运应急防疫物资。刘用辉亲自到现场指挥督导，抽调人员成立应急车队，安排人员连夜将防疫物资送达各指定地点。从盛辉集团总部到各地子公司，迅速行动起来，频繁出入高危区域，把宝贵的医疗物资第一时间送到白衣天使手中。集团先后累计派出2800多个车次，为武汉、福州等地区和定点医院运输配送防疫物资。

福州市委组织部授予盛辉集团"抗疫一线先进集体"。公司在疫情期间之所以能逆势而上，既有企业实力与企业文化的支撑，也得益于其创办人刘用辉宽广的视野与强大的社会责任感。从1992年创办盛辉开始，刘用辉始终践行"客户至上，服务社会"的企业宗旨，在抗震救灾、捐资助学、精准扶贫、慈善活动等方面，主动参与，担当责任。近年来，集团各类捐款累计达1600多万元，为社会增加就业岗位数千个。

在谈到企业如何育新机、开新局时，刘用辉表示，福建省委省政府出台了一系列对民营企业的优惠政策，像金融的扶持、行业仓储租赁费用的降低，对企业来说都是雪中送炭。"这几个月，我们不仅锻炼了队伍，也借机强化了管理，优化了运行。"他说，建设新福建，需要八闽儿女凝心聚力、共同绘就，盛辉要做积极有为的参与者、建设者。

■ 启示与思考 ....

以坚定的战略定力推动新福建建设行稳致远

习近平总书记多次强调要树立战略思维、保持战略定力。能不能在风险挑战面前保持坚定的战略定力，既是检验一个政党、一个政权政治品格的试金石，也是实现改革发展稳定的压舱石。党的十八大以来，习近平总书记对福建工作作出了一系列重要讲话和重要指示批示，特别是亲自擘画了建设"机制活、产业优、百姓富、生态美"的新福建宏伟蓝图，为福建发展赋予了重大使命、指明了前进方向、提供了根本遵循。面对新冠肺炎疫情对经济社会发展带来的影响和日益增多的风险挑战，福建省深入学习贯彻落实习近平总书记重要讲话和重要指示批示精神，努力在危机中育新机、于变局中开新局，全方位推动高质量发展超越，以坚如磐石的战略定力推动新福建建设行稳致远。

以滴水穿石的韧劲谱新篇

咬定发展目标不松劲。新时代新征程，我们前进的道路不可能风平浪静，面临的风险考验只会越来越复杂，只有始终保持战略定力，不断攻坚克难、化危为机，才能创造新的更大奇迹。面对疫情带来的挑战，福建紧紧围绕建设新福建、全方位推动高质量发展超越的战略目标，贯彻落实党中央决策部署，大力弘扬"四下基层""四个万家""马上就办、真抓实干""滴水穿石、久久为功"等优良作风，咬定青山不放松，一张蓝图绘到底，心无旁骛、一步一个脚印垒起新福建建设的宏伟大厦。

坚持改革创新不止步。面对疫情对经济社会造成的冲击，以习近平同志为核心的党中央作出扎实做好"六稳"工作、全面落实"六保"任务等一系列重大决策部署，为恢复经济社会发展指明方向。福建省对标对表党中央决策部署，根据疫情发展不同阶段的新变化新特点，出台一系列硬招实招。特别是出台做好"六稳"、落实"六保"的43条措施，组织实施一二三产业"百千"增产增效行动等兼顾短期效应和长期效益的"八项行动"，对全面推进复工复产、达产超产和加快恢复经济社会发展起到了有力的推动作用。在此基础上，福建还着眼未来发展，聚焦主导产业、战略性新兴产业和区域特色重点产业，强化制度创新和科技创新，积极探索创新人才引培、科研攻关等体制机制创新，努力建设一批科技创新高地，为新一轮发展打牢创新根基。

◎文艺工作者在福州历史文化街区三坊七巷进行文艺表演直播。新华社发

坚持为民造福不动摇。面对突如其来的新冠肺炎疫情，福建按照习近平总书记"坚持把人民生命安全和身体健康放在第一位"的重要要求，严守"四道关口"、严把"三道防线"、织密织牢疫情防控"五张网"，构建起联防联控、群防群治的严密防控体系，全力打好疫情防控阻击战。面对疫情对决战决胜脱贫攻坚战和实现全面建成小康社会目标任务的影响，福建坚持靶心不偏、焦点

不散、标准不变，出台应对新冠肺炎疫情影响决战决胜脱贫攻坚的 19 条措施，科学施策、精准发力，确保高质量打赢脱贫攻坚战，确保"全面小康路上一个也不能少"。同时，聚焦国家生态文明试验区建设，实施福建省生态环境监管能力建设三年行动方案，为人民美好生活持续打造天更蓝、山更绿、水更清的优美环境。

以善作善成的干劲育新机

坚持统筹推进。面对疫情带来的经济运行压力，福建采取一系列措施统筹推动消费、投资和出口，努力寻找更多新的增长点、增长极。在消费方面，着力扩大内需，通过组织开展"全闽乐购"促消费线上线下活动、向市民发放消

◎在宁德时代新能源科技股份有限公司，工程人员在做产品测试。新华社发

费券等方式，全方位推动复商复市。在投资方面，把强化高质量投资作为有效应对疫情冲击的重要举措，围绕"两新一重"加快布局和建设一批好项目、大项目，为全方位推动高质量发展超越提供硬支撑。在外贸方面，出台稳外贸稳外资促消费工作 26 条和"加强版"28 条措施，大力发展跨境电商业务，利用外资实现逆势上扬。

实施重点突破。疫情防控常态化之下，推进新福建建设再出发既要讲究统筹兼顾，又要注重抓主要矛盾和矛盾的主要方面，做到牵一发而动全身、落一子而活全盘。民营经济约占福建经济总量的2/3，贡献全省80%的就业岗位，是支撑经济社会发展的重要力量。疫情对民营企业特别是中小民营企业冲击较大，对此，福建让"措施""服务"跑在前面，积极帮助民营企业纾难解困，持续帮助民营企业转型升级、创新发展。疫情期间，线上消费和数字经济实现较快增长，福建抓住产业数字化、数字产业化机遇进行谋篇布局，先后出台加快5G产业发展、加快线上经济发展等政策措施，持续发力新基建、新产业、新业态，数字福建建设再上新台阶。此外，福建还以产业链中的优势企业为抓手，推动全产业链增产增效，许多中小企业在龙头企业的带动下实现稳产、达产、超产，稳住了实体经济基本盘。

强化底线思维。坚持以提高底线思维能力坚定战略定力，着力防范化解重大风险。就业是民生之本，就业稳则人心稳、大局稳。面对疫情影响，福建千方百计保居民就业，在全国较早开展农民工返岗复工"点对点、一站式"服务保障工作，出台促进高校毕业生就业"20条措施"，加大对贫困劳动力的就业扶持，一系列举措确保了全省就业局势的总体稳定。与此同时，疫情对各地财政收入影响较大，而落实疫情防控和保民生的刚性支出却进一步加大，基层财政收支矛盾突出。对此，福建及时采取加大转移支付力度、加快资金下达进度等一系列举措补足基层财力，切实兜牢基层保基本民生、保工资、保运转的底线。

以敢拼会赢的闯劲开新局

向海而生的福建人具有敢闯敢干、爱拼会赢的胆略和气势。在改革开放的历史进程中，福建探索出民营经济发展的"晋江经验"、摆脱贫困的"宁德模式"、点绿成金的"长汀经验"，为全国改革发展提供了福建经验。在更高起点上建设新福建，要大力发扬敢拼会赢的闯劲，以主动求变的政策举措寻求高质量发展的新路。

更加重视创新驱动作用。推动新福建建设再出发，既要有"咬定青山不放松"的坚韧、"不破楼兰终不还"的决心，还要有准确识变、科学应变、主动

◎南平建瓯市小桥镇阳泽村村民在葡萄园修剪果穗。新华社发

求变的创新意识，善于从危机、困难中捕捉和创造新机遇。要始终把创新作为高质量发展超越的第一驱动力，抓紧布局数字经济、生命健康、新材料等战略性新兴产业、未来产业，在核心技术攻关、新型基础设施建设、产业结构升级和融合发展等方面实现新突破，推动产业向高端化、绿色化、智能化、融合化方向发展。

推动更高水平对外开放。福建是我国最早实施对外开放政策的省份之一、海上丝绸之路的重要起点，具有发展开放型经济的基础和优势。这次疫情使全球贸易受到前所未有的冲击，但福建外贸却呈现出逆势上扬的强劲态势。面向未来，要兼顾疫情防控和对外经贸合作，不断提升对外开放的广度和深度，特别是要主动融入国家开放大局，在"一带一路"建设中有更大作为。同时，要进一步深化闽台交流与融合发展，着力打造对台合作先行区、台胞台企登陆的第一家园。

大力发扬担当作为精神。面对统筹做好疫情防控和经济社会发展的大战和大考，福建加强党的领导，主动担当，积极作为，以实际行动增强"四个意识"、坚定"四个自信"、做到"两个维护"。在更高起点上建设新福建，需要继续以敢闯敢干的勇气和敢拼会赢的担当，咬定目标任务，聚焦问题短板，保持战略定力，克服官僚主义、形式主义等不正之风，真抓实干，埋头苦干，乘势而上，书写新福建建设新篇章。

（作者：黄清波，系福建省中国特色社会主义理论体系研究中心特约研究员、福建师范大学纪委书记）

甘肃篇

脱贫攻坚
"一带一路"建设
文旅产业

■ 新时代·新实践 ···

全力以赴稳增长　凝智聚力惠民生

党的十八大以来，习近平总书记两次赴甘肃考察调研，对甘肃寄予殷切期望，并作出重要指示："全面做好稳增长、促改革、调结构、惠民生、防风险、保稳定各项工作，深化脱贫攻坚，加快高质量发展，加强生态环境保护，保障和改善民生"。这为甘肃的发展指明了前进方向。甘肃深入学习贯彻习近平总书记重要讲话和重要指示精神，努力谱写加快建设幸福美好新甘肃、不断开创富民兴陇新局面的时代篇章。

多措并举"拔穷根""挪穷窝"

6月9日，甘肃省深度贫困地区脱贫攻坚现场推进会在陇南市召开，甘肃省各级领导齐聚陇南，只为一个共同的目标——坚决打赢脱贫攻坚战。甘肃全省 3720 个深度贫困村，大多地处偏远、山大沟深，要么十年九旱，要么高寒湿冷，不少村子缺乏基本的生存发展条件，加上交通等基础设施建设滞后，信息闭塞，社会发育程度低，脱贫难度极大。

素有"陇上江南"之称的陇南虽风景旖旎、山川秀丽，但这里贫困面积大、贫困程度深、扶贫难度大，是全省乃至全国脱贫攻坚的主战场。在各方的关注和支持下，陇南以"弱鸟可望先飞、至贫可能先富"的勇气和"敢死拼命"的精神向贫困发起总攻，探索出了片区扶贫、产业扶贫、电商扶贫、旅游扶贫、金融扶贫、生态扶贫等有效路子。现在，陇南核桃、花椒、油橄榄、中药材等农业特色主导产业和放养鸡、食用菌、中华蜂等区域性优势产业不断崛

◎扶贫干部在平凉市白家山村土鸡养殖户家中查看鸡苗的生长情况。新华社发

起，老百姓的钱袋子鼓了，笑容也甜了，生活犹如芝麻开花节节攀高。

陇南的发展史，就是一部与贫困作斗争的抗争史，给其他地区打造了脱贫攻坚"样板"。2013 年 2 月，习近平总书记先后来到海拔 2400 多米的定西市渭源县元古堆村和海拔 1900 多米的临夏回族自治州东乡族自治县布楞沟村，入户看望老党员和困难群众。他强调，党和政府高度重视扶贫开发工作，特别是高度重视少数民族和民族地区的发展，一定会给乡亲们更多支持和帮助，乡亲们要发扬自强自立精神，找准发展路子、苦干实干，早日改变贫困面貌。

曾被称为"烂泥沟"的元古堆村，2012 年全村人均收入 1466 元，贫困发生率高达 57%。有了国家"撑腰"，村民们"誓与贫困抗争到底"的决心倍增。2018 年成了元古堆的脱贫摘帽"元年"，人均可支配收入超过 1 万元，6 年增加近 6 倍，贫困发生率降至 1.83%，整村退出贫困序列，告别世世代代的绝对贫困。

对分散居住在深山石山、极端干旱或者高寒地区的贫困群众，甘肃始终坚持分类施策、因地制宜选择搬迁方式和安置点。以武威为代表的河西地区，主要依托祁连山生态保护、石羊河流域治理等工程，以水定地、以地定人实施搬迁；以定西为代表的中部干旱区和以庆阳为代表的陇东能源基地，主要依托县城、小城镇、中心村、工业园区等就近集中搬迁安置；以陇南为代表的南部山区，坚持依山就势，通过插花安置、城镇化安置等方式，最大限度解决"人往哪里去、地从哪里来"的问题。

截至 2019 年底，甘肃 75 个贫困县中已有 67 个县脱贫摘帽，藏区实现整体脱贫。"按照'两不愁三保障'脱贫基本标准，目前甘肃'两不愁'已全部实现，'三保障'即教育、医疗、住房三个领域重点任务基本实现清零达标。"甘肃省委书记林铎表示。

◎黄河兰州段两岸的公园、景点密布。新华社发

抢抓"一带一路"机遇，构建开放新格局

随着共建"一带一路"走深走实，兰洽会作为甘肃省促进招商引资、对外开放、经贸合作的重要平台，不断与时俱进、创新升级。2020 年 7 月 2—5 日举办的第 26 届兰洽会，足不出户，便可和来自全球的企业进行贸易洽谈，这也是兰洽会自 1993 年举办以来，首次以线上为主、线上线下相结合的方式举办。

◎ 2020 年 6 月 5 日，甘肃首开"中吉乌"公铁联运国际货运班列。新华社发

　　第 26 届兰洽会以"深化经贸合作、共促绿色发展"为主题，开发搭建了"兰洽会在线"线上平台。线上平台设置了展览、推介、销售等功能，可全年开展线上招商引资、展览展销。此外，本届兰洽会同时举办丝绸之路合作发展高端论坛、线上推介对接等活动。客商"云"游虚拟展馆，可详细了解"一带一路"沿线国家的特色产业和产品。据统计，此次签约合同项目共计 587 个，签约总额 2730 亿元。

　　甘肃地理区位独特，交通物流四通八达，矿产、能源、农业、文化旅游等资源禀赋优越，"一带一路"建设给甘肃发展带来了极大机遇。

　　近年来，甘肃乘着"一带一路"建设的东风，凭借良好的发展机遇和日渐改善的投资环境引起了海内外投资者的高度关注，兰洽会签约项目规模和质量也逐年提升。"当前，我们正深入贯彻落实习近平总书记重要讲话和指示精神，围绕打造文化、枢纽、技术、信息、生态'五个制高点'，加强同'一带一路'沿线国家和地区开展实质性、多领域合作，加快构建内外兼顾、陆海联动、向西为主、多向并进的开放新格局。"林铎表示。

　　甘肃自古就是连接西域和中原的重要地区，"一带一路"建设的深入实施

◎张掖市花寨乡余家城村订单农业制种油菜基地，一派繁忙的丰收景象。保庭浩摄

◎敦煌研究院讲解员为香港大学生讲解莫高窟历史。新华社发

使甘肃再次成为中国向西开放的前沿门户。甘肃省也逐步成为次区域合作战略

基地，特别是通过建设国际空港、国际陆港、保税物流区，运营中欧、中亚、南亚国际货运班列等，甘肃的开放水平不断提高，正迎来新的重大发展机遇。

如今，兰州陆港已成为国家"一带一路"建设和西部大开发战略的重要节点和枢纽。"现在，中亚、南亚、西部陆海新通道国际货运班列已实现常态化发运。"甘肃（兰州）国际陆港管委会经济发展招商处副处长祁国嘉表示，新冠肺炎疫情期间，甘肃（兰州）国际陆港在抓好疫情防控的同时，持续加大招商力度，坚持联系不断、沟通不断，通过电话、视频、发招商函等方式密切跟踪联系有投资意向的企业。数据显示，2020 年甘肃（兰州）国际陆港目前已发运班列 39 列，货重约 3.9 万吨，货值约 1.9 亿元。

甘肃作为牵引东西、连接欧亚的西部重要省份，历史上曾是古丝绸之路的"锁钥之地"。如今，这一"锁钥"在"一带一路"建设带动下，正日益成为沟通东西、连接南北的"通途"。

多元融合激发文旅产业新活力

甘肃省是中华民族和华夏文明的重要发祥地之一，也是丝绸之路文化与黄河文化的交汇地，更是陕甘边区的重要组成部分和红军长征的主要途经地、会师地。文化资源丰富、类型多样，民族文化、伏羲文化、丝路文化、红色文化等构成了甘肃独一无二的文化"美景"。

此外，甘肃作为中华农耕文化的发祥地之一，陇东黄土地、黄河两岸孕育了早期发达的农耕文明；多民族交流融合，造就了百花齐放的民俗文化，东乡、保安、裕固等少数民族风情浓郁，白马藏族、雪山蒙古族民俗民风独具魅力。而以铜奔马为代表的张掖丹霞、黄河石林、敦煌月牙泉等一批世界级的自然奇观也成为甘肃一张张亮丽的新名片。

没有文化的旅游是没有生命力的旅游。在国家相关政策的引领之下，甘肃凭借着丰富的文化旅游资源和"一带一路"建设机遇，进一步促进文化与旅游业融合发展。近年来，甘肃省作出了发展十大生态产业的决定，文化旅游就位列其中，丝绸古道三千里，黄河文明八千年，经过不懈努力，甘肃文化与旅游业融合发展升温迅速。"十三五"期间，甘肃文旅产业以融合发展为引领，保持了整体平稳的发展态势，产业增加值占地区生产总值比重超过 8%，在十大生态产业中居于首位，对全省经济社会的影响和贡献更加举足轻重。

文化是旅游的灵魂，旅游是文化的载体。甘肃按照"宜融则融、能融尽融"的理念，推动文化和旅游在理念、职能、产业、市场、服务等方面深度融合发展，持续放大文化旅游业综合效应，将这一资源优势转化为经济优势。2019年"一会一节"首次联合举办，从甘南开幕到敦煌闭幕，荣获博鳌国际旅游奖"年度节庆活动榜"大奖，被文旅部誉为"文旅融合"的典范。

此外，甘肃还通过实施"文旅+"战略，加快推进文化旅游与农业、体育、教育等领域融合发展，衍生文化旅游新业态、新产品。

一步一画卷，一路越千年。如今，甘肃深厚的文化底蕴与丰富的旅游资源多角度、全方位融合发展，极大地激发了文旅产业的活力。

■ **长 镜 头** ....

黄河之滨赛江南

"兰州好，景物胜当年。昔日无风三尺土，而今万里碧云天，爽气沁心田。兰州好，好景在滨河。万里笼荫遮玉路，长天连水剪鳞波，俩俩踏青歌。"词人邬惕吾吟咏的"滨河""玉路"，指的正是滨河路黄河风情线。

黄河之于兰州，宛如一条飘落的飞天锦带，城市在河流两岸延展。依托黄河两岸的风景名胜，2000年起，兰州市动工建设了一条长约40公里的滨河路。

一位"老兰州"说："当初开始改造滨河路的时候，叫作'十里黄河风情线'，没过几年，就改称'四十里黄河风情线'了。现在，人们都习惯叫它'百里黄河风情线'了。"

新中国成立后，兰州市为缓解中山桥头交通拥挤，对桥南侧10公里的区域进行了道路修整，成为滨河路最早的雏形。

经过多年建设，黄河风情线不断延长、扩大，融山水自然、人文胜迹于一体，成为代表兰州城市形象的重要标志。黄河母亲雕塑、中山桥、白塔山、金城关、水车园、音乐喷泉、体育公园等一批景点使风情线日益亮丽多姿。

2020 年，兰州市以"黄河风情线大景区"为核心概念，构建黄河两岸生态旅游体系，整合兰州市域范围内沿黄区域旅游资源，大力发展全域旅游，建设集游客服务、休闲购物为一体的大型旅游综合体，塑造"日游金城、夜游黄河"核心品牌。

兰州古称金城。黄河风情线景观带是兰州市着力打造的四个"夜金城"地标之一。每当夜幕降临，黄河两岸流光溢彩，白塔铁桥遥相辉映。金城关古建筑群的古朴典雅，中山铁桥的百年气韵，在水月的映衬中，让这座古老的不夜城显得灵动又充满活力。

夏日晚风中，"乐动金城 声醉兰州"音乐展演正在黄河之滨上演。展演自 6 月 6 日启幕以来，计划持续 120 天、演出千余场次。来自全国各地的民谣乐队、音乐人、市民团体等，将为兰州市民带来流行、民谣、摇滚、民乐、西洋乐、曲艺、舞蹈等多种形式的艺术盛宴。

"我每天来黄河边走一万步。"在兰州市安宁区北滨河路的健身步道上，市民王先生拿出手机拍摄天空，他说："这几年兰州的天越来越蓝了，随手一拍就是美图。"

天更蓝了，山更绿了，环境更美了，是近年来兰州市民的共识。黄河水生态持续改善，近 20 年黄河兰州段水质连续 100% 达标。南北两山绿化面积已达 60 万亩，成为全国八个"生态文化示范基地"之一。兰州市突破性地摘掉多年来"世界上大气污染最严重城市之一"的"黑帽子"，打造了国内外瞩目的"兰州蓝"，在巴黎世界气候大会上荣获"今日变革进步奖"。

7 月的马拉松主题公园内，马鞭草随风摇曳，游人在紫色花海中流连忘返。马拉松主题公园马鞭草花海，与市民公园牡丹园、绿色公园月季园、廉政文化公园石竹园等特色景观，让"金城"摇身变"花城"。

在黄河风情线大景区核心段，数量众多的篮球场、网球场、羽毛球场、沙滩足球场、乒乓球台随处可见，方便市民健身的沿河运动休闲带已初步形成。"做好黄河文章""打造精致兰州"的理念中处处渗透着以人民为中心的发展思想。

兰州市委书记李荣灿强调："要充分利用黄河穿城而过的特殊优势和第二

水源地的富余水资源，把河洪道综合治理与城市生态水系建设相结合，着力打造城市生态水系，努力让'水润金城、水秀金城、水富金城'变为现实，打造名副其实的'黄河之都'。"

■ **实践者风采** ·····························

古浪县八步沙林场场长郭万刚：
把沙治住，才能把家守住

"春秋季植树任务比较重，现在是夏季，管护任务也比较重。"年近古稀的郭万刚依然忙碌。作为古浪县八步沙林场场长，他每天早上 5 点就起床，晚上 10 点才休息。

2019 年 8 月 21 日，习近平总书记来到距离甘肃省武威市古浪县城 30 多公里的八步沙林场考察调研。正是郭万刚向习近平总书记介绍了八步沙林场的防沙治沙情况。

回忆起当时的情景，郭万刚说："我们感受到了习近平总书记的关心，今后一定不辜负期望，一代接着一代干下去，把八步沙治理得更好。"

古浪县是全国荒漠化重点监测县之一，境内沙漠化土地面积超过 200 万亩。八步沙林场位于腾格里沙漠南缘，是古浪县最大的风沙口。昔日这里风沙肆虐，以每年 7.5 米的速度吞噬着农田村庄，"秋风吹秕田，春风吹死牛"。

20 世纪 80 年代初，当地六位老汉在承包沙漠的合同书上摁下手印，誓用白发换绿洲。近 40 年过去了，"六老汉"的后代们接过父辈的铁锹，继续治沙造林事业。

据测算，八步沙林场管护区内林草植被覆盖率由治理前的不足 3% 提高到现在的 70% 以上，形成了一条南北长 10 公里、东西宽 8 公里的防风固沙绿色长廊，确保了干武铁路及省道和西气东输、西油东送等国家能源建设大动脉的通畅。

2019 年 3 月，中宣部授予八步沙林场"六老汉"三代人治沙造林先进群体"时代楷模"称号。

郭万刚作为第二代治沙带头人，已经在沙漠干了近 40 年。2003 年到 2020年初，他带领林场完成治沙造林 6.4 万亩，封沙育林 11.4 万亩。

"过去八步沙地区，每年十级以上的大风要刮五六次，但是现在刮风次数减少了，级别也降低了。"郭万刚介绍，在林场的涵养下，附近地区林草丰茂，全县风沙线后退了 15 公里。

过去一年来，八步沙林场累计完成植树造林面积 23000 余亩。在郭万刚带领下，林场职工的收入也在逐年增加。

2018 年，八步沙林场按照"公司＋基地＋农户"模式，在黄花滩移民区流转 2500 多户贫困户的 1.25 万亩土地发展经济林，通过特色产业帮助贫困户脱贫致富。林场还成立了林下经济养殖合作社，养殖沙漠"溜达鸡"，年收入可达 20 万元。

"我们职工一年能收入六七万元。种好自己的 30 亩口粮地，再搞搞养殖业，闲时打工挣钱，生活没有经济上的烦恼。"郭万刚说。

2020 年疫情形势好转以来，绿色生态游迅速回暖。连日来，前往古浪县八步沙林场"六老汉"治沙纪念馆和治沙现场参观学习的市民及游客络绎不绝。当林场有游客来访时，郭万刚也会负责一些接待和讲解工作。

"正是由于八步沙林场几十年的坚守，保住了当地的耕地、村庄，也改善了当地的人居环境。"郭万刚说，"下一步，我们打算把八步沙打造成旅游文化的精品地段，让更多人了解八步沙林场是怎样让沙漠变为绿洲的。"

■ **启示与思考** ···

奋力开创富民兴陇新局面

2019 年全国两会期间，在参加甘肃代表团审议时，习近平总书记指出要

◎庄浪梯田。庄浪县委宣传部供图

"不断开创富民兴陇新局面";8月,习近平总书记在甘肃考察时对脱贫攻坚、生态环保、管党治党等重点工作再次作出重要指示,为我们指明了前进方向、提供了根本遵循。

近年来,甘肃省委省政府坚持以习近平总书记对甘肃重要讲话和重要指示精神为总揽,深入学习贯彻习近平新时代中国特色社会主义思想,坚决贯彻落实党中央一系列决策部署,立足甘肃在全国发展大局中的职能定位,聚焦"不断开创富民兴陇新局面"的目标任务,与时俱进完善政策举措,齐心协力狠抓工作落实,推动全省各项事业取得新成绩、发生新变化。

聚焦深度贫困构建脱贫攻坚新体系

甘肃是全国脱贫攻坚任务最重的省份之一。近几年,甘肃认真落实习近平总书记重要指示,以深度贫困地区为重点,以"一户一策"为抓手,健全完善体系,理顺体制机制,全力打好深度贫困歼灭战。健全政策体系,制定出台深度贫困县脱贫攻坚实施方案和应对新冠肺炎疫情扶持政策,组织开展"3+1"冲刺清零后续行动和"5+1"专项提升行动,解决深度贫困地区难题。健全产业体系,构建起生产组织、投入保障、产销对接、风险防范体系,培育壮大

"六大特色产业"和"五小产业",基本实现了县有主导产业、村有致富产业、户有增收项目的目标。健全责任体系,实施五级书记走访贫困对象行动,对 8 个未摘帽县挂牌督战、按月调度,强化与东部四市和中央定点扶贫单位的衔接沟通,实施最严格的脱贫攻坚成效考核,督促各级领导干部凝心聚力抓扶贫。健全工作体系,组织开展"转变作风改善发展环境建设年"活动,部署开展形式主义、官僚主义集中整治行动,深入推进扶贫领域腐败和作风问题专项治理,引导各级干部盯细节、抓过程、提质量、保结果,各项工作取得了明显成效。过去三年,甘肃省深度贫困地区累计减贫 161.34 万人,35 个深度贫困县已有 27 个脱贫摘帽,3720 个深度贫困村已有 3346 个实现脱贫,全省脱贫攻坚取得决定性进展。

2020 年是全面建成小康社会收官之年。甘肃将紧紧扭住"全部脱贫""全部摘帽""解决区域性整体贫困问题"的目标要求,把产业增收、就业增收、经营性增收、财产性增收、政策性增收等渠道统筹起来,紧盯脱贫摘帽县的贫困存量、非贫困地区的贫困人口、返贫和新出现的贫困人口,全覆盖、零遗漏开展工作,确保如期完成决战决胜脱贫攻坚目标任务,确保同全国一道全面建成小康社会。

聚焦转型升级增强经济发展新动能

甘肃是国家在西部布局的重要老工业基地。为加快经济高质量发展,甘肃坚定贯彻新发展理念,深化供给侧结构性改革,推动经济不断提质增效。2020 年以来,甘肃先后出台促进经济持续健康发展的"55 条意见"、支持中小微企业发展的"36 条措施"等政策文件,制定出台做好"六稳"工作、落实"六保"任务的工作方案,打造经济增长新引擎,增强经济发展新动能。向产业要动能,制定实施"十大生态产业"项目包抓责任制办法,推进传统产业"三化"改造,加快"新基建"布局建设,实施了一批重大项目。向创新要动能,加大科技成果转化运用,支持兰州白银国家自主创新示范区建设,制定加强金融服务民营企业若干配套文件,推动"大众创业、万众创新"形成新气象。向改革要动能,落实更大规模减税降费政策,制定营商环境评价工作实施方案,省属企业混合所有制改革稳步推进,增强了经济发展活力。向开放要动能,出

◎在家门口打工的农民正在处理黄芪。宋喜群摄

台融入"一带一路"打造"五个制高点"的规划和方案，做好"巩固东连、向西为主、深耕南向、促进北拓"文章，初步构建起陆路海路联动、文化经贸互促的开放格局。

面对新形势新任务，甘肃将坚定不移推动经济高质量发展，全面做好疫情防控常态化条件下经济社会发展工作，牢牢坚持以保促稳、稳中求进，强化"六稳"工作，守好"六保"底线，通过精准施策对冲疫情影响，通过扩大内需拉动消费增长，通过加强调度稳定经济运行，争取经济增长保持在合理区间，为全面建成小康社会打下更加坚实的基础。

聚焦系统治理筑牢生态安全新屏障

甘肃是黄河、长江上游的重要水源涵养区，在保障国家生态安全中具有举足轻重的地位。近年来，甘肃把生态环境保护作为历史责任和底线任务，牢固树立"绿水青山就是金山银山"的理念，统筹推进山水林田湖草治理，全省生态环境质量明显好转。下决心抓整治，祁连山生态环境问题整改已完成保护区矿业权分类退出、水电站分类处置、旅游设施分类建设，习近平总书记考察时给予"由乱到治，大见成效"的评价。出硬招抓修复，扎实推进祁连山国家公园、大熊猫国家公园体制试点，加快实施祁连山、渭河源区、"两江一水"等重点区域流域生态治理规划，生态修复取得阶段性成果。建机制抓责任，建立了河湖问题报告、工作研判转办、完成情况反馈等制度，制定出台生态补偿、损害赔偿、执法监管等地方法规标准，探索实施横向和纵向生态补偿机制，推动生态环境保护迈入法治化、规范化轨道。重谋划抓长远，扎实推进黄河流域生态保护和高质量发展，设立水利、生态修复、污染防治、产业发展、文化旅游5个专责组，全面开展理论研究、规划编制和流域普查等工作，加快推进理论库、政策库、技术库、项目库建设，目前已储备项目212项，估算总投资6000亿元。

加强生态文明建设，需要久久为功地抓下去。甘肃将把生态环保摆在重要位置，正确处理开发和保护的关系，推动全省生态环境质量持续好转。特别是深入实施好黄河流域生态保护和高质量发展战略，突出甘南黄河上游水源涵养区和陇中陇东黄土高原区水土治理两大重点，坚持综合治理、系统治理、源头治理，为黄河生态保护作出应有贡献。

聚焦以人为本提升民生改善新高度

习近平总书记指出，让老百姓过上好日子是我们一切工作的出发点和落脚点。甘肃认真贯彻落实习近平总书记重要指示精神，把增进民生福祉作为大事来抓，近3年民生支出占财政支出的比例都在80%左右，城乡居民人均可支配收入保持较高增幅，全方位提升民生保障水平。提升就业创业水平，重视做好高校毕业生、农民工、退役军人、残疾人等重点群体就业工作。疫情发生后，采取针对性更强、覆盖面更大、效果更明显的政策措施，保障各类群体就业创业。提升公共服务水平，义务教育阶段学校全部达到国家"20条底线"要求，县乡村医疗机构和人员"空白点"全面消除，文化事业和文化产业得到快速发展。提升社会保障水平，全面建成覆盖城乡居民的社保体系，贫困家庭参加基本养老保险实现全覆盖，疫情期间大规模减免企业社会保险费、缓缴社会保险费，全力保障困难群体生活。提升平安建设水平，深入推进扫黑除恶专项斗争，健全"六位一体"社会治安防控体系，创新发展新时代"枫桥经验"，

◎打酥油的甘南州藏族女孩。宋喜群摄

完善落实多元化纠纷解决机制，保持了社会和谐稳定的良好局面。

甘肃将高度重视做好民生工作，全力办好各领域群众关切的事情，坚决兜牢民生底线。尤其是针对疫情影响，把稳就业作为重中之重，通过实施援企稳岗政策、就近吸纳就业、鼓励创业就业、支持灵活就业等方式，让人民群众就业有门路、增收有来源，不断增强群众的获得感、幸福感和安全感。

聚焦政治建设谱写管党治党新篇章

党的十八大以来，习近平总书记和党中央对党的建设作出了一系列重大决策，推动全面从严治党不断向纵深发展。甘肃深入贯彻新时代党的建设总要求，切实提高党的建设质量，努力强化党的建设措施，为事业发展提供坚强保证。强化政治建设，教育引导全省各级党组织落实政治建设责任，把做到"两个维护"作为最根本的政治纪律和政治规矩，始终在政治立场、政治方向、政治原则、政治道路上同以习近平同志为核心的党中央保持高度一致。强化主题教育，分两批组织开展"不忘初心、牢记使命"主题教育，深入学习贯彻习近平新时代中国特色社会主义思想，健全完善了传达学习、研究部署、督促检查、报告反馈、考核评估、追责问责等工作机制。强化干部选用，贯彻新时代好干部标准，加大优秀年轻干部培养使用力度，将事业单位人才引进由事前审批改为事后备案，打造忠诚干净担当的高素质干部队伍。强化组织功能，深入推进党支部标准化建设，丰富拓展"甘肃党建"信息化平台，基本建立起了覆盖农村、国有企业、机关、事业单位、"两新"组织等各领域党建工作的标准化体系。强化反腐倡廉，始终保持反腐败斗争高压态势，规范各级领导干部权力运行，整治不担当不作为问题，制定出台容错纠错实施办法，形成了激浊扬清、干事创业的良好环境。

加强党的建设、推动全面从严治党永远在路上。甘肃将牢牢扛起管党治党政治责任，坚持以党的政治建设为统领，统筹推进党的思想、组织、作风、纪律、制度建设和反腐败斗争，不忘初心、牢记使命，组织引导全省各级各方面坚决贯彻党中央决策部署，不断开辟甘肃发展的新气象，奋力开创富民兴陇的新局面。

（作者：中共甘肃省委政策研究室）

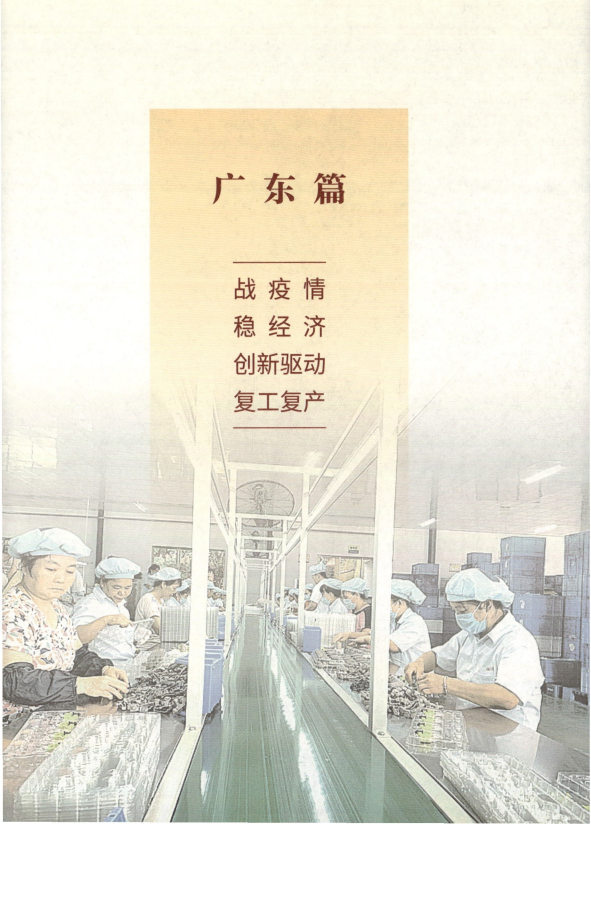

广东篇

战 疫 情
稳 经 济
创新驱动
复工复产

务实举措推动创新发展

2020 年 5 月 28 日,随着现场指挥人员一声令下,数十台钩机集中开动,广州和清远携手举行中新广州知识城、广清经济特别合作区重大平台建设启动暨广州开发区、广州高新区 2020 年第二季度重大项目集中动工活动,142 个项目按下签约动工"快进键",总投资高达 1842 亿元。

当前,作为经济总量连续 30 年领跑全国的广东,正在统筹推进疫情防控和经济社会发展,聚力"六稳""六保",奋力破"疫"前行,经济社会复苏势头强劲,向好态势明显。

破"疫"前行,经济社会复苏势头强劲

广东是经济大省、人口大省,对外开放程度高、流动人口多、人员交流频繁。疫情防控,广东从未松懈。"进入常态化防控,绝不意味着防控措施可以松一松、歇一歇。"广东省卫生健康委党组书记、主任段宇飞强调说。

广东在严格做好疫情防控的前提下,推动重大项目开工建设,切实发挥好有效投资关键作用,不断加大新投资项目开工力度,加大试剂、药品、疫苗研发扶持力度,推动生物医药、医疗设备、5G 网络、工业互联网等加快发展。

广东深谙经济社会是一个动态循环系统,不能长时间停摆的道理,熟稳迎战疫情,效率就是生命;复工复产,时间就是金钱。一手战疫情,一手稳经济,夺取疫情防控和实现经济社会发展目标双胜利,危中寻机、积极应对。

2020 年 5 月 28 日,多个重大项目集中动工当天,广州和清远两个会场通

◎广东省英德市连樟村的扶贫车间。吴春燕摄

过 5G 网络视频连线，一南一北"播种"重大项目。在位于中新广州知识城的主会场，科教创新城、大科学装置区等多个科技创新平台，多所知名高校、科研院所重点项目启动建设。而在粤北广清经济特别合作区会场，广东省公共卫生应急物资产业园启动，由中国工程院院士瞿金平创建的华南理工大学聚合物新型成型装备国家工程研究中心，也在广佛（佛冈）产业园设立分中心。

目前，在严格做好疫情防控的前提下，广东百强工业企业已全部复工复产，大型外资企业也实现 100% 复产，发展的红色信号越发强劲。

创新驱动，坚定不移推进高质量发展

夜幕降临，广东粤港澳大湾区国家纳米科技创新研究院灯火通明。中科院院士、国家纳米科学中心主任赵宇亮正带领团队，加班加点研发一款全自动高通量的新冠病毒核酸检测试剂盒。

新能源、智能网联、自动驾驶是汽车产业的未来发展方向，也是广州开发区、广州高新区重点培育发展的科技创新领域。小鹏汽车董事长何小鹏说：

"小鹏汽车立足于广州，成长于广州，我们期望在不远的将来能够成为中国甚至全球知名的汽车企业。"此次项目动工是小鹏汽车落户广州开发区后，进一步加深战略合作的有力行动。

中新广州知识城是中国—新加坡国家级双边合作项目。历经 10 年开发建设，知识城目前累计注册企业 1691 家，注册资本达 1402 亿元。近年来，知识城先后引进 165 个重点项目，在建企业投资项目 54 个，总投资近 770 亿元，产值超 3000 亿元。2020 年，知识城力争年投资额超 500 亿元，以优异成绩迎接中新建交 30 周年和知识城建设 10 周年。

2020 年 6 月，广东省委全面深化改革委员会印发《广州科学城创新发展行动方案》提出，建设具有国际影响力的"中国智造中心"。到 2023 年，广州科学城要全力打造粤港澳大湾区国际科技创新中心重要引擎、国家制造业高质量发展引领区。

广州大学黄埔研究院重点开展计算机科学与技术、网络空间安全、人工智能与区块链、信息与通信工程等四大优势学科研究。项目预计 2022 年全职研发人员、在院研究生规模达到 3000 人，打造网络安全、人工智能与区

◎广东省英德市连樟村的现代农业生产。英德市委宣传部供图

块链、5G 应用等领域的全链条新一代信息技术产业高地。中国工程院院士、广州大学网络安全技术国家工程实验室主任方滨兴表示，广州大学与知识城开展深度合作，将进一步提高科研创新、人才培养与区域经济社会发展需求的贴合度。

备受关注的人工智能产业更是发展迅猛。在过去 3 年，广州南沙累计引进包括云从科技、小马智行、暗物智能在内的 190 多家人工智能企业，涵盖自动驾驶、人脸识别、芯片设计、基础算法等领域，总融资额已超过 100 亿元。如今在南沙，"吃饭刷脸、无人驾驶乘车、医院读片用机器人"的科技场景已成为现实。

"政策红包"，践行以人民为中心的发展思想

疫情防控关乎生命，复工复产关乎生计。广东除了备足劳动力，一个个"政策红包"密集派发：从"推进疫情防控和经济社会发展 30 条""稳外贸 20 条""促进就业 9 条"等系列政策，到促进居家办公、线上课堂、虚拟会展、远程问诊、智能制造、无接触餐厅等新技术、新业态、新模式，广东以务实举措对冲疫情不利影响，推动经济社会发展迅速转入正轨。

◎中新广州知识城历经 10 年发展破茧蝶变。资料图片

　　为此，广东拿出多个援企"大礼包"："复工复产 20 条"全力支持和推动受疫情影响的各类企业复工复产；"税务 9 条"支持稳就业保就业，切实做到"能免就免、能减就减、能扣除就扣除"，2020 年 1 至 4 月，广东省累计新增减税降费 824.5 亿元；"金融暖企 18 条"对中小企业加强金融服务，是防疫期间全国首个省级支持中小企业金融专项文件，为企业送上了一份"急救包"。不但省市层面连派"政策红包"，县区之间也出台政策为企业复工复产保驾护航。"这些政策支持，对企业生产来说真是'及时雨'。"巨轮（广州）机器人与智能制造有限公司副总经理洪润龙说。受疫情影响，不少企业生产经营受困。广州开发区推出土地资源保障"暖企 6 条"，切实打好政策"组合拳"。一系列解忧、减负、纾困的实在之举，提升了区内企业的精气神。

　　广州贝研生物科技有限公司负责人陈伟，收到该区行政审批局关于公司年产消毒液 20 吨建设项目的环评文件信任审批决定时感叹道："太快了！没想到这么快就收到了审批决定。"广州黄埔区坚持"特事特办、急事急办、马上就办"，帮助企业打通研发、许可、生产、销售的全链条和各环节，全力支持企业在做好疫情防控工作的前提下复工复产。

　　新冠肺炎疫情打乱了众多企业面向全国高校的春季招聘工作。广州开发区发起专门面向全国生物医药专业应届毕业生的"云招聘"活动，让生物医药企业和高校"点对点"精准对接、匹配需求。广东"促进就业 9 条"2.0 版，打出援企稳岗政策"组合拳"，扩大岗位供给，提振社会信心。

　　广东是中国经济第一大省，第一制造业大省，也是出口第一大省。如果说中国是"世界工厂"，广东就是"世界工厂"重要的生产车间。当"世界工厂"火力全开，"中国制造"龙腾虎跃，化解疫情一度影响海外制造业企业供应链中断、生产停摆、交付延迟的矛盾，重新激活全球产业链，给全球制造业企业一颗"定心丸"。

　　统筹抓好常态化疫情防控和经济社会发展，为全国大局作出广东努力、广东贡献。广东省委书记李希强调，要认真学习贯彻习近平总书记在中央政治局会议上的重要讲话和对广东重要指示批示精神，准确把握国内外疫情防控和经济形势，迎难而上、主动担当，以扎实有力的"双统筹"奋力夺取疫情防控和经济社会发展"双胜利"。

"隆平田"孕育新希望

在与建设中的"广州第二 CBD"一水之隔的位置，鱼珠东南的珠江江心上，广州最后一个只能通过渡轮到达的小岛——大吉沙岛十分安静。该岛至今保存大片农田，岛民的主要收入仍以农业为主。

2020 年的大吉沙岛有些不同寻常。在暖风绿青苗的季节，岛上竖满了鳞次栉比的喷灌设备，新添的"隆平国际现代农业公园"几个大字笔力遒劲。昔日江心孤岛，正在蝶变为"都市锦田"。

华南稻田的"隆平缘"

由袁隆平院士谋划、选址、题名，集农业、科研、观光于一体，这个与"杂交水稻之父"结下不解之缘的现代农业公园，起源于一次高规格的拜访，一个发展高质量现代化农业的决心。

2019 年 12 月，广州市黄埔区领导带队赴海南省拜访袁隆平院士。对于建设"隆平国际现代农业水稻公园"和"隆平院士港"的提议和背后的诚意，袁隆平院士表示高度认可，项目很快进入实地考察和建设规划的阶段。

2020 年 1 月，中国工程院院士罗锡文受袁隆平之托，就水稻试验田选址进行了现场考察；2 月 26 日，隆平公园正式启动建设，一期项目水稻种植工作全面开始，总规划面积约 6662 亩；4 月 28 日，隆平公园正式开园；6 月 3 日，广东省农业重大建设项目启动与推进会暨广州市农业重大项目集中开工活动在黄埔区长洲岛举行，隆平院士港正式启动建设。

"在广州这样的国际大都市中，隆平公园给人们提供了与自然，特别是与农业生态环境紧密接触的机会。人们既可以领略传统的农耕文化，也可以看到现代化的农业生产，看到采用最先进的育种技术培育的水稻、蔬菜和水果品种，以及无人驾驶拖拉机、收获机等先进的农业机械化生产技术。这对实现人与自然和谐共生，对人们了解农业是立国之本、了解科学技术是第一生产力都具有重要的意义。"谈到目之可及的项目价值，罗锡文院士颇为欣喜。

两代"军校"横跨百年

乌涌码头，是进入大吉沙岛的唯一通路。在岛上经营农庄的冯永祥笑声爽朗："想不到吧，对面就是黄埔军校！"仅仅一水之隔的长洲岛上，便是百多年前在中国近代史上威名赫赫的黄埔军校。"我们正在这里建设一个现代农业的'黄埔军校'，给农业工作者提供一个施展才华的平台，培养更多冲在现代农业第一线的人才。"华南农业大学植物营养与肥料学会新型肥料专委会副主任廖宗文笑着谈道。

"以前村民自耕自足，劳累了一年后不仅辛苦、收入还低，现在引进了这个项目，村民的年收入增加了，还给了就业的机会，建好后可能还会带动旅游业发展。"对于下沙社区董事长张曜三而言，常听人说起家乡即将成为现代农业科技的"黄埔军校"，这令他非常自豪。

岛民们增收致富的期盼，与黄埔区高质量发展现代农业的愿景，在隆平公园这个"交叉点"上完成了交汇。作为这一切的参与者和见证者，黄埔文化（广州）发展集团有限公司董事长黎学军喜不自胜。

不落防疫　不误农时

作为仅靠水路与外界相通的小岛，大吉沙岛受疫情影响不大，但严格的疫情防控下，2020年的春耕不可避免地出现了延后。水稻种植项目合作企业中振智农科技有限公司副总经理陈家兴说："2020年春耕比往年滞后了十几天，我们一方面将通过增加器械设备，提高效率，抢回时间；另一方面调整早中晚稻种植的比例，减少早稻面积，提高中晚稻比例，确保全年产量不会受到太大影响。"

2020年，预计将有1340亩优质水稻在大吉沙岛水稻公园完成种植，其中就包括30亩袁隆平第三代杂交水稻试验田，这离不开前两年区里的土地综合升级整治。早在2018年，黄埔区就对大吉沙岛及白兔沙岛实施了土地综合升级整治，并在次年完成了集体农用地承包约1790亩。如今，这1790亩耕地有了一个新名字——隆平公园一期项目。

020—32075119，是黄埔区的春耕生产服务热线，每天 7 小时由专人负责接听受理相关诉求。张曜三对这个电话很熟悉，他表示："疫情期间企业停工，种子、化肥、农药都缺，打这个电话，诉求反馈上去，很快有回音。"

"隆平国际现代农业公园落户广州市黄埔区，它是广东省乃至整个华南地区农业界的一件大事！"陈家兴总能想起中国科学院院士谢华安在隆平公园一期项目开耕仪式上讲话时的激动劲儿。"隆平田"孕育着新希望。

■ 实践者风采

希望再造一座中国地标

高 450 米的苏州国际金融中心、高 530 米的广州珠江新城东塔、高 597 米的天津 117 大厦、高 600 米的深圳平安金融中心，如果问起这几座建筑有什么共同点，除了肉眼可见的高度之外，这些摩天大楼的背后都离不开一个名字——陆建新。施工一线，是这位深耕超高层建筑领域、被业界称为"中国摩天大楼第一人"的我国钢结构建筑施工顶级专家最常出现的地方，38 年未变。

2020 年初，陆建新接到了深圳市第三人民医院二期工程应急院区项目要紧急开建的通知。以最快速度赶到工地现场后，他一头扎进技术部与同事们商量解决技术问题。直至深夜，陆建新的身影才出现在宿舍区。最终，这项应急工程仅用了 20 天工期。一位参与工程的工人说，这个速度堪称极限工期。

"'专注做一事，把工作当修行'，是我的座右铭。我认为我的长处是做技术，技术要在一线才能起作用，也只有在一线，才能发挥工匠精神。"陆建新解释了自己对工地的热爱。

1982 年，刚从南京建筑工程学院毕业南下来粤的陆建新，便参与了超高层建筑深圳国贸大厦的施工测量工作。38 年来，陆建新不断打造着一座座一流建筑，而这些建筑也塑造着他的性格——不惧困难、热爱创新。

"在最困难的时候，再坚持一下，坎儿就过去了。"陆建新笑称。作为中建钢构有限公司华南区的总工程师，他总是"哪里有困难，就去哪里"。

克服困难的过程中少不了创新。陆建新直言，创新可以很小，也可以很大，重要的是要一直保持着这样的意识，并付诸实践。"我记得建深圳地王大厦时，有两个来自香港的测量工程师，他们用全站仪测量，我用的是经纬仪配合钢卷尺。在 300 米高空，风一吹卷尺直抖，精度肯定没有仪器好。但我发现他们搭配全站仪用的棱镜过大，操作不便。于是我研究了棱镜原理后，找到商店定制了一个只有大拇指粗细的小棱镜，往口袋一放，测量方便多了。如今小棱镜配全站仪已是建筑行业的标配工具。"

"我一直有一个梦想：建造千米高的大楼。我离退休还有四五年的时间，希望能再造一座中国地标。其实从我的身上，可以看到一个中国建筑工人的缩影——靠努力、勤奋取得成绩。我相信我们每个人都把工作做好，就能为我们的国家创造更多经济效益和科技成果。"这段时间忙碌在大疆天空之城、南山智谷产业园、宝安 1990 等项目间的陆建新，还在计划着自己的新目标。

■**启示与思考** ·······

迈出高质量发展的更大步伐

广东是改革开放的排头兵、先行地、实验区，在我国改革开放和社会主义现代化建设大局中具有十分重要的地位和作用。面对前所未有的疫情冲击，广东坚持以习近平新时代中国特色社会主义思想为指引，在提升原始创新能力、促进区域协调发展、推动高水平开放等方面迈出更大步伐，努力做好"六稳"工作、落实"六保"任务，不断推动经济实现高质量发展。

◎俯瞰广州开发区。李剑锋摄

在"稳增长"的基础上"提质量"

经历改革开放以来的高速经济增长，广东经济正处在转变发展方式、优化经济结构、转换增长动力的关键期，结构性、周期性问题相互交织，叠加新冠肺炎疫情冲击后，经济运行面临更大下行压力。同时，疫情在全球蔓延导致国际贸易和投资大幅萎缩，国际金融市场动荡，广东的经济发展面临更加不稳定不确定的外部环境。如何处理好"稳增长"与"提质量"的关系，是广东在疫情防控常态化的当下及未来的经济社会发展中需要思考的重要课题。

广东是人口流动大省，中小企业占比大，外向型经济发达。按照习近平总书记有关统筹推进疫情防控和经济社会发展工作的要求，广东坚持战疫情、稳经济"两手抓、两促进"，及时出台"统筹推进疫情防控和经济社会发展30条""支持企业复工复产20条""金融暖企18条""稳外贸20条""支持中小企业26条""促进就业9条"等系列"政策包"，在做好"外防输入、内防反弹"工作的同时，坚定不移推动复工复产。

广东省统计局发布的2020年1—4月经济运行报告显示，广东疫情防控向好态势持续巩固，生产需求逐步好转，生产生活秩序加快恢复，经济活跃度提升，4月份全省规模以上工业增加值同比增长 3.6%，制造业增加值增长 4.4%。现代产业发展态势良好，4月份计算机、通信和其他电子设备制造业增长 3.6%，电气机械和器材制造业增长 8.6%。在复工复产的同时，产业升级不停步，高技术制造业增加值同比增长 5.3%，超过全省平均水平 1.7 个百分点。数据表明，几个月来广东经受住了疫情冲击的"压力测试"，正在常态化疫情防控中持续推动高质量发展。

努力提升原始创新能力

目前，国际分工体系已从水平分工走向价值链分工，分工日趋细化。改革开放以来，广东从低成本的加工制造环节起步率先加入全球分工体系，快速实现工业化和城市化，但在全球价值链分工体系中总体上处于价值链低端，高端零部件及关键材料、装备制造业等领域还存在不少短板。应对疫情冲击，既显示出广东科技防疫工作的能力和疫情防控产品的产能优势，也暴露出在产业链供应链掌控能力上的短板，比如，目前呼吸机的涡轮、传感器等关键零部件仍很大程度上依赖进口。

创新是引领发展的第一动力。近年来，广东坚持自主创新与开放创新相结合，创新驱动已经成为发展的主动力，PCT 专利申请数量约占全国一半，区

◎广州市黄埔区明珞汽车装备公司生产车间。资料图片

域创新综合能力保持全国第一，国家级高新技术企业达4.5万家，成长出华为、腾讯、广汽、格力、美的等一批具有强大创新能力的世界级企业。

当前，统筹疫情防控与经济社会发展，必须继续着力实施创新驱动发展战略，加快建设粤港澳大湾区国际科技创新中心，强化基础研究，加快提升原始创新能力，在5G、人工智能、网络空间科学与技术、生命信息与生物医药等领域占领科技创新制高点，开展"卡脖子"关键核心技术和产品攻关。

不断促进区域协调发展

广东区域发展差异明显，我们既要正视这一经济发展阶段性特征与区域经济发展短板，更要发挥好推动区域协调发展在"六稳"和"六保"中的积极作用。要加快落实区域协调发展战略，围绕构建"一核一带一区"区域发展新格局和实施乡村振兴战略，大力推进"双区"建设、"双城"联动，科学制定广州、深圳、珠江口西岸、汕潮揭、湛茂都市圈发展规划，完善区域政策，形成高质量发展的区域经济格局。按照"市场主导，政府引导"的原则，加快培育新一代电子信息、绿色石化、智能家电、汽车产业、先进材料、现代轻工纺织、软件与信息服务、超高清视频显示、生物医药与健康、现代农业与食品等

◎从东莞石龙火车站发出华南首趟行邮班列——中欧班列"中国邮政专列"。罗静摄

十大战略性支柱产业集群，以及半导体与集成电路、高端装备制造、智能机器人、区块链与量子信息、前沿新材料、新能源、激光与增材制造、数字创意、安全应急与环保、精密仪器设备等十大战略性新兴产业集群，促进产业由集聚发展向集群发展全面提升，为经济高质量发展奠定坚实基础。面向"工业4.0"和数字化时代，加快推进新型基建投资，加大交通、水利、能源等领域投资力度，补齐农村基础设施和公共服务短板，着力解决发展不平衡不充分问题，坚决夺取脱贫攻坚战全面胜利。

进一步推动高水平开放

当前，广东外贸企业面临"接单难、履约难、贸易壁垒增多"等挑战，进出口增速双双承压，实现利用外资总额突破性增长难度加大。但从贸易结构来看，近年来广东跨境电商增长快速，对"一带一路"沿线国家以及对欧盟、东盟的进出口拓展明显。疫情暴发后跨境电商等新业态蓬勃发展，市场主体为规避风险而实施的全球供应链和消费市场分散化也将强化广东贸易对象的多元化趋势。从投资结构来看，广东的基础设施、营商环境、产业配套和人力资源素质等综合优势近年来不断强化，外商投资项目大型化、产业链高端化和结构持续优化的态势不会受疫情的短期冲击而改变。总体上看，广东开放型经济有着巨大韧性和充足潜力，利用外资工作加快从规模扩张为主向质量提升转变。

疫情防控常态化阶段，广东仍需坚定信心、保持定力，在更高起点、更高层次、更高目标上扩大对外开放。要坚定不移推动制度型开放，落实国家扩大外资市场准入的部署，充分发挥粤港澳大湾区的虹吸效应，促进人才、资本、信息、技术等创新要素跨境便利流动。推动广东自贸试验区实施新一轮高水平对外开放，释放重大开放平台建设红利，提升重大战略平台对广东外贸外资高质量发展的支撑作用。加快外商投资法和优化营商环境条例实施，完善相关配套行政法规，推动贸易和投资自由化便利化，建设一流营商环境。

（作者：毛艳华，系广东省习近平新时代中国特色社会主义思想研究中心特约研究员）

广西篇

复工复产
"六稳""六保"
党旗引领
脱贫攻坚

■ **新时代 · 新实践** ....

打好"组合拳" 壮大"新动能"

在 2020 年全国两会召开前夕，习近平总书记对毛南族实现整族脱贫作出重要指示表示，全面建成小康社会，一个民族都不能少。近年来，多个少数民族先后实现整族脱贫，这是脱贫攻坚工作取得的重要成果。希望乡亲们把脱贫作为奔向更加美好新生活的新起点，再接再厉，继续奋斗，让日子越过越红火。

习近平总书记对毛南族实现整族脱贫的重要指示，既是对广西扶贫系统广大干部的鼓舞和激励，也是对全区上下的殷切期待和嘱托。当前，广西各界正深入学习贯彻习近平总书记重要指示精神，解放思想、改革创新、扩大开放、担当实干，全面推进复工复产、决战决胜脱贫攻坚、深化对外开放等，奋力夺取疫情防控和经济社会发展"双胜利"。

争时提速，恢复生产生活秩序

2020 年一款产自广西柳州的摆地摊"神车"火遍网络，订单急速攀升：车厢左右两侧和车尾部都能打开，俨然一个移动"小超市"。"人民需要什么，五菱就造什么"——这是上汽通用五菱继 2 月速改生产线生产 1000 万只口罩后，再次应时而动助力经济复苏的一个缩影。仅 2020 年 5 月，该公司车辆产量 11 万辆，同比增长 59%；销量突破 12 万辆，同比增长 11%，再度领跑中国车市。

"我们在做好常态化疫情防控的同时，加快恢复生产生活秩序，统筹推进经济社会发展。"自治区党委书记鹿心社说，新冠肺炎疫情发生以来，广西按照"坚定信心、同舟共济、科学防治、精准施策"的总要求，在科学、精准、

◎天峨县纳合村泰达皇帝柑农民专业合作社社员在采摘柑橘。潘树红摄

有序、高效上下功夫，迅速启动战时机制，以最严密措施迅速斩断传播链，分阶段分区分领域精准施策，扎实细致做好各项防控工作，边境防控有序有效，疫情防控向好态势进一步巩固。

"冬天失去的，春天抢回来。"2020 年一季度，广西及时出台"支持打赢疫情防控阻击战促进经济平稳运行 30 条""统筹疫情防控和经济发展 34 条"等政策，打好帮扶企业政策"组合拳"。数据显示，全区 2 万多家重点企业复工率、员工到岗率达到 98% 以上，6155 家规模以上工业企业全面实现复工复产，209 项在建"双百双新"产业项目实现 100% 复工。

"百色芒果，皮薄肉厚味鲜美……"6 月 10 日，全国大学生 2020 年百色芒果网络营销大赛暨 2020 年"互联网＋百色芒果节"启动，百色市委常委、常务副市长石国怀与网络主播通过网络媒体、电商平台直播"带货"，为百色芒果"吆喝"。市县区领导通过直播"带货"，是广西扩大内需、拉动消费的一大亮点。

根据疫情防控需要，广西人社部门、高校、求职平台等通力合作，推出各式各样的线上招聘活动，帮助求职者与用人单位对接。广西大学应届毕业生陆宇说："我已通过网络招聘找到心仪的工作，8 月份到岗。"广西人社厅人才服务中心主任宁焱说:"在疫情防控特殊背景下,'云招聘'有效解决了招聘不畅的问题。"针对高校毕业生、城镇失业人员、贫困劳动力及农民工群体开展"百日千万网络招聘"专项行动,3.39万家企业发布岗位180多万个,举办网络招聘会1035场,开展远程面试15万人次,累计达成就业意向18余万人。

多管齐下,激发经济发展新动能

"我们派出党建指导员沉入一线开展问需服务,指导党组织开展'我为复工当先锋'活动,受到各方点赞。"南宁市上林县委常委、组织部部长邓智介绍说,该县选派到南华糖业公司的党建工作指导员助力企业复工复产,带动3000多人就近务工,覆盖蔗农3500余户。

疫情防控期间,广西各级两新组织党员和群众站在一起、干在一起,督促指导建立疫情防控工作体系。复工复产后,自治区两新组织党工委组织全区1653名党建工作组织员、2万多名两新组织党建工作指导员沉入一线,帮助两新企业克服困难复工复产,通过创设2000多个"党旗领航+"项目载体,设立党员先锋岗、责任区、突击队等,推行党组织班子和管理层"双向进入、交叉任职",做到防控发展两不误。

贺州市委常委、政法委书记韦升安说:"复工复产是一个链条,哪个环节卡壳,链条都会运转不畅。"在广西各地,各级工作人员主动靠

◎梁昌旺在电商扶贫年货节直播"带货"。天峨县委宣传部供图

◎天峨县贫困户在扶贫车间就业。张玉兰摄

前、贴心服务，当好"店小二"，积极解决企业复工复产面临的各种难题。

位于贺州市平桂区的广西碳酸钙千亿元产业示范基地，由于疫情导致部分企业正常生产和运转受阻。当地警务站创新实行"民警挂点联系、主动登门服务、定期座谈沟通"三项措施，将服务民营企业工作分解落实到具体责任民警，对项目、企业进行跟踪服务，及时解决实际问题。

"奋战一百天，攻坚二季度，稳住上半年经济增长。"随着疫情防控进入常态化，广西在充分做好疫情防控的基础上，打响了复工复产百日攻坚战。通过成立自治区工业企业复工复产工作组，开展工业企业达产增产、服务企业、加快重点工业项目建设等六大专项行动，实施"复工贷"金融援企惠企政策，减免企业税负，降低用电成本，指导各市出台政策助力复工复产。

广西南南铝加工有限公司是广西铝加工龙头企业，复工复产后，企业加速恢复产能，但铝锭价格下跌，收入同比减少13%。"我们根据企业行业类型特点，实行'点对点'服务，对表推进，修复生产链条。"国家税务总局南宁市江南区税务局局长苏华说，税务部门高效落实深化税收优惠政策，支持企业通过创新驱动复工复产。

"政策优惠力度非常大，让企业有更充裕的资金投入产品研发。"广西南南铝会计易婕算了一笔减税账：2020 年企业累计享受增值税增量留底退税 1449 万元，获得出口退税 1213 万元，根据研发费用加计扣除政策，预计还将加计抵减 1850 万元。

在服务好本土企业的同时，广西大力推进"央企入桂、民企入桂、湾企入桂"，已签订项目 498 个，总投资 8671 亿元，已开工 190 个。自治区出台政策，加快布局"三大三新"等战略性新兴产业，引进一批龙头企业、补链企业、优质项目，加快打造中国—东盟跨境产业链，更好融入全球产业链、供应链、价值链。

决胜小康，啃下最后的硬骨头

去年今日此村中，百坭百变大不同。走进百色市乐业县新化镇百坭村，昔日尘土飞扬的村道已变成平整通达的水泥路，曾经破旧的木房变身宽敞明亮的新砖房，一盏盏太阳能路灯照亮了山村夜色。

◎天峨县贫困户在采收红心蜜柚。王明福摄

"2019 年这个季节，我们的驻村第一书记黄文秀不幸因公牺牲。一年来，她的精神时刻激励着我们决战决胜脱贫攻坚，全力啃下最后的硬骨头。"百坭村党支部书记周昌战介绍说，全村目前还有 9 户 37 人未脱贫，扶贫干部正全力带领群众攻坚克难。

广西是全国脱贫攻坚主战场之一，近年已减贫 450 万人，还有 24 万建档立卡贫困人口未脱贫，皆是贫中之贫、困中之困。为坚决打赢脱贫攻坚收官之战，广西坚持目标任务不变、安排部署不变、完成时间不变，扎实推进脱贫攻坚各项工作。

面对战疫与战贫双重考验，2020 年 3 月起，广西 5300 名驻村第一书记奔赴贫困乡村，既当疫情防控尖兵，又做脱贫攻坚战将。当前，全区 3 万余名扶贫干部正日夜奋战在脱贫攻坚一线。

"脱贫攻坚工作艰苦卓绝，收官之年又遭遇疫情影响，各项工作任务更重、要求更高。"自治区主席陈武表示，面对风险挑战增多、矛盾困难叠加的复杂局面，要清醒认识和准确把握打赢脱贫攻坚战所面临任务的艰巨性，不断提升贫困治理能力，运用科学思维扎实推进脱贫攻坚，进一步增强各项工作的科学性、预见性、精准性和系统性。

在分析应对疫情影响基础上，广西大力打出系列政策"组合拳"。自治区扶贫办等 9 个部门联合出台打赢疫情防控阻击战、保障决胜脱贫攻坚若干措

◎天峨县广林菇棒基地复产。潘树红摄

施，随后又陆续出台多个专项支持措施，支持贫困群众恢复和发展生产，优先帮助贫困劳动力稳岗就业，加快扶贫项目开工建设，加强预警监测和动态帮扶。

"疫情虽然影响了我们工作的进度和安排，但并不会改变我们按时高质量完成脱贫攻坚任务的目标。"自治区扶贫办负责人说，广西将坚持标准不动摇，紧咬目标不放松，确保如期全面完成脱贫攻坚任务。

一方面，加大挂牌督战力度。自治区强化督促，县、村全力以赴，重点聚焦挂牌督战的 8 个县、48 个村，对照问题短板，落实政策措施，巩固提升"三保障"和饮水安全水平，强化搬迁后续扶持，加快复工复产，增加贫困人口收入，加快扶贫项目建设，尽早达到脱贫摘帽条件。

另一方面，抓好问题整改，巩固提升脱贫攻坚成果，保持扶贫政策稳定；加快发展中长线产业，加强贫困人口稳岗就业，建立健全脱贫稳定增收机制；加强对脱贫监测户、边缘户的监测预警，落实帮扶措施，强化社会保障兜底，防止返贫和新的致贫；推进乡村振兴与脱贫攻坚有效衔接，为 2020 年后巩固脱贫成果、解决相对贫困问题探索路径。

行进八桂大地，所到之处，一派火热：工厂车间，机声隆隆；商街夜市，人潮涌动；山乡田野，生机勃勃……伴随着复工复产、复商复市"进行曲"，各行各业千帆竞发、百舸争流，八桂儿女正以前进的姿态奋力绘就壮美广西新画卷。

■ 长 镜 头 ···

干部多分忧　农户少发愁

——广西天峨县克服疫情影响守牢脱贫成果

罗焕芬是广西河池市天峨县向阳镇全平村脱贫户。为稳固脱贫成效，她

2020 年种了 15 亩西瓜。眼瞅着西瓜渐渐长大，不料遭遇新冠肺炎疫情物流受阻，罗焕芬担忧销路，心情变得沉重起来。

"多渠道'带货'助销，不能让果农流汗又流泪。"正当罗焕芬愁眉不展时，天峨县委、县政府多渠道发动各方力量，为全县果农"带货"。

"这不仅是工作思路创新，也是履行本职工作。"天峨县委常委、宣传部长、副县长梁昌旺是当地颇有名气的网络"大 V"。他通过微博、抖音直播等方式推销滞销的农产品，效果出乎意料。

受疫情影响，天峨县有 280 吨成熟水果滞销。除线上助销外，该县发起了沙糖橘、春橙、香菇、百香果义卖等专项活动，全县 5000 多名干部职工积极报名义购，仅 5 天时间就销售水果 225 吨，占总滞销量的 80%。看到成熟的西瓜一筐筐卖出去，罗焕芬喜上眉梢。

相较于果农，天峨县东艺丝花工艺制品厂厂长张庭烈少了几分担忧："我们的产品都是订单加工，基本不愁销路。"该厂位于易地扶贫搬迁安置点长安家园吉祥小区，是当地政府帮助搬迁群众实现家门口就业而引进的扶贫车间。

"我身体不好，不能外出务工。帮扶干部安排我在厂里做工，每个月收入 2000 多元，生活有着落啦！"六排镇仁顶村贫困户杨承云高兴地说。车间主要生产经营各式仿真热带植物、热带雨林花等工艺品，远销欧美、日本、东南亚等国外市场，虽受疫情影响，订单依然源源不断。

在天峨县，这样的就业扶贫车间有 23 家，可吸纳 1000 多名贫困户在家门口就业。"我们积极打好就业扶贫'组合拳'，不断拓宽就业渠道。"梁昌旺说，该县还鼓励农业龙头企业创建特色产业示范基地，吸纳建档立卡贫困劳动力到基地务工，实现稳定增收。

提起扶贫利好政策，向阳镇平腊村脱贫户牙敬农激动不已："我年纪大了干不了重体力活，政府就安排我做保安，还安排我妻子做保洁员，一家生活都不愁了。"

为解决"零就业"贫困户家庭劳动力上岗就业，天峨县按照因事设岗、按需定员、服务扶贫原则，在 95 个村（社区）开发乡村保洁员、生态护林员、道路养护员等公益性岗位，优先吸纳暂时无法外出务工和"零就业"贫困户家庭劳动力上岗就业。

外出务工仍是不少天峨农户的主要收入渠道。疫情趋缓后，天峨县采取"统一输送、分批包车"方式，分47趟帮助1182名农民工有序返岗复工。

总人口不足18万人的天峨县，共有贫困人口6872户28452人，贫困发生率达19.51%。经过4年尽锐出战，截至2019年底，共37个贫困村6642户27719人实现脱贫，贫困发生率降至0.5%，还有8个贫困村230户贫困户733名贫困人口计划2020年脱贫摘帽。"我们要把失去的时间抢回来，把失去的进度争回来。绝不让疫情影响脱贫攻坚。"河池市人大常委会副主任、天峨县委书记陆祥红说，天峨县一手抓疫情防控，一手抓脱贫攻坚，一级一级传导压力，高标准高质量完成脱贫攻坚任务，让老百姓的日子越过越红火。

■ **实践者风采** ···

用行动践行青年使命

——记广西融水杆洞乡中心卫生院副院长梁驹

"习近平总书记指出，青年一代有理想、有本领、有担当，国家就有前途，民族就有希望。我很自豪，自己是'白衣披甲'战士的一员，也希望有更多的毕业生加入这支队伍，让青春在党和人民最需要的地方绽放绚丽之花。"2020年6月3日，在全国普通高等学校毕业生就业创业工作电视电话会议上，来自广西大苗山深处的梁驹通过视频发言号召年轻人扎根基层。

梁驹是广西医科大学2015届毕业生，现为融水苗族自治县杆洞乡中心卫生院副院长。他出生于融水三防镇的小山村，那里交通不便，缺医少药，群众看病十分不便。

"学好医学，为乡亲们看病是我从小的梦想。"高考时，梁驹填报了临床医学专业。2018年规培结束后，回到融水最偏远的杆洞乡中心卫生院工作。

全科医生是群众健康的"守门人"。2020 年初，新冠肺炎疫情来袭，梁驹一直战斗在抗疫一线，先后走访村民 100 余人次，入户开展防疫知识宣传。他们冒着冰雪封山、道路塌方的危险，徒步几十公里，到各村屯开展重点人员排查、登记、诊治、随访。

杆洞乡村屯散落，交通不便。2020 年 1 月 25 日中午，梁驹与同事到村里随访排查，路遇暴雨，山体塌方，落石挡住前路。为确保不漏掉一户一人，梁驹自己动手清理碎石，再开车绕过去。

2020 年 2 月 15 日晚，杆洞乡卫生院接到政府通知，高培村必耕读屯有一位村民从外地回来，有发烧症状。梁驹和同事立即冒着冷雨进村。没有防护服，他们只能穿一次性手术衣，戴简单的口罩和手术帽为其做初步检查。排查结束已是深夜，出门时，一位小朋友看到他们喊道："白衣天使，加油！"梁驹瞬间感到暖流入心。

"条件简陋，只能奋不顾身地参与到疫情防控中。如果我们害怕退缩，那就是置全乡人民甚至全县人民的生命安全于不顾。"梁驹说。

春节期间，苗乡有许多聚集性民俗传统活动。为预防疫情传播，梁驹挨家挨户做思想工作，最终说服群众封存世代祖传且公用的芦笙乐器，暂停了聚集性活动。

基层实践是培养锻炼干部的"练兵场"，当前正值毕业季，梁驹表示："希望更多大学生积极投身广袤的农村大舞台，让青春在奋斗中绽放光彩，让生命在奉献中实现价值。"

■ 启示与思考

坚决打赢"两场硬仗" 奋力夺取"双胜利"

习近平总书记强调，"要坚持用全面、辩证、长远的眼光分析当前经济形势，努力在危机中育新机、于变局中开新局"，"确保完成决胜全面建成小康社会、决战脱贫攻坚目标任务，推动我国经济乘风破浪、行稳致远"。新冠肺炎疫情发生以来，广西坚决贯彻落实习近平总书记重要讲话和重要指示批示精神，一手抓疫情防控，一手抓经济发展，坚决打赢疫情防控和经济社会发展"两场硬仗"，奋力夺取"双胜利"。

做好"六稳""六保"工作 奋力夺取"双胜利"

统筹常态化疫情防控和经济社会发展，既是重大任务，也是重大考验。深入贯彻落实习近平总书记重要讲话和重要指示批示精神，在常态化疫情防控前提下，稳字当头、保住底线、以保促稳、稳中求进，解放思想、改革创新、扩大开放、担当实干，扎实做好"六稳"工作、全面落实"六保"任务，以有力的措施应对冲击、防范风险、化危为机。

抓紧抓细抓实常态化疫情防控，筑牢祖国南疆疫情防控"防火墙"。广西作为沿海沿边地区，是防范境外疫情输入的重点地区之一，外防输入、内防反弹任务艰巨。必须坚持底线思维，坚决克服麻痹思想、厌战情绪、侥幸心理、松劲心态，守好国门、家门、校门，确保不出漏洞，决不让来之不易的疫情防控成果前功尽弃。坚决守好边境防线，构建"党政军警民"五位一体防控体系，增强一线执勤执法力量，减少不必要的人员跨境流动，最大限度减少跨境输入关联本地病例，筑牢祖国南疆疫情防控"防火墙"；根据区内生产生活秩序全面恢复、国际人员往来可能增多的情况，优化和落实防控措施，加强重点人群、重点场所管理，堵住可能导致疫情反弹的漏洞；严格学校内外闭环管理，做好应急处置，确保高考、中考顺利进行和校园安全；加快推进公共卫生基础设施建设，完善公共卫生服务体系，更好地守护人民生命安全和身体健康。

全力以赴稳企业、保就业，切实维护社会和谐稳定大局。突出精准、有效，聚焦中小微企业特别是受疫情冲击严重的小店铺、小工厂、小工程、小文园等"四小"企业面临的困难和问题，打通减税降费政策落实"最后一公里"；加大贷款支持力度，深入落实"复工贷"等惠企措施，想方设法帮助企业特别是中小微企业、个体工商户发展经营。深入落实就业优先政策，持续开展专项就业服务，充分挖掘新产业、新业态潜力创造更多就业岗位，为高校毕业生、退役军人、农民工、城镇困难人员等重点群体就业提供保障；坚持外出务工、公益岗位和就地就业"三管齐下"，着力抓好贫困劳动力就业；支持地摊经济发展，精细化、人性化做好服务管理，以众多微就业支撑大民生。

千方百计扩大内需，多渠道激活经济发展新动能。在"供需协同、两端发力，畅通循环、务求实效"上下功夫，推动经济发展更好抗风险、增后劲、促转型。供给端扩投资、上项目，以交通网、能源网、信息网、物流网、地下管网"五网"建设为重点，实施好新型基础设施、新型城镇化、重大工程"两新一重"建设，布局一批数字经济、生命健康、新材料等战略性新兴产业、未来产业，推动扩大有效投资。需求端促消费、暖市场，聚焦电子商务、"桂品出乡""广西特产行销全国"等工作，落实好消费补贴政策，促进汽车、家电等大宗消费，推动餐饮、商场、旅游等生活性服务业全面恢复发展，大力培育新兴消费增长点，合理增加教育、医疗、社保等公共领域政府消费，提高居民消费意愿和能力，释放社会消费潜力。产业链供应链练内功、畅循环，结合开展"制造业发展攻坚突破年"活动，围绕汽车、机械制造等重点行业产业链，加强政策支持和要素保障，协调产区和销区构建"点对点"对接联系，促进上下游、产供销、大中小企业协同复工达产，畅通产业循环、市场循环、经济社会循环。

以更大力度深化改革扩大开放，以高水平开放推动经济高质量发展。进一步深化"放管服"改革，深入推进优化营商环境大行动，实施好国企改革三年行动计划，不断释放改革红利。深入实施创新驱动发展战略，抓好"三百二千"科技创新工程，推进高新技术企业"再倍增"计划、"瞪羚企业"培育计划，加快发展"三大三新"重点产业，不断增强发展新动能。抓住东盟成为我国第一大贸易伙伴等机遇，高质量推进西部陆海新通道、中国（广西）自由贸易试验区、中国—东盟信息港、防城港国际医学开放试验区、广西百色重点开发开放试验区等重大开放平台建设。精心筹办第17届中国—东盟博览会等活动，积极推动"央企入桂""民企入桂""湾企入桂"，加快发展加工贸易、边境贸易和跨境电商，建立外商投资企业直通车机制和外资企业专员制，扩大招商引资成效，稳住外贸外资基本盘。

高质量打赢脱贫攻坚收官战，让百姓生活越过越红火。深入贯彻落实习近平

总书记对毛南族实现整族脱贫的重要指示精神，加大对少数民族聚居区、边境

◎近年来，广西贫困地区教育发展质量得到明显提高。图为融水苗族自治县东阳村小
　学学生在拼读汉语拼音。新华社发

◎广西柳州积极应对疫情，全面组织恢复生产。图为广西柳州汽车城一家企业里，工
　人在生产线上忙碌。新华社发

地区、大石山区的投入，持续推进教育保障、基本医疗保障、住房安全保障和饮水安全，确保剩余 24 万贫困人口脱贫、660 个贫困村出列和 8 个深度贫困县摘帽。着力抓好产业发展、就业帮扶、易地扶贫搬迁后续扶持，防止返贫和新致贫现象。扎实推进脱贫攻坚与乡村振兴有效衔接，切实巩固脱贫成果。统筹抓好教育、医疗、就业、社保、解困脱困等民生工作，保障生活必需品市场供应和价格平稳，强化困难群众基本生活兜底保障，进一步增强群众的获得感和幸福感。

抗疫和发展"两手抓"

广西按照党中央、国务院决策部署，认真落实"坚定信心、同舟共济、科学防治、精准施策"总要求和"四个集中"等具体部署，在科学、精准、有序、高效上下功夫，因时因势动态调整优化防控策略，分阶段、分区、分领域精准施策，扎实细致做好各项防控工作，全区已连续 100 多天没有出现新增本地确诊病例。

加快推进全面复工复产。及时出台统筹做好疫情防控和经济社会发展工作"34 条"、促进中小企业复工复产"23 条"等政策措施，为企业解难纾困，推

◎广西环江毛南族自治县田园景色。新华社发

动产业链上下游协同复工。全区规模以上工业企业已全面复工，2020 年 4 月份全区规模以上工业增加值由负转正。

加快重大项目建设。出台稳投资"10 条"、加快重大项目建设"9 条"、项目审批容缺后补等措施，加快交通网、能源网、信息网、物流网、地下管网"五网"基础设施建设。2020 年 1—4 月，全区基础设施投资同比增长 2.5%，高技术产业投资增长 7.8%。

着力扩大内需促消费。出台服务业平稳增长等针对性措施，商贸服务业全面恢复正常经营，鼓励企业和商家开展消费优惠活动，创新开展"壮美广西·三月三暖心生活节""广西特产行销全国"等活动，有效发挥消费对稳增长的基础性作用。

着力守牢民生保障底线。扎实做好就业、困难群众救助等保障工作，加大对重要生活必需品供需变化和市场价格的监测，依法查处哄抬价格等违法违规行为，全区生活物资供应充足、价格稳定。一季度，全区共发放临时救助金 5779.7 万元，救助 7.4 万人次；筹措困难群众救助补助资金 93.1 亿元，为291 万城乡低保对象发放低保金 20.3 亿元，确保困难群众生活水平不因疫情而降低。

（作者：广西壮族自治区党委理论学习中心组）

贵州篇

民生工程
产业革命
生态文明

新时代·新实践

守住两条底线　培植后发优势

2015 年 6 月，习近平总书记考察贵州，他希望贵州协调推进"四个全面"战略布局，守住发展和生态两条底线，培植后发优势，奋力后发赶超，走出一条有别于东部、不同于西部其他省份的发展新路。5 年来，贵州牢记习近平总书记嘱托，以脱贫攻坚统揽社会经济发展大局，坚决落实中央部署，紧密结合贵州实际，创造性地开展工作，探索出一系列精准管用的"贵州战法"，形成了整体联动、协调并进的系统工程，推动贵州大地发生了历史性巨变，书写了减贫奇迹的精彩篇章。

特别是 2020 年以来，贵州在积极采取系列举措抓好新冠肺炎疫情防控的前提下，发起脱贫攻坚总攻，"冲刺 90 天、打赢歼灭战"，最大限度发现和解决问题，千方百计抓好产业、多措并举抓好就业。贵州省委书记、省人大常委会主任孙志刚说，要坚持一刻不能停、一步不能错、一天不能耽误，全力把时间抢回来，把损失补回来，确保两场战役都要打赢，两个胜利都要夺取。

聚焦民生，走一条发展新路

"疫情期间我们每天线上义诊 500 多名患者，全国 2200 多位三甲医院的医生加入我们的志愿行动。"贵州朗玛信息旗下的 39 互联网医院院长庞成林说，1 月 26 日起"中国志愿医生"在 39 健康平台开通了新冠肺炎 24 小时免费视频问诊和图文问诊服务，通过互联网平台免费向全国提供医疗服务。

始终瞄准破解老百姓的"难点""痛点"，贵州发展的"互联网＋医疗"

就是个例子。目前已经建成了覆盖全省的远程医疗体系，让群众在乡镇卫生院就能享受到县级医院，甚至省级、国家级医疗机构的优质医疗服务。

"人民至上"的理念始终是探索贵州新路的出发点。不仅疫情防控和远程医疗让群众有了获得感，脱贫攻坚这一头号民生工程更是深入人心。贵州强力推进易地扶贫搬迁，创造出"六个坚持""五个体系"等行之有效的贵州模式，"十三五"期间累计188万贫困群众实现易地扶贫搬迁，是全国易地扶贫搬迁人口最多的省份，其中95%以上是城镇化集中安置，而这仅用了4年。截至2020年4月底，贵州全省建成扶贫车间914个，解决搬迁劳动力就业17096人；建成扶贫基地238个，解决搬迁劳动力就业8123人。基本实现搬迁家庭户均一人以上就业。

"近几年我们乡停了一些项目，群众特别是贫困群众受益，是最重要的取舍标准。"大方县猫场镇党委书记王炳发说，他们坚决关掉小矿山，发展了上

◎贵州大力推动农村产业革命带动农民增收致富。图为铜仁市抹茶原料基地。资料图片

千亩的樱桃、猕猴桃、辣椒等长效、高效作物,确保群众持续增收;补贴农户在房前屋后种植板栗、李子、枇杷、大蒜、蔬菜、南瓜等作物,大搞"庭院经济",延长产业链,加快一二三产业融合发展。

"白学英,贫困户,每天100元,工作29.5天,加班费25元,3月份工资2975元;高小英,贫困户,每天100元,工作28天,工资2800元……"在罗甸县祥脚村,村支书毛成根拿出的该村蔬菜基地的工资发放表上,能看到群众收入没有因为疫情而减少。"办合作社、搞集体经济就是为了群众致富,可以没有利润,但发给群众的绝不能少。"毛成根介绍,疫情期间他们发放工资超过11万元,无论受益面还是工资总数都比往年有所提高。

背靠交通促就业,铺开山乡小康路。贵州在实现县县通高速、所有行政村通公路的基础上,从2018年至今仅用两年多时间就建成7.87万公里"组组通"硬化路,惠及1200万农村群众,打通脱贫致富"最后一公里",四通八达的公路网让山区变成"高速平原"。

经过艰苦卓绝的持续奋斗,贵州脱贫攻坚连战连捷,贫困人口由2012年的923万减少到30.8万,每年减贫超过100万,贫困发生率从26.8%降至0.85%,57个贫困县脱贫摘帽,全国贫困人口最多的省份成了减贫人数最多的省份。

产业革命,改变的不只产业

别平,湖北森源实业投资集团董事长;刘兵,江苏盐城爱菲尔菌菇装备科技股份有限公司董事长。两人都是58岁,都是中国食用菌行业的名人,如今他们都在贵州的贫困县种蘑菇。一个在西南角的贞丰县,一个在东北角的沿河县。刘兵说:"放下江苏的生意来到贵州,是当地干部的真诚和群众的渴望打动了我,能参与脱贫攻坚这件国家大事非常光荣。"

凭着责任心,刘兵带领团队顶着疫情仅用3个月就建成了日产6万袋黑木耳的智能化菌包厂。而另一头的别平则有着更大的计划,他在贵州成立的丰源公司正在全力建设"中国食用菌扶贫创新发展示范区",其中包括"一区一镇,九园百村",如今三个产业园已经陆续建成,示范区全部建成后,将带动贵州全省10万农民过上小康生活。

从农民种苞谷到企业家种蘑菇,小故事里有大变化。2018年初,贵州提

◎贵州激发消费需求扩大内需。图为配送小哥在超市取货。资料图片

出"来一场振兴农村经济的深刻的产业革命",从调整产业结构入手,不到3年就让贵州农村在思想观念、发展方式、工作作风方面发生了深刻的变化,推动传统农业实现从自给自足向参与现代市场经济转变、从主要种植低效作物向种植高效经济作物转变、从粗放量小向集约规模转变、从"提篮小卖"向现代商贸物流转变、从村民"户自为战"向形成紧密相连的产业发展共同体转变、从单一种植养殖向一二三产业融合发展转变。

"苗床地要选择水源方便、背风向阳的地方,而且要没有化学污染又比较肥沃的砂质土壤……"2020年,桐梓县春耕的技术服务完全没有受到疫情的干扰,原来他们采取了网络直播、微信群聊、现场培训相结合的方式让群众足不出户也能学到种植技术,他们还根据不同产业需求专门派出培训队伍"三农"服务"战队"分赴25个乡镇街道开展技术服务。

疫情之下,贵州农民的信心来自"产业选择、农民培训、技术服务、资金筹措、组织方式、产销对接、利益联结、基层党建"等"八要素"相结合的一整套产业结构调整的有力措施。茶叶、蔬菜、食用菌、中药材、精品水果、生态养殖等12个高效特色产业由12位省级领导领衔,在全国聘请7位院士作为产业发展顾问,在省内组织专家团队,采取一个产业一个领导小组、一个工作

◎工人在湄石高速河闪渡乌江特大桥上施工。资料图片

专班、一个专家团队、一套推进方案的措施，推动了山地特色高效农业发展，绿色有机农产品品牌影响力日益提升。

2018 年、2019 年贵州农业产业增加值分别增长 6.8%、5.7%，连续两年位居全国前列，农民人均可支配收入分别增长 9.6%、9.7%，突破 1 万元大关。

生态文明，创造幸福不动产

盛夏时节，兴义市田寨村的万峰湖畔，辽阔的湖面波光粼粼，清风习习，岸边的热带水果郁郁葱葱，芳香阵阵。可就在 10 年前，这里还水体黑绿、腥气逼人。钓鱼棚、水上餐厅、渔船、网箱等泛滥，随意侵占河道、设置拦河网等现象突出，对万峰湖渔业资源和生态环境造成严重破坏。

2016 年起，黔西南州全面推进万峰湖环境综合整治，坚决取缔沿岸养殖场，拆除网箱 430 万平方米、清理水上餐厅 40 余家。同时沿湖大力发展芭蕉、芒果、枇杷、柠檬、澳洲坚果等特色热带水果种植业，既护岸增绿，更让群众有业可转。不仅是万峰湖，近年来，贵州在乌江、清水江、红水河等主要河流全域取缔网箱养鱼，代之以生态种植养殖业，水质持续改善的同时群众收入不降反增。

作为国家生态文明试验区，贵州先后实施了 100 多项生态文明制度改革，

◎中国联通贵安云数据中心技术人员在机房内巡检。资料图片

积极开展生态产品价值实现机制试点省、国家绿色金融改革创新试验区建设，建立全国首个"绿色金融"保险服务创新实验室，环境公益诉讼、生态环境损害赔偿等多项试点工作走在全国前列。

湖面海拔 2100 多米的草海是贵州最大的天然淡水湖，即使在最热的 7 月，这里的平均气温也只有 18 摄氏度，是一片生态价值极高的高原湿地。过去，湖边的威宁县城不断扩展，威胁着草海的生存。2013 年，多位院士专家调研后警告，如不及时治理，37 年后草海很可能从地球上消失。贵州省委省政府立行立改，2015 年起从省级层面制定保护和治理方案，围绕"治山、治水、治环境"的思路，采取退城还湖、退村还湖、退耕还湖、治污净湖、造林涵湖等综合措施，收回、腾退保护区内的城建土地 2.4 万多亩，退耕还湿地 6 万多亩，水土流失治理面积占保护区总面积的 83.29%。如今，草海重新焕发出山水林田湖草生命共同体的勃勃生机。

1975 年，贵州森林覆盖率只有 22.8%，经过这些年努力，2019 年森林覆盖率提高到 59.95%，全省县城以上城市空气质量优良天数比率为 98.3%，生态文明公众满意度居全国前列，生态文明"金字招牌"越来越亮。

贵州省委副书记、省长谌贻琴说，我们一定会像保护眼睛一样保护生态环境，一定会像对待生命一样对待生态环境，让生态环境永远成为贵州老百姓为之骄傲的"幸福不动产"，让绿水青山永远成为贵州老百姓用之不竭的"绿色提款机"。

■长镜头 ....

贵州毕节：凝聚精气神，打赢收官战

"七一"刚过，贵州省毕节市就传来好消息：通过半年的挂牌督战，该市剩余的 12.5 万贫困人口已全部实现"两不愁、三保障"，未出列贫困县、村已全部达到摘帽退出条件。收官之战，初战告捷。

在毕节市聚精会神决战决胜脱贫攻坚的关键时刻，新冠肺炎疫情突袭，全市上下不仅没有松懈，反而迸发出"冲刺 90 天打赢歼灭战"的精气神。聚焦重点、瞄准短板、集中兵力、压实责任，一连串行之有效的"毕节战法"，让这个曾经"苦甲天下"的贵州西北角，彻底撕掉了长期挥之不去的贫困标签，迎来了全面小康。

特色农业"土生金"

一棵棵从石缝中长出的花椒树，像极了不甘贫困的毕节人。

在毕节市纳雍县董地乡街上村的九叶青花椒种植基地，一粒粒饱满油亮的青花椒挂满枝头，空气中散发出阵阵麻香。

贫困户王春在花椒种植基地务工，工作内容是剪花椒、摘花椒、补花椒苗等。"一个月最少有 2200 元的收入，最高的一个月 2700 元。"王春说。

据了解，街上村荒山种植九叶青花椒共 1000 余亩，目前 400 亩已进入初产期，预计产值可达 200 余万元，可辐射带动当地 265 户 1200 余名群众持续增收。

"这株是昂斯洛，这株是盛世，这株是海岸……" 6 月 16 日，纳雍县高峰村的蓝莓种植专业户王必进在基地给客户介绍蓝莓品种，看着硕果满枝，他满心欢喜。

以前，王必进就靠种洋芋、苞谷，连口粮都不够，只好外出务工。几年前，王必进去云南的姐夫家做客，发现蓝莓销路好、产值高，就琢磨着自己也试一试。

蓝莓适宜在碱性土壤中生长，经过检测，高峰村的土壤 pH 值特别符合要求。2018 年，王必进从外地选购了优质蓝莓品种，经过几年的摸索，终于掌握了这项技术，2020 年，蓝莓开始进入盛果期，亩产值可达四五万元。

劳务就业稳收入

纳雍县是劳务输出大县。在当地建档立卡贫困家庭的收入中，务工收入就占了 70%以上。面对疫情冲击，如何走好劳务就业扶贫之路？

每周四都是纳雍县勺窝镇的赶场天，这个集市不仅有菜卖，还有县里送来的劳务就业岗位可供选择。

"我们勺窝镇的各位父老乡亲，大家都可以过来看一下，只要大家想务工，我们都有岗位供大家选择。"6 月 11 日，在勺窝镇农贸市场对面，纳雍县人力资源和社会保障局局长胡迅正在拿着话筒卖力吆喝。

刚从广州回到家的勺窝镇勺窝村建档立卡贫困户王荣华还没来得及收拾行李，就迎来了"客人"。"我当时挺惊讶，没想到村干部这么快就到我家了。今年外出打工不方便，媳妇又要在家带孩子，所以我正打算在家里找份工作。"王荣华说。

勺窝镇组织委员张应江拿出"台账"，将王荣华的返乡信息和就业情况记录在册。当天下午，王荣华就接到了桑蚕公司的面试通知。

截至 2020 年 6 月，毕节市县建档立卡劳动力就业 79.29 万人。面对疫情冲击，稳住就业基本盘，确保脱贫质量和成色。

易地搬迁圆梦想

走进毕节市金海湖新区双山镇锦绣社区的扶贫车间，车间负责人蔡国义正忙着指导群众加工电子产品，一派热火朝天。

2018 年，蔡国义一家和 1485 户易地移民搬到了锦绣社区安置点，蔡国义一家成了新市民。在社区的就业推荐下外出务工，因为勤劳肯干他获得厦门雨市利创雨具有限公司部分电子产品加工代理权。2020 年，因疫情影响，他选择留在社区发展，利用社区搬迁群众中的留守妇女等劳动力，开办起了加工厂。"我们一家子还能搬出大山，本来就是做梦都没想到的好事，如今还实现了创业梦，这日子啊，比蜜还甜！"蔡国义高兴地说。

送完孩子上学，家住毕节市织金县平远新城的彭祥艳赶到离新家不远的扶贫车间上班。2018 年，彭祥艳一家作为易地扶贫搬迁户住进了平远新城，她也找到了工作。

过去，因丈夫长期生病，彭祥艳时常为温饱和孩子学费发愁。"如今，我一个月有 3000 多元的工资，能解决上大学和读小学的孩子的费用。晚上回家还能照看丈夫。"

"十三五"期间，毕节市 28.5 万人搬离深山区石山区，搬进了城镇，从农民变成市民，走进工厂车间，过上了美好生活。

■ **实践者风采** ···

大山里的"农人"教授

——记在脱贫攻坚一线的贵州大学助农专家群体

"过去有个'潘核桃'，现在多了'龙猕猴''张蔬菜''徐蘑菇'……贵州大学组建的 653 人博士教授专家团，为脱贫攻坚插上了科技的翅膀。"全国人大代表、中国工程院院士、贵州大学校长宋宝安在 2020 年全国两会期间谈起学校的助农专家群体充满着自豪。

"我知道，你是贵州大学的教授，已经来了半个多月。"4 月 16 日，贵州省委书记孙志刚在威宁县的蔬菜基地里一眼就认出了在大田里指导贫困户种菜的张万萍教授。省委书记认识她，群众更熟悉她，在沿河县官舟镇，当地百姓称她为"蔬菜女神"："贵大专家就是牛，美女教授玩锄头，种下辣椒两万亩，产销两旺无人忧。"

"必须下到地里去！在台上讲百遍不如地里干一遍！"张万萍坚持带着农户一起到田间地头实干，从整地撒肥到病虫害鉴别再到残膜回收，手把手地教。为了让农户能听懂，她就用"伺候秧苗就像伺候月子里的孩子""养孩子要吃饱吃好"等生活常识做比喻。每到一处，十里八乡的群众都会赶来跟她学技术，有时甚至"拦车求教"。威宁县的老乡笑着问她："你真的是贵州大学的教授么？不抬头就和我们一样呀，手也是这么粗糙。"

"每次听到茶农增收，我就很开心。"贵州大学绿色农药与农业生物工程教育部重点实验室的金林红教授，每年有三分之二的时间在贵州各县的茶山指导茶农科学种茶，有人帮他算过，少说一年也跑了4万多公里。

贵州茶叶追求绿色、有机、无公害，这杯"干净茶"里凝结着金林红等专家的智慧和辛劳。"食品安全要从田间开始，这第一关必须要守好。"为解决茶树病虫害的问题，金林红和他的团队在茶林和实验室之间奔走，研究茶树病虫害发生和流行机制，推广生物防控和生态调控等技术，带动老百姓不用化学农药，降低农作物安全风险。在得到他们的技术指导后，很多茶山茶叶产量和质量迅速提升，平均一亩茶园农民就能增收1450元。

2020年初，疫情突袭，各地交通受阻。可这也正是春茶生长的关键时期，不能前往茶山的金林红就在线指导茶农。为防止倒春寒和凝冻灾害，金林红及时把春茶生产的技术方案发到各县茶园示范区负责人、企业负责人和茶农们组建的微信群里，还把防倒春寒的物资寄到茶农手里，通过图片和视频的方式教他们使用。

"1987年我大学毕业就开始研究刺梨，这一做就是30多年。没想到这小小的刺梨正在成为贵州的千亿级产业。"贵州大学酿酒与食品工程学院的谭书明教授说起他和刺梨的缘分总有讲不完的故事。

"刚工作的时候，我的老师牟君富教授就告诉我：刺梨是贵州的特色资源，刺梨之所以酸、苦、涩是因为它来自天然艰苦的地方，代表当地纯朴的百姓把健康送给尊贵的客人。和牟老师工作和学习，也让我开始着迷于刺梨。"从那时起，谭书明全身心投入到刺梨的研究和产业的发展。

贵州发展刺梨产业几经波折，困难重重，缺少资金、缺少项目，谭书明就利用其他课题的结余经费继续搞研究。"养了 30 多年的孩子，哪有说放弃就放弃的呢，我坚信刺梨会有光明的一天。"他说。

如今，贵州全省刺梨的种植面积已高达 170 多万亩，省内 50 多家企业投资建厂，谭书明教授的科研成果也得到了广泛应用，曾经山沟沟里的土果果正在变成群众脱贫致富的金蛋蛋。

■**启示与思考** ....

坚定走好百姓富生态美的发展新路

以习近平同志为核心的党中央十分关心贵州的发展，习近平总书记多次强调贵州要"创新发展思路，发挥后发优势。正确处理好生态环境保护和发展的关系"，"守住发展和生态两条底线，培植后发优势，奋力后发赶超，走出一条有别于东部、不同于西部其他省份的发展新路"，"开创百姓富、生态美的多彩贵州新未来"。贵州全省上下深入学习贯彻习近平总书记的系列重要指示精神，牢记嘱托、感恩奋进，按下"快进键"、跑出"加速度"，努力成为党和国家事业大踏步前进的一个缩影，在百姓富、生态美的发展新路上迈出坚实的步伐。

"贵州新路"守住了发展和生态两条底线

贵州坚持以脱贫攻坚统揽经济社会发展全局，守好发展和生态两条底线，深入实施三大战略行动，扎实推进三大国家试验区建设，努力构建经济发展和环境保护相协调的发展格局，实现了生态优先、绿色发展。

按时高质量打赢脱贫攻坚战。脱贫攻坚既涉及发展问题，也涉及生态问题。只有减少山区贫困人口，才能从根本上减轻生态环境的压力。贵州作为全国脱贫攻坚的主战场，强力推进 188 万人易地扶贫搬迁，深入推进农村产业革

◎贵州先后实现了村村通沥青（水泥）路、30户以上村民组100%通硬化路，出行条件大大改善。图为安顺市平坝区农村公路。资料图片

命，全力打好基础设施建设、易地扶贫搬迁、产业扶贫、教育医疗住房三保障这"四场硬仗"，集中打好深度贫困地区脱贫攻坚战，从全国贫困人口最多的省份成为全国减贫人数最多的省份，贫困发生率从26.8%下降到0.85%。

加快推动经济实现跨越式发展。加快发展是贵州的主要任务。贵州坚持稳中求进推动经济社会发展，大力实施"千企引进""千企改造"工程，加快振兴十大工业产业，深入实施十大服务业创新发展工程。全面推进大数据综合试验区和内陆开放型经济试验区建设，大力发展生态环境优势产业，推进大数据与实体经济深度融合发展，实现旅游产业持续"井喷式"增长。历史性解决交通制约发展的问题，在西部地区率先实现"县县通高速路""村村通沥青（水泥）路""组组通硬化路"。贵州经济增速连续九年位居全国前三，连续三年位居全国第一，经济总量持续增大。

扎实推进生态文明建设。坚决打好污染防治攻坚战，抓好十大行业治污减排专项行动，促进重点区域、流域环境治理明显好转。在磷化工领域创造性地实施"以渣定产"，倒逼企业加快绿色转型升级。抓好生态保护与综合治理，实施新一轮退耕还林还草、石漠化和水土流失综合治理。连续举办生态文明贵阳国际论坛，常态化开展植树活动，严格落实河湖长制。深入推进国家生态文明试验区建设，实施100多项生态文明制度改革。在经济快速增长的同时，生

态环境持续向好，全省森林覆盖率达 59.95%，县城以上城市空气质量优良天数比率达 98.3%，主要河流出境断面水质优良率保持 100%。

大力改善和保障民生。长期以来，贵州教育、文化、卫生等社会事业历史欠账多。贵州坚持把以人民为中心的发展思想落实到各项决策部署和实际工作之中，抓住群众最关心的教育、医疗、住房、社会保障、养老服务、文化等问题，切实办好利民便民实事，城市居民人均可支配收入多年跑过经济增速。面对当前疫情带来的不利影响，扎实做好"六稳"工作、全面落实"六保"任务，帮扶困难企业渡过难关，拓展困难群众就业渠道，坚决兜牢基本民生保障底线。

"贵州新路"闯出了一条符合欠发达地区实际的后发赶超路子

贵州作为曾经的最不发达地区之一，在面对经济发展和生态保护的双重压力下实现了后发赶超、绿色崛起，取得的发展成就催人奋进，蕴含的成功经验弥足珍贵。

新思想指导新实践。贵州坚持把深入学习贯彻习近平新时代中国特色社会主义思想和习近平总书记对贵州工作系列重要指示精神作为首要政治任务，及时跟进学、深入思考学、联系实际学，牢记嘱托、感恩奋进成为贵州大地最强音。感受思想的伟力，见证贵州的巨变，贵州党员干部群众进一步增强"四个意识"、坚定"四个自信"、做到"两个维护"，深入践行习近平生态文明思想，守好发展和生态两条底线，奋力走好绿色发展的新路，书写好美丽中国的贵州篇章。

有了思想引领，贵在具体行动。贵州在坚守发展和生态两条底线中守正创新，采取一系列创新性重大举措，更加注重经济结构战略性调整，更加重视产业生态化、生态产业化，更加注重推进创新驱动发展，勇闯大数据产业蓝海，深入推进文旅融合发展，加快形成具有市场竞争力、可持续的现代产业发展格局。实践充分证明，正是因为贵州发挥优势，敢闯敢为、善谋善为，精准用力、持续发力，才能够在一些领域取得突破性进展、形成引领性优势，闯出了一条符合欠发达地区实际的后发赶超新路。

成功源于实干，幸福来自奋斗。贵州的发展进步，背后凝聚着全省干部群众的心血汗水、激荡着全省干部群众的精神力量。这些年，贵州大力弘扬"团结奋进、拼搏创新、苦干实干、后发赶超"的新时代贵州精神，将其内化为攻坚克难的意志品格，外化为后发赶超的强大动力；推动抓具体、抓深入的工作作风，坚决防止和克服形式主义、官僚主义，深入推行政策设计、工作部署、干部培训、监督检查、追责问责"五步工作法"，总结推广农村产业革命"八要素"，推动各项工作落地落实。面对打赢疫情防控和脱贫攻坚两场战役的严峻考验，贵州一刻也不能停、一步也不能错、一天也不能耽误，必须用实干诠释忠诚、用实绩检验初心。

"贵州新路"承载了新时代经济社会高质量发展的新使命

当前，正处在转变发展方式、优化经济结构、转换增长动力的关键时期，即将编制实施"十四五"规划。贵州要深入贯彻新发展理念，坚定走好发展新路，持续推进经济社会高质量发展，奋力开创百姓富、生态美的多彩贵州新未来。

坚定走好赶超发展新路。以贯彻新发展理念为统揽，大力培植后发优势，奋力实现后发赶超。深入实施大生态、大数据、大开放战略，在新的起点上推

◎贵州吉利发动机有限公司发动机装配线正在生产中。资料图片

进新型城镇化、新型工业化、农业现代化、旅游产业化，推动经济社会创新发展、协调发展，不断做大经济总量、提升发展质量，加快缩小与全国的发展差距，推动贵州经济社会发展迈上新台阶，续写新时代贵州发展新篇章。

坚定走好绿色发展新路。深入贯彻习近平生态文明思想，纵深推进国家生态文明试验区建设，始终坚持生态优先、绿色发展，加快推进生产方式、生活方式绿色化，精心做好生态治理、生态修复、生态经济、生态改革各项工作，不断巩固提升绿色发展优势，让生态环境成为贵州高质量发展的核心竞争力，让绿水青山成为贵州人民的"幸福不动产""绿色提款机"，实现发展和生态环境保护协同共进、互促共赢。

坚定走好开放发展新路。抓住新时代西部大开发机遇，充分发挥贵州作为中国西南连接华南、华中的枢纽和西部陆海新通道重要节点的优势，深化国内外生态合作，推动绿色丝绸之路建设，更大程度参与国际国内产业分工，加强与长三角、粤港澳大湾区、成渝地区双城经济圈等的协作，积极融入"一带一路"、长江经济带建设，持续办好生态文明贵阳国际论坛、数博会、中国—东盟教育交流周、国际山地旅游大会等重大开放活动，努力形成内陆开放的新格局。

坚定走好共享发展新路。坚持以人民为中心的发展思想，着力解决好发展不平衡不充分的问题，让改革发展成果更多更公平地惠及全体人民，不断增强人民群众获得感、幸福感、安全感。当前最紧要的是确保高质量打好脱贫攻坚收官战，通过抓实挂牌督战发现问题、解决问题，全面补齐教育、医疗、住房和饮水安全保障短板，多措并举巩固脱贫成果，让贵州千百年来的绝对贫困问题历史性地画上句号，全省各族群众阔步走向全面小康幸福生活。

（作者：中共贵州省委理论学习中心组）

海南篇

复工复产复学

脱贫攻坚

自贸港建设

■ **新时代 · 新实践** ···

全力"应考" 刷新"自贸港速度"

2020 年 6 月 13 日上午，位于海南海口的海南自由贸易港重点项目集中签约仪式现场，高朋满座。这是《海南自由贸易港建设总体方案》发布后的首场重点项目集中签约活动。活动中，三亚国际航空项目、中化石油离岸贸易结算中心项目、中泰大宗农产品进出口项目等 35 个项目集中签约，向各界释放出社会安全、自由贸易港建设加快推进的强烈信号。

2020 年给海南出了三张必须答好的考卷：全力应对统筹常态化疫情防控和经济社会发展、全面建成小康社会、海南自由贸易港建设。

这一年，海南紧扣习近平总书记提出的"坚持用全面、辩证、长远的眼光分析当前经济形势，努力在危机中育新机、于变局中开新局"的重要指示，毫不放松抓紧抓实抓细疫情防控，采取超常规举措，统筹推进经济社会发展各项工作，奋力夺取疫情防控和经济社会发展"双胜利"，为海南自由贸易港建设创造良好氛围。

举措超常规，把耽误的时间抢回来

2020 年 6 月 11 日下午，作为海南"丰"字形高速公路网的重要一"横"，临文高速临高段项目皇桐镇施工现场，各大项目干得热火朝天，搅拌站、钢筋加工厂、预制梁厂有序运行，施工现场各项目充分整合资源，在功效不降的前提下，进一步提高机械化作业。

临文高速临高段项目在严格做好疫情防控的同时，全面复工复产，加快推进项目建设，确保如期完工投入使用。在施工车辆穿梭的工地上，中铁十四局三公司国道 G360 公路标项目总工许彬说："大家在赶抢工期，加快项目进度的同时，还按照标准化要求严格把控施工质量。"

把因疫情失去的生产时间抢回来，把损失补回来，海南在抓好常态化疫情防控的同时，正以超常规的举措，有序有力推动复工复产复学。

2020 年 5 月，海南印发《关于进一步采取超常规举措确保完成全年经济目标的实施意见》，围绕促投资、扩消费、招商引资、推动产业园区发展、抓好"三农"工作及强化保障措施等六个领域提出 43 条超常规措施。同时，海南及时出台支持中小企业共渡难关八条措施、帮助企业复工复产七条措施、支持海南旅游企业共渡难关六条措施、振兴旅游业三十条措施等，将温暖送到企业"心坎"上。

超常规举措取得的实效，落在了一个个不断刷新的"自贸港速度"和令人欣喜的数字上，一幅幅欣欣向荣的生动画面在各地各行各业展现：文昌燃气电厂 1 号机组多项建设时速打破业内全国纪录，海南社管平台大楼平均 5 天盖一层楼，杭萧钢构洋浦项目工期压缩三分之一，海垦新希望生猪生态循环养殖项目从洽谈到开工仅用了 3 个月；海南各大景区景点人气渐旺，复苏势头强劲，

◎ 2020 年 5 月 30 日，俯瞰加速建设中的三亚崖州湾科技城。武威摄

严格执行防疫要求前提下，全省累计接待游客 133 万人次，恢复至 2019 年同期游客量的八成；自 2020 年 4 月 7 日第一批师生返校以来，截至 5 月 20 日，海南省内各级各类学校已经全面实现复学复课，海口、儋州、澄迈等多地幼儿园也陆续复课。

把脱贫攻坚作为第一民生工程和底线目标来抓

"大家到了深圳新的工作岗位要努力工作，勤劳致富，只要干满 6 个月，就给大家发补贴。"2020 年 6 月 4 日下午，海南省临高县人社局大门外，一辆满载着前往深圳比亚迪公司务工人员的大巴正准备发车。登车前，临高县人力资源服务中心主任林鸿向 24 名外出务工人员作出承诺。

此次外出务工人员出发的场景，是海南超常规开展贫困劳动力零就业家庭清零专项行动的一个缩影。为解决疫情期间农村贫困户就业问题，海南设立了重点项目用工调配中心，建立 24 小时用工调度保障机制，为农民工与复工复产企业搭建"桥梁"，通过"点对点"输送方式，帮助海南省约 26 万名农村劳动力外出就业。

全面建成小康社会，是海南自贸港建设的底线目标。面对疫情影响，海南推出一系列防返贫硬核举措：印发《关于切实做好"三农"领域"一抗三保"工作的十条措施》，稳妥做好海南"三农"领域抗疫情、保畅销、保生产、保增收工作；出台《海南省抗疫情保增收防返贫十五条措施》，帮扶贫困劳动力就地就近就业、助力销售贫困户农产品。

面对受疫情影响的农产品销售问题，海南启动为期 100 天的消费扶贫"春风大行动"。与此同时，海南各级领导干部纷纷走进直播间，化身带货主播，为促进当地特色农产品销售卖力吆喝。

6 月 11 日晚 9 时许，海南省商务厅副厅长程瑷携海南网红主播在海口地标超级直播间内，为广大消费者推介海南的优质货物。在 45 分钟的直播过程中，程瑷向广大消费者共推介了海南粉、黄灯笼辣椒、百香果等本地特色农产品，销售金额达 115 万余元。当天直播累计观看人数、选购人数超过 156 万人次，共有 33 家企业、103 款产品亮相直播间。这种市县相关负责人为各自市县优质好货直播代言的方式，仍在持续。

瓜果飘香的地头，涌动着脱贫致富奔小康的希望。一系列超常规举措，让海南在脱贫攻坚战场上捷报频传：2020年2月，五指山市、临高县、白沙黎族自治县正式摘帽，这标志着海南5个贫困县全部清零。

为海南自贸港集聚澎湃新动能

"我们很期待和海南开展新的合作。"2020年5月29日，一场别开生面的视频洽谈会在海南举行。视频的一方是海南贸促会及海南企业家，另一方是来自上海合作组织俄罗斯实业家委员会商务俱乐部的俄罗斯企业家。

屏对屏，线连线，招商引资"云端"见。"由于业务扩展关系，我们计划与水果蔬菜领域的企业进行对接合作。借助此次会议，我们希望获悉海南企业的联系方式，建立日常沟通。"会议中，来自俄罗斯的水果和蔬菜进口商协会总裁艾莉娜·卡皮塔诺表达了与海南未来合作的期待。海南东方祥麟菜果基地有限公司总经理张利建对艾莉娜·卡皮塔诺的期待有了回应："我们专门从事瓜菜及热带水果生产、运输、销售，芒果、香蕉等都是出口主打产品，我们希望对接俄罗斯市场。"这场"云洽谈"上，双方参会企业分别介绍公司及产品情况，商讨水果、水产品贸易事项，现场建立工作群，互留联系方式，为进一步沟通对接做准备。

疫情没有中断海南自贸港建设的步伐。疫情防控期间，海南拓展招商引资的方式方法，积极组织各市县、省直产业部门及重点产业园区，通过海南自贸港招商引才网开展系列网上招商推介会，至今已经上线了数十场网上招商推介会。

6月1日，《海南自由贸易港建设总体方案》正式公布，为海南自贸港建设擘画了"总蓝图"。借助自贸港建设东风，海南的发展按下了"快进键"。

6月3日，一块块覆盖有海南自由贸易港前缀园区名称的红布被拉下，海南11个海南自由贸易港重点园区同步挂牌，海南自贸港建设正式拉开序幕。

6月12日，在大连中远海运重工造船厂东区船台第九区码头，中远海运集团为载重6.2万吨多用途纸浆船——"中远海运兴旺"轮举行交付仪式。这是《海南自由贸易港建设总体方案》出台及海南自贸港国际船舶登记制度落地后，第一艘以"中国洋浦港"为船籍港注册的货轮。

在《海南自由贸易港建设总体方案》发布后，海南加快了招贤引才的步

◎ 上图均为 2020 年 6 月 2 日，在三亚中央商务区大悦环球中心（一期）项目建设工地，施工人员正在加紧施工。武威摄

伐，在海南 2020 年面向全球招聘人才的活动中，网络引才直播也同步进行。6 月 13 日，中科院院士、海南大学校长骆清铭通过直播，向全球 200 万网友、

向高端人才发出了加盟海南大学的邀请。

红红火火的招商引资引才工作，见证着海南自贸港可观的加速度和吸引力。2020年1—4月，海南新设外资企业110家，同比增长0.92%，实际使用外资约3.16亿美元，同比增长252.33%。尤其是4月，海南新设外资企业和实际使用外资均实现大幅增长，新设外资企业同比增长59.26%，实际使用外资同比增长752.11%。

在全面深化改革开放浪潮中逐浪前行的海南，正面临滚滚而来的发展机遇、引领潮流的战略定位，承担着走在改革前列的历史使命，全省上下以"一天当三天用"的干劲，以超常规的认识、举措、行动争取超常规的实效，全力以赴应对大考，答好答卷。

■ 长 镜 头

吹响"冲锋号" 保持"满格电"

2020年6月13日，海南自由贸易港首次项目集中签约活动在海口举行，共签约重点项目35个。其中，三亚3个项目参加此次集中签约。

继三亚出台15条"硬核"措施支持中小企业共渡难关后，6月3日，三亚市政银保项目三方合作协议首批签约仪式举行，助力民营和小微企业激发新动力。

时刻在状态、保持"满格电"，三亚巧用疫情防控与复工复产的"动""静"辩证法，科学防疫的同时，吹响复工复产复商复市"冲锋号"，让城市发展"舒筋活血"。

巧用力，快速复苏

疫情发生以来，三亚实施分区分级精准防控，有序恢复正常生活秩序，有序推动和组织企业复工复产，不断寻找防疫与发展的最佳结合点，全力推动海南自贸港建设。

一座座即将完工的棚改安置房高楼耸立，工人有序施工，各类工程车穿梭来往……5 月 25 日下午，在月川棚改安置区项目建设工地内，1500 名施工人员满负荷在岗施工。

"2 月只完成了 40% 的工程量，3 月是 60%。目前被延误的工程量已经赶了回来。"月川棚改安置区项目部生产经理冯鹄说。

冯鹄说，工程量能够如此快地赶回来，归功于三亚复工复产的好政策："返岗人员有补助，包机返回三亚复工……这些有利的政策，促使省内外的务工人员快速返岗复工。"

在疫情防控期间，为推动项目复工复产有序开展，三亚出台多项务工人员返岗复工支持政策。省外一线建筑工人 2 月返回复工，市财政给予项目业主单位每位施工人员补贴 1000 元，3 月补贴 700 元；项目建筑工人人数多且出发地集中的，给予协助包机或包车返回三亚；鼓励项目业主单位积极招募本省籍用工，每位施工人员补贴 200 元……

为支持企业全面复工复产，三亚还出台了一系列金融优惠政策，为企业复工复产"加油充电"。

三亚天锋旺海实业有限公司以纯信用贷款方式贷款 490 万元。"这一次，三亚农商银行以纯信用贷款授信我们 490 万元，不仅解决了资金紧缺难题，还为企业省了一大笔钱。"三亚天锋旺海实业有限公司副总经理李满南说。截至 2020 年 5 月末，三亚农商银行累计发放"支小再贷款"1.8 亿元。

金融政策继续向中小微企业"精准滴灌"。无论是三亚市政银保项目启动，还是三亚 3 家银行成为中国人民银行推出的"增加再贷款再贴现专用额度 5000 亿元支持企业复工复产"的优惠性政策的承贷银行，这些举措打通民营、中小微企业"融资难""融资贵"的"最后一公里"，与民营和小微企业同舟共济，共克时艰。

"云"招商，助力新使命

加快海南自贸港建设，招商引资与招揽人才是关键。抢时间赶进度，把疫情造成的损失降到最低，三亚早谋划快行动。

2020 年 3 月 3 日，中国领先的智能语音技术提供商科大讯飞通过"云签约"正式进驻三亚崖州湾科技城。3 月 7 日，科大讯飞海南公司总经理张树彬带领他的团队"拎包入驻"，在新的办公场地开始了相关研发工作。

近年来，一批又一批高标准招商项目相继落地三亚。

3 月 18 日，三亚举行重点项目集中"云签约"活动，来自国内外的企业客商通过视频连线方式，完成 8 个重点项目的在线签约，三亚招商引资工作再次按下"快进键"。2020 年，崖州湾科技城计划续建及新开工项目共计 127 个，其中计划新开工建设项目 83 个。

数据显示，截至 2020 年 5 月 20 日，三亚市对接洽谈企业约 300 家，签约企业 76 家，招商企业注册 131 家。总部企业完成纳税 1.93 亿元，崖州湾科技城税收 3.17 亿元。

为了给招进来的企业提供周到服务，三亚还专门成立市投资促进局，形成市投资促进局全面统筹、各园区具体推进的招商服务机制，为企业提供全程"管家式"服务。

企业用工材料紧缺？市相关部门再次协调项目建设上下游企业，强化要素保障，减轻企业负担，确保项目建设顺利推进。如何保障、推进重大项目落地？三亚加快土地供应，一季度计划出让土地 710 亩，年内计划供地 4900 余亩。

随着一个又一个重点项目的复工复产，一项又一项扶持企业的政策兑现，三亚正朝着新的使命奋进。最大限度降低疫情对社会经济发展的影响，奋力夺取疫情防控和社会经济发展"双胜利"，为承接海南自贸港政策落地打下坚实基础。

■ **实践者风采** ....

时刻保持应急状态

——海南省疾控中心疫情信息组的故事

"车票已经订好了。"放下手中的电话，海南省疾控中心急性传染病预防控制室主任邱丽又确定了下一个出差的日程，她的工作总是和"急"分不开，与病毒竞跑，分秒必争。

疫情之初，凭着多年来的应急经验和各方信息，邱丽默默把定好的探亲机票退了，坚守岗位，紧盯事态。2020年1月20日，海南公布4例确诊新冠肺炎病例。事态骤变严峻。

邱丽临危受命，担任省疾控中心疫情信息组组长。办公室和家的两点一线成为生活轨迹的主轴，整理密切接触者数据、撰写疫情统计报告、参与新冠肺炎疫情的电视科普、走进现场开展流行病学调查，凌晨两点上报疫情信息更是一条惯例……为了节省时间，她每天都在小跑。即便如此，她在抗疫期间也只争得每天5小时的休息时间。

在疫情战况最为艰难的两个月里，信息组每一位成员都在扛，9名党员更是身先士卒。离家较近的冯芳莉通常是在家里准备好值班人员的餐食，再出发前往单位，解决了春节前后用餐难的问题；信息组副组长贾鹏本住进了疾控中心的一间小仓库，用矿泉水兑速溶咖啡提神；邱丽把孩子送回了乡下的奶奶家，扎根办公室，而她的爱人则坚守在海口市疾控中心，清晨7点出门，回家已是深夜。夫妻俩近在咫尺，却为了工作甚少交流……

每一条牵动人心的疫情讯息背后，都是18名信息组成员24小时一刻不停地轮班处理、汇总疫情信息。清晨向省卫健委提交报告，中午开远程视频会议，晚上处理各地市县发来的海量数据，凌晨两点才回家。为了完成任务，有的成员就睡在了办公室里。

4月1日，海南省宣布全面恢复常态化管理。防疫工作初见成效，但防疫工作者却停不下来。海南疾控中心仍处于应急状态。作为传染病预防工作者，邱丽必须带领团队在数据中拨开重重疑云，找到关键危险源。这一过程，必须数月的连续监测才能收获成效，中断一日都会导致前功尽弃。

"我们打的不是突击战，而是持久战。"海南的自然环境湿热，蚊虫密度高，登革热发生的风险会从夏季一直延续到冬季，再加上秋冬季节常发流感，海南的疾病监控并非易事。对于邱丽和她的团队来说，为捍卫人民群众的健康安全，无论是否发生新冠肺炎疫情，他们时刻都在保持应急状态，上午收到地方市县的通报，下午就需要出发指导。一身便装、牛仔裤和运动鞋是疾控人的标配。

疾控人坚持的动力在于使命感。从华中科技大学同济医学院毕业时的热血，依旧在邱丽心中澎湃，她始终将"知责任者，大丈夫之始也；行责任者，大丈夫之终也"作为心头的座右铭。尽管曾加入防疫战线的不少同学由于现实原因而纷纷选择跳槽，但邱丽无怨无悔，"作为疾控人，不能忘记选择时的初心，更不能忘记为社会奉献的使命"。

■ 启示与思考

践行初心使命　在"三个大考"中奋勇前行

在经济全球化遭遇逆风、新冠肺炎疫情重创世界经济的背景下，《海南自由贸易港建设总体方案》的发布拉开了海南自贸港由"总蓝图"向"实景图"转换的序幕。使命如山，重任在肩。面对错综复杂的国内外形势、艰巨繁重的改革发展稳定任务和突如其来的疫情重大影响，海南省广大党员干部群众紧密团结在以习近平同志为核心的党中央周围，发扬特区精神和"椰树精神"，以"一天当三天用"的干劲和"干一件成一件"的韧劲，以"功成不必在我"的精神境界和"功成必定有我"的历史担当，牢记初心使命，拼搏进取、担当实干，在全力应对统筹推进常态化疫情防控和经济社会发展、全面建成小康社会、海南自由贸易港建设"三个大考"中交出合格答卷。

在"统筹推进常态化疫情防控和经济社会发展"
大考中务实功、求实效

在"统筹推进常态化疫情防控和经济社会发展"大考中，海南努力做到科学研判、辨证施治、攻坚克难、化危为机，确保疫情防控、复工复产、复学复课等各项工作有条不紊、落细落实。

新冠肺炎疫情发生以来，海南省委坚决贯彻落实党中央关于疫情防控总要

◎三亚海棠湾。武威摄

求，始终"把人民群众生命安全和身体健康放在第一位"，迅速建立高效运转的疫情防控指挥体系。2020年1月28日，省委下发《关于迅速动员各级党组织和党员干部坚决打赢疫情防控阻击战的通知》，明确"五级书记齐抓防控"等八项具体举措任务。4月以来，全省大力开展"爱国、爱海南、爱家乡、爱家庭"卫生健康大行动，广泛发动群众、组织群众，筑牢联防联控、群防群治严密防线。

疫情防控期间，海南省委省政府紧扣人民群众最关心、最直接、最现实的利益问题，重拳出击维护市场秩序，守住市场监管安全底线，守好老百姓的"米袋子""菜篮子"，做好疫情防控阻击战中暖心的民生保障工程。在援鄂抗疫任务中，海南厚植大爱情怀，彰显责任担当，筹措物资，火速驰援，先后派出七批医疗队奔赴湖北，分批向湖北武汉、荆州、黄冈等地无偿运送瓜果蔬菜等农副产品近十万吨，在疫情防控、服务大局中积极贡献力量。

当前，国外疫情和世界经济形势依然严峻复杂，我国发展面临的挑战和机遇并存。海南省委省政府在做好疫情防控常态化工作基础上，根据疫情防控形势变化和工作进展，强化"六稳"举措，动态统筹推进疫情防控和经济社会发展。为把疫情对经济社会发展的影响降到最低，省委省政府在帮助企业复工复产上做足功夫、下足力气，专门成立复工复产以及推进旅游业、现代服务业、高新技术产业发展等专项工作组，抓好复工复产牵头协调工作。同时，及时出台支持中小企业共渡难关八条措施、帮助企业复工复产七条措施、支持海南旅游企业共渡难关六条措施、振兴旅游业三十条措施等政策，多措并举助力企业复工复产。当前，海南省生产生活秩序逐步有序恢复，并将继续巩固工作成果，持续升级加力，奋力夺取疫情防控和经济社会发展"双胜利"。

在"全面建成小康社会"大考中打硬仗、破难题

2020 年是决战决胜脱贫攻坚和全面建成小康社会收官之年，海南自觉把脱贫攻坚作为确保高质量完成的第一民生工程，举全省之力深入开展脱贫攻坚、乡村振兴等各项工作。2015 年以来，全省累计退出贫困村 600 个，脱贫65.9 万人，5 个国定贫困县全部脱贫摘帽，贫困发生率下降到 0.01% 以下，连续两年获得国家脱贫攻坚成效考核优秀等次。

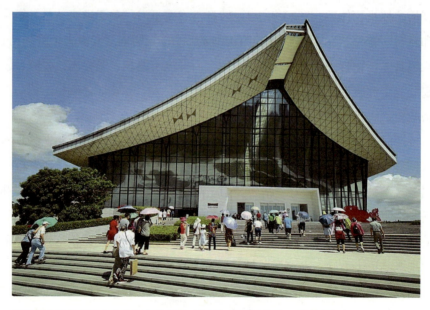

◎游客走进位于海南省琼海市的中国（海南）南海博物馆。蒋聚荣摄

海南还运用创新思维汇聚脱贫攻坚合力，两年来通过推行电视夜校、制定消费扶贫创新性政策措施等，为全国破解脱贫攻坚难题提供海南经验。面对疫情影响，海南推出一系列防返贫硬核举措：印发《关于切实做好"三农"领域

"一抗三保"工作的十条措施》的通知，一手抓防疫、一手抓生产，稳妥做好"三农"领域抗疫情、保畅销、保生产、保增收工作；出台海南省抗疫情、保增收、防返贫十五条措施，包括帮扶贫困劳动力就地就近就业，助力销售贫困户农产品等。当前，为冲刺脱贫攻坚"最后一公里"，海南正努力在"全面建成小康社会"大考中破解难题，力争高质量打赢脱贫攻坚收官之战，交上人民满意的答卷。

在"海南自贸港建设"大考中抓机遇、立标杆

海南抓住千载难逢的发展机遇，在全面深化改革开放伟大征程中奋力前行。2020年6月1日，《海南自由贸易港建设总体方案》发布，全省各级党员干部把落实方案各项任务作为当前最大的政治，以绝对忠诚的政治品格带领广

◎海南国际会展中心二期施工场景。蒋聚荣摄

大群众积极投身到自贸港建设的火热实践中。

从"逐步探索"到"加快探索"，推进自由贸易港建设中的每一步都蹄疾步稳、积极稳妥。海南省委坚持学习取经，不搞"花架子"、不弄"假把式"，

◎海口市琼山区龙塘镇新旧沟洋田地区的农民迎来丰收。蒋聚荣摄

不断深化自由贸易港政策和制度体系研究，细化任务、挂图作战。一方面，在科技创新上拿出了铁手段、硬措施。围绕自主创新能力提升，在深海科技、热带特色高效农业、航天科技研发等领域精准发力，引进培育创新型企业，推动重点平台建设和关键领域攻关，积极为国际科技深度合作清障搭台，充分释放了创新活力。另一方面，又在制度创新上拿出新举措、新办法。瞄准世界最高水平开放形态，对标先进，系统制定《海南省人民政府推进制度创新十一条措施》，出台《海口市制度创新成果考核评估办法》，强弱项、补短板，创优发展环境，大力招商引资，集聚发展新动能，实施培养引进"双轮驱动"，完善人才引进政策，聚合发展新动力。

经过两年多的砥砺奋进，海南省推动一系列重要政策落地，先导性项目取得阶段性进展。"五网"基础设施逐步完善，公共服务配套不断加强，生态环境保护实效显著，防范和化解风险能力明显提升，海南自贸港已具备了坚实的建设基础。2020年上半年，海南省11个重点园区同步举行自由贸易港重点园区挂牌仪式。这11个园区作为自由贸易港政策的主要承接地和先行先试的"孵化器"，推动海南自由贸易港建设加快发展、创新发展，海南自贸港开局呈现出一派欣欣向荣的景象。

风劲恰是扬帆时，南海潮起勇奋楫。《海南自由贸易港建设总体方案》的发布为未来海南整体发展绘制了蓝图。习近平总书记对海南自由贸易港建设作出重要指示，要求"对接国际高水平经贸规则，促进生产要素自由便利流动"，强调"要把制度集成创新摆在突出位置"，为高质量高标准建设海南自贸港指明了方向。推动海南自由贸易港建设不断取得新成效，就要全面深入领会习近平总书记重要讲话精神，把准方向、主动作为，慎终如始、行稳致远，全力以赴推动自贸港政策抓紧落实早期安排，尽快取得早期收获。同时，深入研究并用好用足自贸港优惠政策，倾力打造法治化、国际化、便利化的营商环境和公平、开放、统一、高效的市场环境，紧紧围绕旅游业、现代服务业、高新技术产业三大领域开展精准招商，吸引更多投资和优秀人才，体现海南特色、自贸港效率，努力打造全面深化改革开放的新标杆。

（作者：杨威，系海南省中国特色社会主义理论体系
研究中心特约研究员）

河北篇

———

三件大事
新 基 建
防 返 贫

■ **新时代 · 新实践** ·······································

建设经济强省、美丽河北开新篇

党的十八大以来，习近平总书记多次视察河北，亲自谋划推进京津冀协同发展、雄安新区规划建设和筹办北京冬奥会，作出一系列重要指示批示，为河北发展指明了前进方向，提供了根本遵循。全省广大干部群众把习近平总书记的关心关怀转化为强大动力，把党中央决策部署转化为实际行动，坚定不移抓好常态化疫情防控和经济社会发展，奋力开创建设经济强省、美丽河北新局面。

三件大事，稳步推进

"主筋间距 15 公分，合格！"在京雄高速 SG5 标段白沟河特大桥拱脚安装施工现场，负责工程质量检测的王宝辉手里忙活着，嘴里不时报出一个个检测数据。"标段上 30 多名技术员倒班进行工程质量检测，只要有成品需要报检了，我们随叫随到。因为这个阶段都在抢抓工期，所以我们 24 小时待命。"王宝辉说。

高温下的雄安新区，呈现一派火热的建设景象。6 月 19 日，京雄高速 SG5 标段兰沟洼特大桥首片预制 T 梁开始安装。白沟河特大桥项目首件钢箱梁吊装成功。据介绍，雄安新区对外骨干路网中的京雄、京德、荣乌新线三条高速建设已如期完成阶段性任务目标，为实现全年目标打下坚实基础。

6 月 29 日，张北可再生能源柔性直流电网示范工程正式投运。该工程将张家口利用风、光能源生产的绿色电力，源源不断地输送到北京，让北京冬奥会北京赛区、延庆赛区的冬奥场馆全部用上了绿色电力。

◎飞跨潮白河的燕潮大桥。自大桥建成通车后，开车从燕郊到北京东六环只需 15
分钟。资料图片

着力抓好京津冀协同发展、雄安新区规划建设、冬奥会筹办三件大事，正
成为河北奋力夺取"双胜利"的关键之举。6 月 30 日，河北召开庆祝中国共
产党成立 99 周年座谈会。河北省委书记王东峰强调，河北坚决贯彻落实习近平
总书记重要指示批示和党中央决策部署，举全省之力办好三件大事，打好三大
攻坚战，坚持"3689"工作思路，推动各项事业发展取得新成绩、展现新气
象，开创了建设经济强省、美丽河北新局面。

常态化疫情防控下，河北正进一步抢抓机遇，三件大事稳步推进。

认真分析疫情以及东京奥运会推迟对冬奥筹办工作的影响后，河北制定了
7 方面 39 项应对措施，全力抓好落实，筹办工作人员和冬奥工程建设者零感
染，确保了筹办工作有力有序推进，冬奥项目可按计划如期高质量完工。通过
制定项目复工疫情防控专项方案，调整施工计划，加强施工人员力量和建筑材
料保障，张家口赛区 76 个冬奥项目已完工 42 个，其余 34 个已全面复工并加
快建设，将在 8 月底前全部完工。云顶滑雪公园已达到测试赛要求，国家跳台
滑雪中心、越野滑雪中心、冬季两项中心和张家口冬奥村已完成主体工程。

克服疫情影响的同时，河北承接北京非首都功能疏解的脚步积极迈进。在
定州，15 个京津冀协同发展项目集中开工；在唐山，总投资 616 亿元的 17 个
项目签约落户曹妃甸；根据新近印发的《2020 年度京津冀产业转移系列对接活

动工作方案》，三地将不断创新京津冀产业转移系列对接活动的业态和模式，提升对接活动的频次和成效。

与北京共建的曹妃甸协同发展示范区，是河北省确定的重点协同协作平台之一。6月11日，在唐山市2020年第二季度重点项目集中开工活动中，曹妃甸区52个项目开工建设，总投资165亿元。2020年以来，该示范区共实施京津项目90个，总投资1105.3亿元。新签约亿元以上京津项目8个，协议总投资131.7亿元。

2020年1—5月，雄安新区区域内在建项目完成投资增长77.4倍。截至2020年6月30日，京德高速已完成投资44.9亿元，占2020年计划的52.82%；京雄高速河北段2020年完成投资54.66亿元，占全年投资任务的51.57%；荣乌高速公路新线2020年完成投资45.2亿元，占全年投资任务的51.36%。

"云服务"汇集，"新基建"奔涌

人工智能话音一落，后座乘客点击屏幕上的"开始行程"按钮，自动驾驶

◎ 2020年6月20日，涿鹿县肖家堡村一家扶贫微工厂的工人在生产拖鞋。史晟全摄

的神奇旅程便开启了。方向盘自动旋转，安全员全程未予触碰；自动减速、停车，避让其他车辆……5月14日起，这些自动驾驶的生动场景，在沧州市主城区229.6公里的道路上成为现实。这背后，离不开5G、人工智能等新型基础设施建设的支撑。

作为重要的基础产业和新兴产业，2020年以来，河北抢抓新型基础设施建设机遇，大力夯实数字经济发展根基，激发全省经济发展新动能。新基建竞争力指数跻身全国前十，2020年计划完成新基建投资近320亿元。

在腾讯怀来云数据中心开花结果之际，总投资规模超百亿元的普洛斯怀来大数据科技产业园项目也正式开工建设，全部建成后可容纳近1.5万个标准机柜，约20万台服务器。在张北县，阿里巴巴集团已投资建成5个数据项目，服务器数量达28万台。双方又签订框架协议，阿里巴巴将追加上百亿元投资继续建设云数据项目。在廊坊开发区大数据产业园中，润泽国际信息港、中国联通华北基地、华为数据中心等大数据企业毗邻而居，集云存储、云计算、云服务、大数据存储加工及应用等于一体的大数据产业集群加速崛起。互联网企业巨头纷至沓来，河北数字产业化项目好戏连台，"新基建"呈现奔涌之势。

河北省发展改革委相关负责人表示，2020年是5G网络建设的关键之年，三大运营商全年将投资138.7亿元，加速推进5G基站建设。到2020年底，河北5G基站建设数量将累计达到1.8万个。2020—2021年，河北省5G网络、数据中心、工业互联网、人工智能等新型基础设施拟开工和在建项目约140项，总投资达1744亿元。

2020年以来，河北大力开展"三包四帮六保五到位"活动，加强经济运行调度，强化包联帮扶，优化财政支出结构，确保经济高质量发展。在各地各部门包联帮扶之下，河北各地传统产业也持续发力，多地经济出现"逆势增长"势头。

临西县启动轴承产业科技跃升工程，聚焦提升创新能力、建设创新平台、壮大企业创新主体、优化创新环境，出台科技创新奖励办法、打造高标准人才生态等举措，重点打造一批高端成果辐射源和创新支撑点。"4月份完成出口额1017.7万美元，出口形势开始呈现稳步上扬的良好态势。"临西县发展改革局副局长李振波介绍。随着产业扶持引导政策的实施，轴承企业生产经营策略调整明显提速，轴承产业外贸出口形势有望迎来上升拐点。

"5月份，产销量同比增长15%以上，跑出了达产达效'加速度'。"河北长安汽车有限公司总经理张奋勇对这份新鲜出炉的成绩单颇为满意。2020年4月23日，在河北省工信厅的推动下，河北—湖北产业链协同复工复产云服务平台上线，该公司与武汉菱电汽车电控系统股份有限公司签署了采购合同，2020年采购额预计将达3500万元，困扰企业许久的产业链堵点也随之被打通。全力以赴保生产的还有东旭集团石家庄旭新光电科技有限公司。1—5月，该公司液晶玻璃基板产销量逆势上扬，产销同比增长40%，公司24小时满负荷生产。2020年以来，河北聚焦产销衔接不畅、资金链承压等共性问题，瞄准工业经济目标，帮助企业开拓市场、消化库存、降低成本、畅通产业链条，在化危为机中推进工业经济高质量发展，努力实现工业经济"双过半"。

据了解，2020年1—5月，河北省外贸进出口总值1556.9亿元，同比增长5.7%，技术合同成交总额达到同比增长16.37%，基础设施投资同比增长7.3%，规模以上工业战略性新兴产业增加值同比增长4.3%。

给生活困难的群众一份更坚实的保障

2020年是脱贫攻坚战收官之年，河北全省上下深入学习贯彻习近平总书记重要指示精神和党中央决策部署，充分凝聚攻坚合力，持续巩固脱贫成果，全省脱贫攻坚工作在2018年、2019年连续两年"国考"获得"好"的等次基础上，又取得新进展新突破，截至2020年6月底，剩余的3.4万贫困人口已全部脱贫。

河北着力完善防贫长效机制，严格执行"四个不摘"，强化监测预警和动态帮扶，做到脱贫防贫不返贫。邯郸市从2017年在河北省率先建立精准防贫机制，取得了良好成效。2020年3月，邯郸市系统总结提炼近几年做法，并进行完善和提升，制定了《邯郸市精准防贫工作实施办法（试行）》，形成了"四个二"精准防贫机制，防贫工作进入系统化、规范化、制度化新阶段。邢台市则在全国设区市中率先建立市级防贫防返贫大数据平台，以农村家庭人均纯收入不低于上年度国家脱贫线 1.5 倍为标准，划定防贫监测人群，建立工作台账，对因病、因灾、因意外事件等导致收入下降的家庭，及时发现上报预警信息。2020 年以来，邢台市共监测 69348 户 120322 人，共救助 4823 户，救助金额 1300 余万元。

2020 年 2 月以来，河北省委部署开展"抓党建、防疫情、促脱贫、保小康"活动，强化党建引领，把党的政治优势、组织优势、密切联系群众优势转化为脱贫攻坚、全面建成小康社会的强大动力和实际成效。目前，河北全省 7746 名驻村第一书记、23278 名驻村干部全部在岗履职，与当地党员群众一起，战疫情、抓脱贫、谋发展，发挥了积极作用。

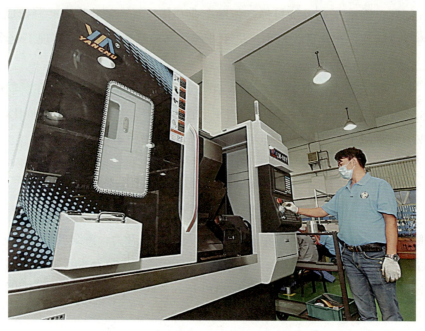

◎保定·中关村创新基地一家涡喷动力设备研发公司的车间场景。史晟全摄

同时，河北省民政厅发起成立了河北省社会救助基金会。该基金重点资助在落实各项社会保障（社会救助）政策或扶贫政策后，基本生活依然困难的建档立卡贫困户、脱贫户、低保对象、特困人员及其他符合救助条件的城乡特殊困难群众，进一步防止返贫致贫。

为持续推进就业扶贫，河北还印发通知，进一步做好贫困村创业致富带头人培养工作，做好"雨露计划"职业教育工作，并将在农业实用技术培训、就业扶贫车间管理、居家灵活就业引导和做好监测对象中边缘人口就业帮扶上下功夫，保质保量按时完成 2020 年就业任务，确保不落一人，精准到位。

如今，行走在燕赵大地，街道干净整洁、民居整齐亮堂，一个个处于青山绿水间的美丽乡村生机盎然⋯⋯

■长镜头 ···

沧州发展的"速度"与"激情"

盛夏时节，位于京杭大运河沧州市主城区段的南湖文化街区项目施工现场，数台挖掘机挥舞着巨大"臂手"打造景观微地形。邻近的运河河道内，工人们正在用高压水枪刷洗河道淤泥，阵阵水花涤旧生新，古老大运河焕发出新的生机。

京杭大运河在沧州绵延数百里，是沧州的"根"和"魂"。近年来，沧州市认真贯彻习近平总书记重要指示精神，坚持谋定后动，明晰规划思路，完善规划设计，扎实推进实施相关工程。全市大运河文化带建设暨新型城镇化建设大会召开，标志着沧州市大运河文化带进入全面建设新阶段。

沧州市委书记杨慧说："我们深入贯彻习近平总书记重要指示，把新发展理念和以人民为中心的发展思想贯穿大运河文化带建设全过程。以此为牵引，提升全市新型城镇化水平，高标准高质量建设文化保护带、生态景观带、全域旅游带和现代城市经济带。"

翻开沧州大运河文化带建设有关规划，随着一系列重大项目的实施，不仅城乡人居环境将得到大幅改善，而且能带动和激发现代城市经济的发展。

"加快建设与运河相配套的高品质特色商业街区是重要内容。一大批生态、文化、商贸、运动休闲等新业态会因河而来、依河而兴。以此为依托，主题旅游产业一定能做大做强。"沧州市政府副秘书长、市大运河办党组书记张建亭信心满满地说。

主题旅游产业是沧州着力打造的"新动能、新引擎"产业之一。近年来，沧州着眼调整优化产业布局，加快构建现代产业体系。围绕壮大汽车及零部件制造、绿色化工、生物医药、主题旅游、时尚服装服饰、现代物流"六大新动能"，培育激光及智能制造、先进再制造、新一代信息技术、航空航天技术、清洁能源"五大新引擎"，在政策制定、产业准入、投资促进和要素支持等方面采取了一系列实际举措。

特别是面对新冠肺炎疫情对传统产业带来的冲击，沧州化危为机、危中寻机，将"新动能、新引擎"产业发展作为奋力夺取"双胜利"的有力抓手，强力推动相关企业复工复产。

北京·沧州渤海新区生物医药产业园，是沧州生物医药产业的主要聚集地。位于这里的河北迪纳兴科生物技术有限公司是一家主要生产 DNA/RNA 合成试剂的企业，全国近六成这类核酸检测试剂盒的核心材料——荧光标记探针便出自这家公司。企业法人代表卢晋华说："突如其来的新冠肺炎疫情使检测试剂盒需求骤增，园区管委会第一时间帮我们解决了防疫物资采购、企业安全生产隐患排查等问题。"

为满足企业用工需求，沧州建立了"24 小时重点企业用工调度保障机制"等一系列帮扶机制。针对企业员工返岗复工问题，还开通了"点对点"用工对接平台，与公安、交通运输部门沟通，协调 275 辆车组建应急保障车队，对规模较大、返岗集中的企业提供专车护送服务，全市 111 家重点企业用工缺口保持了动态清零。

沧州多次举办"云签约""云洽谈""云招商"活动，以深化"放管服"改革为抓手，进一步优化营商环境。前不久，随着百度 Apollo 自动驾驶应用实验室和运营中心的落地以及全新路网的开放，沧州成为全国第一个在主城区市政道路开放智能网联汽车测试的城市。测试道路总里程达 229 公里，居全国城市排名第二位。

"速度"与"激情"，时刻上演。神华销售集团沧州能源销售有限公司从申请设立到成功领照仅用了两个小时，再次刷新当地企业开办的速度纪录。同时，依托企业家"直通车"平台，市委市政府领导每半个月定期与企业家面对面座谈交流，实现了党委、政府和企业的直连直通无缝对接。

据介绍，2020年以来，沧州先后举行沿海经济带、大运河文化带等4次重点项目集中开工活动，各级各部门始终保持抓项目、扩投资的强劲势头。目前，近500个重点项目进展顺利，"新动能、新引擎"产业对全市工业贡献率达77%以上。

■ **实践者风采** ···

河北迁安矿山生态修复项目业主李民
——绿色发展的"探路人"

"我们要打造世界级矿山生态公园，眼前这1000多亩的花海、远处景观大道的花草种植都已经初见成效。"2020年7月6日，在计划总投资8.5亿元的金岭矿山生态修复旅游观光项目建设现场，项目业主李民高兴地介绍道。他相信几年后公园建完时，必定有更美的风景。

深色运动短袖、黑裤子，一双黑色运动鞋，款式不算新颖。若不是身边不停有人拿着图纸、材料向他介绍情况、询问意见，很难让人相信他就是这个万余亩矿山公园的项目业主，一个迁安绿色发展的"探路人"。

李民从部队退役后，成为集体铁矿的领头人，多年来一直与"矿山"打交道。2017年，应着绿色发展的步伐，李民组建矿山治理公司；第二年，金岭矿山生态修复旅游观光项目正式开工建设，他把全部精力放在矿山修复治理上。

"我说要修复矿山，那时有的人还不理解，已经投资2.7亿元了，到底还要往里投多少资金啊。"说起矿山治理，李民感慨地说："我就是想把家乡恢复成原来的样子，把金岭做成矿山恢复治理的典范，让绿水青山成为大家致富的金山银山。"

金岭矿山公园的入口处就是李民的老家蔡园镇刘庄子村，李民在村里成立了农业合作社。"合作社鼓励村里人入股，按高于市场价的标准对土地进行流转，还为村里人种植经济花木、发展民宿提供技术支持、销售对接等服务。村民既能分合作社的红，还能得土地和经营的利，有了一条持续增收的路。"算起经济账，李民信心满满。

李民介绍，金岭矿山修复项目主要涉及两项内容，一是推进矿山固废综合利用，建设矿山废料处理生产线，每年可处理废料600万吨。同时，通过废土回填矿坑，推进造地复垦。二是采取"旅游+"模式，变"疮疤"为"名片"，打造"中国矿山生态修复文化旅游目的地"，建设农旅休闲产业区、山地极限运动区和水上娱乐区等"六大分区"。

金岭矿山修复项目是迁安发展生态特色产业的一个缩影。近年来，迁安加大新旧动能转换升级，把矿山生态环境修复治理作为转型发展的突破口，推动"矿山修复+"模式，宜耕则耕、宜林则林、宜游则游，完成矿山修复绿化及复垦土地近3万亩，成功跻身50个国家大宗固废综合利用基地。

人不负青山，青山定不负人。在疫情防控常态化背景下，迁安紧紧扭住疫情防控和经济社会发展"两条线"，化危为机，生态特色产业成为绿色增长点。2020年，迁安加快布局"主导+新兴+特色"的现代产业体系，谋划实施重点项目233个，计划总投资929.8亿元，经济运行质量显著提升。到5月底，迁安完成固定资产投资同比增长8.5%，规模以上工业增加值同比增长4.2%。

探索绿色发展，李民一直坚持。他总说，自己取得的成绩离不开迁安良好的发展环境。2014年，他被授予"河北省劳动模范"荣誉称号，2015年被评为"第五届唐山市优秀中国特色社会主义事业建设者"。

■ 启示与思考 ·······

奋力夺取"双胜利" 当好首都政治"护城河"

面对新中国成立以来传播速度最快、感染范围最广、防控难度最大的新冠

◎廊坊临空经济区绿雕。资料图片

肺炎疫情，以习近平同志为核心的党中央统筹全局、果断决策，习近平总书记亲自指挥、亲自部署，领导全党全军全国各族人民打好疫情防控的人民战争、总体战、阻击战，推动疫情防控阻击战取得重大战略成果，统筹推进疫情防控和经济社会发展取得积极成效。在这次大战大考中，河北省委始终坚持政治站位，始终做到"国之大者要心中有数"，旗帜鲜明把当好首都政治"护城河"作为政治之责、为政之要，自觉把习近平总书记的关心关怀转化为强大动力，自觉把党中央决策部署转化为实际行动，举全省之力办好三件大事，努力在统筹常态化疫情防控和经济社会发展的关键时期交出合格答卷。

坚定不移强化党的创新理论武装

习近平新时代中国特色社会主义思想是我们党的思想旗帜，具有强大真理力量和实践伟力。习近平总书记对河北知之深、爱之切，党的十八大以来7次视察河北，亲自谋划推进京津冀协同发展、雄安新区规划建设和筹办北京冬奥会等工作，作出了一系列重要指示批示，为河北做好工作指明了前进方向，为河北发展提供了宝贵历史机遇。河北省委深刻认识到，做好河北的工作，必须持之以恒推动党的创新理论在燕赵大地落地生根、开花结果，确保党中央政令畅通、令行禁止。一是推动理论学习更加深入。河北省委常委会通过召开理论中心组学习会等方式带头加强理论武装，示范带动党员干部在学懂弄通做实上下功夫，不断提高运用党的创新理论指导实践、推动工作的能力。创新方式方法持续兴起宣传宣讲热潮，2020 年以来开展宣讲 3 万多场、受众达 4000 万人次，使团结奋斗的共同思想基础更加牢固。二是推动政治纪律更加严明，围绕"四个聚焦""十四个紧盯"强化政治监督，一切从政治上考量、在大局下行动，把"两个维护"体现到各项工作中、落实到实际行动上，铸就对党绝对忠诚的政治品格。三是推动政令执行更加有力，发挥重点工作大督查作用，上下联动督导，以真督实查强化政治责任、领导责任、工作责任，确保习近平总书记重要指示和党中央决策部署在河北落地见效。

抓好统筹常态化疫情防控和经济社会发展工作

发展是我们党执政兴国的第一要务，实现第一个百年奋斗目标，必须坚持以经济建设为中心不动摇。面对疫情冲击造成的不利影响，河北省委深刻认识到，必须进一步磨砺全省党员干部责任担当之勇、科学防控之智、统筹兼顾之谋、组织实施之能，努力以河北之稳拱卫首都安全，以河北之进服务全国改革发展大局。一是坚决打赢疫情防控阻击战，坚持外防输入、内防反弹，组织 74.8 万多名在职党员干部深入基层排查，筑牢群防群控的坚强防线。加强出入境人员和活动管控，确保不漏人、不失控。充分发挥"三道防线"作用，为首都疫情防控大局作出贡献。二是落实"六稳""六保"要求，确保全省经济运行平稳。紧盯"两新一重"谋划实施一批重点项目，强化创新驱动和消费拉动，大力发展战略性新兴产业和现代服务业，完善产业链、供应链、物流链，加快构建现代产业体系。开展"三包四帮六保五到位"活动，领导干部包市县、包项目、包重点企业，帮助企业解决发展资金短缺、用工数量不足、要素保障不力、市场销售困难等问题，落实"六保"任务，做到政策、措施、责任、服务、落实到位。三是举全省之力办好三件大事。坚决克服疫情影响，扎实推进京津冀协同发展。加快雄安新区建设步伐，统筹抓好续建和新开工项目，打造高质量发展样板。认真落实"四个办奥"理念，确保 76 个重点项目

◎北京现代沧州工厂车身车间生产线。新华社发

全部高质量完工，加快形成"两翼"带动发展新格局，努力在交出"两份优异答卷"上迈出新步伐。四是坚持深化改革开放，深入开展"三创四建"活动，以创新、创业和创建全国文明城市、国家卫生城市、国家森林城市，建设现代化经济体系、建设城乡融合高质量发展体系、建设一流营商环境体系、建设现代化社会治理体系为抓手，不断增强经济社会发展的动力和活力。五是坚持"绿水青山就是金山银山"理念，加强污染治理和生态建设，确保 2020 年造林800 万亩、PM2.5 平均浓度下降 3% 左右。六是坚持人民至上，保障改善民生和维护社会稳定，持续实施 20 项民生工程，不断提升人民群众获得感、幸福感、安全感。

坚决打赢脱贫攻坚战

打赢脱贫攻坚战是我们党向全国人民作出的庄严承诺。在习近平总书记亲切关怀和党中央坚强领导下，经过各方面共同努力，河北脱贫攻坚取得重要阶段性成效，连续两年在国家考核中进入"好"的等次，为全面建成小康社会打下了坚实基础。河北省委深刻认识到，从决定性成就到全面胜利，脱贫攻坚面临的困难和挑战依然艰巨，必须一鼓作气、尽锐出战，深入开展"抓党建、防疫情、促脱贫、保小康"活动，推动工作重心向基层下移、政策措施向基层倾斜、资金资源向基层输送，确保如期高质量完成脱贫攻坚任务。一是着力巩固拓展"两不愁、三保障"成果，做好剩余贫困人口脱贫检查验收，全面解决教育、医疗、住房、饮水等问题，确保全部达到脱贫条件。二是着力强化产业扶贫、就业扶贫、科技扶贫和易地搬迁扶贫，深化"千企帮千村"行动，因地制宜发展主导和特色产业，深入做好搬迁后续扶持工作，确保搬得出、稳得住、能致富。三是着力完善防贫长效机制，严格执行"四个不摘"，强化监测预警和动态帮扶，做到脱贫防贫不返贫。四是着力推进乡村振兴，深入开展农村人居环境整治，加强"空心村"治理，完善基础设施和公共服务，推动产业、人才、文化、生态、组织等全面振兴，加快建设社会主义新农村。

推动全面从严治党向纵深发展

党的建设是我们党的重要法宝。河北省委深刻认识到，夺取疫情防控和经济社会发展双胜利，关键在党、关键在班子、关键在人，必须保持永远在路上的坚韧和执着，一以贯之把管党治党紧紧抓在手上。一是加强领导班子和干部队伍建设，选优配强各级领导班子特别是一把手，把地方党委建设成为听从党中央指挥、管理严格、监督有力、班子团结、风气纯正的坚强组织。坚持好干部标准，加强思想淬炼、政治历练、实践锻炼、专业训练，在

◎涿鹿县宋家庄村养殖户在喂养鸵鸟。武殿森摄

疫情防控等急难险重任务一线考察识别干部，真正把忠诚干净担当的干部选出来、用起来，调动广大干部干事创业积极性。二是加强基层党组织建设，完善基层党建述职评议制度，深化乡镇街道改革和基层综合执法改革，深入实施农村"领头羊"工程，充分发挥基层党组织战斗堡垒和党员先锋模范作用。三是加强作风纪律建设，严格执行中央八项规定及实施细则精神，深化纠正"四风"和作风纪律专项整治，坚决反对形式主义、官僚主义，切实减轻基层负担。四是加强党风廉政建设，聚焦腐败易发多发领域，加强权力运行监督，强化巡视巡察，用好"四种形态"，一体推进不敢腐、不能腐、不想腐，不断巩固发展反腐败斗争压倒性胜利，以全面从严治党的新成效，推动全省各级党组织和广大党员干部不忘初心、牢记使命，拼搏竞进、奋勇争先，努力实现"三个圆满收官"，以建设经济强省、美丽河北的优异成绩为实现党的第一个百年奋斗目标作出贡献！

（作者：中共河北省委理论学习中心组）

河南篇

粮食丰产
新发展理念
高质量党建

■ **新时代·新实践** ···

努力在中部崛起中奋勇争先

2019 年 9 月，习近平总书记在河南考察时强调，要"在中部地区崛起中奋勇争先，谱写新时代中原更加出彩的绚丽篇章"。

大事面前显本色。史上罕见、席卷全球的重大疫情，更让习近平总书记的嘱托，升华为亿万中原儿女战疫必胜的坚定信念和河南争先崛起的铿锵步伐。在全面建成小康社会收官之年，河南正以饱满的政治热情、创新的思路举措和务实的工作作风，切实做好"六保"工作、落实"六稳"任务，统筹推进疫情防控和经济社会发展。中部大省河南，正在积厚成势中悄然崛起。

粮食丰收安天下　彰显政治担当

农业稳是"六稳"的基础，粮食安全是"六保"的前提。河南作为农业大省、粮食生产大省，始终牢记习近平总书记"粮食生产这个优势、这张王牌任何时候都不能丢"的千钧重托，坚决扛牢保障国家粮食安全的政治责任。2016年，河南省人民政府办公厅印发了《河南省粮食应急预案》，全力确保特殊时期粮食安全。

2020 年上半年，被疫情困扰的河南，局部地区小麦接连出现病虫害，同时"倒春寒""干热风"等灾害天气频发。河南紧急下拨财政拨款统防统治病虫害 8500 万亩次，有序推进涉农企业复工复产，保证农资供应到位。

中原熟，天下足。"河南省夏收已圆满结束，从专家预产和收获情况看，丰收已成定局。"河南省农业农村厅党组成员、总农艺师王俊忠介绍。全省小

◎郑州市奥体中心项目是河南省单体面积最大的公共建筑。聂冬晗摄

麦种植面积继续保持在 8550 万亩，连续 5 年稳定在 8500 万亩以上，2020 年小麦总产预计仍超 1300 亿斤，实现"16 连丰"，有望较 2019 年实现新增加。

丰年到，科技贡献高。2020 年 6 月 5 日，在河南延津县通郭村高标准农田，农业农村部小麦专家指导组顾问、河南农业大学教授郭天财宣布："丰德存麦 20 号"小麦亩产达 855.2 公斤！这一数字刷新了黄淮冬麦区千亩方单产最高纪录。

河南商水县打造的 5 万亩高标准农田内，通过一部手机，就能自动灌溉、喷药等，千里之外"云种地"轻松搞定。据悉，到 2025 年，河南将建成 8000 万亩高标准农田。

在组织好夏收的同时，河南省积极动员农民抢抓农时开展夏种夏管，全省夏种基本结束、夏管接续展开。截至 2020 年 6 月 21 日，全省累计播种秋作物 11692 万亩，占预计面积的 98.6%，秋粮面积稳定在 7600 万亩左右；秋作物累计追肥 2364 万亩、化除 3259 万亩、查苗补种 48 万亩，种足管好秋作物，夯实全年粮食丰收基础。

"农头工尾"促跨越。目前，河南正在不断加快构建现代农业产业体系，提升农产品供给质量，大力培育的双汇、思念、三全等一大批龙头企业，正在助力河南由"国人粮仓"迈向"国人厨房"，再到丰富"世界餐桌"。

改革开放再出发　新理念引领新发展

　　河南是一个典型的内陆省份，不沿边、不靠海、不临江。中原崛起靠什么？靠的是始终将"创新、协调、绿色、开放、共享"新发展理念，贯穿到

◎麦香飘荡、麦浪滚滚。2020 年 5 月 26 日，河南省大规模机收会战在驻马店市西平县二郎镇高标准农田里拉开序幕。资料图片

◎中欧班列（郑州）首趟"海铁联运进口汽车专列"抵达郑州国际陆港整车进口口岸。资料图片

不断满足人民日益增长的美好生活需要的不懈奋斗中。

"把制造业高质量发展作为主攻方向。"近年来，河南形成了装备制造、食品制造等五大主导产业，万亿级、千亿级产业集群有力挺起先进制造业脊梁，全省经济正由量大转向质强，一个新兴工业大省呼之欲出。

早在 2018 年，河南省郑州煤矿机械集团股份有限公司为神华神东煤炭集团研发制造的 8.8 米电液控制两柱掩护式液压支架联调成功。8.8 米液压支架的成功研制并交付使用，有利于进一步推动我国煤炭装备水平的进步，夯实我国在超大采高液压支架方面的世界领先地位。

2020 年 4 月 10 日，郑州经济技术开发区的中铁装备集团响起一阵欢呼声，该集团研发生产的世界最大断面矩形盾构机"南湖号"，在其上海基地成功下线。

近年来，河南大力推进传统产业与信息技术深度融合，新技术、新业态持续赋能河南经济高质量发展。

2019 年以来，国家超级计算郑州中心获得科技部批复筹建，国家农机装备创新中心、全国首个生物育种产业创新中心等纷纷落户河南，全省新增高新技术企业突破 1000 家，16 项成果荣获国家科技奖励。

◎中国（河南）自由贸易试验区郑州片区综合服务中心。资料图片

"无中生有"育希望。内陆相对缺少开放优势，但是善抓战略机遇，避短扬长又是一片新天地。2019 年 6 月，河南出台《关于以"一带一路"建设为统领加快构建内陆开放高地的意见》，深度融入"一带一路"建设，大力推动形成全面开放新格局。

在郑州跨境电子商务综合试验区，来自全国的各类商品汇集于此并销往全球，来自世界各地的货物由这里发往全国。2019 年，郑州航空港客货吞吐量继续稳居中部"双第一"。

"北京、上海、广州、深圳、郑州五个大机场的国际货运量，集中了全国国际货运量的 90%。"2020 年 3 月，国家发改委开始将郑州机场同北京、上海、广州、深圳的机场"相提并论"。

4 月 29 日凌晨，满载着 41 节集装箱货物的中欧班列（郑州），徐徐从中铁联集郑州中心站圃田货场驶出，直奔德国汉堡。至此，中欧班列（郑州）总开行突破 3000 班，总货重超 150 万吨，总货值近 130 亿美元。

如今，"朋友圈"遍布五湖四海的内陆大省，拥抱全世界，未来可期。

党建引领强保障　凝聚高质量发展磅礴力量

面对如何坚决打赢疫情防控和经济社会发展这两场硬仗，河南持之以恒以党建高质量推动经济社会发展高质量，引导各级党组织和广大党员干部在大战大考中践行初心使命。

一个支部一座堡垒。河南各级党组织认真落实"第一议题"学习制度，全省上下学的氛围、严的氛围、干的氛围空前浓厚。

"为啥俺村干部工作有劲头、乡亲们幸福生活有盼头，重要法宝就是我们村党支部每逢开会、议事，第一件事就是按计划认真学习领会习近平总书记重要讲话精神，同志们争着讲感受谈体会。"河南省辉县市张村乡裴寨村党支部书记裴春亮说。

将党支部建在群众需要的地方。河南启动重大突发公共卫生事件一级响应以后，郑州市迅速成立新型冠状病毒肺炎隔离医院项目征迁建设工作临时党支部，将鲜红的党旗高高插在抗击疫情第一线，争分夺秒奋战 240 个小时，一座总建筑面积 26210 平方米、约 800 个医患床位的医院拔地而起。

2020 年上半年，河南基层纷纷成立临时党支部，为保障全省人民群众生命安全和身体健康，发挥出了强大战斗堡垒作用。

中原沃土，矗立着一座座精神丰碑。中国共产党人在中原大地写下了诸多传奇故事、红色篇章，孕育了大别山精神、焦裕禄精神、红旗渠精神……

近年来，河南把"家底"变"家宝"，先后建成了焦裕禄干部学院、红旗渠干部学院、大别山干部学院和愚公移山精神教育基地、新乡先进群体教育基地、南水北调精神教育基地"三学院三基地"，大力传承弘扬红色精神，仅焦裕禄干部学院成立 7 年来，已培训全国各地学员约 20 万人次。

让发展"洼地"与精神"高地"试比高。大别山是一座红色的山、英雄的山。全面小康，不能少了革命老区。2020 年 6 月，河南出台《关于贯彻落实习近平总书记视察河南重要讲话精神支持河南大别山革命老区加快振兴发展的若干意见》，以更强担当、更实举措推动革命老区实现高质量跨越式发展。

◎随着郑徐高铁第一趟列车 G1908 驶出郑州东站，备受关注的郑徐高铁正式开通运营。资料图片

"有党委政府的大力支持，我打算再种 9000 亩油茶树。"40 岁返乡创业的陈世法认真规划着。他投入的光山县司马光油茶园第一条油茶籽综合深加工生

产线已经提前半年投产，产能达 8000 吨。在他的带动下，全县种植油茶总面积约 23 万亩。

"让黄河成为造福人民的幸福河"。河南树牢"绿水青山就是金山银山"的理念，牢牢抓住黄河流域生态保护和高质量发展重大战略机遇，全省上下"一盘棋"，一茬接着一茬干，着力在全流域率先树立河南标杆。《2020 年河南省黄河流域生态保护和高质量发展工作要点》围绕做好大规划、建好大平台、干好大项目作出明确部署，其中未来五年将谋划十大领域 1041 个项目，总投资 4.7 万亿元。目前，河南省财政已安排 358.47 亿元支持黄河流域生态保护。

黄河美、天下福，中原大地正在奋力唱响新时代的"黄河大合唱"。

■ 长 镜 头 ···

信阳：革命老区的澎湃新动能

仲夏时节，大别山麓满眼苍翠，生机勃勃。位于大别山腹地、革命老区河南省信阳市新县东南角的田铺大塆，这里百花争艳，游人如织。

"2019 年 11 月，我从外地回到家乡，投入 15 万元对老宅子进行改造。2020 年'五一'投入运营，不但有来住宿的，还有来吃农家饭的，效益好着呢！"正在装饰自家老宅的村民韩启友，笑得合不拢嘴。

"为吸引游客留宿，政府还投入资金对村子进行改造，打造灯光节。2020 年'五一'灯光首秀，游客反响很好，我们的生意也越来越好了。""老家寒舍"民宿老板韩光莹笑着说。

在韩光莹的影响下，田铺大塆已有 19 家民宿，带动了 10 余家农家乐增收。

2020 年是脱贫攻坚收官之年。当脱贫攻坚遇上疫情防控阻击战，老区人民全力做好疫情"加试题"，答好发展"必答题"。

此前，2018 年 8 月，新县成为信阳市第一个摘帽的国家级贫困县，也是鄂豫皖大别山深度贫困地区屈指可数的两个脱贫县之一；2019 年，信阳最后一个贫困县——淮滨县脱贫摘帽。

2020 年 6 月 5 日，加快河南大别山革命老区振兴发展工作会议在信阳市新县召开，这对大别山革命老区人民来说是一个鼓舞，信阳迎来了重大发展机遇。

"这是一次贯彻落实习近平总书记重要指示精神的会议，也是一次发展会、鼓劲会，更是一次誓师会，我们感到肩上的责任更重，目标方向更清，信心决心更大。"提起这次会议，河南省人大常委会副主任、信阳市委书记乔新江兴奋地说。

老区脱贫致富，关键依靠产业。走进位于新县浒湾乡曹湾村的河南羚锐制药中药材示范基地，芍药花艳丽盛放，吸引许多游客前来欣赏。除了粉色的芍药花海，基地还种植有颠茄草、丹参、延胡索等多个品种中药材。之前，曹湾村种植户主要种植水稻、花生等传统作物，在当地扶贫龙头企业羚锐制药的推广示范下，带动了村民由粮农到药农的转变。

巩固和拓展扶贫成果离不开延伸产业链，深度挖掘产业附加值。目前，羚锐制药引导全县和周边地区种植中药材近 2 万亩，带动上万名群众增收，形成了基地培育种苗、示范种植、免费提供技术指导、公司订单收购的产业扶贫模式。"公司以扶贫贷款起步，我们受益于扶贫，更要反哺于扶贫。"该公司董事长熊伟说。

就业是民生之本，也是"六稳""六保"之首。2020 年 1—5 月，信阳市城镇新增就业 3.04 万人，完成省定年度目标任务的 52.4%。第一季度末，城镇登记失业率 1.75%。截至 2020 年 5 月底，全市建档立卡贫困劳动力实现就业 291674 人。

在淮滨县产业集聚区，淮滨县鑫强纺织科技有限公司总经理杨全民正在车间忙碌。"为了赶制这批订单，我们已经加班加点好长时间了。"杨全民说，"为了减少物流等费用，疫情期间，我把位于浙江嘉兴的厂'搬'到了这里。"

在信阳高新区中部半导体生产车间，宽敞明净，整齐摆放着自动化生产数控机床，几名员工熟练地操作着机器。

"公司产品主要应用于智能手机等消费电子领域，我们力争打造行业内规模大、自动化程度高、检测设备先进的生产线。"该公司相关负责人介绍说。

无独有偶。短短半年间，以明阳智慧能源、豪特曼智能等为代表的高新项目先后在信阳投产，它们将为老区经济发展赋能，为老区经济腾飞助力。

新时代，传承大别山精神的老区儿女，实干奋进，使得"羚锐制药""信阳毛尖""山茶油"等信阳品牌以全新的姿态不断发展，助推老区信阳走出一条特色的绿色发展之路。

■ **实践者风采** ....

河南新太行电源股份有限公司董事长程迪：
服务好国家重大需求

动车疾驶在高寒地区，在无电区靠什么应急供电？由河南新太行电源股份有限公司自主研发的 110 伏备用电源经过地面模拟测试，刚刚完成样件，正在进行技术审查。"一列动车组需装 336 只电池，寿命 12 年没问题，'中国造'有望替代进口货。"留学归国人员、新太行电源董事长程迪兴奋地说。

位于河南新乡牧野区的河南新太行电源股份有限公司（七五五厂），是我国"一五"期间兴建的第一个研制和生产各类碱性蓄电池的企业。60 多年来，企业始终践行使命，敢与国际巨头较量，诸多关键技术走在了前列。中国第一块可充电电池诞生于此，翱翔蓝天的大运飞机、歼击机，深海探秘的蛟龙号，高速奔跑的列车……处处都有新太行电源的力量。

新乡北依巍巍太行，激励着这里的人们勇攀科技高峰。然而，国际竞争激烈，2020 年又遇上新冠肺炎疫情，新太行电源如何服务保障好国家重大工程、最大限度克服疫情带来的不利影响？

"疫情有不利影响，但也赋予新机遇。我们抢抓'新基建'机遇，不断增强服务国家重大工程的能力和本领，力争在国际上掌握更多新能源电池系统制造的话语权。"程迪说。

"过去我们生产电池，很多人觉得很自豪，但不能躺在历史的功劳簿上。"程迪说，现在要向新能源系统集成不断迈进，不能走在"红海市场"拼价格的老模式，要在高端领域比质量，"要做就做高新技术，要做就做行业领先"。

面向世界科技前沿、服务国家重大需求，新太行电源全面发力，攻下高寒动车组电池的关键技术，又不断升级混动机车技术。

混动机车装载 12.6 万只动力电池，产生 1.5 兆瓦时的功率，相当于 6 台大巴车，成为全球最大功率的动车。但在过去，组装一车电池需要 60 名工人连续工作半个多月。显然，人工的速度满足不了动车奔跑的需要。

客户着急，程迪更急。2020 年 4 月，他组建 30 人技术团队，宁可掉几斤肉，也要攻下这个"卡脖子"技术。他们研发新的模具，改造生产线，最终以智能化堆叠标准模组实现了一天装一台车的目标，效率大大提升。

复工复产以来，新太行电源订单量在保持稳定的基础上，还拿下某央企的全年供货单，同时积极布局"新基建"领域。"我们加油干，努力为更多的国家工程助一把力。"程迪表示。

"企业拼力干，我们就要做好保障。"新乡市牧野区委常委、常务副区长、国家（新乡）化学与物理电源产业园区管委会主任李占宾表示。2020 年 6 月，该区为新太行电源争取 147 万元稳岗援企资金，还在不动产登记、土地要素保障等方面给予全方位服务。

■启示与思考 ....

高举伟大思想旗帜　坚决打赢战略主动仗

统筹做好疫情防控和经济社会发展，既是一次大战，也是一次大考。疫情发生以来，河南坚决贯彻落实习近平总书记重要讲话和重要指示批示精神，两场硬仗同时打，既在疫情防控这场硬仗中闯关夺隘，又在经济社会发展这场硬仗中奋勇争先，疫情防控阻击战取得重大战略成果，统筹推进疫情防控和经济社会发展工作取得积极成效，生产生活秩序有序恢复，社会大局总体保持稳定。

扛牢政治责任，紧抓疫情防控不放松

河南是人口大省和全国重要的交通枢纽，仅省外打工人员就有 1300 万人左右，守牢中原战疫防线，任务艰巨、责任重大。省委省政府坚决贯彻习近平总书记"把人民群众生命安全和身体健康放在第一位"的要求，把做好疫情防控工作作为头等大事抓紧抓实。牢固树立"一盘棋"意识，先后派出 15 批 1281 人的医疗卫生队，筹集大批医疗和生活物资，倾情倾力驰援武汉、驰援湖北。立足于加强基层，建立联防联控、群防群控机制，落实以城市社区和农村防控为主的综合防控措施，利用"大数据＋网格化"手段，严格管控重点人群、重点地区、重要场所、大型活动，把"早发现、早隔离、早治疗"落实到每个岗位、每个环节。按照"四个集中"要求，全力以赴救治患者，在疫情发生不到两个月的时间内实现本地住院患者"清零"。及时召开全省卫生健康大会，加快推进健康中原建设，毫不松懈做好常态化疫情防控，坚持外防输入与内防反弹相结合，以健全应急指挥、疾病预防控制、重大疫情救治、健康教育"四大体系"和法治保障、应急物资保障、医保和救助保障、信息化保障

◎快速发展的郑州郑东新区。聂冬晗摄

"四项机制"为重点，全面提升卫生健康服务水平。强化舆论引导和正面宣传，召开55场新闻发布会解答群众关心的热点问题，制作播出6集大型电视专题政论片《雄关》，推出长篇报告文学《战疫长歌》《青春战歌》，讲好感人故事，稳定民心、提振信心。

疫情防控斗争实践再次证明，中国共产党的领导和中国特色社会主义制度以及我国国家治理体系具有强大生命力和显著优越性。面对这场复杂严峻的大战大考，习近平总书记运筹帷幄、掌舵领航，党中央、国务院果断决策、及时部署，在全国人民中凝聚起攻坚克难、搏击风浪的磅礴力量。只要我们增强"四个意识"、坚定"四个自信"、做到"两个维护"，坚定听从习近平总书记指挥和党中央号令，精准施策、狠抓落实，就没有闯不过的关、打不赢的仗。

坚持底线思维，落实"六稳""六保"要求

2020年是全面建成小康社会和"十三五"规划收官之年，也是脱贫攻坚决战决胜之年，突如其来的新冠肺炎疫情给完成既定目标任务带来了挑战。河南强化底线思维，在常态化疫情防控前提下，以坚定的意志、有力的举措应对风险挑战，扎实做好"六稳"工作、全面落实"六保"任务，经济社会呈现回暖向好态势。着力兜住民生底线，坚持把稳就业保就业作为首要政治任务，稳存量、扩增量，织好大学生就业的"经线"、织密农民工就业的"纬线"、守住困难群体就业的"底线"，前5个月城镇新增就业49.2万人，加大对困难群众救助力度，安排109.7亿元资金，确保城乡困难家庭基本生活得到及时保障。着力稳住经济基本盘，出台支持中小微企业平稳健康发展20条政策、疫情防控期间稳投资10项举措，推动实施工业企业复工复产、全省重点项目开复工、专项债券项目和新增中央投资项目储备等系列政策措施，前5个月固定资产投资实现由负转正，民间投资、工业投资、房地产投资均实现正增长。着力扛起保障国家粮食安全重任，千方百计减轻疫情和灾害影响，实现夏粮"16连丰"。统筹抓好疫情防控和脱贫攻坚，聚焦"三山一滩"、重点县村、"两不愁、三保障"、特殊贫困群体等重点难点，支持贫困劳动力转移就业，解决农畜产品卖难问题，扶持扶贫产业恢复生产、加快扶贫项目实施进度，把疫情对脱贫攻坚的影响降到最低。

在实践中我们对习近平总书记关于坚持底线思维的论述认识更加深刻。当前的局面来之不易，只要坚定信心，树牢底线思维，把问题考虑得更复杂些，把形势想得更严峻些，紧盯重点、聚焦难点、疏通堵点，"六稳""六保"齐发力，以保促稳、稳中求进，就能克服暂时困难，战胜风险挑战，为全面建成小康社会夯实基础。

善于化危为机，坚定不移推动高质量发展

疫情首先是危机，但也是潜在的契机。河南牢记习近平总书记嘱托，克服疫情对经济冲击的不利影响，始终把牢高质量发展这个方向，在黄河流域生态保护和高质量发展、促进中部地区崛起等国家区域发展战略中，找准定位、谋势蓄势，努力在新一轮区域竞争中赢得主动、抢占先机。省委先后召开全会和一系列重要会议，加快郑州中心城市、洛阳副中心城市建设，推动县域经济、卫生健康事业产业、文化旅游融合、大别山革命老区振兴等全面提质增效，对全面恢复经济社会秩序作出总体部署，在常态化疫情防控条件下持续探索走好

◎郑州新郑国际机场停机坪上，中原龙浩航空有限公司举行首尔国际航线开航仪式。
邓放摄

高质量发展的路子。因势利导促进产业结构调整，培育新的经济增长点，在新型基础设施上发力，加强 5G 基站、大数据中心、人工智能、工业互联网等建设，激发新消费需求、助力产业升级。深入推进新型城镇化，加强医疗卫生等公共服务设施、垃圾污水处理等环境卫生设施、交通市政管网等市政公用设施、冷链物流等产业培育设施建设，改造城镇老旧小区，加快城市更新，完善提升城镇功能，适应农业转移人口到城镇就业安家需求。在重大工程方面加强铁路、公路、机场、能源、水利、生态环保等建设，加大基础设施补短板力度。努力在疫情防控中保障开放战略通道畅通，以"空中丝绸之路"为引领，陆上、网上、海上"四条丝绸之路"协同并进，做到了航空货运不停飞，网上交易不间断，中欧班列（郑州）早开行，铁海快线早打通，前 5 个月进出口总额达 1859.5 亿元，增速居全国第五，充分显示出外贸外资基本盘的韧性和活力。

在实践中我们对"危"与"机"的辩证认识更加深刻。新冠肺炎疫情既是一次危机，又是倒逼加快改革发展步伐的契机，必须牢固贯彻新发展理念，始终把握好稳增长与调结构的关系，深化供给侧结构性改革，善于在危中求机、瞄准新的增长点，持续优化产业结构、需求结构、城乡结构、动力结构，推动经济高质量发展。

注重党建引领，为打赢两场硬仗提供坚强保障

夺取疫情防控和经济社会发展"双胜利"，关键要充分发挥党建保证作用，最大限度为打赢两场硬仗凝聚力量、聚集资源。省委狠抓工作调度、督导落实，推动全省各级党组织和广大党员干部做到履职更主动、步调更整齐、行动更一致。深入学习贯彻习近平总书记关于统筹推进疫情防控和经济社会发展重要论述，各级党委（党组）认真落实"第一议题"制度及时跟进学习，确保对"国之大者"心中有数、对中央部署准确领会，始终在大局下思考、在大局下行动。把疫情防控一线作为考察识别干部的重要战场，在年度考核中专门增加疫情防控专项考核，对表现突出的干部提拔重用，有效推动领导班子和领导干部守土尽责，有力激发领导干部担责担难担险的积极性。着力推动党建力量向基层一线下沉，在疫情防控一线建立临时党组织，组织省市县机关和事业单

位党员干部下沉防控一线，各地成立党员突击队和党员志愿服务队，向非公企业派出党建指导员、联络员，广大党员纷纷把身份亮出来、把责任担起来。把党的建设与服务疫情防控、复工复产复学贯通起来，各级领导干部深入重点企业、重点工程项目一线以及大中小学和幼儿园指挥调度。大力推动县乡村党组织建立生产服务队带领群众抢农时、保春耕，采取"点对点、一站式"输送返岗模式组织农民工跨区返岗，向非公企业派出"首席服务官""驻企红帮手"，广泛凝聚起奋力夺取疫情防控和经济社会发展"双胜利"的智慧和力量。

在实践中我们对以党的建设高质量推动经济发展高质量的认识更加深刻。经济社会发展面临的困难和挑战在哪里，党建工作就要跟进到哪里，切实把党委总揽全局、协调各方落到实处，把党支部战斗堡垒作用、党员先锋模范作用充分发挥出来，引导各级党组织和广大党员干部在大战大考中践行初心使命，广泛动员群众、组织群众、凝聚群众，以强大的正能量推动发展的高质量。

（作者：中共河南省委理论学习中心组）

黑龙江篇

现代大农业
大项目建设
复工复产

■ **新时代·新实践**

中华大粮仓　激发内生动力谋振兴

党中央对黑龙江改革发展始终高度重视。党的十八大以来，习近平总书记两次赴黑龙江考察调研，作出重要指示，为新时代黑龙江振兴发展指明了前进方向、提供了根本遵循。黑龙江全面贯彻习近平总书记系列重要讲话和重要指示批示精神，解放思想、深化改革、加速经济发展方式转变和产业结构调整。

行走在龙江大地，充分感受到各行各业迸发出的蓬勃生机："屏对屏"技术指导、"指尖"备春耕，现代化大农业助力"中国饭碗"端得更牢；加快政务改革、靠前服务，黑龙江"百大项目"实现开春即开工；企业复产，危机中寻求转型，改革中突破创新，抢工期、保订单，成绩不俗……

现代化大农业　端牢"中国饭碗"

盛夏时节，走进北大荒农垦集团有限公司建三江分公司（管理局）七星农场，万亩稻田一望无垠，千里沃野，郁郁葱葱。

手里有粮，心里不慌。北大荒农垦集团有限公司粮食总产量约占黑龙江全省三成，每年提供的商品粮占全国省际间调出量的15%左右，能够保障1.5亿城乡居民一年的口粮供应。在当前全球疫情和世界经济形势仍然严峻复杂的情况下，保障国家粮食安全意义重大。

"我们牢记习近平总书记的嘱托，集团充分发挥装备能力强、组织化程度高、技术保障有力等优势，以农业标准化示范为引领，大力推行种、肥、药、轮、耕、技'六统一'，全面推广秸秆全量还田、无人驾驶拖拉机、卫星导航

◎北大荒农垦集团绥滨农场采用无人机航化作业为水稻防病。邵国良摄

精密播种、分层定位定量施肥、高产栽培模式等新技术，5月15日，完成旱田作物播种任务，实现了全作物、全面积100%播在丰产期。"北大荒农垦集团有限公司（黑龙江省农垦总局）党委书记王守聪说。

每逢夏管关键时期，垦区各地便加强技术指导，提高田间管理水平，为全年农业丰产丰收奠定坚实基础。

在洪河农场，水稻已经进入分蘖期，为防止低温降雨给苗情长势带来不利影响，农技人员应用先进仪器设备，实时精准地监测土壤温度，改善土壤环境。"得益于前期育苗全部采用水稻智能化催芽技术，现在看，低温对大田并没有造成太大的影响。"洪河农场农业发展部工作人员张红雷说。

"咱们现在看到的这个画面，是农场农业生产经营大数据的应用界面，自然环境、生产种植、资源资产、业务管理情况一目了然。"在七星农场农业物联网综合服务信息化平台前，农场副场长韩天甲一边演示一边介绍。

韩天甲说："我们建有200个监测点、20个小型气象站、20套地下水位监测装置等设备，覆盖122万亩耕地，可以自动提取农作物生长环境的各项要素信息。同时，通过对农业大数据的收集分析，逐步实现农业生产智能化。借助物联网平台的大数据，打造食品质量安全可追溯系统。"

给农业插上科技的翅膀，传统农业正在向现代化大农业、智慧农业蝶变，

"中国饭碗"端得更牢。

北大荒农垦集团在综合机械化率达到99.9%基础上，大力推进水稻、玉米和大豆全程机械化，广泛采用无人机械耕作、管理和收获，"无人化"作业率占到50%以上，108个农场全部采用数字信息管理系统，"数字农场""智慧北大荒"建设稳步进行。

"百大项目"开工　为高质量发展蓄能

端午假期，在黑龙江漠河，全省最北端，黑龙江省"百大项目"之一——省道"连釜至阿木尔"改扩建工程现场，700多名建设者加班加点，开展"百日攻坚会战"。据连阿公路项目建设指挥部副指挥韩东禹介绍，公路全长近105公里，通车后，将成为连釜口岸通往漠河市的主要边贸通道之一。"在省市各部门的大力支持和贴心服务下，我们有信心确保工期不延、质量不降。"韩东禹说。

受疫情冲击，黑龙江经济社会发展速度放缓，但越是困难，越要鼓足干劲。黑龙江省将大项目建设作为助推经济发展的重要"引擎"。面对疫情给项目建设带来的挑战，各级政府和相关部门转变思想，变被动为主动，开通"绿色通道"，实施专班推进，当好项目"服务员"，以只争朝夕的劲头，全力以赴加快建设，为黑龙江高质量发展蓄能。

"2020年'百大项目'呈现谋划启动早、数量和投资总额大幅增加、产业项目占比提高三个特点。"黑龙江省发展和改革委员会副主任白祥和介绍，"疫情防控时期，我们出台了相关政策，明确对重点项目建设实行'减程序、减环节、减时间、减接触'措施，投资项目审批全部线上办，利用容缺审批、容缺核准马上办，把公共卫生防控能力、物资储备体系、公共环境卫生等补短板项目纳入'百大项目'推进。"

从年初到现在，哈尔滨市发展和改革委员会重大项目推进处处长郭金龙一直很忙，与项目单位对接、到现场调研建设进度、跟踪解决影响企业建设的难题。为服务大项目顺利开工建设，他在微信里建了各种沟通群，"累是肯定的，但看到一个个大项目顺利开工建设，看到城市的发展变化，心里充满自豪感"。

在绥化市经济技术开发区，黑龙江新和成生物科技有限公司生物发酵产业园项目二期正在加紧建设，项目将生物创新技术应用到玉米深加工中，通过拉长玉米产业链条，提升产品附加值，促进农民增产增收。全部建成投产后，年加工玉米量将突破200万吨，产值突破百亿元。绥化市把招商引资作为拉动地方经济发展的"主菜单"，创新招商方式方法，变"面对面"招商为"屏对屏"招商，"键对键"沟通，加大项目谋划与储备力度。"我们在线下通过网上大数据筛选，研判项目前景、信用状况、投资能力及项目需求等情况，提供本地相关资源匹配情况，全力配合做好项目对接前期调研。"绥化市经济合作局副局长曹鹏说。

黑龙江省发布的数据显示，2020年全省确立的重点大项目总数达到500个，较2019年增加390个，总投资超过1万亿元。截至2020年7月，"百大项目"已开工356个，开工率71.2%。

改革创新引领　危中寻机求变

2020年5月以来，哈电集团海外项目建设好消息接踵而至：哈电集团总承包的中东地区首个清洁煤电站阿联酋迪拜哈斯彦清洁燃煤电站项目1号机组成功并网、厄瓜多尔美纳斯水电项目土建工程实现最终移交……

作为老牌制造业企业，受疫情影响，哈电集团面临市场开发难度加大、进口配套件和原材料采购困难、海外项目执行考验等诸多难题。"在克服困难中

◎哈尔滨新区夜景。资料图片

发展是企业的永恒课题。"哈电集团党委书记、董事长斯泽夫表示："我们要以习近平总书记的重要讲话精神为指引，用全面、辩证、长远的眼光看待当前的困难、风险、挑战，在危机中育新机，于变局中开新局。"

贯彻新发展理念，哈电集团加强资本运作、优化资源配置，不断探索产融结合的新模式，加快企业转型发展。2020 年 6 月，企业先后与香港新华集团、黑龙江省人民政府、天津市人民政府合作，在新能源产业、金融服务、高端技术开发、环保工程和其他国际贸易等领域谋求新发展。

2020 年一季度，中车齐车集团有限公司也交出了令人满意的答卷。自 2 月中旬复工复产以来，中车齐车集团有限公司依托信息化平台，与多部门配合，成功打通产业链、供应链上的"堵点"，连接了"断点"，订单量不降反升。

3 月 4 日，出口澳大利亚的 134 辆煤炭漏斗车装船发运；3 月 9 日，首批出口必和必拓公司的矿石车装车发运；4 月 9 日，出口韩国的浓硫酸罐车发运；一季度末，中车齐车集团有限公司完成中国国家铁路集团有限公司四列 212 辆 C70E 型敞车和一列 46 辆 NX70 型平车订单……

老牌制造企业在革新中求发展，传统森工企业通过改革焕发新生机。6 月 17 日上午，中国龙江森工集团有限公司首家混合所有制改革企业——黑龙江森工药业有限责任公司揭牌成立。"改革，不仅是企业名称的变化，更是推动现代企业制度创新，实现三方合作共赢的开端。"山河屯林业局有限公司党委书记、董事长刘华领说。

黑龙江森工药业的前身山河屯林业局有限公司哈尔滨三木制药厂，因受经营管理体制机制、医药市场环境、品种单一老化等多方面制约和影响，面临生存危机。为摆脱企业发展窘境，龙江森工集团从转换企业体制机制入手，将三木制药厂与独占市场新品种优势的黑龙江绿生源中草药种植有限公司和具有一流营销团队的江西贝瓦药业公司两家企业整合，通过混理念、混资金、混技术、混平台、混市场等实现优势互补。企业销售额同比增加一倍以上，并实现利润大幅提升，一举打破曾连续亏损的局面。

企业顺利复工复产，是黑龙江省推进政务改革、持续优化营商环境的结果。建立政务服务数据共享、政务服务大厅设立企业复工复产专区、复工复产服务保障情况，纳入各地年度目标责任制考核……黑龙江省营商环境建设监督局 10 项服务、省财政厅金融支持复工复产黄金 10 条、省生态环境厅 16 项举措等 "一揽子" 政策，为企业复工复产保驾护航。目前，全省规模以上工业企业已复工 3454 户，复工率 98.6%，员工返岗率 97.4%。

■ 长 镜 头

哈尔滨新区：做好审批服务 "加减法"

2020 年 5 月 9 日，一场特别的听证会在哈尔滨新区举行，来自省内相关行业领域的专家和哈尔滨新区的企业家代表、人大代表、政协委员等 15 名听证参加人就新区部分职能部门的 21 项行政许可事项，是否应划转至新区行政审批局集中行使进行了听证。

"哈尔滨新区应发挥国家级新区'先行先试'政策优势，通过营造最优的营商环境，提供最贴心便捷的政务服务，将哈尔滨新区变成改革创新的前沿、优质服务的高地和投资创业的热土。" 哈尔滨市委副书记、哈尔滨新区党工委书记代守仑说。

由线下跑腿到线上秒批

虽已过去几个月，但浙江东日股份有限公司哈尔滨项目负责人王朔，对哈尔滨新区的审批速度仍印象深刻。

这家浙江的企业需要在哈尔滨新区注册子公司，受疫情影响无法到当地办理。2 月 6 日，项目负责人在哈尔滨新区行政审批局工作人员视频指导下，通过企业办照秒批系统，在 "指尖" 轻松完成注册。

哈尔滨新区全面推行压缩企业设立时间改革，破解企业 "办照难"。在以往 "前台综合受理、后台分类审批、统一窗口出件" 的基础上，搭建了 "哈尔滨新区企业开办直通车" 专属平台，通过在线自动比对审核，即报即批、即批即得。企业办理营业执照时，足不出户即可全程网上办理。

"哈尔滨行政审批局成立三年来，不断在行政审批上做'减法'，在优化服务上做'加法'。"该局党支部书记刘惟乔说。自 2019 年实施"一枚印章管审批"改革以来，哈尔滨新区行政审批局已承接全区 487 项行政许可事项中的 472 项，划转率达到 97%。

由手续齐全到承诺即开工

2020 年 3 月 12 日，黑龙江省"百大项目"之一深圳（哈尔滨）产业园科创总部项目一期二标段正式开工建设。该项目不仅没因疫情延误，还比计划开工日期提前了 33 天。与此同时，科创总部项目一期一标段也正式复工。

在深哈产业园投资开发有限公司副总经理许华看来，这得益于新区实行的"承诺即开工＋首席服务员"代办制。"项目从建设用地规划许可证变更到拿到建筑工程施工许可证等，仅用 5 天时间。"许华说。

"不破法律，破常规。"2018 年 11 月，哈尔滨新区大胆创新，按照"容缺受理、承诺准入、诚信开工"的思路，对社会投资工业类和仓储类建设项目实行"标准地＋承诺制＋代办制"审批制度改革。

哈尔滨新区行政审批局投资建设审批部工作人员刘晓东介绍，从发布土地出让公告，到签订土地出让合同大约 45 个自然日，这段时间企业除准备土地竞标基本无事可做。"改革后将充分利用企业等待时间，提前开展耗时较长的方案设计和材料准备，政府各审批部门全程指导和帮办代办，为企业抢出有效施工期。"刘晓东说。

由单一事项到套餐服务

2020 年 2 月初，消杀产品紧缺，哈尔滨乐泰药业有限公司具备生产 75% 浓度酒精的能力，企业决定转产，向新区行政审批局打来电话咨询如何办理相关手续。"他们在电话里非常耐心地指导我们准备材料，材料递交后，马上就有工作人员到车间现场勘验。"公司项目负责人吴瑞艳说。电话咨询后第二天，哈尔滨新区行政审批局商事登记部门和卫生许可部门同步审核企业在线上提交的申报信息，企业当日便拿到证照。

哈尔滨新区从企业、百姓办事需求角度解构重组审批事项，把"多事项"

按照"一件事"进行关联性组合，形成了"商事登记＋经营许可＋牌匾审批"的行政审批套餐服务模式。

2020 年，哈尔滨新区行政审批局将推出 30 个套餐系列，让更多企业和群众受益。截至上半年，新增企业设立 2072 户，同比增长 13%。

■ **实践者风采** ··

中欧班列火车司机王文君：畅通贸易运输大通道

2020 年 6 月 23 日 14 时 20 分，中欧班列火车司机王文君从隔离室赶到齐齐哈尔机务段满洲里运用车间派班室，领取司机手账、报单、IC 卡。和以往不同的是，原本 16 页的手账已增加到 32 页，足足厚了一倍。

手账越厚，意味着工作越忙。受疫情影响，国内很多列车停运，但王文君的工作量却从一个月出乘 12 趟增加至 23 趟，是以往的近两倍，这已是王文君两周来的第 12 趟乘务了。

满洲里站是我国最大的陆路口岸站，近年来，随着"一带一路"倡议的深入推进，经由满洲里口岸出境的中欧班列逐年增多。来自苏州、广州等地的中欧班列都要从这里通过，经由俄罗斯可抵达德国、波兰等 10 余个国家。疫情发生以来，满洲里口岸发挥枢纽作用，畅通中国各地对欧洲国家运输通道，变得更加繁忙，中欧班列保持每天 7 列的常态化运行。

在中国铁路哈尔滨局集团有限公司齐齐哈尔机务段，中欧班列火车司机只有 21 人。2017 年，经过严格挑选，有 15 年驾驶经验的王文君成为中欧班列出境司机。

中欧班列自南向北，中间司机换乘犹如接力赛，王文君则是开车出国的"最后一棒"。他要从满洲里国门经过，到达俄罗斯后贝加尔站，将班列交接俄方司机后，再驾驶机车回国。两站之间虽只有 9.8 公里，仅需要 19 分钟，但境外铁路线都是长陡坡道，特别是雨后，淋湿的钢轨容易打滑，使机车发生

"空转"，遇到这种情况，王文君要均匀撒砂增加摩擦力，调整机车牵引力保持匀速行驶，安全准时地把机车驶进俄方境内。

随着国外疫情形势加剧，出境司机的人身安全成为头等大事。"出境司机人少，倒下一个，就等于停开一列。"为了畅通国际贸易大通道，关键时期，出国班组党支部发挥党员先锋模范作用，21 名司机分成两组，每组连续工作2 个月，工作结束后再单独隔离观察并接受核酸检测。通过交替轮岗，持续工作，保障了中欧班列常态化运行，但他们也将连续三个月不能与家人见面。

从 2020 年 4 月 1 日开始，王文君开车时，要全程穿戴防护服，佩戴口罩、护目镜。"有压力，但又感觉很神圣。"王文君说。

截至 2020 年 7 月，满洲里站进出口中欧班列达 1433 列，同比增长 17%，中国制造的服装、电器销往欧洲，而化肥、煤炭、木材等重点物资运回国内，助力企业复工复产。看着越来越多的"中国制造"被送往欧洲国家，王文君心里很是自豪。有时在电视中看到国外衣服上有"MADE IN CHINA"（中国制造）字样，王文君会骄傲地跟身边的人说，这没准就是他开车运出去的。

■ 启示与思考

依托优势支撑国家战略安全
凸显特色加快振兴发展步伐

黑龙江省是我国重要的工业和农业基地，在维护国家国防安全、粮食安全、生态安全、能源安全、产业安全等方面发挥着重要作用。承担起"五个安全"的责任使命，既是国家区域发展的战略赋能，也是加快全面振兴全方位振兴的第一要务。面对突如其来的新冠肺炎疫情，黑龙江省在应对经济下行挑战和风险不确定性的危机中，坚持高质量发展根本要求，扬优势、补短板，抓"六保"、促"六稳"，努力在优化营商环境、稳定产业链供应链、保障国家粮食安全、向绿水青山要金山银山等方面聚焦发力、砥砺前行，奋力探索振兴发展新路子。

让持续优化的营商环境成为振兴发展的"金字招牌"

破解"投资不过山海关",是新时代东北振兴必须解答的难题。黑龙江省敢于正视矛盾、找准差距、紧抓落实、标本兼治,召开全省大会部署整顿机关作风优化营商环境工作,向社会特别是投资者承诺"努力做到办事不求人",倒逼政府改革和职能转换,初步探索出一条法治安商、改革惠商、作风亲商的整体优化营商环境之路。

35家中省直单位开辟"百大项目"建设绿色通道,建立服务专班,出台审批服务制度,努力做到领办代办审批事项"我帮办"、利用在线平台实行不见面审批"网上办"、企业投资项目实施容缺核准"马上办"、"一会三函"绿色通道推动审批"尽快办"、企业投资项目评审收费"最惠办"、多层级政府部门联动解决问题"会商办"、多部门联合受理联合审批"一次办"、国家审批事项省级对口单位"盯紧办"。

推广复制哈尔滨新区"率先推行'一枚印章管审批'破解企业'办事难'、牵头实施投资项目'承诺即开工'破解企业'开工难'等六项举措",增强了市场主体的政务新体验、投资新动能。疫情防控特事特办、急事急办,哈药集

◎哈尔滨万顷松江湿地。郭俊峰摄

◎在中国一重集团水压机锻造厂，工人正在作业。邵国良摄

团紧急购置上马医用口罩生产线，实现全省 N95 口罩、医用外科口罩、医用防护服生产三个"零"的突破。依托优化的发展环境和组合的援企政策纾困，受疫情冲击较大的民营经济出现恢复性增长态势。截至 2020 年 6 月初，央企与黑龙江省共签署央地合作项目协议 86 个，总投资额达 3185 亿元，进一步释放了"环境＋政策＋投资"的叠加效应。

把保产业链供应链安全稳定作为构建新发展格局的主攻方向

疫情的全球扩散蔓延，在导致产业链、供应链存在断裂风险的同时，也孕育着重构的机遇。保产业链、供应链安全稳定，关键是把满足国内需求作为发展的出发点和落脚点，加快构建完整的内需体系，逐步形成以国内大循环为主体、国内国际双循环相互促进的新发展格局。

近年来，黑龙江省加快工业强省建设，推动做好改造升级"老字号"、深度开发"原字号"、培育壮大"新字号""三篇大文章"，着力培育"433"工业新体系，确立了打造一批百亿级企业、千亿级产业、万亿级产业集群，建设一批百亿级、千亿级产业园区的"百千万工程"，确定了"百大项目"滚动实

◎大庆宏福农业股份有限公司员工在现代智能温室采摘樱桃番茄。蒋国红摄

施计划。通过"包保扶"方式，稳定高端装备制造业产业链、供应链，支持驻省央企做好"稳"与"保"的大文章。抓住疫情催生新经济、新业态、新模式的契机，充分发挥科教优势和产业基础条件，加快培育发展数字经济、智能制造、生命健康、新材料等战略性新兴产业。实施"头雁"和"春燕"行动计划，育好人才、留住人才、引进人才、用好人才，利用国家重点实验室、工程中心、中试基地等举国体制创新平台，承接国家科技创新任务，加速科技成果转化，推动生产服务化和创新服务高端化，形成新的经济增长点、市场消费点、就业拉动点。

给"中国饭碗"装上更多黑龙江好粮

作为中华大粮仓的黑龙江，全省有 2.155 亿亩粮食播种面积，绿色有机食品认证面积占全国五分之一。近年来，黑龙江省按照争当农业现代化排头兵的要求，一手抓粮食综合产能提升，一手抓绿色可持续发展，积极实施黑土战略性保护，打好寒地黑土、绿色有机、非转基因"三张牌"，促进一二三产业融合发展，粮食生产实现"十六连丰"，给"中国饭碗"装上了更多黑龙江好粮，为保障国家粮食安全作出了巨大贡献。

农业信息化、机械化、智能化水平提升，为端稳"中国饭碗"增添了底气。"惠农黄金十条"稳产保供扶持政策，增强了企业和农民信心，农资生产企业有序复工复产，春耕生产物资供需充分，水稻浸种催芽、育秧等农事活动渐次展开。全省农民通过微信、抖音、益农信息社、农业大数据平台等新媒介网上备耕、网上培训、网上贷款，微信平台、农机调度平台等发挥了智慧赋能作用。

向绿水青山、冰天雪地要金山银山

黑龙江是我国北方重要生态屏障。近年来，黑龙江省贯彻落实习近平生态文明思想，积极践行"绿水青山就是金山银山、冰天雪地也是金山银山"的理念，推动绿色低碳产业发展，加大优质生态产品供给。

在筑牢生态屏障方面，扎实推进大兴安岭、伊春、森工集团所辖区域生态保护和修复重大工程，以及自然保护地及野生动植物保护、生态保护和修复支撑体系，从区域角度统筹山水林田湖草生态要素，提升生态系统稳定性和保障生态安全能力。

在发展绿色经济方面，以绿色化、低碳化、智能化、服务化、高端化为引

◎北大荒农垦集团普阳农场第二管理区水稻播种作业现场。荆天旭摄

领，着力构建绿色低碳循环发展的现代化经济体系。疫情给黑龙江省旅游产业带来一定冲击，但省委省政府聚焦寒地冰雪经济这块最具绿色发展潜质的领域，抓住筹办北京冬奥会的战略窗口期，盯住"三亿人参与冰雪运动"叠加出的冰雪产业井喷式增长的战略机遇期，依托"冰＋雪"的自然资源禀赋优势，以"北国好风光，尽在黑龙江"作为旅游宣传推介形象品牌，拓展"冰上丝绸之路"的产业链与国际冰雪产业分工体系，积极培育冬季户外运动、旗舰冰雪景点、冰雪庆典三大冰雪旅游支柱产业，将黑龙江建设成为国际冰雪旅游度假胜地。

为决胜全面小康推动振兴发展积聚强大精神伟力

新时代黑龙江重振雄风再出发，尤其需要那么一股子气儿、一股子劲儿。黑龙江省着力在理论强基、舆论聚力、价值涵育上下真功、务实策，汇聚起推动黑龙江全面振兴发展的磅礴力量。

深化理论武装，学懂弄通做实习近平新时代中国特色社会主义思想。完善党委（党组）理论学习中心组学习制度，加强"学习强国"学习平台规范化建设，努力把学习成效转化为决战决胜的实际行动。紧扣做好"三篇大文章"、实施"百千万工程"、推进"百大项目"建设、建设"六个强省"等实践课题，聚焦解放思想推动高质量发展、改进作风优化营商环境的时代命题，开展前瞻性、全局性、战略性问题研究，为发展提供理论指导和学理支撑。

营造舆论强势，切实激发新时代黑龙江改革发展的强大能量。全省组织开展"牢记嘱托谋振兴""全面建小康、振兴黑龙江"系列主题宣传，推出"决胜脱贫攻坚""推进高质量发展""优化营商环境"等系列报道活动。把赢得民心民意、汇集民智民力作为重要着力点，扎实推动县级融媒体中心、新时代文明实践中心建设，探索"新闻＋政务""新闻＋服务"模式，更广泛地引导群众、服务群众。

构筑价值高地，展现新时代黑龙江振兴发展的奋进姿态和昂扬状态。积极推动社会主义核心价值观落细落小落实，挖掘培育时代楷模、最美人物、道德模范、身边好人，扎实做好全国文明城市、文明村镇、文明单位、文明校园、文明家庭评选宣传工作，推动形成"文明花开遍龙江"的生动格局。深入开展理想信念教育，引导党员干部提高政治素质和政治能力，坚守爱国情怀、坚定奋斗意志。面向广大群众，大力倡导"工匠精神"和精细化的工作态度，深入开展岗位大练兵、业务大比武活动，引导全省广大群众立足本职、对照先进、真抓实干。

（作者：董伟俊，系黑龙江省中国特色社会主义理论体系研究中心特聘研究员、黑龙江省社会科学院院长）

湖北篇

"搭把手、拉一把"
优化营商环境
发展新业态

■ 新时代 · 新实践 ···

在疫后重振中谋篇布局

2020 年 5 月 24 日，习近平总书记在参加十三届全国人大三次会议湖北代表团审议时强调："作为全国疫情最重、管控时间最长的省份，湖北经济重振面临较大困难。同时，湖北经济长期向好的基本面没有改变，多年积累的综合优势没有改变，在国家和区域发展中的重要地位没有改变。"

在危机中育新机，于变局中开新局。面对疫情对经济社会发展的严重冲击，湖北全省上下保持"大战"状态、"大考"作风，在切实抓好常态化科学精准防控的同时，抢抓中央支持湖北省经济社会发展"一揽子"政策的"搭把手、拉一把"机遇，审时度势推出"促进经济社会发展 30 条""扩大有效投资 22 条"等政策措施，苦练"自己走"的内功。目前，湖北经济复苏态势好于预期，为疫后重振增强了信心。

珍惜，凝聚"搭把手、拉一把"的力量

习近平总书记指出，在湖北最艰难的时期搭把手、拉一把，帮助湖北早日全面步入正常轨道，同全国一道完成决胜全面建成小康社会各项任务。2020 年的政府工作报告也明确提出，实施好支持湖北发展"一揽子"政策。

湖北正抢抓政策机遇窗口，把政策优势转化为发展优势，加快对接汇报，一项一项研究，一条一条落实，推动政策早落地、早见效、早受益。

武汉市政府与东风汽车集团有限公司签订"东风汽车系列项目"合作协议，襄阳市政府与中国化学工程集团有限公司签订《余家湖工业园绿色发展转

型升级项目合作协议》，宜昌市政府与中国船舶集团有限公司签订《中国船舶710 研究所海工装备产业园项目合作协议》……

2020 年 6 月 3 日下午，国务院国资委和湖北省委省政府共同召开中央企业助力湖北疫后重振发展视频会议。34 家央企共与湖北签约 72 个项目，投资总额3277.25 亿元，涉及新能源、生态环保、智能制造、信息技术、医药健康、基础设施建设等领域。签约项目中，投资额 10 亿元以上的项目 48 个，占比67.61%，其中，100 亿元以上的项目 9 个。

6 月 12 日，国家发展改革委核准同意黄冈市城市建设投资有限公司发行城市停车场建设专项债券。债券规模不超过 18 亿元，所筹资金 10.8 亿元用于黄冈市中心城区停车场建设项目，7.2 亿元用于补充营运资金，本期债券期限7 年。该债券是黄冈市获批的首只城市停车场建设专项债券。

不单是国务院国资委、国家发展改革委推动重大项目落户湖北，中国人民银行为湖北新增 200 亿元专项再贷款额度，科技部支持建设武汉国家新一代人工智能创新发展试验区，国家卫健委增设国家重大公共卫生事件医学中心落户武汉同济医院，工信部重点支持湖北稳定汽车、电子信息、生物医药等优势产业链，商务部出台支持中国（湖北）自由贸易试验区加快发展 24 条措施……

中央各部委密集出台支持湖北武汉经济社会发展政策举措，国务院联防联控机制联络组会同湖北省多次举办湖北产品产销对接会，为湖北投资沃土"增色"、兴业宝地"添辉"。

7 月 11 日，由国务院联防联控机制联络组和湖北省人民政府联合主办，湖北省经信厅承办的湖北省工业"稳链补链强链"产销对接会举行，主会场设在武汉。30 多家中央企业、湖北省 17 个市州 450 余家企业参加对接活动。其中，23 家企业在会议现场或线上签约 12 个项目，合同金额约 10 亿元。

发展，靠的是创新营造好环境

2020 年 7 月 1 日，武汉开发区（汉南区）"粤港澳大湾区专场招商活动"在深圳举行。这是武汉疫情防控常态化以来赴外地开展的首场大型招商引资活动。

参会企业家用一个个签约项目，展现了真心实意。现场，星河互联国际创

◎武汉爱机汽车配件有限公司，工人在汽车配件生产线上工作。高勇摄

◎人福普克药业（武汉）有限公司，工人在后处理工序生产线工作。高勇摄

智港、元戎启行智能网联汽车、融创武汉经开国际智慧城市文旅总部二期等
13个项目签约，总投资达890亿元。项目涉及下一代汽车、人工智能、科创

研发、总部经济、现代服务业等多个领域。

"地区发展，短期靠项目，中期靠政策，长期靠环境。"这已然成为湖北疫后重振经济发展的重要策略之一。打基础、利长远，湖北下大力气做优本省发展经济的环境，特别是营商环境。

2020年5月13日，湖北省印发《关于更大力度优化营商环境激发市场活力的若干措施》，全面对标国际国内一流营商环境，出台30条重点攻坚任务和硬措施。14日下午，湖北首次召开全省推进营商环境建设大会，部署推进营商环境建设工作。15日下午，湖北省召开优化营商环境的专题新闻发布会。一套三连动作压茬推出，昭示了湖北优化营商环境的决心和力度。

由单兵作战向协同推进转变，由"分散办理"向"一网通办"转变，由"官本位"向"店小二"转变……湖北出台促进经济社会加快发展30条，施行《弘扬"店小二"精神"十必须十不准"》等政策举措，全力打造审批事项最少、办事效率最高、投资环境最优、综合成本最低、企业获得感最强的省份之一。

5月28日，襄阳市民张女士在一台"营业执照自助办理机"上完成信息登记录入和申请手续。系统经过大数据比对，瞬间通过了办证申请。在插入身份证后，张女士现场就拿到了所申办公司的营业执照。

襄阳市市场监督管理局登记注册科工作人员陈樊说："对完成登记注册的企业信息，平台系统自动推送至印章刻制单位、税务部门、人社部门等，实现企业开办事项办理'零排队''零见面''零等候'，企业营业执照即报、即批、即取。"

2020年1—6月，襄阳网上受理企业登记申请7256件，新发展企业类市场主体7963户，新增其他市场主体18263户，全市市场主体总量突破50万户。

不断完善助企纾困措施，湖北让更多企业活下去、留下来、发展好。湖北省财政厅下属湖北省农业信贷担保有限公司积极履行政策性职能，发挥"店小二"精神，主动派人下到县市、乡镇，进行现场对接、帮扶、放款，实行"容缺受理"机制，执行最高500万元信用担保额度及0.5%/年的优惠担保费率。

战疫期间，湖北省农业信贷担保有限公司创新推出"农担抗疫信用贷"产品，特别在支持荆门、黄冈畜禽养殖，宜昌、恩施春茶采摘，十堰、咸宁生猪产业，荆门、潜江小龙虾养殖等方面发挥了积极作用。

◎贝迪克凌云（宜昌）飞机维修工程有限公司维修基地，技术人员正在为疫情后接收
的首批飞机实施定检。黄翔摄

◎湖北森宇齿轮传动股份有限公司生产车间里，工人们正在加紧生产。肖元玲摄

据统计，截至 2020 年 6 月底，湖北省农担公司已累计为全省 8479 户新型农业经营主体提供贷款担保总额 77.26 亿元，同比分别增长 128%、134%。

新业态，助力湖北新经济

2020 年 7 月 1 日，国药集团中国生物武汉生物制品研究所新冠疫苗研发实验室和生产车间综合体落成活动在武汉举行。该车间设计产能为 1 亿剂次。该项目为实现新冠病毒灭活疫苗的科学研究和规模化生产提供了重要保障。

新冠肺炎疫情倒逼相关药物、疫苗研发生产进而推动医药行业发展，应对疫情也加速了数字经济、线上消费、直播带货等新技术新产业新业态快速发展，新的经济增长点不断涌现。强大的创新赋能正有力激活增长动能，加快释放发展潜能。

应急性超常规防控期间，在正常经济活动受到重创之时，数字经济韧性"补位"，线上经济、无人经济、到家经济、"宅经济"蓬勃发展，催生出新就业形态。云招商、云发布、云直播、云销售、云互动、云游览等云端服务，有力助推复工复产、提振经济。

2020 年以来，武汉东湖高新区线上教育、线上娱乐、线上办公等企业顺势而为、加快发展，互联网企业发展红利加快释放。

"为鄂拼单""买光湖北货""卖光湖北货"……为拓宽湖北农产品、工业品销路，当红主播、人气明星、地方及部门负责同志、科研工作者、企业家、农民朋友等纷纷联袂直播，线上消费、直播带货等新业态新模式风起云涌，甚至单次直播就能带货数亿元。

宜昌市秭归县，被誉为"中国脐橙之乡"。疫情让秭归遭遇"卖果难"。复工以来，秭归联合阿里巴巴、京东、苏宁等开展了一系列直播带货活动，多措并举使秭归脐橙快速摆脱"卖果难"困局。目前，秭归正进一步启动电商示范县"升级版"工作，快速入驻各种短视频直播平台，做好与 5G 时代接轨的准备，预计 2020 年线上农产品销售有望突破 20 亿元。

2020 年 6 月 1 日，湖北出台《加快发展数字经济培育新的经济增长点的若干措施》，这是湖北首次针对数字经济发展制定的专项支持政策。

湖北重振，数字赋能。在 6 月 15 日湖北省召开的有关数字经济的专题新闻发布会上，湖北省经信厅副厅长吕晓华介绍，湖北将奖补资金重点用于支持新一代信息基础设施建设（新基建），突出扬优势；支持新一代信息技术发展（新技术），重在补短板；支持新型信息消费（新消费），意在领方向；支持融合创新发展（新应用），旨在促融合。

6月18日，武汉市及东湖高新区先后与小米集团、金山集团签订小米、金山（武汉）总部二期项目战略合作协议。6月20日，由紫光集团参与投资建设的国家存储器基地项目二期开工……向"卡脖子"技术进军，湖北正推动更多战略新兴产业、研发中心、企业总部落户荆楚大地。

"大战"还在继续，"大考"仍在进行。

6100万荆楚儿女主动作为、奋发有为，抢抓"搭把手、拉一把"机遇，苦练内功，聚势蓄能，正奋力书写疫后重振与高质量发展的湖北新篇章。

■ 长镜头 ....

武汉：当好"店小二" 服务千万家

"对于企业来说，一天都不容耽搁。"6月11日，武汉智联创星中心顺利开工，3天内4证发齐，成为武汉市首个"承诺即开工"项目。从提交材料到获批开工，审批时间由41天压缩至3天，这是武汉市"店小二"式服务之一。

湖北在坚决打好经济发展战、民生保卫战中，把营造最优营商环境作为疫后重振重要突破口，出台优化营商环境激发市场活力30条措施，实施《弘扬"店小二"精神"十必须十不准"》，让企业和群众在政务服务中感受到了切切实实的便利。

不跑路就能办成事

"通过网上全程办理，我1天就拿到营业执照，不用到行政审批窗口排队等候，也不用到处求人。"6月3日，姚女士向武汉市东西湖区行政审批局咨询，疫情期间如何为新公司申请营业执照。通过工作人员的指导，姚女士很快在网上进行申报。

围绕群众办事难的问题，武汉市进一步优化政务服务流程，真正让数据多跑路、让群众少跑腿，让网上办成常态、网下办成例外。

"网上提交资料，一次性拿到好几个证照，还可以选择邮寄收件，一次不跑就能办好事，政府考虑得太周到了。"武汉市东西湖枫林副食经营部申办人员张女士赞叹不已。

目前，湖北省政务服务事项中能实现网上办理的占96.87%，在政务服务办件中网办件占比达到85%，手机软件"鄂汇办"实现918项政务服务高频事项掌上可办。

助企纾困出实招

"万名干部联系万企"服务活动、400亿元中小企业纾困专项资金、63万户以上的小规模纳税人可享免征……为当好企业的"店小二"，武汉市聚焦企业难点问题，切实帮助中小企业解决实际困难，提高企业获得感。

"短短几天，完成从申请到开户、放贷。我从来没想过复工复产的救命钱这么快到账。"5月3日，武汉市鑫鸿昌建材公司老板陈先生在"汉融通"平台上填报了资料，申请纾困资金。7日，就从中国农业银行武汉侏儒支行拿到了13万元信用贷款。目前，他的建材公司已正常运转。

武汉正争分夺秒，加快疫后重振。武汉市针对中小微企业和个体工商户共设立了600亿元纾困专项资金。截至2020年5月上旬，已有2500多家企业获得贷款236亿余元。

落实金融惠企政策，帮助企业轻装上阵，通过"搭台相亲"方式，让企业之间达成合作意向。6月2日下午，洪山区第五场"洪红伙火"企业"相亲会"举行。20多家参会企业达成合作意向，意向签约总额760万元。

千方百计稳就业

就业是最大的民生。受疫情影响，作为"六稳""六保"工作首要任务，

2020 年的保就业任务艰巨。据了解，2020 年武汉市高校应届毕业生达 31.7 万人，毕业生规模创历史新高。同时，2020 年是"百万大学生留汉就业创业工程"实施的第四年，虽然武汉经济遭受重创，但武汉政府仍要力保留汉就业创业大学生不低于 25 万人。

从真金白银的就业创业补贴，到一场接一场的"云招聘"，武汉市正坚定不移抓好稳就业民生保障工作。据悉，武汉将加大就业渠道畅通力度，组织网上招聘不少于 600 场，线下招聘不少于 70 场。

"政府出台了很多好政策。"武汉高校毕业生杨经宇说，"除了给政策，还有 1400 元求职创业补贴，是实实在在送温暖。"

"从 4 月到 6 月，毕业生就业率在缓慢爬坡，目前在 40% 到 50%。"武汉市人才服务中心主任熊军表示，随着疫情形势好转，企业复工复产后深入挖掘岗位需求，相信就业率一定会稳步上升，达到往年 95% 左右的水平。

■ **实践者风采** ·······························

湖北大健康产业蓄势待发

"这不仅是一种需要，更是一种'呼之欲出'的发展态势。"7 月 7 日，湖北省发改委副主任袁德芳在专题新闻发布会上介绍，在湖北疫情防控取得决定性成果之后，湖北省委提出要打造疾病预防控制体系改革和公共卫生体系建设的"湖北样板"，强调树立"大健康"理念，在产业发展方面提出，突破性发展大健康产业。

经历了疫情防控大考的湖北深知，既要治已病，也要治未病。不但要以"有形的手"改革完善公共卫生与疾病防控体系，更要以"无形的手"发展大健康产业。同时，湖北出台《关于加快湖北省大健康产业发展的若干意见》，按下大健康产业发展的"快进键"。

疫情发生以来，湖北一大批"停不得"企业实现爆发式增长，华大生物新冠病毒检测试剂盒国际订货量超过千万人份，覆盖全球 80 多个国家和地区；高德红外自主研发的红外测温设备，在疫情防控的各种场景获得广泛应用……

湖北省大健康产业规模已超过 4500 亿元，辐射医疗卫生服务、医药制造与销售、健康养老、休闲养生和健康体育的大健康产业体系基本形成。

专业人士分析，湖北发展大健康产业具有区位优势、人才优势、科教优势、医疗资源优势以及产业基础。这些得天独厚的优势既能为产业发展储备新生力量，还将吸引更多有发展潜力的大健康项目落户湖北。

作为公共卫生队伍建设的重要一环，高校承担着公共卫生人才培养的重任。疫情发生后，咸宁市新增湖北健康职业学院，这是湖北省首家健康类职业学院。黄冈市政府和湖北省应急管理厅签署协议，合作共建湖北应急管理职业技术学院。此外，湖北科技学院将新增公共卫生管理和预防医学两个本科专业。

"随着国家重大公共卫生事件医学中心落户武汉，湖北地区的公共事件救治能力将有全面的提升。"华中科技大学同济医学院附属同济医院院长王伟说。

疫情期间，中医药在有效降低"转重率"等方面贡献出了智慧，中医药企业也贡献了力量。作为湖北省首批具有中药配方颗粒生产能力的企业，劲牌持正堂药业为生产战疫用药，搁置两千万元大单，11 天捐赠中药配方颗粒 100 万服，让一线医护人员吃上预防中药。

"这是中医药发展的好时机。"湖北省卫健委中医药综合处负责人感慨地说，"未来，可以就湖北中医药底蕴深厚的优势，打造李时珍品牌。"

危中觅机，化危为机。在未来发展中，湖北省将重点打造"两区一基地"，即武汉大健康产业核心聚集区、大健康产业特色园区及建设国家医用防护物资生产储备基地。

2020 年 5 月中旬，在武汉市"云招商"央企专场中，东湖高新区签下 10 个重大项目，总投资 471 亿元。目前，东湖高新区已聚集 500 余家生物医疗器械类企业，孵化培育出一系列精准医疗细分领域企业，成为华中大健康产业核心聚集区。

■启示与思考 ···

奋力写好疫后重振和高质量发展的湖北答卷

在习近平总书记亲自指挥、亲自部署下，抗击新冠肺炎疫情的武汉保卫战、湖北保卫战取得了决定性成果。作为全国疫情最重、管控时间最长、经济受损最严重的省份，湖北经济重振面临着较大困难。对此，习近平总书记在参加全国两会湖北代表团审议时殷殷寄语，要求湖北"统筹推进疫情防控和经济社会发展工作""奋力谱写湖北高质量发展新篇章"。我们要牢记嘱托、不负厚望，主动作为、奋发有为，奋力写好疫后重振和高质量发展的湖北答卷。

深刻领会把握"三个没有改变"的科学判断，坚定信心保持定力

突如其来的疫情给湖北经济社会发展带来前所未有的冲击和挑战。面对冲击挑战，首先必须坚定信心保持定力。习近平总书记强调指出："湖北经济长期向好的基本面没有改变，多年积累的综合优势没有改变，在国家和区域发展中的重要地位没有改变。""三个没有改变"，是基于全面、辩证、长远的眼光对湖北发展长远大势做出的科学判断，是决胜全面小康、谱写湖北高质量发展新篇章的强大信心和坚实底气所在。从全面的眼光看，湖北具有"九省通衢、内陆腹地、战略要地"的区位优势、体系完备的产业优势、智力密集的科教优势、空间广阔劳动力充裕的要素优势以及容量巨大的市场优势，具有明显的发展潜力和综合优势。从长远的眼光看，湖北经济基本面向好，有足够的韧性消化疫情带来的暂时性阶段性负面冲击。从辩证的眼光看，危和机总是同生并存的，克服了危即是机。湖北是"一带一路"、长江经济带、中部地区崛起等系列国家倡议及战略的交汇点，拥有武汉这一中部最大的中心城市以及"中国芯""北斗"等一批"国之重器"。如果把这次疫情防控中暴露出来的短板和弱项加快补起来，把疫情防控中催生的新业态新模式加快壮大起来，湖北经济一定能凤凰涅槃、浴火重生。

深刻领会把握育新机开新局的战略要求，加快推动疫后经济重振

习近平总书记强调，要"努力在危机中育新机、于变局中开新局"，"推动我国经济乘风破浪、行稳致远"。深刻领会把握这一战略要求，湖北必须将育新机开新局作为努力方向，在常态化疫情防控条件下，加速全面恢复生产生活秩序，扎实做好"六稳""六保"工作，确保党中央对湖北的"一揽子"支持政策接得住、用得好。

第一，加快复工复产复市。一是要加快速度。截至 2020 年 7 月 1 日，湖北已开工企业 44358 家，复工率 98.8%；已到岗 699.87 万人，复岗率 98.7%，复工复产赶上全国进度。大型门店、重点商超、重点农贸批发市场基本恢复营业，商贸交运等城市功能基本恢复正常。二是要畅通堵点。加快围绕重点产业链、龙头企业、重大投资项目精准施策，以更大力度帮助解决产业链协同复工复产中的各种堵点、难点问题，做好稳链、补链、强链工作，帮助解决企业特别是中小微企业面临的实际困难。三是要创造便利。加快推进"放管服"改革，简化行政审批流程，千方百计为企业复工复产复商复市创造便利条件。

第二，全力兜住民生底线。要全面落实"六保"、实现"六稳"，在兜住基本民生底线基础上实现稳中求进。一是全力稳住经济基本盘。推出《湖北省促进经济社会加快发展若干政策意见》，从 8 个方面出台 30 条具体措施推动经济社会加快恢复发展。1—5 月，湖北主要经济指标持续改善，与一季度相比，规模以上工业增加值降幅收窄 19.6 个百分点，5 月当月规模以上工业增加值增速由负转正，同比增长 2%；固定资产投资降幅收窄 20.6 个百分点；社会消费品零售总额降幅收窄 7.6 个百分点，主要经济指标明显回升。二是全力稳住就业。湖北大力实施就业优先政策，支持企业减负稳岗扩就业，制定《关于应对新冠肺炎疫情影响全力以赴做好稳就业工作的若干措施》，重点抓好高校毕业生、农民工、退役军人等重点人群就业，引导更多高校毕业生到基层教育、公共卫生等人才缺口大的领域就业，全力推动湖北人和湖北产品"走出去"。三是全力兜住基本民生底线。继续加大民生领域投入力度，更加周密地做好困难群众帮扶工作，切实帮助群众解决社保、医保、就学、就医等方面的实际困难，加大低保、失业、养老和特困人员帮扶力度，落实好特殊困难群

◎中国信科武汉虹信通信技术有限责任公司，全国首条 5G 智能制造生产线。高勇摄

众兜底保障工作，真心实意为群众解难事、办好事。四是全力攻克剩余贫困壁垒。重点聚焦剩余贫困人口和防止因疫致贫返贫，出台《关于克服疫情影响 决战决胜脱贫攻坚的若干政策措施》《湖北省消费扶贫行动实施方案》等系列措施办法，积极推动人社部、国务院扶贫办支持湖北贫困劳动力外出务工的"6+1"劳务协作行动，加快贫困劳动力劳务输出，扩大扶贫公益岗位设置数量，优先安排贫困人口本地就业，大力推进消费扶贫工作。

第三，真正把政策优势转化为发展胜势。在习近平总书记亲自关心、重视和支持下，中央研究确定了支持湖北经济社会发展"一揽子"政策，这是支持湖北疫后重振的政策包、激励包、加油包，是推动湖北高质量发展的又一重大历史机遇。一是要对接好这批重大项目。积极谋划 5G、数字经济、人工智能、工业互联网、智慧城市、冷链物流等新基建项目和交通、水利传统基建项目，争取建成一批具有全国性作用、跨区域影响、形成带动示范效应的标志性重大工程。二是要用好支持政策。抢抓政策支持窗口期，把中央特别国债、地方政府专项债券和信贷资金支持用足用活。做好与国家部委的沟通工作，根据已经制定的《重点工作清单》，逐一研究、逐条落实，推动政策早落地、早见效、早受益。

深刻领会把握谱写高质量发展新篇章的
目标任务，着眼长远奋发有为

习近平总书记强调，高质量发展就是体现新发展理念的发展，是经济发展从"有没有"转向"好不好"。湖北必须牢记殷殷嘱托，主动作为、奋发有为、担当善为，继续发扬在疫情防控斗争中展现的精神面貌，加快推进供给侧结构性改革，切实推动高质量发展。

第一，勇于深化改革扩大开放。当前，湖北所处的内外部环境仍然十分严峻复杂，面临的风险挑战也前所未有。湖北加快推进疫后重振和高质量发展，需要用好改革开放这个关键一招，以制度供给的确定性对冲外部环境的不确定性。一是要突出制度建设这个主线，进一步推进省域治理现代化。针对这次疫情，习近平总书记要求湖北"放眼长远""补齐治理体系的短板和弱项"。6月10日，湖北省委十一届七次全会审议通过了《中共湖北省委关于贯彻落实党的十九届四中全会精神、推进省域治理现代化的决定》《中共湖北省委、湖北省人民政府关于推进疾病预防控制体系改革和公共卫生体系建设的意见》，同时出台了11个配套改革方案，就是要立足于推进省域治理体系和治理能力现代化，用改革的办法补短板、堵漏洞、强弱项，努力打造疾病预防控制体系改革和公共卫生体系建设的"湖北样板"。二是要千方百计优化营商环境。打造一流营商环境是湖北统筹推进疫情防控和经济社会发展，实现疫后重振、推动高质量发展的重要突破口。要全面对标国际国内一流标准，刀刃向内、自我革命，弘扬"有呼必应、无事不扰"的"店小二"精神，加快建设市场化、法治化、国际化的营商环境，使营商环境成为湖北疫后重振、浴火重生的金字招牌，最大限度激发市场活力和社会创造力。三是要充分发挥湖北自贸区的"试验田"作用。制度创新是自贸区建设的核心任务，必须借此"法宝"，加快构建开放型经济新体制，力争取得更多可复制可推广的制度创新成果，努力把自贸区"试验田"打造成为高质量发展的"高产田"，将湖北建设成为内陆对外开放的新高地。

第二，全力推进创新。创新是引领发展的第一动力，国家赖之以强，企

◎湖北五峰青岗岭生态茶园。杨威摄

业赖之以赢，人民生活赖之以好。湖北产业基础扎实、科教资源丰富、人才资源富集，须以更大力度推进全面创新。一是着力推动产业创新。使"光芯屏端网"等战略性新兴产业由"少"变"多"、湖北传统优势产业由"多"变"强"、产业链条由"短"变"长"。培育更多行业龙头企业、更多细分领域"小巨人"企业，塑造更多依靠创新驱动、更多发挥先发优势的引领型发展。二是着力推动科技创新。实施科技项目揭榜制，强化创新项目带动作用，促进科技成果就地转移转化，为转变经济发展方式、推动产业转型升级提供强大技术支撑。三是着力推进金融创新。发挥天使投资、省创投引导基金的示范作用，激发社会创业投资活力，加大金融服务实体经济力度，为市场主体提供更为充足的"血液"。四是着力推动人力资源创新。努力把"楚才在鄂"的优势转化为"楚才兴鄂"的现实生产力，将湖北的科教资源优势转化为经济发展优势。

促进协调发展。湖北依然存在发展不平衡不充分的问题，必须积极适应国家政策调整变化，进一步促进区域协调发展、人与自然协调发展以及人与人协调发展。一是进一步推动区域协调发展。抓好中心城市和城市群发展，支持武汉建设国家中心城市、全国科创中心城市和国际化大都市，更好发挥以武汉为龙头、以"襄十随"和"宜荆荆"城市群为两翼的引领辐射作用，补齐湖北县域经济和块状经济的短板，带动湖北全域协调发展。二是进一步促进人与自然协调发展。精准施策打赢污染防治攻坚战，系统施治推进长江大保护，全面提升绿色发展水平，加快推进生态环境治理体系和治理能力现代化，守护好湖北碧水蓝天净土。三是进一步实现人与人协调发展。积极对接国家长江经济带发展战略，以更大决心、更强力度推进脱贫攻坚，坚决克服新冠肺炎疫情影响，坚决夺取脱贫攻坚战全面胜利，与乡村振兴有序衔接，确保贫困地区和贫困群众同全国一道进入全面小康社会，实现共享发展。

（作者：湖北省中国特色社会主义理论体系研究中心　执笔：余振）

湖 南 篇

―――――――

智 能 制 造
脱 贫 攻 坚
高 质 量 发 展

―――――――

■ **新时代·新实践** ·····································

拥抱前沿科技　壮大经济新动能

入夏的三湘大地，在建项目施工正酣。长沙惠科超高清新型显示器件生产线项目现场，近 6000 名建设者日夜轮班，主厂房建设快马加鞭；长益高速公路扩容工程益阳段，路面主体完工，全力冲刺通车目标……

"努力在危机中育新机、于变局中开新局。"在习近平总书记重要讲话精神的指引下，湖南省委省政府抢抓危中之机，积极主动作为，统筹推进经济社会发展各项工作，奋力夺取疫情防控和经济社会发展"双胜利"，推动高质量发展再上新台阶。

智能制造，助力复工复产

每天下线混凝土泵车 20 多台，下线速度缩短至 50 分钟。位于湖南长沙的三一集团 18 号厂房，"跑"出了生产"加速度"。

"机器多，干劲足，产量高。"18 号厂房率先在行业内启动"灯塔工厂"建设，初步完成了智能化升级，车间整体效率提升 30%。产能提升，效益见涨。2020 年 4 月，三一集团的销售额同比增长 41%。

走在生产车间参观走廊上，听不到制造企业惯有的机器轰鸣声。SMT（表面组装技术）车间，3 条自动生产线，一线员工总共只有 8 个人。当许多企业受困于疫情影响之时，长沙市健科电子有限公司在做好疫情防控前提下，2 月初即已加足马力生产。公司负责人介绍说，3 月订单达到 4000 万元，创下公司成立 17 年来最好单月业绩。

◎一批拥有智能化技术、数字化管理能力的企业，疫情期间率先突围，迅速恢复产能。图为智能制造车间自动化下料生产线。资料图片

自动化生产线唱主角，1.26 万平方米的智能制造车间里，原来需要全厂400 人完成的工作，压缩到了 200 人，人均使用面积达到 63 平方米，日产量达 4 万件。玉祥瓷业有限公司从复工第一天开始就满负荷生产。

"机器换人"既为企业复工复产缓解了用工压力，也筑起了安全屏障。一批拥有智能化技术、数字化管理能力的企业，在疫情期间率先突围，迅速恢复产能，智能制造的优势充分显现。

智能化的成果，不仅为企业自身发展赢得先机，也为其他行业抗疫复工提供"利器"。园区里，"5G 无人配送车"将包裹、盒饭送到园区一家家公司楼下，扫码即可取件、取餐，复工复产畅享"云便利"；公共场所中，具备自动测温、问询、消毒以及智能刷脸记录、疫情报警等功能的防疫机器人大显身手，守好门、把好关。

疫情加速了企业数字化进程。湘火炬智创系统分公司是"制造智能工厂的工厂"，2019 年交付了 5 条智能生产线，2020 年即将交付的生产线就有 5 条，近期还陆续接到了 10 余条生产线订单。公司副总经理孙强说："这个时候越先搭上先进技术、越早完成智能化改造的企业，就越能抢占先机。"

眼下，我国大力推进的 5G、人工智能、工业互联网、物联网等"新基建"正是实现智能制造的关键基础设施，可助力实现整个制造业价值链的提升。

为加快推进制造业数字化、网络化、智能化进程，早在 2018 年 12 月，湖南省政府就出台了《深化制造业与互联网融合发展的若干政策措施》，全面推动工业互联网创新应用和生态构建。

目前，湖南省已建成工业互联网平台近 100 个，线上注册企业用户超 4.7 万户；开发工业互联网 APP 1 万多个，已推动 20 多万户中小企业"上云"、5000 多户中小企业"上（工业互联网）平台"。

"每一次危机都会引发新的产业和技术变革。"三一重工总裁向文波说。"新基建"奔涌而来，湖南省制造业正热情拥抱新一代信息技术，抢占数字经济发展先机。

脱贫攻坚，严把质量关口

5 月 12 日，国务院新闻办公室举行国务院政策例行吹风会，介绍 2019 年落实重大政策措施真抓实干成效明显地方予以督查激励的情况。湖南因脱贫攻坚工作成效突出，考核综合评价为"好"，受到奖励表扬。

◎三一集团长沙智能制造车间工人正在装配作业。资料图片

打赢脱贫攻坚战，是湖南实现高质量发展的关键之一。

2019 年，湖南省委书记杜家毫、省长许达哲带头开展"三走访三签字"和"四不两直"常态化扶贫调研，全年访遍所有贫困县。

湖南严把脱贫退出质量关口，省市县乡村五级书记实行签字背书，坚决杜绝"虚假式""算账式""指标式"脱贫。严格督查考核问效，由省领导带队，省直厅局参与，深入 51 个贫困县和 25 个脱贫任务较重的非贫困县开展"四不两直"式常态化联点督查。

到 2019 年底，湘西州 7 个贫困县全部摘帽，贫困发生率从 2013 年的 31.93% 下降至 0.65%，农民人均可支配收入从 4229 元增加到 10101 元。

除了脱贫速度，更注重脱贫质量。湘西州注重运用互联网思维，积极探索开展湘西为民村级微信群工作，有力推动组织监督与群众监督同向发力、执行纪律和转变作风同步实施。

产业扶贫是造血式扶贫，是贫困群众稳定脱贫的关键所在。近年来，新化县集中培育茶叶、中药材、油茶三大支柱产业，各乡镇、村确定了扶贫菜单，贫困户通过"点菜"自主选择扶贫项目，帮扶部门提供"配菜"并跟进后续帮扶，政府"买单"促进全面精准脱贫。

"乡村旅游"融合一二三产业发展，延伸拓展了贫困户增收渠道，扮靓了乡村。凤凰县、通道县把旅游产业作为扶贫攻坚主导产业，让越来越多的贫困户吃上"旅游饭"。

湖南深化"四跟四走"产业扶贫路子，实施"一县一特、一村一品"和"千企帮村万社联户"行动，持续带动 350 万以上贫困人口稳定增收。

湖南鼓励市州探索消费扶贫创新模式。株洲市率先提出购买贫困地区优质农产品就是扶贫。112 家企事业单位举牌认购贫困地区农产品 3820 万元，打造出了"产业扶贫、社会扶贫、消费扶贫""三位一体"的株洲模式。娄底市探索出"消费扶贫 + 定点采购""消费扶贫 + 电商平台""消费扶贫 + 帮扶单位"的消费扶贫路子。邵阳市动员结对帮扶干部、主体帮扶户优先购买贫困农户产品。衡阳、郴州、岳阳号召"以购代捐""以买代帮"的形式参与到消费扶贫中来。

为推动农产品销售，张家界莓茶、安化黑茶、南县稻虾等湖南特色农产品都出现在 2019 湖南贫困地区优质农产品产销活动中。湖南探索"1235"消费扶贫模式，成立消费扶贫联盟，搭建电商和产品配送两大平台，帮助贫困地区销售农副产品达 100 余亿元，电商扶贫销售额 180 亿元。

精准发力，增强发展后劲

2020 年 4 月 28 日，湖南省 14 个市州共 829 个重大项目集中开工，总投资达 3657.4 亿元。三湘大地再次掀起"抢机遇、抓项目、稳投资"的热潮。

6 月 29 日，2020 年湖南—长三角经贸合作洽谈周在长沙开幕，本次洽谈周发布了一批省级重点招商项目，涵盖基础设施、新型工业化、现代服务业、现代农业四大类，总投资约 1.8 万亿元。

◎湖南新邵县谭府乡易地扶贫搬迁安置点风景如画。资料图片

2019 年，湖南启动实施"135"工程升级版，重点支持 100 个以上优势特色产业园区，建设 3000 万平方米统一规划、功能完善、配套齐全的标准厂房，引进 5000 家以上创新创业企业落地，夯实实体经济发展基础，一大批产业链集群入驻。

产业链的集群入驻，为湖南培育产业生态、打造发展新优势提供了强大动能，也为湖南高质量发展奠定坚实基础。

湖南在依托湘南湘西承接产业转移示范区、创新创业"135"工程等大平台开展产业集群招商，把传统优势产业做大、做强的基础上，积极推动移动互联网、智能网联汽车等产业发展，加快转型升级步伐。

2020 年以来，湖南各级各部门在"创新引领开放崛起"战略指导下，积极应对疫情影响，创新方式方法，广泛对接长三角及全球投资商，大力推动洽谈合作，项目引进成果丰硕。全省共签约省级项目 318 个，总投资 2930 亿元，涵盖先进制造、新基建、大健康、现代服务业等领域。

在长沙高新区，7000 余家移动互联网企业"拔节生长"，长沙迅速崛起为国内移动互联网新地标；马栏山视频文创产业园，依托"电视湘军"内容生产的影响力，加速打造具备国际影响力的中国视频 V 谷；岳麓山国家大学科技城，广泛集聚和导入国内外的优质科创资源，让一批"湖南籍""独角兽""瞪羚"企业从这里走向全国、走向世界……

长沙把智能制造作为牵引产业升级和经济转型的"牛鼻子"，全力打造国家智能制造中心，探索形成智能制造产业发展的"长沙模式"。长沙推出产业链、知识链、人才链、资金链、政策链"五链齐动"，为集群发展持续注入发展动能……

三湘大地正主动融入新一轮科技和产业革命，积极拥抱工业互联网、5G 应用、人工智能等前沿科技，加快培育壮大经济新动能，增强高质量发展后劲。

■ 长 镜 头

张家界：一座山城的"水之恋"

407 公里的澧水干流，313 公里横贯湖南省张家界市。澧水犹如一条巨龙，滋养出令世界瞩目的生态景观。

这是 172 万张家界人的"母亲河"，也是张家界永续发展的灵魂所在。

"守护澧水的生态脉搏，就是守护城市的美丽未来。"张家界市委书记虢正贵说，在"绿水青山就是金山银山"理念的指引下，张家界把生态环境保护摆上优先地位，一曲生态优先、绿色发展的澧水之歌正在唱响，"母亲河"焕发出了新的生机与活力。

"沅有芷兮澧有兰","南州之美莫如澧",在屈原与柳宗元笔下,澧水沿岸,美如诗画。然而,满载着人文璀璨的澧水,曾一度生态警钟阵阵——

围网养殖,让温婉的澧水贴上了一个个"创可贴",水体的富营养化导致水藻蔓延;非法采砂,犹如一只只"血吸虫",蚕食着河流的肌体,破坏了水生物赖以生存的环境;疯狂捕鱼,不管是电鱼毒鱼,还是一张张围网,将"鱼子鱼孙"一网打尽;偷排污水,沿线作坊养殖场,将管道直通澧水,让"母亲河"长出无数"烂疮"。

在生态保护与经济发展相冲突时,张家界怎么办?

"共抓大保护,不搞大开发""建设生态文明是中华民族永续发展的千年大计"振聋发聩,成为张家界摒弃粗放式经济发展,坚定走上生态环境保护与修护修复之路的一盏明灯。

于是,垃圾专项清理整治、入河排污口专项清理整治、非法捕捞专项整治、水坝专项清理整治、河道非法采砂专项整治……一个个雷霆行动,向"共抓大保护"中的突出问题持续"亮剑"。一次次约谈,一张张罚单,彰显出有法必依、执法必严的庄重与威严。

雷霆万钧中,张家界人欣喜地看到,污染在逐步消除,生态在不断修复。

我们需要的是一条什么样的"母亲河"?作为旅游城市的张家界,答案显而易见——生态优先、绿色发展。

在茅岩河景区,只见河面水花四溅,一条条漂流艇顺水而下,游客们相互打起了水仗。茅岩河属于澧水上游约50公里的河段,景区两年前开业,完成了张家界"三星拱月"全域旅游格局的最后拼图,让原本以"游山"为主的张家界,真正拥有了"玩水"的主题。

"渔民上了岸,上起班。"景区管理人员李启东是河岸居民,他说,河流未治理前,河里网箱遍地,也垃圾遍地。如今风景美了,游客来了,村民腰包鼓了,都自觉成为生态的维护者。

当山水优势在澧水尽情绽放,优质投资怎会不倾心?

2018年10月,总投资达350亿元的丝路荷花国际文化旅游城正式开工。这个三面环澧水的项目,将围绕水景,打造出丝路峰会、艺术博览、贸易会展、文化旅游等国际顶级资源，旨在以全球视野和国际化标准，打造一个崭新的国际化新城。

2019 年 8 月，投资达 200 亿元的枫香岗国际影视文化小镇签约。将围绕"文化＋影视＋融合"主题，打造集演艺、影视文化、文创产业和旅居配套四大板块为一体的国际影视文化小镇旅游度假区。届时，澧水风光将在更多的影视作品中得以呈现。

群山巍巍，澧水东流。伴随着永不停歇的历史巨轮，新的澧水故事在不断续写。站好了保护"母亲河"岗哨的张家界，已经在生态优先、绿色发展战略中获得了丰厚的回报。在未来，张家界将用生态的彩笔，书写更加壮丽的篇章。

■ 实践者风采 ···

湖南省桃江县扶贫办主任胡喜明：
做一位有情怀的扶贫人

"只要我们在扶贫战线上工作一天，就一定要奋战到底，决不让一个贫困人口掉队。"说这话的，是湖南省益阳市桃江县扶贫办主任胡喜明。4 年前他刚担任县扶贫办主任时，就定下了目标，"不干则已，干就干好"的扶贫信念在他的心中生根发芽。

胡喜明热爱农村，爽朗热情，善做群众工作，被生活困难群众亲切地称为"喜明哥"。业务精湛、作风过硬的他，4 年间足迹踏遍全县 233 个有贫困人口的村（社区），推动全县 34035 名贫困人口成功脱贫，贫困发生率下降至1.35％。他在全县扶贫领域推动实施"按月工作法"，倡导推行"县委一月一研究、扶贫宣传一月一专题、督查一月一暗访、行业扶贫一月一调度、乡镇一月一排名"，成效显著。

在扶贫路上，胡喜明帮助的贫困群众一家又一家。一次，胡喜明暗访到鸬鹚渡镇汤家冲村，走进年过九旬身患疾病的曹卯生老人家中，只见墙壁是竹枝和泥巴糊成的,四面透风,房间没有电灯、光线昏暗。胡喜明目睹此景顿时两眼盈泪,他立刻拿出身上仅有的几百元钱塞给老人。了解到曹卯生老人有两个儿子,却都不赡养老人的实情时,当晚在曹卯生老人家,胡喜明和村组的党员干部召开会议,敦促老人的儿子履行赡养义务。第二天,老人搬到了儿子家。

2017 年,根据中央扶贫政策提到的"差异化补贴",桃江提出了"幸福安居工程",即对没有劳动能力、家庭极度困难、住 D 级危房或无房的贫困户,由乡镇党委书记负责审查并签字确认,县危改办逐一核实,实行拎包入住新房。"幸福安居工程"让全县 736 户特困群众搬入新家,真正实现了住房有保障。

2018 年 6 月 27 日,胡喜明收到武潭镇天湾村群众汪竹军的一封求助信。原来,汪竹军的儿子高考成绩上了一本线,家里却无力承担学费。看完信,胡喜明立即和同事驱车来到汪竹军家里。这是一栋四间地基的木房子,有两间已经坍塌,仅剩几根柱子支撑着,另外两间也是岌岌可危。汪竹军坐在台阶上,双脚因痛风肿得无法塞进鞋子,走路很吃力。

胡喜明找来武潭镇卫生院院长,将汪竹军接到医院治疗,联系镇、村通过"幸福安居工程"解决住房问题,并联系中国社会扶贫网、泛海助学、县残联、县教育局等,为汪竹军儿子筹集了 4 年的学费。如今,汪竹军逢人便说:"是胡主任帮了我孩子,帮了我们这个家。"

2019 年 10 月 17 日,全国脱贫攻坚奖表彰大会暨先进事迹报告会在北京举行,胡喜明获"贡献奖"。"之前不管取得多少成绩代表的都是过去,下一步我们一方面要继续消灭贫困;另一方面对于已经脱贫的,要继续巩固脱贫成果,任务仍然很艰巨,不能停下脚步。"胡喜明说。

■ **启示与思考** ·······························

走精准之路　奔小康生活

2013 年 11 月 3 日,习近平总书记在湘西十八洞村考察时,提出"精准扶

◎张家界武陵源景区十里画廊小火车驶出花海。张明涛摄

贫"重要理念，作出"实事求是、因地制宜、分类指导、精准扶贫"重要指示，要求湖南走出"不栽盆景，不搭风景""可复制、可推广"的脱贫之路。作为"精准扶贫"首倡地，湖南牢记习近平总书记殷殷嘱托，将精准思维贯彻和落实到决战决胜全面小康全过程、各方面，在三湘四水书写走精准之路、奔小康生活的高分答卷。

以十八洞村为样板，全面打响精准扶贫攻坚战

脱贫是全面小康的重中之重，决战脱贫攻坚是决胜全面小康的底线任务。习近平总书记在 2013 年 11 月到十八洞村考察、2016 年 3 月参加全国两会湖南代表团审议、2018 年 4 月到岳阳考察长江经济带发展情况时，都对湖南精准扶贫工作作出重要指示，为首倡之地的首倡之为指明前进方向。

实践中，湖南始终坚持精准精细这个科学方法，坚持尽锐出战这个重要法宝，按照"五个一批""六个精准""不栽盆景、不搭风景""可复制、可推

广"的要求，把脱贫攻坚作为首要政治任务和第一民生工程，坚持五级书记一起抓，推动脱贫攻坚战步步深入、捷报频传，推动习近平总书记关于精准扶贫的重要论述在三湘大地生动实践、花繁果硕，"十八洞样板"茁壮成长为"湖南样本"。到 2019 年底，湖南 51 个贫困县、6920 个贫困村全部脱贫摘帽，贫困发生率从 13.43％降至 0.36％。2019 年 2 月 4 日（大年三十），习近平总书记对湖南以十八洞村为样板探索可复制可推广的精准扶贫好路子专门作出重要指示。

实践表明，扶贫开发贵在精准、重在精准、成败在于精准，习近平总书记关于精准扶贫的重要论述迸发出耀眼的真理光芒和强大的实践伟力，为三湘大地的发展实践提供了重要指引。这启示我们，实现伟大梦想必须坚持科学理论指导，让思想之光照亮前行之路。

以"六个全覆盖"为重点，攻克绝对贫困最后堡垒

全面建成小康社会，最突出的短板在农村贫困人口脱贫。习近平总书记指出，在扶贫的路上，不能落下一个贫困家庭，丢下一个贫困群众。这体现了以人民为中心的发展思想，彰显着深厚的人民情怀和鲜明的底线思维，为湖南打赢打好脱贫攻坚战提供了根本遵循。

近年来，湖南坚持连续作战、持续攻坚，推动脱贫攻坚取得决定性成就，连续两年获国家考核"好"的综合评价。同时，也要看到，进入收官之年，湖南仍有部分未脱贫人口，尽管人数不多，但多是坚中之坚、难中之难。针对这一现实，湖南把 2020 年确定为全面小康决胜年，出台省委"一号文件"，明确提出推动义务教育、社会保障、农村饮水安全、基层公共服务（一门式）、农村危房改造、农村通组道路"六个全覆盖"，建立机制、倒排工期、挂图作战、强力推进。"六个全覆盖"一头连着全面小康，一头连着脱贫攻坚。实现"六个全覆盖"，目的就是进一步提高全面小康的成色和温度。

实践表明，抓住短板，才能把握脱贫全局；补齐短板，才能稳住小康大局。这启示我们，实现伟大梦想必须坚持人民至上，必须在补短板、强弱项上强化"显政"，不断增强人民群众的获得感与幸福感。

◎蓝山县云耳培植成为帮助村民增收的特色产业。资料图片

以先进制造业为抓手，推动经济高质量发展

只有持续推动经济发展，才能不断筑牢国家富强、人民安康的物质基础。人类进入工业文明以来，世界强国的兴衰史一再证明，没有强大的制造业，就没有强劲的经济支撑，就没有国家和民族的强盛。习近平总书记强调，制造业是实体经济的重要基础。一定要把我国制造业搞上去，把实体经济搞上去，扎扎实实实现"两个一百年"奋斗目标。

湖南是制造业大省，近年来，湖南对标对表习近平总书记关于经济高质量发展重要论述，顺应科技革命和产业变革大势，始终把发展先进制造业作为经济社会发展的主攻方向，深入实施创新引领、开放崛起战略，深入开展产业项目建设年活动，大力促进互联网、大数据、人工智能同实体经济深度融合，大力促进创新链、产业链、资本链、人才链、服务链深度融合，"产业强则湖南强"的鲜明导向牢固树立，以制造业为核心引擎的实体经济开拓前进，全省经济发展的动力、后劲、耐力持续增强。特别是，湖南紧紧抓住20条工业新兴优势产业链和"五个100"产业项目，建立省领导联系产业链制度，分链出台精准支持政策，一批具有湖南辨识度的优势产业集群乘势崛起，已成为全国最

◎十八洞村首家农家乐"巧媳妇"修葺一新的厨房里，施全友（中）和妻子孔铭英（左）在忙着为客人炒菜。资料图片

大的工程机械制造基地、最大的轨道交通研发生产基地和出口基地。

实践表明，以经济建设为中心始终是兴国之要，实现经济高质量发展，根基在实体，支撑在产业。这启示我们，不论民族复兴进程到了哪里，都必须毫不动摇将发展的根基扎深扎稳。

以"一江一湖四水"为主战场，打好污染防治攻坚战

党的十八大以来，习近平总书记站在实现中华民族永续发展的高度，就生态文明建设提出一系列新理念新思想新战略，引领我国生态环境保护发生历史性、转折性、全局性变化。习近平总书记对湖南生态文明建设始终高度关注、期望殷切，对湖南提出了"守护好一江碧水"等重要指示要求，为湖南打好污染防治攻坚战提供了思想指引。

湖南是人口大省、农业大省、有色金属之乡，污染治理和生态修复的任务历来繁重。近年来，湖南深入学习贯彻习近平生态文明思想，以"一江一湖四水"为主战场狠抓生态环境保护，强力实施污染防治攻坚战三年行动计划，强力推进中央环保督察问题整改，坚决打好蓝天、碧水、净土三大保卫战，全省

生态环境质量大幅改善，范仲淹在《岳阳楼记》中描绘的"沙鸥翔集，锦鳞游泳；岸芷汀兰，郁郁青青"的动人美景正在"一江一湖四水"华美铺展，生态红利正不断转化为民生红利和发展动能。

实践表明，绿水青山就是金山银山，绿色是全面小康的深厚底色。这启示我们，切实把良好生态这一最普惠民生福祉保护好，是决战决胜全面小康的应有之义，也是践行以人民为中心发展思想的应有之义，必须一以贯之坚持下去。

以"六稳""六保"为要务，全力克服新冠肺炎疫情影响

疫情防控是实现决战决胜全面小康社会必须打赢的一场遭遇战、阻击战。疫情发生以来，习近平总书记对统筹疫情防控和经济社会发展作出一系列重要指示，对打赢打好脱贫攻坚收官之战提出一系列重要要求。

湖南坚决落实以习近平同志为核心的党中央决策部署，按照坚定信心、同舟共济、科学防治、精准施策的总要求和"外防输入、内防反弹"的防控策略，全面动员、全面部署、全面加强疫情防控工作，取得疫情防控重大成果。同时，立足常态化疫情防控形势，牢记"国之大者"，先后出台100余条扶企稳岗、扩大消费的政策，稳住经济基本盘，全力做好"六稳"工作，全面落实"六保"任务，动员全省各级因势利导、化危为机，开足马力冲刺、全力以赴攻坚，切实把疫情影响降到最低，着力推动脱贫攻坚与乡村振兴有机衔接，确保贫困群众稳定可持续脱贫。

实践表明，脱贫攻坚战不是轻轻松松一冲锋就能打赢的，从决定性成就到全面胜利，面临的困难和挑战依然艰巨，"黑天鹅""灰犀牛"事件随时可能发生。这启示我们，实现伟大梦想，进行伟大斗争，必须增强谨慎之心和底线思维，做好应对各种复杂局面的思想准备和工作准备，坚韧不拔、锲而不舍，直至取得全面胜利。

（作者：肖卜文，系湖南省中国特色社会主义理论
体系研究中心研究员）

吉林篇

振　兴　发　展
补齐"三农"短板
项　目　建　设
脱　贫　攻　坚

厚植农业优势　推动产业升级

2020 年 7 月 22—24 日，习近平总书记在吉林考察时强调，要切实落实党中央决策部署，坚持稳中求进工作总基调，坚持新发展理念，坚决打好三大攻坚战，扎实做好"六稳"工作，全面落实"六保"任务，深入实施东北振兴战略，决胜全面建成小康社会、决战脱贫攻坚，在服务党和国家工作全局中体现新担当，在走出一条质量更高、效益更好、结构更优、优势充分释放的发展新路上实现新突破，在加快推动新时代吉林全面振兴、全方位振兴的征程上展现新作为。

党的十八大以来，习近平总书记多次对吉林工作作出重要指示，寄予殷切希望，为吉林振兴发展指明了方向。吉林干部群众深入学习贯彻习近平新时代中国特色社会主义思想和习近平总书记对吉林工作系列重要指示精神，牢记嘱托，强化责任担当，努力以新气象新担当新作为推进吉林全面振兴、全方位振兴。

农业更强，农村更美，农民更富

2020 年 7 月，走进吉林省四平市梨树县，脚下踩着的是松软的黑土地，映入眼帘的是一片沃野良田。

"我们采取保护性耕作已有 10 年，春天苗出得好，抗倒伏能力强。就算遇到大旱年，也能比普通农户多打粮食。"梨树县宏旺农机农民专业合作社社长张闻镝感慨，"以前这地硬邦邦的，用手抠到两厘米都费劲。现在根系能扎到

◎吉林出彩农业产品开发有限公司以"公司＋合作社＋贫困户"订单农业经营模式，带领55户共369人脱贫。图为工人在企业灌装车间作业。张明月摄

1.5 米，一铲子下去，还能看到好多蚯蚓。"

既藏粮于地，又藏粮于技。近年来，梨树县一系列强化农业技术的探索都取得了可喜成效：建设中国农业大学吉林梨树试验站、建设全国首家黑土地保护与利用院士工作站、创建科技小院、建立现代农业综合示范区，形成了良法种出粮满仓的梨树模式。

梨树县是吉林省率先实现农业现代化的探索者，也是吉林省加快补齐"三农"短板的受益者，更是吉林省贯彻落实习近平总书记"采取有效措施切实把黑土地这个'耕地中的大熊猫'保护好、利用好"重要指示精神的实践者。近年来，吉林省把"率先实现农业现代化、争当现代农业建设排头兵"作为一项重大政治任务，围绕扎实推进现代农业"三大体系"建设发力。

吉林省农业农村厅厅长张凤春表示，近年来，吉林省农业生产体系标准化不断提升，由高产农业向绿色农业转变，建设高标准农田累计达到3230万亩，农作物耕种收综合机械化率达89%，为农业转型升级提供了保障；经营体系组织化程度持续增强，家庭经营制度长久保持，大力发展种养大户、家庭农场、农民合作社、龙头企业、农业产业化联合体等新型经营主体，提升整个农业生

产效率；产业体系逐渐融合化，以农业农村资源为依托的第二、第三产业尽量留在农村，产业链的增值收益和就业岗位尽量留给农民。

2019 年，吉林省粮食产量达 775.6 亿斤，净增量全国第一。全省粮食产量连续 7 年在 700 亿斤以上，人均粮食占有量、商品率、调出量及玉米出口量连续多年均居全国前列。

"三农"，国家之重、社稷之重，亦是吉林省责任之重。6 月 22 日，吉林省委十一届七次全会召开。会议指出，吉林省将始终立足吉林农业大省、粮食大省的实际，始终坚持农业农村优先发展，始终着眼厚植吉林农业特色优势，推进农业高质量发展，以农业现代化引领乡村振兴，支撑吉林全面振兴、全方位振兴。

农业更强、农村更美、农民更富，未来可期。

激发源头活水，挖掘增长潜力

2020 年 4 月 15 日，吉林省"三早"项目集中开工仪式上，一汽红旗新能源汽车工厂项目等 6 个领域 538 个项目集中开工，总投资达 2420 亿元。这是吉林省进一步扩大有效投资、对冲疫情冲击、增强发展后劲的重要举措之一。

◎水田生产的全程机械化，让吉林省双辽市 30 万亩水田年年旱涝保丰收。

自 2016 年吉林省开展"三抓"（抓环境、抓项目、抓落实）、"三早"（早落地、早开工、早见效）行动以来，各地相继推动实施了一批产业制造、科技创新、生态环保、基础设施、社会民生等重大项目，有力推动了产业转型升级，为经济社会发展注入了强劲动力。

2020 年，面对疫情对经济运行带来的挑战，吉林省"三抓""三早"行动坚持在变局中开新局。2 月 25 日，2020 年吉林省"三抓""三早"行动动员大会以视频形式召开。会议对夺取疫情防控和全面建成小康社会"双胜利"作出部署。

号角吹响，生机一片。2020 年 3 月 3 日，一汽红旗产能提升项目顺利竣工投产，产能成功提升至 15 万辆；作为化纤产业的"顶梁柱"，吉林化纤集团正全力推进"年产 1.5 万吨差别化连续纺长丝项目三期""年产 8000 吨大丝束碳纤维项目二期 3 号线"等一系列重大生产扩能项目建设，确保年内投产……

"年产 3.5 万吨碳纤维原液项目已进入试生产阶段，2020 年底碳纤维原丝产能可达 4 万吨。"吉林化纤股份有限公司总经理金东杰说，"在政府帮助

◎一汽解放卡车厂总装车间，一辆辆解放 J7 重卡驶下生产线。新华社发

◎在轨道客车零部件产业园内，长春今创轨道科技有限公司生产车间一派繁忙景象，确保产业链供应链稳定。石雷摄

下，集团已获得各类贷款支持4亿元，疫情期间还获得电费减免和防控物资等支持。"

截至2020年8月，吉林省2020年实施的995个产业转型升级重点项目已有714个实现开复工，开复工率达71.76%。2020年上半年，吉林省规模以上工业增加值同比增长3.3%，高于全国平均水平。

线下，大项目接连开工；线上，同样一片火热。

2020年6月8日，在吉沪两地同时启幕的2020年吉林大米上海"云推介"活动中，吉林大米企业与上海经销商"云签约"，达成大米购销协议2.72万吨，成交金额2.25亿元，在线观看的网友接近200万人。活动中，"云集市"围绕大米、鲜食玉米、杂粮等吉林特产，开展网红营销、文化宣传等品牌营销活动；"云课堂"以生活化的场景演绎，传播大米科普知识以及吉林大米品牌文化；"云剧场"融品牌推介于东北特色文化、稻作文化、独特风光中。

在线新经济开辟产业新业态，增强了领导干部解放思想、稳中求进的决心，增强了企业提质增效、转型升级的信心，也成了拉动内需和助推外贸的新模式。

6月4日，长春兴隆综合保税区进出口商品展示交易中心"e兴隆"保税O2O体验中心，完成了全省首票跨境电商O2O保税展示业务测试。这标志着跨境电商渠道"下沉"初见成效，吉林省跨境电商零售进口迈出新步伐。2020年前5个月，全省跨境电商交易额实现13.6亿元，同比增长28%；其中，跨境电商零售进出口同比增长15.3倍。

生机盎然的背后，是吉林省围绕"六稳"工作和"六保"要求所作出的努力。2020年上半年，吉林省实现地区生产总值（GDP）5441.92亿元，高于全国平均水平1.2个百分点。

多措并举，努力打好打赢脱贫攻坚战

"这柏油路修得多好、多漂亮，老百姓没有不拍手称快的。"在吉林省白山市靖宇县白江河村，村民徐太成兴奋地说，"通水，通电，通水泥路、柏油路，通电话，通网络，通有线电视，我们白江河从昔日的穷山沟变成了幸福村。"

"不仅有了'幸福路'，还有了'扶贫牛'，有了种植婆婆丁、五味子，养蜜蜂等多个以奖代补项目，激发贫困户的创业热情。"白江河村驻村第一书记王彦辉说。

脱贫攻坚战打响以来，吉林省新改建农村公路6864公里，自然屯通硬化路率达97.1%；排查出的10.03万户贫困户存量危房全部完成改造；机井通电工程覆盖农田643.84万亩，惠及178.91万人；贫困村文化活动室、广播电视和通信达标率达100%；累计投入产业扶贫专项资金超过120亿元，实施产业扶贫项目4751个……

截至2019年末，吉林省建档立卡贫困人口减至10063人，贫困发生率降至0.07%。2020年4月，靖宇县等9个贫困县脱贫退出。至此，全省15个贫困县全部实现脱贫摘帽。

"党和政府帮我们致富，我们也想为国家出一份力。"2月9日，吉林省磐石市永丰村贫困户李凤芝和同村的贫困户们提前回到工厂，加班加点赶制口罩。

2019年，省级贫困村永丰村引进东北袜业永丰缝制分厂的扶贫项目，以

服装、服饰代加工为主营业务，让很多像李凤芝一样的贫困户有了稳定的收入。

2020年2月7日，企业接到恢复生产通知。在当地帮扶干部和驻村工作队的带领下，从决定启动民用口罩应急生产到正式开工，仅用了两天半时间。

此前，2月3日，吉林省就迅速制定10项针对性措施，首批安排1万个扶贫特岗，开发5000个公益性岗位，促进疫情防控期间贫困劳动力就业，稳定贫困家庭收入。

此外，吉林省采取"一对一""人盯人"方式，细化落实就业措施，通过鼓励就近就地就业、贫困人口网上培训、"不见面"服务等一系列措施，持续巩固脱贫攻坚成果。同时，优化扶贫资金使用，重点向产业项目倾斜，加大对受疫情影响较大的产业扶贫项目生产、储存、运输、销售等环节的支持，解决"卖难"问题。

行走在白山松水，响在耳畔的是复工复产机器轰鸣声，吸入肺腑的是清甜果蔬香，映入眼帘的是满目生机和幸福的一张张笑脸，一幅全面振兴、全方位振兴的美好画卷正徐徐展开。

◎现代化机械正在吉林省双辽市现代农业综合园区繁忙作业。资料图片

■ 长 镜 头 ••

农业大市的别样风姿

——吉林省四平市推进农业现代化建设走笔

2020 年 8 月，走进吉林省四平市梨树县百万亩全国绿色食品原料（玉米）标准化生产基地，近观玉米抽穗扬花、长势喜人，远望田畴交错、绿浪千层。

近年来，国家重要商品粮基地、中国优质玉米之都——四平市积极探索黑土地保护模式，推进农业机械化、智能化、多彩化，在农业现代化的道路上不断描绘着丰收美景。

"铁牛"隆隆细耕作

傍晚，太阳缓缓下山，一台大型免耕播种机从远处驶来，机声隆隆。四平市伊通满族自治县大孤山镇大桥村村民李克明一脸自豪地说："一个人、一台机器、一周时间，我就把流转来的 60 垧地种完了。"

漫步在四平市村屯沃野，到处可见农民开着小车，把种子化肥拉到田间地头交给农机手，潇洒地当起"甩手掌柜"。

30 岁的马云秋，已是有着 8 年经验的老农机手。得益于四平市的农机手操作培训，马云秋告别了打工的生活。他说："有一技在手，就好比捧着'铁饭碗'，稳着哩。"

目前，四平市已推广保护性耕作 366 万亩，农作物综合机械化水平达 90%。其中，机耕率 96%、机播率 92%。全市农机用户超过 4.1 万户，农机从业人员达 4.8 万人。

四平市农业机械化技术推广中心负责人李国兴说："在疫情特殊时期，四平农业不仅没有受到影响，还实现升级发展，在一定程度上得益于农业机械化和现代科技的注入。"

保护好"耕地中的大熊猫"

2020 年 7 月 23 日，连日少雨的四平市碧空澄澈。"咱这地抗旱能力强，不信你瞅瞅。"卢伟蹲下身子，用手在地里一扒一抠再一攥，一抔掺杂细碎秸秆的黑土被瞬间握成了团。

"如果没有水分咋能成团？这就是梨树模式养出来的地。"卢伟农机农民专业合作社理事长卢伟自豪地说，合作社现有农机 54 台（套），覆盖耕种收各个环节，都是实行保护性耕作梨树模式的配套机具。

梨树模式是 14 年来梨树县为保护好黑土地所做的积极探索，当地人在玉米种植过程中秸秆覆盖还田，将耕作次数减少到最少，田间生产环节全部实现机械化，并形成了以秸秆覆盖为主，优良品种、测土配方施肥、植保防虫害等的技术体系。

经过 10 年连续监测，该模式下的梨树黑土地保护试验地块土壤含水量增加 20%—40%，耕层 0—20 厘米有机质含量增加 12.9%；每平方米蚯蚓数量增加到 120 多条，是常规垄作的 6 倍；保护性耕作每年减少秸秆焚烧 100 万吨以上，减少化肥使用量 3000 吨。

梨树县委书记曾范涛说，"黄金玉米带"上兴起的新耕作方式，让玉米的产量更稳、更高，粮食安全也更有保障。未来，梨树将继续采取切实有效的措施把黑土地这个"耕地中的大熊猫"保护好、利用好。

多彩农业处处有"戏"

如今，四平市的粮食作物早已不再是玉米"一枝独秀"。通过不断调优，四平的杂粮杂豆、瓜果菜蔬以及中草药等经济作物同样花开满园。

走进四平市山门镇头道村惠丽农场的文洛式温室蔬菜园，一排排整齐的水培蔬菜郁郁葱葱。为丰富百姓餐桌，农场里还种植了土豆、白菜、西红柿等蔬菜，用监控设备全程记录蔬菜从种植到配送流程，利用物联网技术建立起开放的食品安全追溯系统。

目前，四平市标准棚室面积已发展到 5.28 万亩，规模园区累计达到 77 个，棚室菜瓜果菌产量达到 67.3 万吨，实现产值 21.7 亿元。

■ 实践者风采 ···

梅河口市平原村驻村第一书记蒋忠良：
驻村，身入更要心入

虽已立秋，吉林省梅河口市杏岭镇平原村的气氛和天气一样依然很"热"。蒋忠良正忙着和驻村工作队队员们统计乡亲们需要销售的农产品数量。

"每周五，我们都会带着这些农产品去梅河口扶贫大集赶集。前6次的销售量都不错，还有了预订客户。"蒋忠良的话语里透着幸福。

29岁的蒋忠良是个帅气阳光的大男孩。2019年11月，在梅河口市住建局工作的他，被组织选派到杏岭镇平原村担任驻村第一书记。平原村是一个耕地少人口多、产业基础薄弱的贫困村。虽然已经摘帽，但是村集体收入没有保障，一些贫困户总觉得心里没有底气。

上任第一天，蒋忠良就挨家挨户走访，详细了解贫困户家庭情况和实际困难。这不仅拉近了与群众的距离，也让蒋忠良找准了工作方向。

2019年，村民们为了增加收入，饲养了大鹅等家禽，但由于村屯偏僻，卖鹅成了难题。在走访中了解到情况后，蒋忠良主动与爱心企业及一些单位食堂沟通，卖出了一批大鹅，为贫困户创收15120元。

随着疫情防控形势好转，复工复产也加紧有序进行。为壮大村集体经济，2020年4月，蒋忠良承包村民土地，引进优良品种和先进技术，带领村民种植高蛋白大豆。

2020年7月，平原村大豆种植基地的大豆长势喜人，绿油油的豆秧随风摇曳。贫困户于平任正在田垄间精心侍弄，她说："自打基地建成后，我就在这里打零工赚钱。丰收后，还能得到产业分红。"

蒋忠良说："目前，预计比种植玉米每亩收入至少翻一番。"丰收的喜悦和希望在平原村升腾。2020年，蒋忠良还利用捐赠款，购买了720只鸡雏发放给贫困户。73岁的贫困户宋长库是其中的受益者："可不光给鸡雏，小蒋还请专家给配了专门的饲料，每户20斤，足够用。等鸡蛋和肉食鸡可以卖了，小蒋还帮忙销售。"

如今，在乡亲们眼中，蒋忠良是亲人、实诚人、能人。蒋忠良说，驻村关键在于"驻心"，干部驻村扶贫不仅要讲诚心、有热心，更要有耐心、下决心，"下得去""待得住""干得好"，全心全意为群众做好每一件事。

■启示与思考

答好新时代东北振兴的吉林答卷

习近平总书记在吉林考察时指出，希望全省广大干部群众深入贯彻党中央决策部署，不断开创吉林各项事业发展新局面，在新时代吉林振兴中实现新突破、创造新业绩。面对新冠肺炎疫情带来的严峻考验和复杂多变的国内外环境，吉林省坚决贯彻落实党中央、国务院决策部署，以全面、辩证、长远的眼光看待当前困难、风险、挑战，统筹常态化疫情防控和经济社会发展，扎实做好"六稳"工作，全面落实"六保"任务，集中力量补齐"三农"领域短板，着力培育发展新动能，有序推进复工复产复商复市，决胜全面建成小康社会、决战脱贫攻坚，全力答好新时代东北振兴的吉林答卷。

集中力量补短板，争当农业现代化排头兵

吉林省是我国重要的农业基地，农业是吉林省的最大优势。2015年，习近平总书记对吉林省作出"率先实现农业现代化"的重要指示。吉林省以习近平新时代中国特色社会主义思想为指导，在推进农业现代化道路上足音铿锵、成绩斐然。

"舵稳当奋楫，风劲好扬帆"。吉林省采取多项措施，持续加大惠农力度，稳步推进绿色高质高效技术示范推广，实现粮食丰收。2019年，吉林省粮食产量达到775.6亿斤，净增量全国第一。全省粮食产量连续7年在700亿斤以上，人均粮食占有量、商品率、调出量及玉米出口量连续多年均居全国前列。

◎在一汽蔚山工厂红旗生产线上，轮胎装配操作正在进行。王雷摄

习近平总书记强调，保障国家粮食安全是一个永恒的课题，任何时候都不能放松。当前，新冠肺炎疫情仍在全球肆虐，不可避免影响全球粮食供需平衡，解决好吃饭问题始终是治国理政的头等大事。

2020年6月，吉林省委召开十一届七次全会审议通过《关于集中力量补齐全面小康"三农"领域短板，提高粮食安全保障能力，加快率先实现农业现代化的决定》，提出了"84549"现代农业发展计划和农业农村现代化"十大工程"。吉林省坚决贯彻落实习近平总书记重要指示精神，肩负起维护国家粮食安全的重大政治责任，把蕴藏在农业领域中的巨大品牌增量、价值增量、动能增量进一步挖掘激发出来，为新时代吉林全面振兴全方位振兴打牢更加坚实的"三农"基础。

给农业插上科技的翅膀。习近平总书记指出，要把发展农业科技放在更加突出的位置，大力推进农业机械化、智能化，给农业现代化插上科技的翅膀。吉林省率先采用农场网络可视化水稻标准化种植，实现水稻种植、生产及加工的全过程互联网同步展示；依次有序推进"一主四辅"种植项目落地，推行轮作休耕、秸秆还田等保护性耕作技术，扎实推进农业面源污染"一控两减三基本"治理，化肥、农药使用量实现负增长，秸秆资源综合利用率达到70%以上，保护性耕作达到1850万亩；通过发展循环农业等措施加大对农业生态保护力度，坚持山水林田湖草系统治理，主要粮食作物良种率达到100%，农业科技进步贡献率为59.4%，高于全国平均水平。

推动农牧产业转型升级。吉林省强化科学技术与农业产业化发展联动，积极探索培育家庭农场联盟、合作社联合社，加快推广土地托管、股份合作、实物地租等经营模式。培育农业龙头企业，构建粮食、畜产品、园艺特产业"三大"精深加工板块，促进休闲农业、乡村旅游、特色产业的发展，推动农业生产、加工、流通与旅游、文化、康养等产业深度融合，加快实现"农品区"向"旅游区"转变，以技术发展、技术实践、技术联动打造新产业和新业态。

新农村建设全面提质。吉林省以建设美丽乡村为抓手，大力培养职业农民，重点实施农村"厕所革命"、生活垃圾和污水处理、村容村貌整治等工程，创建50个美丽乡村，1000个3A级标准农村人居环境示范村，打造10万户美丽庭院和干净人家。扎实推进国家级农村金融综合改革试验区建设，村级金融服务站发展到2000多家，农业保险实现主要作物全覆盖，农村土地"两权"抵押贷款试点扎实展开。

夺取抗疫和发展"双胜利"，激活高质量发展动力源

"明知征途有艰险，越是艰险越向前。"吉林省努力在危机中育新机、于变局中开新局，全省上下以时不我待、只争朝夕的精神，把耽误的时间抢回来，全力推进企业复工复产，坚持投资与消费双向发力，完善科技企业逐级转型培育体系，激活经济高质量发展的蓬勃动力。上半年，全省实现地区生产总值5441.92亿元，增速高于全国平均水平1.2个百分点。

落实"三抓""三早"促复工复产。面对疫情对经济运行带来的挑战，优化营商环境、推动复工复产是吉林省全面振兴全方位振兴的内在需要。2020年2月，吉林省再次吹响"三抓""三早"动员令，出台《关于进一步支持打好新型冠状病毒感染的肺炎疫情防控阻击战的若干措施》。各级政府争分夺秒主动与受疫情影响的项目对接，采取电话访投资主体、网上"不见面"审批、

◎地处长吉产业创新发展示范区万昌先导区的吉林市宇丰米业有限责任公司依托"南瓜北种"项目，成功种植出木瓜、香蕉等热带作物。董育新摄

"云招商"等措施，建立重点企业直接联系机制等新方法，帮助企业建立疫情防控应急预案，落实疫情防控责任和措施，强化返岗返工人员管理，指导企业做好生产环境消杀，协调解决复工复产实际困难。截至 2020 年 7 月，吉林省实施的 995 个产业转型升级重点项目已有 714 个实现开复工，开复工率达到 71.76%。上半年，全省规模以上工业增加值同比增长 3.3%，高于全国平均水平。

强化投资与消费拉动经济发展双马车。吉林省打出一套强投资、促消费的"组合拳"，让投资推力与消费拉力形成合力，共同促进吉林省经济高质量发展。线下，推动实体经济加快发展，分地区、分批次有序开放早市夜市，综合运用缓缴社保金、信贷支持等措施，全力支持门店有序复业，提升人间"烟火气"；线上，大力培育"云经济"，以"红叶之城 魅力蛟河"为主题的市长直播带货、"春播希望、政府来帮"网络直播等畅卖云端。围绕"云经济"，吉林省推行了"一村一品一电商"模式，"第一书记代言"卖货等，谋划代言产品（项目）2097 个，销售额超 5 亿元，带动贫困村集体增收 3400 余万元。

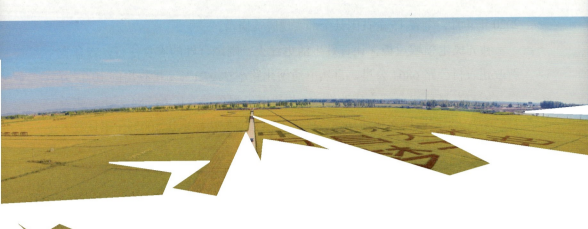

◎吉林省永吉县万昌镇丰收景象。董育新摄

实施高新企业倍增计划升级新动能。习近平总书记指出，东北振兴要"以培育壮大新动能为重点，激发创新驱动内生动力"。吉林省依靠创新把实体经济做实、做强、做优，下大力气做足高企认定服务的"加减法"，高新企业在吉林省发展有奔头、有保障。2019 年，吉林省新认定高新技术企业 933 户，同比增长 89%，新认定科技小巨人企业 358 户，同比增长 92%，总数达到 1699 户。全省高新技术企业中盈利企业比重居全国第 2 位，户均净利润居全国第 3 位，初步形成多点支撑、多业并举、多元发展的产业发展格局，找准了破解制约老工业基地发展难题的"金钥匙"。

决战脱贫攻坚，脱贫路上一个也不掉队

巩固脱贫攻坚成果，打赢脱贫攻坚收官战。决战决胜脱贫攻坚，最重要的是有效防止返贫、促进稳定脱贫、巩固脱贫成果。吉林省创新产业扶贫载体，推行"6 +N+1"扶贫产业保险，筑牢稳定脱贫的根基；对未脱贫人口，安排"滴灌式"资金，将脱贫监测人口、边缘人口全部纳入动态监测，夯实义务教育阶段控辍保学措施，全部落实贫困人口饮水安全措施，贫困户存量危房全部纳入计划并完成改造任务，推动东西部扶贫协作不断走深走实，区域贫困瓶颈持续破解，全省 13 万多名结对帮扶和驻村干部与乡村干部共同奋战在一线。2019 年底，吉林省建档立卡贫困人口减至 10063 人，贫困发生率降至 0.07%。

2020 年 4 月，全省 15 个贫困县全部实现脱贫摘帽。

补齐民生领域短板，让百姓生活更红火。围绕百姓的衣食住行，吉林省新改建农村公路 6864 公里，自然屯通硬化路率达 97.1%；排查出的 10.03 万户贫困户存量危房全部完成改造；机井通电工程覆盖农田 643.84 万亩，惠及 178.91 万人；贫困村文化活动室、广播电视和通信达标率达 100%；累计投入产业扶贫专项资金超过 120 亿元，实施产业扶贫项目 4751 个。

脱贫摘帽不是终点，而是新生活、新奋斗的起点。在以习近平同志为核心的党中央坚强领导下，吉林人民奋发图强，一定能决战决胜脱贫攻坚，同全国人民一道全面建成小康社会，书写好新时代东北振兴的吉林篇章。

（作者：韩喜平，系吉林省中国特色社会主义理论体系研究中心特聘研究员、吉林大学东北振兴发展研究院常务副院长、吉林大学中国特色社会主义理论体系研究中心主任）

江苏篇

重大产业项目
脱贫攻坚
保障就业
长江大保护

为实现"强富美高"目标奋力奔跑

2014 年，习近平总书记在江苏调研时指出，希望江苏的同志认真落实中央各项决策部署，紧紧围绕率先全面建成小康社会、率先基本实现现代化的光荣使命，努力建设经济强、百姓富、环境美、社会文明程度高的新江苏。"强富美高"在江苏成为热词，是江苏发展的新蓝图和新坐标。

面对当前严峻复杂的国内外形势，江苏全省上下牢记嘱托，迎难而上，危中求机，在推进经济社会发展、打赢脱贫攻坚战、改善生态环境和人文环境等方面，不断创造性地形成"江苏方案"，布局有层次、腾挪有章法，取得新成效。

推动政策落地落细落实，实现"一步到位、一目了然"

2019 年，江苏经济总量占长三角的比重上升至 42%，江苏经济对稳定全国经济形势有着重要作用。在疫情防控不松懈的前提下，江苏以搞活企业为中心，稳经济、稳就业，全面推进产业链上下游、大中小企业协同复工复产。

2020 年 2 月 12 日，江苏省政府在同一天发布两大重磅政策：推动经济循环畅通和稳定持续发展的"苏政 50 条"和大力支持中小企业缓解疫情影响的"惠企 22 条"。这是国内较早出台的疫情之下促发展的省级"综合政策包"。相关部门还将"苏政 50 条"措施分 6 批梳理出 152 项具体服务事项及服务指南，"惠企 22 条"也被细化为 55 项具体举措，进一步推动各项政策落地落细落实，实现"一步到位、一目了然"。2020 年初江苏集中开工的 1473 个重大

◎江苏南通沿江环境风貌。资料图片

产业项目纷纷落地见效。

江苏是开放大省，外资经济已经深度融入江苏经济。当前，经济全球化遭遇逆流，加上新冠肺炎疫情在全球蔓延，对江苏进出口贸易、外商投资和全球供应链产生不小的冲击。

"风雨过后是彩虹，相信明天定会更美好！"2020年3月2日，江苏省委书记娄勤俭、省长吴政隆共同致信在苏外商投资企业。信中说，江苏始终把外资企业当作自己的企业来看待，把外籍员工当作本地员工提供保障。并提出在苏外资企业的本部如有疫情防控方面的需求，江苏愿意分享经验和做法，并提供力所能及的支持和帮助。

一封信，增信心。3月13日，星巴克中国"咖啡创新产业园"项目签约落户昆山，首期投资1.3亿美元，这是星巴克在美国以外最大的一笔生产性战略投资。"中国是我们最重要的市场之一，而星巴克中国'咖啡创新产业园'则是我们一项意义深远的战略投资。"星巴克公司总裁兼首席执行官凯文·约翰逊表示："此举再次彰显了我们在中国市场长期发展的决心。"

疫情防控常态化形势下，江苏各地呈现出一幅你追我赶的经济发展新图景。

2020年4月11日上午，南京市召开战疫情、扩内需、稳增长"四新"行动动员大会，发布新基建、新消费、新产业、新都市四个行动计划。江苏省委常委、南京市委书记张敬华表示，"四新"行动不是空洞提概念，而是立足抓项目，每个行动计划都要细化为明确的指标、落实到具体的项目，真正可调度、可操作、可检查。

淮安市高质量跨越式发展势头不停歇，与中铁快运等共建淮安高铁快运物流基地，总投资超百亿元的红星美凯龙爱琴海购物公园项目落户，中建集团将在淮安投资 600 亿元……2019 年淮安市小康综合实现度将近 94%。就如何打好收官之战，淮安市委书记蔡丽新表示，淮安站在全省全国乃至全球角度思考先进制造业下一步发展方向和重点，着力打造特色产业集群，做江苏高质量发展的"特长生"。

翻开新鲜出炉的《苏州工业园区建设世界一流高科技园区规划（2020—2035）》，"打造全球顶尖生物医药产业集群"的目标格外引人注目。"我们必须精准服务，对于生物医药企业、产业发展的痛点、难点、堵点问题，要全力攻坚，逐一加以破解。"苏州市委常委、苏州工业园区党工委书记吴庆文说。

◎江苏南通，市民们走出家门，来到南通植物园参观月季展。资料图片

2020 年前五个月，实际使用外资 59 亿美元，同比增长 157%，总量、增幅均创历史新高；制造业投资逆势增长 27%；新登记各类市场主体 21 万户，同比增长 41%；科创板上市企业 10 家，居全国第三……苏州交出了一份亮眼成绩单。

在脱贫攻坚战中努力答好"加试题"

全面建成小康社会，低收入群体这块"短板"必须"拉长"。2020 年，常州溧阳市社渚镇王家村种植的赤松茸大丰收。村党总支书记霍亚平说："没想到，这小小的赤松茸真成了我们村的扶贫菇、致富菇，'穷帽子'终于摘下来了。"

之前，王家村集体经济一直处于全市末尾。面对"发展无资源、集体无收入、增收无举措"的困难，如何促进经济薄弱村和低收入农户持续增收、稳定脱贫、逐步致富？作为王家村的挂钩帮扶单位，溧阳市财政局选派专人担任第一书记，多次深入调研，协调江苏优鲜到家农业科技有限公司与王家村合作共建赤松茸种植项目，积极探索"公司＋村委＋农户"的发展模式，激活

◎江苏省常州市天宁区郑陆镇牟家村葡萄喜获丰收。资料图片

了"空壳村"的闲置资源。溧阳市财政局总会计师田春华介绍说，2019年溧阳市37个经济薄弱村集体经营性收入全部超过50万元，实现了整体脱贫摘帽，2020年的扶贫重点是巩固成果、防止返贫。

"我们正在毫不松懈抓好促进农民增收各项重点工作落实，确保小康之年农民增收势头不减弱、趋势不逆转。"江苏省农业农村厅发展规划处处长黄挺介绍说，江苏正在聚焦现代种养业、农产品加工流通业、农业现代服务业、农业基础设施建设和农村人居环境改善等五大领域，推动实施一批具有带动性、引领性的重大项目，打造增收引擎。

受疫情影响，脱贫攻坚战中，低收入劳动力就业问题是一道"加试题"。江苏的答题思路是"三个一批"：针对80%以上建档立卡低收入劳动力省内务工的实际，抢抓重大项目开工和企业复工复产时机，组织省内输出一批；督促各地为未复工复产扶贫龙头企业和扶贫车间优先安排临时增设的防疫消杀等公益岗位，就近就地解决一批；支持低收入农户发展庭院经济和"三来一加"等短平快项目，发展生产自救一批。

江苏省扶贫办有关负责人介绍说，"十三五"期间，江苏254万农村建档立卡低收入人口年人均收入达到6000元，821个省定经济薄弱村全部达标，12个省级重点帮扶县区全部摘帽退出。

生态环境和人文环境"两手抓"

"现在这日子，很可以！"南通市新城新苑小区居民袁海根笑着说。他家原来住在两个化工厂附近，两个厂"火力全开"时，院子里每天都能扫出厚厚一层灰。2019年搬迁后，环境大变样。他经常约老友到新家附近的五山森林公园散散步、下下棋，日子越过越舒坦。

地处长江入海口的南通，将五山地区沿江生产型岸线调整为生态生活型岸线，几年来，这个片区关停"散乱污"企业两百多家，修复腾出沿江岸线5.5公里，新增森林面积6平方公里。

"江苏抓长江大保护的力度前所未有。"江苏长江经济带研究院院长成长春说，长江江苏段原来在沿江产业布局上对重工业和化工产业过于偏重，生产岸线占比也偏高，出现了岸线无序使用、码头布点过密、排污口和取水口距离较近等情况。聚焦长江突出生态环境问题，江苏狠下决心，实施"两减六治三提升"专项行动、污染治理"4+1"工程等，400多公里的长江江苏段形成沿江生态廊道。

长江大保护的过程，是江苏各地确立新发展理念的过程，同时也是老百姓实实在在得实惠的过程。在徐州市贾汪区，利用采煤塌陷区进行生态修复治理而成的潘安湖湿地公园风景区，年均接待游客总量高达400余万人次。紧邻潘安湖的马庄村，三年前从"小作坊"起步的小小香包产业，现在年产值已过千万元。毗邻潘安湖的生态优势正变成马庄村发展经济的优势。马庄村第六党支部党员王浩回乡创办占地500余亩的"婚礼小镇"，带动村里上百人就业。

生态环境在改善，人文环境更加美好。无锡江阴市的香山书屋，有着8家实体书屋、12个24小时开放的社区阅读驿站、全国范围上千个书香漂流点的规模。香山书屋创办人季丰说，书屋这些年一直在坚持做两件事：一是播下一颗阅读的种子；二是探索"全民阅读推广志愿者服务模式"。在当地政府指导

◎江阴市香山书屋社区阅读驿站，社区居民在这里阅读学习。资料图片

下，香山书屋通过社会组织的有效运作，让 14326 名志愿者成为城市的文化使者。

在江苏，各地都在比拼公共服务、城乡一体化程度、文明指数……截至 2019 年底，江苏有 17 个城市入选"全国文明城市"，数量位居全国首位。其中，张家港实现"全国文明城市"五连冠。一座座文明城市，犹如众星拱月，丰富了江苏高水平建成全面小康的内涵。

■ 长 镜 头

全产业链发展看昆山

疫情防控常态化形势下，纬创资通（昆山）有限公司旗下的纬视晶光电（昆山）有限公司外贸额不降反升。"2020 年 1—4 月出货量 1800 万片，同比增长约 10%。其中 4 月货值 14 亿元，增长幅度较大。"该公司 LCM 事业二部副部长谢劭晖介绍说，纬视晶在 2 月底复工复产后，快速进入满产状态。

"昆山的企业复工复产，最重要的是抓好产业链复工。"江苏苏州昆山市委书记吴新明说，通过数据分析研判，昆山复工的发力点，就是产业链。

春节过后，昆山召集仁宝、纬创和世硕 3 家企业座谈，及时掌握企业备料情况、相关配套企业的复工复产情况等信息。在此基础上，昆山市工信、商务等部门围绕纬创等 13 家龙头企业梳理出的产业链"树状图"，成为协调复工复产的"指挥棒"。

在纬创的产业链"树状图"上，有昆山当地的 41 家一级工业企业供应商、310 家主要二级供应商，还有其团膳饮食、物流人力商务服务配套商以及苏州市外 6 家一级工业供应商。

昆山科森科技股份有限公司是给纬创提供核心零部件的一级供应商。当时，企业复工最大的难题是外地员工不能返岗，昆山为此开通了河南、安徽专列，帮助企业把员工免费请回来。对于原材料，政府部门对物流公司车辆进行轨迹排查，确认人员物资无风险，保证材料及时入库。

为让员工尽快返岗，除了包专列，昆山还推出包汽车、包飞机等举措，助推企业"应复尽复"。这样的"贴心三包"，也被企业称为"幸福大招"。

截至 2020 年 3 月底，昆山市规模以上工业企业尤其是仁宝、纬创、世硕等 13 家龙头企业产能已超 2019 年同期水平。13 家龙头企业带动 2000 多家规模以上工业企业跑出"加速度"，2020 年 1—5 月，昆山完成规模以上工业产值 3134 亿元，同比增长 0.4%。

把失去的时间抢回来、把落下的任务补起来、把发展的节奏拉上来。吴新明说，"闯"字是"昆山之路"的灵魂，昆山要在贯彻新发展理念中当好示范者，在"群虎争雄"中当好领跑者，必须弘扬"艰苦创业、勇于创新、争先创优"的精神，让"昆山之路"再出发。

当年，昆山靠拆解笔记本电脑研究零配件，走出一条产业链招商的精准路径。如今，昆山重拾这股劲头，通过构建"门对门研发""门对门供货""门对门服务"的全产业链发展模式，大力招引投资规模大、产业层次高、创新能力强、带动潜力足的重大项目，尤其在百亿级项目上全力突破。

昆山还特别注重建构产业配套链条，推动产业链强链、补链、延链、展链。在苏州产业链全球合作"云"对接活动上，"昆山制造"大放异彩，348 个投资项目和订单签约，涉及金额达 629 亿元。"我们不仅要对外招引，还要向内挖潜，横向链接，深入研究产业演变规律，深挖产业链内生动力。"昆山市商务局局长秦微晰说。

非常时期，必须拿出非常之举。昆山建立"1311"分级服务机制，出台实施《关于应对新冠肺炎疫情影响支持企业发展的服务举措》，联系走访 1310 家企业，协调解决 1550 个问题。创新开展"'昆如意'——援企暖企行"活动，集中兑付涉企相关专项资金 5.8 亿元，总惠企金额近 129 亿元。

外资对扎根昆山、投资昆山信心满满。2020 年 1—5 月，昆山新设外资项目 121 个，新增注册外资 27 亿美元，同比增长 338.3%，总量居苏州第一；实际使用外资 10.4 亿美元，同比增长 103.2%，总量居苏州第一，提前完成全年目标任务。

■ **实践者风采** ···

徐州铜山区马行村驻村扶贫第一书记徐虹：
脱贫齐努力　干出新天地

2020 年 3 月末，江苏省徐州市铜山区何桥镇马行村驻村扶贫第一书记徐虹来到帮扶户胡金芝的田地边，看她正在打蒜薹，便赶忙上前帮忙。

"今年又卖了个好价钱吧？""是的，最高每斤卖七八元，价格低时也卖到四元六角一斤，今年我这五六分地能挣个 5000 元。"胡金芝欣喜地答道。

2018 年 4 月，受组织委派，徐虹从铜山区委宣传部来到铜山西部最偏远的何桥镇马行村担任扶贫第一书记。驻村后，看到一些贫困户收入低，村集体经济基础薄弱，强烈的责任感和使命感坚定了她带领全村群众致富奔小康的决心。

入户调研、与群众面对面交流，徐虹摸清了村子情况，了解了群众的想法和困难，根据村子实际制定出项目扶贫、产业增收、技能培训、就业富民等一系列扶贫措施。在贫困户大棚内推广土豆—毛豆—蒜苗一年三茬的种植模式，提高收入；建起蔬菜库房、交易市场、二期冷储中心，壮大村集体经济。

经过努力，截至 2019 年底，全村建档立卡低收入农户 312 户 708 人全部脱贫。马行村集体经济收入达 36 万元，比徐虹刚到村里时翻了一番。

在上级支持下，徐虹还带领群众大力发展土豆产业。现在马行村的土豆已成为当地特色产业，种植面积由几十亩发展到 2000 余亩。同时，在扩大种植规模的基础上，打造全产业链发展模式，提高附加值。

真情付出助力群众拔"穷根"。在徐州，有很多像徐虹这样的扶贫第一书记，用初心和使命架起党密切联系群众的桥梁，团结带领群众脱贫致富。

曾经，徐州市脱贫攻坚任务艰巨，该市有 269 个经济薄弱村，26.28 万户、68.22 万建档立卡低收入人口，建档立卡低收入人口和经济薄弱村数量均占全省的四分之一左右。

扶贫第一书记把责任扛在肩上，财政帮扶也不断加大力度。在村集体增收上，徐州累计投入财政帮扶资金 2.55 亿元，大力发展资源开发型、资产经营型等"六型经济"，有力增强经济薄弱村发展后劲。在低收入农户增收上，累计投入精准扶贫资金 5.4 亿元，发放扶贫小额贷款 20 多亿元，实施"一户一策"，切实加快低收入农户增收步伐。

据统计，截至 2019 年底，徐州全市省定标准下建档立卡低收入人口 627855 人，人均年收入 6000 元以上，全部实现脱贫。

■ 启示与思考 ···

在高质量发展中育新机开新局

习近平总书记指出，危和机总是同生并存的，克服了危即是机。面对突如其来的新冠肺炎疫情，江苏始终坚持以习近平新时代中国特色社会主义思想为指引，以习近平总书记对江苏工作的重要讲话和重要指示精神总领一切，努力在危机中育新机、于变局中开新局。全省上下以只争朝夕的精神，统筹推进疫情防控和经济社会发展工作，坚定不移推动高质量发展，扎实做好"六稳"工作，全面落实"六保"任务，以更加积极的"保"促进"稳"，以更为坚实的"稳"助推"进"，把耽误的时间抢回来，把疫情造成的损失补回来，在"强富美高"新江苏建设上迈出坚实步伐。

以结构调整笃定创新发展

江苏作为东部沿海经济大省之一，2019 年全省经济总量接近 10 万亿元，人均 GDP 位居全国前列。2020 年以来，面对新冠肺炎疫情带来的前所未有的冲击、挑战和考验，江苏从更大时空范围，以系统全面辩证思维，把培育具有核心竞争力的主导产业作为主攻方向，牢牢把握高质量发展的主动权。

系统整合完善产业链。全面落实"六保"任务，强化系统谋划，围绕每一个具体目标制定工作方案、扎实推动落实，更加关心中小微企业生存发展，支持重点企业稳住产业链供应链。围绕产业链部署创新链，围绕创新链布局产业链，提升产业基础能力和产业链现代化水平，加强省、市、县三级联动，推进苏南苏北产业链的融合整合，不断完善产业链支撑体系。多措并举稳住江苏在全球供应链中的地位，统筹考虑外资外贸工作，用心用情加大招商引资力度，帮助更多外贸企业稳定国际市场、开拓国内市场。

突出培育新增长点。把握"新基建"的风口，聚焦5G、数据中心、工业互联网等重点领域，抓紧谋划实施一批支撑性强、引领效应明显的重大项目，江苏先进制造业集群培育总体进展顺利。2020年1—5月，全省"新基建"投资超过1500亿元，集成电路、节能环保、工程机械、新型显示、新能源装备等集群进展迅猛，为高质量发展注入新动能。

建设重大创新平台。在发挥好南京、苏州、无锡等地现有载体平台作用的基础上，加快推进自贸区、连云港海港、通州湾新出海口、徐州国际陆港等重大载体建设，聚焦新材料、高端装备、信息技术、生物医药等重点领域集中力量打造一批标志性科创平台，积极跟进对接国家技术创新中心和国家医学中心、国家区域医疗中心等国家级平台建设。

以民生改善提升小康水平

民生无小事，枝叶总关情。江苏民生发展整体水平较高，但仍然存在问题和不足。省委省政府专题召开工作会议，部署推动排查解决突出民生问题，动员全省上下拿出"起步就冲刺"的状态，持续加大补短板力度，加快构建民生领域的现代治理体系，在新的起点上共创人民群众高品质生活。

全力以赴保障生命安全。确保人民群众生命安全和身体健康，是我们党治国理政的一项重大任务。在疫情防控中，江苏集中最优质的医疗资源、最先进的医疗设备，交出了确诊病例治愈率100%、无一例死亡病例和医护感染病例的"防疫成绩单"。着眼于治根治本，江苏在完善疾病预防控制体系、重大疫情救治体系、公共卫生应急物资保障体系、应急管理机制、公共卫生法治体系等方面精准施策发力，着力健全公共卫生体系，全方位、全周期保障人民健康。

◎"夜宴巴城·端午"主题活动近日在江苏省昆山市巴城老街启幕。朱一韵摄

千方百计改善群众生活。江苏坚持把就业作为头等大事，努力降低疫情影响。针对高校毕业生、农民工等重点群体，开展"百日千万网络招聘专项行动"，搭建"云招聘"平台；设立企业、政府投资项目、科研项目的见习岗位，着力创造岗位增量。力保抗疫和民生物资供给，做好各类生活品加工、储运、配送、供应等环节有效衔接，确保"米袋子""菜篮子"不断档。顺应"四化"同步规律，加快苏北农民住房条件集中改善步伐，努力让群众过上现代化、高品质生活。

坚定不移促进稳定脱贫。决战决胜脱贫攻坚，最重要的是有效防止返贫、促进稳定脱贫。江苏认真研究疫情带来的影响，围绕突出问题和困难，到户到人落实帮扶措施。着眼重构新型城乡关系，加快建立缓解相对贫困的长效机制，大力实施乡村振兴战略，以提升整体发展水平促进稳定脱贫。着力构建农村现代化治理体系，从制度上精准帮扶易贫返贫群体、补齐完善农村基础设施和公共服务、激发农民增收致富的内生动力，使"三农"发展建立在更加坚实的基础之上。坚决扛起对口帮扶支援的政治责任，聚焦"两不愁、三保障"强化细化帮扶措施，助力补齐全面小康短板弱项，协力推进高质量发展。

以绿色发展建设美丽生态

生态兴则文明兴。江苏自觉践行习近平生态文明思想，对习近平总书记关于常态化疫情防控、生态文明建设等重要指示，坚持系统学习、一体把握、认真落实，坚定不移走生态优先、绿色发展之路。

坚决打赢污染防治攻坚战。留住青山，赢得未来。江苏深入践行"绿水青山就是金山银山"理念，实施"两减六治三提升"专项行动，统筹抓好山水林田湖草系统整治，全面推行河湖长制，打好蓝天、碧水、净土三大保卫战，解决了一批影响环境质量的突出问题。按照"共抓大保护、不搞大开发"要求，持续加强生态环境建设，勇于"砸笼换绿""腾笼换鸟""开笼引凤"，全力推进产业转型升级和布局优化，以高度的定力和良好的效果，为从根本上改善环境创造条件。

积极打造美丽宜居城市。作为全国唯一的美丽宜居城市试点省，江苏面向现代化建设新征程，全面展开美丽江苏建设新实践，让美丽江苏成为"强富美高"最直接最可感的展现。结合"六稳""六保"、扩大内需，更着眼"十四五"发展，江苏加强系统谋划，着力解决问题，提升品质品位，让每一座城市都有独特风貌、气质和精神，让江苏人民享有更多的生态空间、生活便利，让江苏大地变得更加美丽、更加宜居、更加令人向往。

有效健全生态环境保护督察体系。制定出台《江苏省生态环境保护督察工作规定》，强调把组织好省级督察作为高质量完成中央环保督察和"回头看"反馈问题整改的重要抓手，作为建设生态环境治理体系和治理能力现代化试点省的重要内容。通过督察，生态优先、绿色发展的鲜明导向持续强化，"党政同责""一岗双责"的理念更加深入人心，工作落实更加有力有效。

以先进文化构筑精神家园

习近平总书记强调："做好各项工作，必须有强大的价值引导力、文化凝聚力、精神推动力的支撑。"江苏组织开展运用抗击新冠肺炎疫情的实践成果深化爱党爱国爱社会主义宣传教育活动，全力强信心、暖人心、聚民心，凝聚起万众一心、众志成城的强大正能量，为夺取"双胜利"、建设新江苏提供坚实精神支撑。

◎昆山夏驾河滨水景观带。资料图片

强化思想政治引领。组织社科理论界加强研究阐释，推出系列理论文章、金句解读、言论评论，生动阐释"中国之治"的巨大优势，充分展示党的创新理论的巨大力量。组织省重点智库围绕战疫情、促发展、完善治理体系等开展应急研究，提出"分区分级精准防控"等政策建议。把习近平总书记重要讲话精神作为宣传报道的重中之重，通过报、台、网、微、端全媒体矩阵，让党中央声音及时"飞入寻常百姓家"。

大力弘扬文明风尚。积极用好新时代文明实践中心等平台载体，把疫情防控与思想教育、道德建设、志愿服务、文明创建等有机结合，在群防群治中构筑最大同心圆。探索建立"大数据＋网格化＋铁脚板"特色防控模式，及时推出防控疫情、文明实践"苏六条"，组织发动新时代文明实践中心、所、站，推广运用"十必联"等工作法，迅速将党中央的防疫要求、战疫信心传达给基层群众，推动城乡基层落实联防联控措施，构筑严密人民防线。

充分发挥文艺力量。抗疫斗争伟大实践，为文艺创作提供了丰沛资源，也迫切需要发挥文艺引人向上的力量。江苏广泛发动文艺工作者投身疫情防控宣传，组织创作昆剧《眷江城》、京剧《出征前夜》等文艺精品，举行"致敬江苏援鄂白衣勇士"书画创作赠送活动，创作推出各类"以艺抗疫"作品3万多件，讲好抗疫故事、鼓舞士气斗志，书写时代、讴歌人民、礼赞英雄，以丰富优质的文化供给提升人民精神生活。

伟大的斗争实践是考察和识别干部的第一战场。江苏注重发挥各级党组织作用，充分运用"三项机制"，激励广大党员干部以良好的精神状态和奋斗姿态，低调务实不张扬、实干坚韧敢创新，努力开创高质量发展新局面，把"强富美高"新江苏建设的伟大事业不断推向前进。

（作者：陈雯、孙伟，均系江苏省中国特色社会主义理论体系研究中心特约研究员、江苏苏科创新战略研究院研究员）

江西篇

复工复产
抢占先机
科技创新
脱贫攻坚

■ 新时代 · 新实践

红土地上书写崛起新答卷

党的十八大以来，习近平总书记两次赴江西考察调研，并作出重要指示，为江西未来的发展指明了前进方向、提供了根本遵循。习近平总书记指出："当前，中部地区崛起势头正劲，中部地区发展大有可为。要紧扣高质量发展要求，乘势而上，扎实工作，推动中部地区崛起再上新台阶。"江西，这片红色的革命故地、火热的发展沃土，到处都涌动着创新创造热潮，充满着蓬勃生机。

复工复产保就业

7月14日，江西黎川县工业园区江西丽影毛毯有限公司生产车间内，一片繁忙景象，工人们正在生产线上加紧赶制订单。

"我们公司能够第一批复产，多亏了县里及时出台政策，为我们解决招工、资金等难题，目前我们公司复产率达到100%。"丽影毛毯有限公司负责人说。

黎川县在做好疫情防控的基础上，贴心帮扶，通过下派驻企特派员，围绕解决企业融资难、招工难等问题精准施策，推动企业在3月就全面复工复产。2020年1—5月，该县规模以上工业增加值同比增长0.2%；实现工业总产值25.56亿元。

春节之后复工以来，江西不少企业出现"用工荒"。在疫情防控措施不能松的前提下，如何帮助企业解决用工紧缺、开工不足的问题，成为一项紧迫任务。

◎7月29日，江西分宜县农民组成的山村"大妈团"在采收菱角。新华社发

"受疫情影响，春节前的4000人中，有1800多人回不来，又招不到人，一些生产线根本开不了工。要不是政府及时出手，包了15个航班接员工返岗，我们肯定'跳票'了。"赣江新区南昌欧菲光电技术有限公司招聘主管王明良说。

作为当地的用工大户，欧菲光电技术有限公司享受到了实实在在的政策红利——社保费减免578万元、招聘补贴3.9万元、招工补贴10万元、交通补贴5万元……"5月份新增了两条生产线，6月下旬又招了400人。"王明良介绍说，因为最早开工，企业新接的订单已经排到了9月份。

"我们协同推进疫情防控阻击战、精准脱贫攻坚战、经济发展推进战，第一时间出台有效应对疫情'稳就业22条''稳增长25条''推项目37条'等政策措施。"南昌市市长黄喜忠说。

疫情防控常态化形势下，通过减负、稳岗、扩就业并举，开展保用工稳就业专项行动、开发区百万大招工行动等援企稳岗措施，江西各地呈现出一幅你追我赶的经济发展新图景。

在吉安市的江西立讯智造有限公司SMT（表面组装技术）生产车间里，

一台机器人从投板到锡膏印刷，再从贴片到回流焊，正沿着轨道作业，一条生产线下来能完整制作出一块第三代苹果手机蓝牙耳机的主板。

"目前，全球苹果手机第三代高端蓝牙耳机100%由我们制造。"公司行政部副经理王一新说，"企业研制的智能无线蓝牙耳机，拥有40多项专利，是行业顶尖技术产品。"

在宜丰县工业园区内，政企携手为江西鼎盛新材料科技有限公司建"复工专区"，让该企业的新产品生产线如期运行。"由于复工复产迅速，订单能如期交付，2020年更有信心了。"公司负责人张学军说。

"抢先一步，步步领先。"江西宁新新材料股份有限公司董事长邓达琴深有感触。在奉新县政府帮助下，这家生产特种石墨的企业率先复工，抢占先机打入北方市场，进军光伏行业。"2020年销售收入将破3亿元，增长25%。"邓达琴对此颇有信心。

行走在处于经济恢复关键阶段的江西大地，随处都能感受到抓项目、谋发展的浓厚氛围。传统产业"老树发新芽"，新兴产业"新芽成大树"，革命老区经济发展新风劲吹。

◎ 2020年5月2日，工人在安九高铁江西段长江特大桥施工现场工作。新华社发

◎ 2020 年 5 月 19 日，江西乐安县江西信达茧丝绸公司员工在进行编丝。新华社发

"数字江西"呼之欲出

走进江西爱驰亿维科技有限公司，可以看到两个汽车工厂，一个是现实版的，一个是云端数字化的"孪生工厂"。

公司智能制造经理谭虎生说，目前公司生产设备数字化率达 80%，通过"孪生工厂"对实体车间进行模拟运行，实现柔性设计和生产，一条流水线可生产 6 款不同车型。2019 年底第一款汽车上市，目前已拿到欧洲市场 700 台订单。

近年来，江西着力引导占工业比重约七成的传统产业实施技改，向数字化、网络化、智能化转型。截至 2019 年底，全省企业上云数 1.6 万家，两化融合增速居全国第二。

一个个工业生产新场景在江西呈现：基于"5G+VR"技术，江铜集团城门山铜矿远程遥控矿用大车的精度可达厘米级；通过智能制造，江西铜博科技有限公司生产的铜箔厚度只有 4.5 微米；运用移动物联网，鹰潭毅鹏智能科技有限公司的退火镀锡设备可实现远程实时数据传输、故障预警及诊断……"创新，创新，还是创新！"江西金力永磁科技股份有限公司董事长蔡报贵说。

2020年一场突如其来的新冠肺炎疫情，把数字经济推到了时代发展的风口。

4月16日，一场别开生面的江西全省数字创新发展大会召开。大会不仅公布了江西数字经济发展三年行动计划，更响亮提出了要把江西打造成为数字经济发展新高地的全新目标：到2022年，全省数字经济增加值年均增速26%以上，企业上云数突破5万个。

助推实体经济与传统产业数字化转型升级，各地政府加快布局。作为江西"首府首县"的南昌县，2020年实施数字经济发展三年行动计划，重仓布局，全面投入南昌数字经济创新发展试验区建设，筹建数字经济产业园，打造智能网联汽车产业基地，力争形成百亿级数字产业集群。

从2016年宣布打造全球首个城市级VR产业基地，到2017年发布第一个虚拟现实产业联盟团体标准，再到2018年、2019年成功举办世界VR产业大会。短短数年，VR，一个从无到有的产业，正成为助力南昌乃至江西经济"变道超车"的新动能。

向决战决胜脱贫攻坚发起总攻

井冈山茅坪乡神山村，全村54户231人中，曾有贫困户21户61人。

正是在这个小山村，2016年2月，习近平总书记对乡亲们说，在扶贫的路上，不能落下一个贫困家庭，丢下一个贫困群众。

一年之后，2017年2月26日，井冈山宣告在全国率先脱贫摘帽，成为我国波澜壮阔的脱贫攻坚战中具有深远意义的节点。2019年，井冈山贫困发生率进一步降至0.055%。不仅如此，作为典型传统农业山区的井冈山，工业化进程明显加速，电子信息、绿色食品、竹木精深加工和陶瓷创意等现代产业日渐成型。

作为全国脱贫攻坚主战场，江西一手抓经济发展，一手抓脱贫攻坚。2019年6月，石城县贫困村创业致富带头人培育工作被国务院扶贫办向全国推广；7月，江西省扶贫扶志感恩行动做法被国务院扶贫办转发至各省学习借鉴；9月，全国消费扶贫现场观摩培训班在江西召开，重点推广江西的经验……

这些天，赣州市崇义县杰坝乡长潭村村民刘显明的风湿病好了很多。从

"水上漂"到上岸安居务工，他感慨自己过上了理想中的生活。

放眼望去，阳明湖面碧波粼粼，蜿蜒的公路将一栋栋白墙黛瓦的楼房串联起来……一幅美丽的库区水乡画卷在长潭村徐徐展开。

但在20世纪50年代，因为国家在这里建设水电站，村里的大部分房屋和良田被淹，村民们纷纷在库区水面搭起木棚栖身，以船为家，过着捕鱼度日的"水上漂"生活，孩子上学要靠渔船摆渡接送。

得益于脱贫攻坚，如今这里的村民们实现了上岸安居乐业。2016年至2019年，赣州市将245亿元精准投向就业、就医、就学、安居、社保等扶贫项目。针对义务教育、基本医疗、安全住房等反复"回头看""过筛子"，集中力量攻坚、见底清零整改，打通高质量脱贫的"最后一公里"。

过去的一年，江西省脱贫攻坚取得决定性进展：41.1万贫困人口脱贫，剩余7个贫困县全部达到摘帽条件，剩余387个贫困村全部退出，贫困发生率降至0.27%。城镇贫困群众减少23.7万。2020年4月，江西实现了全省25个贫

◎ 2020年7月15日，在江西省进贤县民和镇赵家村，全自动收割机在稻田作业。新华社发

困县全部脱贫退出。

2020 年是脱贫攻坚决战决胜之年。面对疫情影响，江西省委省政府从监测排查风险、织牢保障底线、实施有效帮扶、推动返岗就业等方面提出具体措施，确保夺取疫情防控阻击战和脱贫攻坚决胜战的全面胜利。

江西，正书写着中部崛起新答卷。

■长 镜 头 ··

南昌航空城：逐梦蔚蓝天空

位于南昌航空工业城的中国商飞南昌基地里，十几名工程师正在一架国产 C919 大飞机的机舱内忙碌着——安装行李箱、调试座椅、测试线路……备受关注的国产 C919 大飞机越来越接近最终交付的状态。

10 年前，这里还是一片水塘滩地，荒草丛生；如今，一座现代化航空产业新城正在崛起。被誉为共和国航空工业摇篮的南昌，正向着蔚蓝色的梦想奋进。

新生：瑶湖机场的"中国速度"

总投资 300 亿元的南昌航空城，坐落于瑶湖之滨的南昌高新区麻丘镇鲁溪村。

2009 年 5 月，中航工业洪都航空公司与中国商飞签署备忘录，成为大飞机项目前机身、中后机身的唯一供应商，约占机体份额的 25%。为承接好研制工作，中航工业洪都航空公司建立了近 20 万平方米的大部件装配厂房、钣金厂房和热表处理厂房，并投入使用国内第一台、全球第二台"蒙皮镜像铣"设备。

但对南昌来说，成为大飞机供应商之一显然不是最终目的。南昌，有着更为远大的目标——让南昌航空城成为国产 C919 大飞机总装第二基地。但在此之前，首先要做的就是建设一个可以承接大飞机试飞的机场。

一个机场飞行区的等级一般看机场跑道等级。瑶湖机场参照军用 3 级永备机场建设。其中，低洼的瑶湖机场要垫高 3 米，需填砂 457 万立方米、山皮石 104 万吨。

2016 年 11 月 24 日，瑶湖机场开建。"根据进度，要实现日均 6 万立方米填砂量。我们调集了 700 多辆大型运输车，总填方量逾 1000 万吨。"南昌高新区管委会副主任杨墉富说。

2017 年 12 月，瑶湖机场竣工验收；2018 年 8 月，机场正式启用；2019 年 1 月，机场获得 A1 级通用机场使用许可证。2020 年第一季度，国产 C919 大飞机在瑶湖机场连续开展了 6 架次试飞、6 场次滑行、近 40 架次起降的科研工作。

崛起：嵌入全球航空产业合作链条

3 年前，江西提出全力做大做强航空产业，加快实现江西"航空梦"。从此，江西掀开了航空产业"逐梦"篇章。

"为什么要打造航空城？南昌是中国航空工业的重要发源地之一，江西更是全国唯一一个既能生产固定翼飞机、又能生产螺旋翼飞机的省份，也是中国直升机、教练机研制生产的双核心基地。"南昌高新区管委会主任刘德辉说。借 C919 项目摘下航空产业这一工业皇冠上最耀眼的明珠，能够吸引一大批航空产业链上下游企业聚集于此，推动全省航空产业的跨越式发展。

在瑶湖机场完成建设后，国内首张无人机航空运营许可证落户，江西率先步入无人机运输新蓝海；中国民航江西航空器适航审定中心揭牌，江西获得了中部地区唯一的适航审定资质；"江西快线"颁证，"通航空中巴士"打开了江西通航运输发展的大门；北航江西研究院揭牌成立，江西拥有了国家级科技创新、高端人才培养、科技成果转化平台……江西航空产业正在嵌入全球航空产业合作链条。全国首家省局共建的民航适航审定中心的设立，更标志着江西航空核心配套服务能力进入全国"第一方阵"。

蝶变：迈入"千亿俱乐部"

一分耕耘一分收获。2019 年，江西省航空产业实现总收入 1020 亿元，增长 18.16%，正式加入"千亿元产业俱乐部"。

"航空产业对正处工业化加速阶段的江西将产生强有力的拉动作用，有望打造江西在中部乃至全国的核心竞争力。"江西工信厅副厅长郑正春表示。

2020 年，C919 大型客机将在南昌开展系列试飞，ARJ21 将在南昌开展设计优化试飞、交付试飞，这意味着南昌正成为我国商用飞机试验试飞的四大核心基地之一。

"洪都集团整体搬迁，标志着南昌航空城建设阶段性任务圆满完成，一座航空产业新城初具雏形。"刘德辉说。南昌将以创新发展为方向，2025 年努力打造成"一中心"（国内重要的航空研发制造中心）、"五基地"（国产民机创新示范基地、航空产业军民融合示范基地、飞行器维修交易基地、通航运营管理服务基地、航空人才综合培训基地），力争 2035 年建成实力雄厚、具备全球知名度和影响力的航空科创中心。

■ **实践者风采**

江西省绿能农业发展有限公司董事长凌继河：让饭碗里装满自己的粮食

入汛以来，江西多地遭遇洪涝灾害，但在赣鄱大地田间地头，到处是农民忙碌的身影。

2020 年 7 月的一天，在江西省绿能农业发展有限公司试验田里，两台收割机正在收割早稻。看着金灿灿的稻谷，农户们的脸上堆满了笑容。

"2020 年我们早稻亩产达 947 斤，大丰收。"党的十九大代表、江西省绿能农业发展有限公司董事长凌继河说。

谁也想不到，短短 11 年里，绿能公司从最初的 4000 亩土地、年产 2600 吨大米起步，发展到如今流转、托管土地超过 20 万亩、年产超过 10 万吨大米的综合性现代农业企业。

"我们这一辈的庄稼人对田地是看得很重的。"凌继河说。

在绿能公司位于江西省安义县鼎湖镇育秧基地的一间暗化室里，有一个名为野香莉丝的大米品种。这一间暗室的秧苗，就能管200亩至250亩水田。

250亩，在绿能公司2020年1.8万亩早稻面积中，是很小的一部分。2019年，绿能公司早稻种了1.3万亩。从1.3万亩扩到1.8万亩，并非易事。凌继河说，现在人工、种子、农资等价格还在往上走，种田成本越来越高。安义县并不是传统的产粮大县，上级补贴不多，但县里还是整合了100多万元资金补贴早稻种植大户。绿能公司还承诺，生产队多种1亩早稻，再奖30元。钱虽不多，但农民看到了政府的决心，感受到了龙头企业的带动力，5000亩的扩面目标很快落实。

"习近平总书记提出，中国人的饭碗任何时候都要牢牢端在自己手上。我们的饭碗应该主要装中国粮。"凌继河说。

田成方、树成行、渠成网、路成框，在绿能公司流转而来的万亩土地上，是一片片"涝能排、旱能灌、机能耕"的高标准农田，这里的农民早已告别"晴天一身灰，雨天一身泥"。不少人把摩托车、拖拉机直接开到了田间地头，实施日常巡查，运送生产物资。

确保粮食安全，首先要有人种地。"让专业的人做专业的事，让农民不再为田而发愁。"凌继河说，只要农民有需要，就可实现种田全程托管，从选种、施肥、收割、烘干到销售，全由公司来完成，甚至可以搞"私人定制"。

这几天，在绿能公司大米加工车间，等待装货的卡车排成了队。公司2019年完成销售收入1.13亿元。2020年复工后公司开足马力生产，设备满负荷运转。凌继河说，满产扩产后，2020年争取实现销售收入2亿元。

粮稳的前提是扩面扩产，扩产的前提是农民愿意干，农民愿意干的前提是要赚钱。"10块钱的利润，要给农民7块。"这是凌继河的体会，要让粮农赚钱，就要走扩大社会化服务之路。选种、育秧、机插等等，交给市场、交给龙头企业去做。2019年由凌继河提供社会化服务的千亩以上种粮大户，每户起码都赚到了30万元。

努力在加快革命老区高质量发展上作示范

2019年5月，习近平总书记在江西考察时，要求江西努力"在加快革命老区高质量发展上作示范、在推动中部地区崛起上勇争先"。江西人民牢记嘱托、砥砺奋进，努力走出一条革命老区高质量发展的新路。新冠肺炎疫情发生后，江西坚决贯彻习近平总书记重要讲话和重要指示精神，全面落实党中央决策部署，统筹推进疫情防控和经济社会发展，全力以赴抓重点、强弱项、补短板，做好"六稳"工作、落实"六保"任务。坚持人民至上、生命至上，努力把疫情造成的损失降到最低。今年上半年，江西地区生产总值同比增长0.9%，实现了由负转正的逆转，江西经济扛住了疫情冲击，展现出特有的韧性、活力与潜力，江西正努力完成今年经济社会发展主要目标任务，奋力推进革命老区高质量发展。

◎正在生产中的 C919 大型客机前机身大部段。马悦摄

◎市民在 VR、AR 产品及应用展览会上，体验 VR 自行车。马悦摄

一

江西是重要的革命老区，为共和国的诞生、为社会主义建设作出了巨大贡献。进入新时代，江西牢记习近平总书记的嘱托，牢牢把握推动高质量跨越式发展的新任务、新路径和新动力，发挥特色优势，落实共建共享理念，形成了高质量发展的良好态势。

实现区域性整体脱贫。2017 年井冈山市在全国率先脱贫摘帽，江西产业扶贫"五个一"机制、健康扶贫"四道保障线"等创新做法在全国大力推广。2020 年江西贫困发生率从 2013 年的 9.21% 降至 0.27%，原中央苏区所有贫困县全部脱贫摘帽，实现区域性整体脱贫，成为江西决胜全面建成小康社会的新起点。

特色产业发展优势凸显。2019 年，江西省主要经济指标增速高于全国平均水平，连续六年稳居第一方阵。江西向特色优势产业要竞争力，利用"世界钨都""稀土王国"等美誉，针对有色金属等十四个重点产业，实施产业链链长制，聚力打好产业基础高级化、产业链现代化攻坚战，形成了一批具备国际竞争力的产业。近年来，高新技术产业等增加值增速加快，电子商务等新业态新模式快速发展。

内陆双向开放"新高地"。江西以大开放为主战略，充分利用毗邻长珠闽的区位优势，主动融入共建"一带一路"，积极参与长江经济带发展，对接长三角、粤港澳大湾区，着力打造内陆双向开放新高地。2020年4月江西内陆开放型经济试验区获批，为江西省高质量跨越式发展赋予了新机遇。疫情期间，江西积极支持外贸企业恢复生产、释放产能，推动外贸经济稳定增长，出口增速领跑全国。今年前5个月，江西外贸进出口规模比去年同期增长22.8%，外贸进出口增速居全国第一。

生态文明建设创新实践。江西作为首批国家生态文明试验区之一，充分利用绿色生态这一优势，做好治山理水文章，践行"绿水青山就是金山银山"发展理念，生态福祉不断增进。建设长江"最美岸线"，山水林田湖草生态保护修复试点综合治理成效初显；率先开展省内全流域生态补偿，积极探索生态产品价值实现机制。全面落实河长制、湖长制、林长制，形成了一批可复制可推广的经验和模式。

二

党的十九大报告指出，发展是解决我国一切问题的基础和关键，发展必须是科学发展，必须坚定不移贯彻创新、协调、绿色、开放、共享的发展理念。高质量发展是在遵循经济发展规律、适应我国社会主要矛盾变化的基础上，为了解决发展不平衡不充分问题、更好满足人民日益增长的美好生活需要而提出的重大战略。高质量跨越式发展是革命老区与全国同步全面建成小康社会的必然选择。高质量发展事关发展方式、经济结构、增长动力的深刻变革，对江西这样一个发展不足的省份来说，面临着新旧发展动能转换、生态文明建设提升、人民群众需求升级等重要关口，必须奋起直追，发挥后发优势，实现质量和效益并行，使创新成为第一动力，使协调成为内生特点，使绿色成为普遍形态，使开放成为必由之路，使共享成为根本目的，把为人民创造美好生活作为推进高质量跨越式发展的最终落脚点。

将创新作为引领发展的第一动力。发展动力决定发展速度、效能、可持续性。推进科技创新是革命老区实现后发追赶、精准脱贫的重要抓手，要以科技

◎南昌 VR 产业基地。马悦摄

创新引领产业升级，实现动能转换，增强科技对经济增长的贡献率。加大科技创新投入力度，运用科技创新培育、延伸产业链，强化特色优势产业抗风险能力和产业链的核心竞争力，依靠科技创新厚植决胜全面建成小康社会的良好土壤。

实现产业绿色低碳循环发展。江西革命老区是我国重要的资源富集区和生态屏障，要充分利用山水资源和自然风光，尊重自然规律和环境承载力，发展生态产业，增强生态产品供给能力和水平，实现生态产业化、产业生态化，推进人与自然和谐共生。紧抓经济发展的质量和效率提升，实现由高成本、低效益向低成本、高效益转变，从要素投入型增长走向效率型增长，推动由高排放、高污染向循环经济和环境友好型经济转变。

推进区域协调发展和城乡融合。增强发展的整体性协调性，探索革命老区与沿海发达地区开放合作，对接科技创新资源，形成交通互联、产业互补、要素互融、成果共享的协作关系。统筹城市发展、乡村振兴，促进城乡、区域、经济社会协调发展。加快构建城乡要素合理流动的机制，逐步缩小城乡差距。促进城乡融合发展，城市文明和乡村文明共存共荣。

三

加快创新体系建设，增强高质量发展的持续动能。加快创新型省份建设，加快自主创新，提高全要素生产率，不断推进制度、管理、科技和产品创新，催生推动发展的内生动力和活力。着力抓好国家级重大创新平台、省内外重点共建创新平台建设，聚焦重点产业，推进创新链、产业链、资金链、政策链、人才链的融合，打造具有地方特色的区域创新体系。立足江西解决现实突出矛盾、落实重大发展改革任务，加强与发达地区对接合作，不断吸收发达地区创造的新经验，保持创新的持续性。

加快现代化经济体系建设，筑牢高质量发展的坚实基础。大力发展数字经济，将数字经济贯穿实体经济发展之中，赋能传统产业，推动传统产业基础设施、生产方式、创新模式变革，在5G技术、数字技术等新基建方面加大力度，推动地方特色产业体系迈向现代化，促进产业向价值链中高端迈进，加快从传统生产方式向智能制造、协同制造、绿色制造等先进生产方式转变。推进服务业提质增效。抓住江西特色拓展提升产业链条，加快发展特色农业、优势工业、绿色金融业、现代物流业等生产性服务业，拓展特色产业体系，并使之行

◎L15高级教练机在瑶湖机场试飞。马悦摄

优走强，形成新的经济增长点。

进一步扩大改革开放，拓展高质量发展的市场空间。统筹推进各领域改革，聚焦关键领域和薄弱环节，深化要素市场化配置改革，建立公平竞争的市场体系和环境。通过区域合作，共建特色园区，发展高品位、高附加值的"飞地经济"，全力建设内陆开放试验区，坚持以供给侧结构性改革为主线，主动融入共建"一带一路"，积极参与长江经济带发展，对接粤港澳大湾区建设、长三角一体化发展，以体制机制改革为重点，挖掘区域合作潜力，加快开放主体和开放产业培育，形成全域统筹、量质双高的开放格局，努力走出一条内陆省份双向高水平开放，以开放促改革、促发展、促创新的新路子。

提升生态文明试验区建设，夯实高质量发展的生态保障。切实践行"绿水青山就是金山银山"的理念，强化水、大气、土壤污染综合治理，打好污染防治攻坚战。全面推进"五河两岸一湖一江"全流域保护与治理，建设长江"最美岸线"。大力发展循环经济和绿色产业，发展优质农产品生产加工、生态旅游、大健康等优势产业，实现生态建设与脱贫攻坚相结合，环境治理与产业发展相促进；通过机制创新，将资源优势转换为经济优势，在自然资源价值增值和实现过程中，获得长期稳定收益，实现地方发展和百姓增富。推进全流域、全方位环境综合治理、生态保护与修复，实现生态效益、经济效益和社会效益全面提升，实现共建共赢共享，奋力打造美丽中国"江西样板"。

（作者：李志萌，系江西省中国特色社会主义理论体系研究中心特约研究员、江西省社会科学院发展战略所所长）

辽宁篇

深化改革
营商环境
全面开放
新动能

优化营商环境积蓄发展能量

2018 年 9 月，习近平总书记在东北三省考察时就深入推进东北振兴提出 6 个方面的要求，第一条就是以优化营商环境为基础，全面深化改革。同时，中共辽宁省委省政府发布《关于营造更好发展环境支持民营企业改革发展的实施意见》，通过优化公平竞争的市场环境、完善精准有效的政策环境、健全平等保护的法治环境、鼓励引导民营企业改革创新、促进民营企业规范健康发展、构建亲清政商关系等，进一步激活民营企业活力和创造力，推动民营企业改革创新、转型升级、健康发展，助力新时代辽宁全面振兴、全方位振兴。

发力千钧，着力一点

"高性能膜市场前景广阔，但投资大，一条生产线动辄几千万元，公司要上第三条生产线时资金紧张。"朝阳佛瑞达科技有限公司董事长郭瑞林说。不上生产线，产能吃紧，市场机遇可能会错过；上生产线，风投难寻、抵押难找。最后还是在项目管家的帮助下，顺利取得贷款，企业及时投入到新产品研发之中。

活跃在辽宁全省的 8300 多个项目管家，已覆盖全部规模以上工业企业和全部限额以上商贸流通企业、项目。在疫情期间，项目管家身兼联络员、协调员、代办员等多重职责，为 1.8 万多个企业和项目复工复产纾困。据统计，项目管家协调金融机构为企业解决资金缺口达 48.3 亿元。

"企业复工疫情防控指南""辽宁省应对新型冠状病毒感染的肺炎疫情支持中小企业生产经营若干政策措施的通知""辽宁省文化和旅游业复工复产疫情

◎工作人员在辽宁忠旺集团轨道车体制造车间作业。新华社发

防控措施 20 条"……新冠肺炎疫情暴发以来，辽宁省接连出招，搭建起涵盖上下游、产供销、大中小企业的全链条、全要素政策保障体系。

关键时刻的有效引领，源于日积月累的厚实积淀和敢于动真碰硬的坚定改革。优化环境需从顶层设计开始，辽宁立标"最优"，除烦苛之弊，施公平之策，开便利之门。

2016 年，辽宁省出台东北首部规范营商环境建设的省级地方法规《辽宁省优化营商环境条例》；2017 年，全国首家省级营商环境建设监督局在辽宁挂牌成立，成为辽宁省政府直属机构；2018 年，出台并实施辽宁省《关于加快民营经济发展的若干意见》，制定了六个方面 23 条政策措施，被称之为"黄金23 条"；2019 年，推进"最多跑一次"规定正式施行；2020 年，《关于营造更好发展环境支持民营企业改革发展的实施意见》实施。

发力千钧，着力一点。这一"点"便是企业、群众满满的获得感。2020年 6 月，"80 后"创业青年韩超在沈抚改革创新示范区不到 3.5 小时，就取得全部企业开办手续；盛世五寰智能装备研发生产基地项目在土地摘牌当天就办理了施工许可证。

辽宁省营商局负责人介绍，截至 2019 年底，辽宁取消调整省级行政职权 521 项，对 54961 个事项审批进行流程再造，平均减少纸质材料 24%、减少时限 40%、减少跑动次数 28%。376 项证照实现即办即给，484 个事项实现"最多跑一次"，企业开办时间压缩至 3.5 个工作日以内。

138 毫米！全国之最。2020 年 3 月 26 日上午 11 点，沈阳东管电力科技集团股份有限公司三车管件顺利出厂。这批组件将被运往武汉某锅炉公司安徽平山项目，为目前世界首台单机容量最大、最清洁的 1350 兆瓦清洁燃煤机组配套。管件弯管壁厚达 138 毫米，创业内新高。

"能在疫情期间取得重大技术突破，与党委政府的关怀和帮助密不可分。"集团副总经理孙洪宇语出中肯。从复工开始，孙洪宇几乎每天都能接到来自各部门的服务电话。缺防疫物资，送来口罩；缺流动资金，找来银行。后盾坚实，让企业专心生产，手握约 5 亿元订单，排产已至年底。

释放"磁场"，精心"滴灌"

隔屏展示协议内容、在线交流、签约落笔，1 小时，12 个项目，666 亿元……2020 年 3 月 25 日，沈抚改革创新示范区 2020 年春季招商引资推介会暨项目集中签约仪式上，来自国内外的近 60 家知名企业代表，或亲临现场，或"云端在望"，将目光锁定辽宁。

庚子之春，老工业基地"贵客"不断。"宝来利安德巴赛尔轻烃综合利用及产业链延伸项目"合资合作协议正式签订，日本电产（大连）有限公司新工厂开工……疫情并未阻断投资者的脚步，反而加快了在辽投资布局的步伐。2020 年 1—5 月，辽宁按商务部口径实际利用外资 8.3 亿美元，同比增长 2.1%，较全国平均高出 8.3 个百分点。

环境是金，环境生金。"本来打算把厂子建在南方，但到铁岭考察一圈后，我们决定把分布在全国的 7 个工厂都搬到清河区建立产业园。"为了这个决定，中慈董事会经过了一番激烈的讨论。

"经商趋利，哪成本低、效率高、束缚少，就去哪。"最终张淑萍用数据和案例"打败了"董事们的"经验"和"旧印象"，将公司北迁。辽宁的办事效率没有让张淑萍失望，从签约到拿到厂房更名过户手续，仅用了 28 天。现在

◎作为民营企业的优秀代表，辽宁"瞪羚"企业发展迅速，目前总量已达 128 家。胡海林摄

◎新松机器的移动机器人生产线。资料图片

企业不仅在铁岭买下一个厂子，园区也已在建。

在体制机制弊端上做减法，在加强服务和监管上做加法。一件小事，彰显"滴灌"之细。2020 年 6 月 23 日，辽宁省政府新闻办召开发布会，省地震局、省营商局这两家看似无关的部门联合发声，共同解读刚刚颁布的《辽宁省区域性地震安全性评价工作管理办法（暂行）》，此后辽宁省内各类开发区、产业园区、新区和其他有条件的区域，将可由政府统一组织开展地震安全性评价工作，形成整体性、区域性地震安全性评价成果，提供给进入该区域的建设项目免费使用。

"一个区域一起评，这可为企业省了大事。"看到报道后，正准备建新厂区的大连达利凯普董事长刘溪笔说。

不仅有地震安全性评价，接下来将有更多的"安全评估"加入其中。企业千千万，需求万万千，除了"统一服务"，"定制服务"也接踵而来。

过山海关入辽，一座名为"兴城"的美丽古城映入眼帘，全世界每 5 件泳装中就有一件来自这里。年初疫情突袭，泳装作为劳动密集型产业受到不小影响。

"咱是小厂，顶不住的，还有 40 多工人等活干呢。"从 2 月中旬筹划复工开始，葫芦岛市南票区缸窑岭镇服装厂负责人包丽丹常眉头紧锁。交通不畅，市场冷淡，原材料无法准时到位，周边小厂几乎都没有订单。

3 个多月后，再见包丽丹，她的眉头已舒展开，脸上满是微笑。"政府出手相助，帮着找公益订单，想办法进料……"此刻工厂里缝纫机的咔嗒声此起彼伏，她已经渡过难关。

2020 年 5 月，全省新登记企业同比增长 11.77%；新登记个体工商户同比增长 5.08%。其中，私营企业增幅最大，同比增长 12.32%。

"新"意盎然，动能提升

产业环境、创新环境作为营商环境的重要组成部分，是辽宁引得八方来客、不断提升内力的重要元素。

疫情是创新能力的压力测试。

3 天，红外热像仪、核酸检测试剂盒等新产品接连问世，弥补东北多领域生产空白。

7 天，全省无创呼吸机产能提高百倍，千余台发往湖北。

10 天，医用 N95 口罩、医用防护服，从无到有、从有到多，输送全国。

辽宁民企交出喜人答卷，书写之笔正是日趋澎湃的"第一动力"——创新。此题于辽宁，既迫切又沉重。这里科技资源丰富：1700 家科研机构、115 所普通高等院校、56 位两院院士、460 万技术工人……但这里企业专利数字在全国并不出挑。厚实"家底",缘何未能充分转化为发展优势?与市场脱节、与经济游离,是关键闸门。

解扣,先破体制束缚。辽宁出台省级科技计划项目和资金管理"放管服"改革 10 条突破性举措,加大重大科技成果落地转化力度,激发创新主体投身科技成果转化工作的热情。

搭桥,扫清牵手障碍,打通校企联合的"任督二脉"。重点部署 12 条创新链,布局 39 个省科技重大专项、116 个重点研发计划,积极引导企业参与。

引领,发挥示范作用,实施科技型企业梯度培育工程。目前,辽宁全省科技型中小企业总量突破 8000 家,高新技术企业总量突破 5000 家,培育"瞪羚""独角兽"企业 134 家。

疏浚通渠后,新动能之水汹涌奔来。2020 年 6 月初,一条全自动生产线,在辽宁的车间内全速运转,手机镜头马达的日产量可达 10 万颗。这与几年前的产能相比已是天壤之别。为了这一刻,总经理王迪准备了很久。从"手动时代"就提前投入,持续研发,不断优化家底。经过一步步发展,企业成为知名企业的重要合作伙伴。

积土成山,个体壮大最终汇聚为整体进阶。2019 年全省技术合同成交额达 571.2 亿元,比上年增长 14.3%;高等院校与科研院所科技成果本地转化率达到 53.6%。

◎充满生机的开发热土——沈抚改革创新示范区。李越摄

■ 长 镜 头 ···

向"增长极"迈进

——沈抚改革创新示范区的高质量发展实践

2020 年 6 月 23 日，沈抚改革创新示范区举行科技创新发展论坛暨项目签约仪式。中科院金属所沈抚产业基地项目等 6 个产学研项目落户沈抚改革创新示范区。这些项目将发挥科研院所和高等院校的技术、人才优势，与沈抚改革创新示范区开展科技研发、成果转化、人才培养等方面的深度合作。

观察当下辽宁省的高质量发展进程，一座镌刻着新发展理念的示范区提供了一种全新视角。辽宁省沈抚改革创新示范区位于沈阳、抚顺两个工业型城市之间，从起步到确定为辽宁"五大区域发展战略"重要一极，一路走来，它始终承载着党中央的厚望、省委和省政府的重托、辽宁人民的期盼。

面对新冠肺炎疫情冲击，沈抚改革创新示范区 2020 年前 5 个月一般公共预算收入依然实现同比增长 22.9%，协议引资额超 800 亿元。凭借良好的发展态势和发展潜力，沈抚改革创新示范区这个国家级平台的影响力、吸引力、知名度不断提升，正加快建设东北地区改革开放的先行区、优化投资营商环境的标杆区、创新驱动发展的引领区和辽宁振兴发展的新引擎。

改革啃下"硬骨头"。具有重大牵引作用的国企改革事关区域发展未来。2020 年初，以招商集团作为改革试点，沈抚改革创新示范区以市场化方式择优选聘高级管理人员，搭建了董事会、监事会、职业经营团队三级管理构架，实行任期制和契约化管理，建立差异化薪酬分配制度，全面提升国有企业运行管理效能和专业化水准。

改革凸显"含金量"。设立 10 亿元规模的产业（创业）引导基金，为实体经济提供服务；设立中小微企业纾困基金，目前已向约 20 家受困企业发放纾困资金近 2 亿元……为有市场、有潜力、融资困难的企业增强流动性，沈抚改革创新示范区打出了一套金融改革创新组合拳，给企业沉甸甸的获得感。

如何以创新引领发展，实现转型升级，是许多企业面临的坎。6 月 22 日，沈抚改革创新示范区阳光天泽的生产车间内，生产制造各技术环节的改造提升有条不紊地进行。在沈抚改革创新示范区管委会的推动下，借助由华为（辽宁省）人工智能创新中心提供的文字识别技术，阳光天泽能够实现单据的自动识别并对接系统，提高整体录入的准确率和效率。这一人工智能技术的应用，预计将助力企业生产效率提高 20%、年产值提高 300 万元。

实体经济与数字经济携手发展带来"新的可能性"，正是观察沈抚改革创新示范区经济走势的一个窗口。2019 年，沈抚改革创新示范区的主要经济指标实现大幅增长。沈抚改革创新示范区管委会主要负责人说，数据向好的背后，是产业的优化、项目的支撑。

以产业优化为牵动，发展的浪潮在不断奔涌。2020 年以来，沈抚改革创新示范区已签约项目 30 个、总投资额超过 800 亿元，包括国家蛋白质研究中心等"国家队"项目，北方信息技术应用创新产业基地、燃气轮机产业园等一批符合主导产业方向的标志性项目。

推动高质量发展，离不开良好的发展环境。打造优化投资营商环境标杆区，是党中央赋予沈抚改革创新示范区的责任和使命。理顺工作机制、用好用足政策，沈抚改革创新示范区在打造政务服务环境、基础设施环境、人文生态环境等方面对标最优，培育沃土。

从企业注册开办到项目投产达产，沈抚改革创新示范区用"园丁式"服务全过程抚育每棵"幼苗"，伴其度过初创期的"困惑"。疫情期间，沈阳工学院计划在沈抚示范区内成立口罩生产企业，却因不了解办理流程而烦恼。政务服务中心的"管家"为其提供指导，通过"容缺受理""告知承诺"等举措，助企业顺利注册、达产。

发力"两新一重"，推动基础设施提挡升级。一份份关于"两新一重"的计划表、施工图迅即出炉。在"新基建"热潮中，沈抚改革创新示范区要在省内率先优化 5G 网络布局，确保 2020 年建设 5G 基站 338 个，明年建设 874 个，完成示范区全覆盖，在为全省打样示范的同时，与区内企业一起，抢抓共享信息化数据化建设的时代先机。

■ **实践者风采** ....

有梦想，则"无距"

疫情初期，一段视频走红网络：辽宁乡间，一架无人机在村庄上空盘旋，发现没戴口罩的村民，立刻追上去，"操着"浓重的东北口音，宣讲防控知识……这款无人机的生产厂家，是沈阳无距科技有限公司，它和其他几位"兄弟"一道，在辽宁地区多次完成快速消杀公益防疫活动，为辽宁抗疫频立战功。

"让科技无距离地服务大众，这是我们的理想。"公司董事长苏文博表示，创业5年来，团队始终坚守着这样的初心。

2015年12月，在鼓励科技人员和大学生创业的政策指引下，时为中国科学院沈阳自动化研究所博士的苏文博，辞职下海。几乎同时，近30名所内同事放下"金饭碗"，和他一起创办了无距科技。

"谁说辽宁营商环境不好，我第一个不同意！"回看公司发展之顺，苏文博念念不忘政府给予的政策支持，辽宁为科技人才提供的适时、宽松的创业环境。几年间，随着公司业务逐步发展，辽宁省的关怀帮扶如影随形：获批建设省级工程研究中心，入选"兴辽英才—高水平创新创业团队"计划、辽宁省潜在"独角兽"企业，农业植保多旋翼飞控在国内市场占有率约为20%，公司销售业绩和资本市场价值连年呈指数增长态势。

然而，成功路上难免坎坷。核心竞争力实力雄厚，产品市场占有率高，资本市场价值增长等优势，刺激了无距人的热情，但团队管理流于粗放。"最多的时候，260余人同时运作37个项目。"对当时的"大场面"，苏文博记忆犹新。公司产品领域急速拓展，摊子越铺越大，但人员精力受牵扯，制约了主业发展，盲目"烧钱"让公司面临巨大的资金压力。

2019年3月，苏文博带领团队决定迅速纠偏。按重新创业的思路，尊重市场规律，抱着理解市场、需要市场的态度，开始将核心技术归口化，将企业主要精力摆放到主打产品领域。公司真正畅通人才晋级通道，给人才提供充分施展的平台，让无距科技目前拥有技术研发人员 100 余人，占比超过 50%，硕博比例超过 30%。

如今，背靠家乡的支持，携手优秀创新团队，以全国唯一一家实现多旋翼、直升机、固定翼无人机飞行控制器商业化企业的身份，以农业、安防及行业孵化产品、服务三大领域为核心，苏文博正带领团队，努力打造无人机的"中国名片"，创造属于自己的未来。

■ 启示与思考

坚持"两个毫不动摇" 奏响非公有制经济发展新乐章

习近平总书记指出，"改革开放以来，我国所有制结构逐步调整，公有制经济和非公有制经济在发展经济、促进就业等方面的比重不断变化，增强了经济社会发展活力。在这种情况下，如何更好体现和坚持公有制主体地位，进一步探索基本经济制度有效实现形式，是摆在我们面前的一个重大课题"。党的十八届三中全会指出，必须毫不动摇巩固和发展公有制经济，坚持公有制主体地位，发挥国有经济主导作用，不断增强国有经济活力、控制力、影响力。必须毫不动摇鼓励、支持、引导非公有制经济发展，激发非公有制经济活力和创造力。辽宁要实现经济社会的进一步发展，必须在理论和实践上切实把握"两个毫不动摇"，切实贯彻好习近平总书记关于辽宁全面振兴、全方位振兴的重要论述，在"不变"与"变"的辩证思维中，奏响鼓励支持引导非公有制经济发展的时代乐章。

一

辽宁是我国老工业基地之一，欲脱胎换骨、腾笼换鸟，必须解放思想、理论先行。习近平新时代中国特色社会主义思想是当代中国的马克思主义、21 世纪的马克思主义，高屋建瓴，把握时代。"要靠通过不断改革创新，使中国特色社会主义在解放和发展社会生产力、解放和增强社会活力、促进人的全面发展上比资本主义制度更有效率，更能激发全体人民的积极性、主动性、创造性，更能为社会发展提供有利条件，更能在竞争中赢得比较优势，把中国特色社会主义制度的优越性充分体现出来。"习近平总书记这一重要论述，促使辽宁积极查找、深刻剖析长期以来形成的体制性、机制性、结构性矛盾及其对社会生产力发展形成的制约，逐渐认识到再也不能一成不变地在"老工业基地"的框架下"兜圈子"、讲理由，必须解放思想，在巩固和发展公有制经济，坚持公有制主体地位，发挥国有经济主导作用，不断增强国有经济活力、控制力、影响力的同时，统筹做好转机制、调结构的大文章，鼓励、支持、引导非公有制经济实现进一步的发展，不断激发非公有制经济的活力和创造力，实现公有制经济和非公有制经济协调发展的新格局。

在"爬坡过坎、滚石上山"的过程中，辽宁始终注意把握经济社会发展预期目标和宏观政策的黄金平衡点，不断完善调控方式和手段，紧紧围绕使市场在资源配置中起决定性作用，深化供给侧结构性改革，既突出发展生产力又注重完善生产关系，着力在重要领域和关键环节取得进展，为民营经济发展创造体制机制条件。2020 年以来，在抗击新冠肺炎疫情人民战争、总体战、阻击战中，辽宁一方面派出 11 批、2054 名医护人员组成国家援鄂医疗队千里驰援；另一方面又不失时机地狠抓复工复产复商，连续出台新政策，为民营企业解难题、增信心、宽思路，制定并实施财政贴息、税收减免、返还社保费、减免房租等实际举措，并先后派出 8300 多名"项目管家"，深入两万多个民营企业实行贴心服务，巩固和提升民营企业在辽投资兴业的强劲势头。辽宁正以新时代辽宁精神和着实现"两个一百年"奋斗目标主旋律的时代节拍阔步前行。

二

马克思指出："人们按照自己的物质生产的发展建立相应的社会关系，正是这些人又按照自己的社会关系创造了相应的原理、观念和范畴。"中国特色社会主义制度就是以马克思主义为指导、植根中国大地、具有深厚中华文化根

◎宜居、宜业、宜游、宜创的美丽示范区——沈抚示范区。胡海林摄

基、深得人民拥护的制度，是具有强大生命力和巨大优越性的制度。

进入新时代以来，辽宁积极主动发挥中国特色社会主义的制度优势，特别是积极发挥"坚持公有制为主体、多种所有制经济共同发展和按劳分配为主体、多种分配方式并存，把社会主义制度和市场经济有机结合起来，不断解放和发展社会生产力的显著优势"，着力提高经济治理效能。一方面，大力推进国企改革，加大公有制企业治理现代化的力度；另一方面，着力健全支持民营经济发展的法治环境，不断构建和完善和谐的政商关系，促进非公有制经济人士健康成长，多举措营造各种所有制主体依法平等使用资源要素、公开公平公正参与竞争、同等受到法律保护的市场环境。

近年来，辽宁通过实施"个转企、小升规、规升巨"培育工程，把推进民营企业和中小微企业实现高质量发展放在经济工作的首要位置，不断强化对民营企业、中小微企业的梯度培育，助力民营企业、中小微企业提高创新能力，

◎辽宁省不断优化营商环境，极大地激发了企业创新创业热情。图为大连东软信息学院的大学生创业中心。资料图片

鼓励他们不断实现转型升级、做大做强。2019年实现"个转企"12000余户、"小升规"超过1300户、"规升巨"245户。在全省的科技型中小企业和高新技术企业中，民营企业占比均超过90%。全省认定的中小企业"专精特新"产品达到了3000多项、"专精特新"中小企业100多户、"专精特新""小巨人"企业30多家，其中9家被认定为国家"专精特新""小巨人"企业。

三

习近平总书记指出："'十三五'时期，我国经济发展的显著特征就是进入新常态。"新常态下，经济发展的主要特征是：增长速度要从高速转向中高速，发展方式要从规模速度型转向质量效率型，经济结构调整要从增量扩能为主转向调整存量、做优增量并举，发展动力要从主要依靠资源和低成本劳动力等要素投入转向创新驱动。在新常态下如何进一步转变经济发展方式，如何鼓励支持引导非公有制经济发展？辽宁省委省政府认为，要更好发挥主观能动性，更有创新求变精神，推动民营经济发展上档次、上水平、上规模。

近年来，辽宁不断在"讲诚信、懂规矩、守纪律"上下功夫，向各种形式

◎工人在辽宁海华科技股份有限公司润滑油车间内查看生产线上的仪表数据。新华社发

主义和官僚主义"亮剑"。围绕习近平总书记倡导的"亲""清"二字，建立新型政商关系，各级领导干部坦荡真诚同民营企业接触交往，特别是在民营企业遇到困难和问题的时候积极作为，靠前服务，对非公有制经济人士多关注、多谈心、多引导，帮助解决实际困难，真心实意支持民营经济发展，做到了同民营企业家的关系清白、纯洁。在此基础上，引导民营企业深入贯彻新发展理念，鼓励民营企业以重大科技创新为引领，加快科技创新成果向现实生产力的转化，加快构建产业新体系。新冠肺炎疫情初期，辽宁迅速出台五大财政政策，加强对疫情防控重点保障企业的资金支持力度，向民营企业发放了7亿元优惠贷款，帮助169户防疫物资生产工业企业与国家开发银行、交投集团开展金融对接，将288户企业纳入省级疫情防控重点保障企业名单，助其享受国家优惠政策，为民营经济转变经济发展方式助力。

（作者：田鹏颖，系辽宁省中国特色社会主义理论体系研究中心特约研究员、东北大学马克思主义学院教授）

内蒙古篇

创新驱动
脱贫攻坚
绿色发展

■ **新时代·新实践** ···

探索生态优先、绿色发展新路

2020 年 5 月 22 日，习近平总书记在参加十三届全国人大三次会议内蒙古代表团审议时强调，"希望内蒙古的同志大力弘扬'蒙古马精神'"，"坚决克服疫情带来的不利影响，确保完成决胜全面建成小康社会、决战脱贫攻坚目标任务，在新时代全面建设社会主义现代化国家征程上书写内蒙古发展新篇章"。

面对 2020 年以来疫情大考、经济下行压力加剧等严峻挑战，千里草原各族儿女牢记习近平总书记嘱托，弘扬"吃苦耐劳、一往无前"的"蒙古马精神"，策马扬鞭，追风时代，决胜全面小康、决战脱贫攻坚、建设祖国北疆生态安全屏障和边疆安全稳定屏障，探索以生态优先、绿色发展为导向的高质量发展新路子，推动内蒙古在高质量发展之路上行稳致远。

创新驱动动能澎湃

2020 年 5 月 31 日，呼和浩特蒙能金山热电厂 2×66 万千瓦扩建项目开工。按照规划，两年后这里将矗立起世界一流水平的超超临界、间接空冷抽汽凝汽式汽轮热电机组和烟气脱硫、脱硝装置。

6 月 6 日，投资百亿元的快手智能云超大规模互联网数据中心项目落地内蒙古，以大数据、云计算产业为支撑的草原云谷建设就此起步。

2020 年，面对来势汹汹的疫情大考，在统筹推进疫情防控和经济社会发展过程中，牢记使命的内蒙古初心不改、一往无前。

战略性新兴产业是高质量发展的增长极。呼和浩特中环光伏太阳能级单晶

◎科尔沁国家级自然保护区。资料图片

硅产能达到 36GW，五期建成投产后，全市单晶产能将突破 50GW，太阳能级单晶硅全球占有率将达 45％以上；半导体级单晶硅产能 1100 吨，产品竞争力居全球前列，可实现电子级硅片进口替代。企业自主研发的 N 型高效单晶硅片光电转换效率达到 24％，占全球市场份额 56％以上。晶环电子公司研发出全球最大的 450 公斤级超大尺寸高品质蓝宝石晶体并实现量产，使我国大尺寸蓝宝石材料彻底摆脱进口依赖。

推动金山高新区新能源汽车产业园建设，总投资 50 亿元的南京开沃新能源汽车整车制造、亿纬锂能动力电池等大项目持续推进，全部建成后可形成 1 万辆新能源客车、10 万辆新能源物流车的产能，年产值可达 200 亿元。

在呼和浩特云谷，三大运营商云计算中心已形成 70 万台服务器能力，入驻百度、腾讯等 60 多家企业。正在加快创建国家大数据综合试验区，加快建设数聚小镇、浪潮大数据产业园等重大产业集聚项目。建成呼和浩特至北京 4 条直通光缆，正在全力争取落地国家级互联网骨干直联点。大力发展工业互联网，建成航天云网。推进万户企业登云计划，三大运营商、浪潮集团等企业成为自治区第一批登云服务商。显鸿科技公司以自主知识产权物联网芯片"蒙芯"为核心，研发出物联网微能源采集控制、低功耗通信等数十项新技术，广泛应用在交通、电力、物流等领域，进一步做优做强电子信息制造业。

随着疫情形势持续好转，内蒙古不断加快开复工脚步，复商复市正深度见

◎科右中旗五角枫疏林草原。资料图片

证着内蒙古拥抱经济高质量发展的希望。

国家级页岩油示范区百万吨产能项目在内蒙古全面启动，鄂尔多斯盆地10亿吨级大油田进入企业规模化开发阶段；总投资252亿元的引绰济辽水利工程项目全面复工，内蒙古在稳增长中筑牢北疆生态安全屏障再添决胜筹码；总投资33亿元的赤峰宁保冶金硅锰合金项目开工，蒙东打造千万吨级金属材料清洁生产线拉开帷幕；总投资20亿元的纳米微晶石项目落户通辽市，高效脱硝除尘、废水废渣循环使用的纳米新材料项目走进内蒙古；内蒙古西部最大的铁路综合物流园项目在乌海市投入运行，乌兰察布市七苏木保税物流中心项目封关运营……内蒙古正在加速形成物尽其用、货畅其流的三次产业融合发展新格局。

脱贫攻坚铿锵有力

2020年7月，内蒙古大地脱贫攻坚逐步向纵深推进。兴安岭下，扎赉特旗群众在多彩田园里书写着现代农业发展新画卷；草原深处，正镶白旗村级光伏扶贫电站让贫困户享受到"阳光收入"；黄河岸边，达拉特旗的农民种水稻、

◎成群结队的北迁候鸟给宁静的草原带来灵动和生机。资料图片

养虾蟹、开农家乐，家家户户有致富产业……

全区上下全力以赴、扎实苦干，坚持疫情防控和脱贫攻坚两场硬仗一起打、完成剩余减贫任务和巩固脱贫成果两手抓，带领全区各族群众共赴小康之约。争取"双胜利"，战疫战贫两手硬。

2020 年 3 月，内蒙古宣布，31 个国家级贫困旗县全部摘帽。目前，国家标准下农村牧区贫困人口由 2013 年底的 157 万人减少到 2019 年底的 1.6 万人，累计减贫 155.4 万人，贫困发生率由 11.7% 下降至 0.11%。在所有贫困旗县摘帽后，内蒙古将继续完成剩余贫困人口的脱贫问题，严格做到摘帽不摘责任、摘帽不摘政策、摘帽不摘帮扶、摘帽不摘监管。

直面脱贫攻坚工作中的难点、痛点、堵点，内蒙古上下联动，统筹推进脱贫攻坚和疫情防控"双线"齐发力，努力把疫情对脱贫攻坚的影响降到最低。

统筹推进稳岗就业，优先组织外出务工、积极促进就地就近就业。上半年全区外出务工贫困人口 18 万人，占 2019 年总规模的 104.5%，推进以务工就业为稳定收入来源的贫困人口实现充分就业；全面推进企业复工复产，积极落实支持政策，打通生产经营堵点、阻点。目前全区 983 家扶贫龙头企业、268 家扶贫车间全部开工复产，吸纳 2.2 万贫困人口就近就业；大力开展消费扶贫行动，在 48 个贫困旗县认定了 240 家企业 1051 款扶贫产品，产品价值达 336 亿元，使 5 万贫困人口直接受益。通过京蒙协作、预算单位采购、直播带货、投放消费扶贫智能柜、社会参与等方式销售扶贫产品近 10 亿元，与北京达成意向订单 11.2 亿元，有效解决扶贫产品滞销问题。

生态优先步履坚定

2020 年，锡林郭勒盟把六成以上区域划入生态保护红线，对锡林郭勒草原国家级自然保护区、古日格斯台国家级自然保护区、浑善达克沙地柏自治区级自然保护区等 6 个自然保护区内 67 家工矿企业的 73 个采矿权和 77 个探矿权进行了依法退出及注销。目前，自然保护区内工矿企业退出比例达到 100%。今后，草原将不再新上矿山开发项目，草原上不再开口子。

锡林郭勒盟委书记罗虎在说，把内蒙古建成我国北方重要生态安全屏障、构筑祖国北疆绿色万里长城，是以习近平同志为核心的党中央对内蒙古自治区

◎在内蒙古呼伦贝尔市海拉尔区惠民展演活动的非遗展区，参展商（右）向游客介绍蒙古族皮雕商品。新华社发

◎呼和浩特如意河景色。资料图片

的战略定位。锡林郭勒大草原是距首都北京最近的大草原，也是我国北方生态安全屏障和绿色万里长城的重要组成部分。党的十八大以来，锡林郭勒盟认真践行新发展理念，坚守战略定位，保持战略定力，全力保护好锡林郭勒大草原，守护好祖国北疆这道亮丽风景线。

草原是锡林郭勒最大的资产，绿色是锡林郭勒最亮丽的底色和价值，生态是锡林郭勒最大的责任和潜力，保护好这片草原是锡林郭勒草原人民的头等大事，也是最大的政治责任。锡林郭勒盟按照源头预防、过程控制、损害赔偿、责任追究四个层面设计，进一步完善保护草原生态制度体系，用最严格的生态文明制度为发展保驾护航，制定出台一系列实施生态文明建设政策性文件，将62.35％的区域面积划入保护范围，草原、森林、湿地、水域等重要生态资源区全部纳入红线管控。

内蒙古自治区东北部，阿尔山松涛桦浪万顷风光独特，扎赉特旗神山巍峨气象万千，突泉县人工林海雄浑壮阔巧夺天工，科右中旗五角枫秀色倩美令人神往沉醉……兴安盟提出"红色底蕴，绿色发展"战略，大力推动生态文明建设，生态环境质量持续向好向优。

兴安盟积极探索以生态优先、绿色发展为导向的高质量发展新路子，在转方式、调结构、促创新、补短板上下功夫、求突破。"要把生态优先、绿色发展的导向鲜明地树立起来，所有区域、所有领域、所有产业、所有行业发展都要体现坚持这一导向的要求，一旦经济建设和生态环境保护出现矛盾，必须把生态环境保护挺在前头。"内蒙古自治区党委常委、兴安盟委书记张恩惠的话掷地有声。

绿色草原，梦想奔驰。全力保护好祖国北疆生态安全屏障，全力建设北疆绿色万里长城，生态文明发展理念和"蒙古马精神"相得益彰，成为内蒙古新时代建设祖国北疆亮丽风景线浓墨重彩的一笔。

■长 镜 头 ···

内蒙古锡林郭勒：实现
"马产业＋马科学"融合发展

2020 年夏天，在有"中国马都"美誉的内蒙古自治区锡林郭勒盟，大型室内实景剧《蒙古马》吸引了众多游客的眼球，成为当地特色文旅产品的又一张亮丽名片。

党的十八大以来，锡林郭勒盟通过举办以"马"为主题的各种大型文化活动及国内国际大型赛事、建设马文化景区、开发马文化旅游产品，孕育了从无到有的马产业新机，并展现出风生水起的勃勃生机。

打造富民强盟新引擎

锡林郭勒盟历史上一直是马业大盟，马文化、马艺术、马精神渗透于草原牧区生产、生活的各个方面。2010 年，中国马业协会将"中国马都"荣誉称号授予以锡林浩特市为中心的锡林郭勒盟。

近年来，锡林郭勒在讲好马的故事、做强马产业上大做文章。党委政府完善相关规划和顶层设计，确立了繁育、竞技、交易、旅游、产品等五个"马都"发展定位。

全盟开展民族特色浓厚、大众参与感强、观赏性强、娱乐性强、安全性高、可实施的马艺术文化活动。因地制宜建设马风情小镇、马文化小镇等特色旅游小镇。通过招商引资，扶持培育一批马产品生产加工龙头企业，逐渐成为全国重要的马产品基地。

一条条精品"骑马旅游"线路在茫茫草原上勾勒出一道道亮丽风景线。2020 年以来，克服疫情影响，全盟举办各类大型马文化主题活动 30 多项，草原那达慕和草原赛马活动 300 多场次。锡林郭勒盟旅游局负责人介绍，马旅游化"危"为"机"，孕育着新的经济增长点。

焕发勃勃生机的马产业，让许多牧民发了"马财"，锡林浩特牧民巴·巴特尔就是其中一个代表。近年来，巴·巴特尔主动落实以草定畜理念，逐步将养殖重心从羊转移到了马上。2019 年，巴·巴特尔将马产业和旅游业有效结合，家庭全年总收入 90 多万元。

到 2020 年底，锡林郭勒盟马匹存栏数将稳定在 30 万匹左右，马产业的一二三产业全产业链产值将达到 30 亿元以上，吸纳劳动力就业 1 万人以上。

走"产学研"相结合之路

发展马产业，离不开人才和科研。

2020 年夏天走红的实景剧《蒙古马》，动用了 150 匹马、近 400 名演员。规模如此宏大的实景剧，其主创和演出单位、主要演员，竟然是来自于当地的一所职业院校——锡林郭勒职业学院。

锡林郭勒职业学院院长杨富有介绍，学院现有全日制在校生 15111 人，留学生 298 人。毕业生就业率始终稳定在 95% 以上，为地方培养了大量用得上、留得住的特色人才。其最大特色是建设起了全国少有的马业学院，成为马产业人才的摇篮。

学院开设运动训练（马术方向）和马术专业（耐力赛马、场地障碍、马上技巧、速度赛马）两个专业，培养马术专业运动员、教练员、饲养员以及马房管理人员等高素质技能型专门人才。

学院在草原生态与畜牧兽医学院开设了饲料与动物营养专业，成立了马饲料加工厂。学院还依托畜牧兽医专业雄厚的师资，培养马兽医人才，自主开展对马匹的疫病防治。

学院的马科学研究与开发方兴未艾。依托现代生物工程技术，建成了全国第一条酸马奶中试生产线，正在进行产品稳定性检测与研究。推进马油、马肉相关产品的研发、生产。与蒙古国企业合作研发生产出了 26 种马油化妆品，在市场上受到广泛青睐。

■ 实践者风采

守护北疆的"生态卫士"

内蒙古地处祖国边疆，条件艰苦，"特别能吃苦"是内蒙古各族干部群众的真实精神风貌。

几十年来，鄂尔多斯库布齐治沙人持之以恒同荒漠和贫困作斗争，依靠艰苦奋斗和顽强拼搏创造了一个又一个绿色奇迹。"最好牧场为航天""各族人民建包钢""草原英雄小姐妹"……数不胜数的优秀事迹被传为佳话，生动体现了内蒙古各族人民特别能吃苦的精神。

在鄂尔多斯乌审旗毛乌素沙漠，从 20 世纪 60 年代开始，治沙女杰宝日勒岱靠手挖脚踩植树种草，建设起一个"牧区大寨乌审召"。从 20 世纪 80 年代开始，抱着"宁可治沙累死，也不让黄沙欺负死"的决心，新一代治沙女杰殷玉珍也走上了漫漫治沙路。她三十年如一日，栽树 200 多万株，6 万多亩沙地披绿。在她的感召下，周围群众积极承包荒沙地植树造林。截至 2017 年，仅乌审旗 3000 亩以上的造林大户就达 246 户，当地森林覆盖率由 10 年前的32%提高到 70%。

在宝日勒岱、殷玉珍接力笃行的同时，远在阿拉善盟额济纳旗黑城古城旁边，"治沙愚公"苏和退休后，和老伴放弃安逸舒适的城市生活，十年如一日坚守荒漠戈壁，治沙造林改善家乡恶劣的生态环境。2004 年以来，苏和与家人抢救天然梭梭林 3500 多亩，人工种植梭梭 9 万多株，补植补造梭梭林 4800

亩，建起了一道绿色生态屏障。

在浑善达克沙地，从 2000 年开始，锡林郭勒盟多伦县全民行动植树造林，男女老少齐上阵，一手抓种树，一手抓禁牧，飞播、封育、禁伐多措并举。到 2019 年，多伦县全县累计植树造林 300 万亩，生态环境明显改善，流动沙丘已经基本固定。

从个体到集体，从机关到基层，内蒙古涌现出许许多多保护和建设北疆生态安全屏障的"生态卫士""治沙英雄"。他们像蒙古马一样，不畏严寒酷暑，坚韧不拔，奋斗在生态文明建设的时代召唤中，永不妥协，永不停歇。

■ **启示与思考** ....

书写新时代内蒙古发展新篇章

习近平总书记多次强调大力弘扬"蒙古马精神"，以激励内蒙古继续坚持和完善民族区域自治制度，加强各民族交往交流交融，加快民族地区经济社会发展步伐，确保完成决胜全面建成小康社会、决战脱贫攻坚的目标任务。在"蒙古马精神"激励下，内蒙古各族干部群众同心同德、砥砺奋进，加强各民族团结，奋力实现经济社会的高质量发展，进一步筑牢祖国北疆安全稳定和生态安全屏障，保持经济发展、民族团结、社会稳定、边疆安宁的良好局面，书写内蒙古发展的新篇章。

始终坚持中国共产党的领导，是新时代内蒙古发展的根本前提

回顾内蒙古自治区成立和发展的历程，在中国共产党的坚强领导下，以乌兰夫同志为代表的老一辈革命家高举内蒙古自治运动的伟大旗帜，以艰苦奋斗、一往无前的大无畏精神和坚强毅力决心，克服了抗日战争、解放战争中的重重困难，成立了内蒙古自治政府，废除了封建剥削制度，农牧民翻身做了主人。从保障牧区民主改革的顺利平稳进行到社会主义改造中制定"稳、

长、宽"政策，实现平稳改造和建设；再到改革开放后内蒙古自治区全面贯彻落实党的民族政策和民族区域自治制度，经济社会快速发展，发生了翻天覆地的变化。这些都体现了党中央对内蒙古的亲切关怀和特殊支持，也无不体现了内蒙古各族干部群众始终坚持党的领导、万众一心跟党走的坚强信念和决心信心。内蒙古自治区成立以来的实践证明，只有坚持党的集中统一领导，各族人民吃苦耐劳、一往无前、艰苦奋斗，才能实现各族人民共同繁荣发展。

中国特色社会主义进入新时代，以习近平同志为核心的党中央高度重视内蒙古自治区的发展，多次对内蒙古自治区作出重要指示，从全局和战略高度，为解决内蒙古改革发展稳定中面临的一系列重大理论和实践问题谋篇布局、规划蓝图，指明方向。新时代面临着新形势和新挑战，内蒙古各族人民只有坚定正确的政治方向，始终坚持中国共产党的领导，在"蒙古马精神"的激励下砥砺前行，才能激发和凝聚起更好地建设新时代内蒙古的强大动力，促进各民族共同繁荣发展。

坚定不移贯彻党的民族政策和民族区域自治制度，
是新时代内蒙古发展的政策、制度基础

内蒙古之所以能够长期保持各民族亲如一家的和谐关系，就是因为始终坚持民族区域自治制度，全面落实党的民族政策。内蒙古自治区成立以来，从民族平等、民族区域自治、各民族共同繁荣发展的原则出发，先后成立了 3 个自治旗和 18 个民族乡（苏木）。同时不断探索完善和发展民族区域自治制度的具体实现形式，各级代表大会先后制定和批准了 565 件地方法规，形成了以宪法为核心、民族区域自治法为主干、包括民族自治地方制定的自治条例和单行条例在内的民族自治法制体系，在艰苦的探索和实践中不断提高依法治理民族事务的水平。内蒙古民族区域自治制度很好地做到了坚持国家统一和少数民族自治相结合，既维护了国家主权和领土完整，巩固国防，稳定边疆，又保障了以蒙古族为主体民族的各民族平等自治、团结和繁荣发展，为全国其他少数民族地区作出了良好示范，为我们党最终作出在单一制国家内实行民族区域自治

◎额济纳胡杨林。资料图片

的正确抉择，探索中国特色解决民族问题的正确道路奠定了实践基础，积累了丰富的经验。

内蒙古实行民族区域自治制度的成功实践，离不开党中央、内蒙古自治区历届党委政府和各族人民，在中国特色解决民族问题的道路上所进行的艰辛探索，其中也充分体现了"蒙古马精神"所蕴含的"吃苦耐劳、一往无前、不达目的决不罢休"的顽强意志和精神品质。新时代，内蒙古将继续高举各民族大团结旗帜，全面贯彻党的民族政策，使民族区域自治制度实践根基越扎越牢。

守望相助、民族团结是新时代内蒙古发展的强大生命力

自古以来，内蒙古就是祖国北方各民族不断碰撞、交流、融合的大舞台，蒙古族、汉族、满族等多民族在这里繁衍生息。各民族心手相连，守望相助，形成了你中有我、我中有你、和睦相处、和谐发展的良好关系。内蒙古自治区的成立，民主改革和社会主义改造的完成，社会主义建设的成就，都是在各民族守望相助、紧密团结中取得的。"江南孤儿进草原""最美牧场为航天""各

族人民建包钢""克服困难捐粮畜"，一个个感人事迹充分体现了各民族的大团结。改革开放以来，内蒙古在加强和改进民族工作探索实践中取得了显著成效，1983年起召开民族团结进步表彰大会，将每年9月确定为"民族团结进步活动月"，通过表彰活动，发挥了模范引领作用，弘扬了民族团结正能量，夯实了民族团结进步的群众基础。

党的十八大以来，内蒙古自治区以习近平新时代中国特色社会主义思想为指导，持续开展民族团结进步教育和创建活动，进一步加大对少数民族和民族聚居地区倾斜支持力度，各民族交往交流交融不断深化，保持了长期以来民族领域没有发生重大矛盾、纠纷和事件的良好局面。今天，内蒙古各族人民始终将民族团结视为生命线，在"蒙古马精神"的鼓舞下，各民族守望相助，像石榴籽一样紧紧抱在一起，把民族团结的生命线扎得更深更牢。

生态优先、绿色发展是新时代内蒙古发展的新路

在党中央正确路线指引下，内蒙古经济社会发展逐步迈入又好又快发展轨道，一系列亮丽的数据是内蒙古经济社会发展成就的最好见证。内蒙古自治区的国内生产总值从1978年的58.04亿元增长至2019年的172125亿元，其中1996—2016年连续21年增速快于全国平均增速，特别是2002—2009年连续八年"蝉联"全国各省区市增速第一，形成了特有的"内蒙古现象"。随着经济体制改革不断推进，内蒙古依托丰富的资源确立了煤炭、电力、冶金、化工等产业的支柱地位，形成具有一定竞争优势的工业体系，实现了由农牧业主导型经济向工业主导型经济的历史性转变。

当前，内蒙古经济正由高速增长阶段迈向高质量发展阶段，产业转型任务艰巨。非资源型产业、现代服务业和战略性新兴产业发展不足；科技创新体系不完善；城乡区域发展不平衡，城乡居民收入仍然低于全国平均水平，城乡间区域间公共服务水平以及居民收入差距较大；等等。在挑战和机遇并存的情况下，内蒙古既要巩固和厚植既有优势，又要下大力气破解难题、补齐短板，推动以生态优先、绿色发展为导向的高质量发展，这离不开"蒙古马精神"的激励和鼓舞，离不开内蒙古各族人民在改革发展

道路上吃苦耐劳、一往无前的冲劲、拼劲和闯劲，离不开不达目的决不罢休的坚定信念和决心。

打赢脱贫攻坚战，全面建成小康社会，
是新时代内蒙古发展的重要目标

内蒙古始终把脱贫攻坚作为全区的头等大事和第一民生工程，以人民为中心，聚焦深度贫困地区、特殊贫困群体和"两不愁、三保障"突出问题，深入实施精准扶贫、精准脱贫基本方略。以自治旗、边境旗市、牧业旗县和少数民族聚居旗市作为脱贫攻坚主战场，以解决少数民族聚居贫困地区和贫困人口发展瓶颈为导向，聚力解决绝对贫困问题，继续巩固脱贫攻坚成果。贫困人口从 2013 年的 157 万人减少到 2019 年的 1.6 万人，贫困发生率由 11.7% 下降到 0.11%，所有贫困旗县和贫困嘎查村全部摘帽出列，区域性整体贫困得到解决，脱贫攻坚取得决定性进展。

2020 年是脱贫攻坚战决胜之年，内蒙古还有剩余脱贫攻坚任务，巩固脱贫成果还有许多硬骨头要啃，受新冠肺炎疫情的叠加影响，又带来一些新的困难和挑战。要严防松劲懈怠、精力转移，越到最后关头越要绷紧弦、铆足劲，要以更大的决心、更强的力度，更加务实精准地推进脱贫攻坚。因此，为了确保如期完成脱贫攻坚目标任务，确保全面建成小康社会，更需要用实际行动践行"吃苦耐劳、一往无前、不达目的决不罢休"的"蒙古马精神"，以实现人民对美好生活的新期待。

"两个安全屏障"是新时代内蒙古发展的战略要求

内蒙古地处我国北部边疆，是祖国的"北大门"、首都的"护城河"，在全国安全稳定大局中的战略地位十分重要。"把内蒙古建成祖国北疆安全稳定的屏障"，这是 2014 年 1 月习近平总书记在内蒙古考察时作出的重要指示，是党中央对内蒙古的战略考量。2019 年，习近平总书记在参加十三届全国人大二次会议内蒙古代表团审议时指出："内蒙古生态状况如何，不仅关系全区各族群众生存和发展，而且关系华北、东北、西北乃至全国生态安全。把

内蒙古建成我国北方重要生态安全屏障，是立足全国发展大局确立的战略定位，也是内蒙古必须自觉担负起的重大责任。""两个安全屏障"是习近平总书记交付内蒙古的重大任务，深刻揭示了内蒙古在党和国家工作全局中的重要地位。

在边疆安全稳定领域，近年来内蒙古经济发展稳步推进，社会治安持续向好，人民群众的获得感幸福感安全感日益增强，但维护政治安全和社会稳定的任务仍然艰巨。在生态安全领域，内蒙古生态环境实现了"整体遏制、局部好转"的重大转变，但同时也处在"进则全胜、不进则退"的历史关头，生态文明建设正处于压力叠加、负重前行的关键期。因此，不管是边疆安全稳定，还是生态安全，越是处于爬坡过坎的阶段，越是要弘扬"蒙古马精神"，切实把党中央和自治区党委政府的重要要求变为生动实践，自觉担负起建设祖国北疆安全稳定屏障和护航我国北方重要生态安全屏障建设的政治责任，全力以赴巩固好民族团结、社会稳定、边疆安宁的政治局面，努力做生态优先、绿色发展的建设者、捍卫者，书写新时代内蒙古发展的新篇章。

(作者：内蒙古自治区中国特色社会主义理论体系研究中心
执笔：李春林、任丽慧、张敏)

宁夏篇

生态保护
转型升级
高质量发展

■ **新时代 · 新实践** ···

守好"三条生命线" 引领高质量发展

2016 年 7 月，习近平总书记在宁夏考察时强调，越是欠发达地区，越需要实施创新驱动发展战略。2020 年 6 月，习近平总书记再次到宁夏考察时强调，要发挥创新驱动作用，推动产业向高端化、绿色化、智能化、融合化方向发展。近年来，宁夏回族自治区党委、政府在习近平新时代中国特色社会主义思想指引下，牢固树立创新、协调、绿色、开放、共享的发展理念，着力守好促进民族团结、维护政治安全、改善生态环境"三条生命线"，向结构要质量、向转型要效益、向创新要动力，奋力走出一条符合宁夏实际的高质量发展新路子。

努力建设黄河流域生态保护和高质量发展先行区

"统筹推进生态保护修复和环境治理，努力建设黄河流域生态保护和高质量发展先行区。"这是习近平总书记赋予宁夏的重大战略任务。

"往年从春天起，早上洗漱和做饭的时候水流都变得很小，上午和下午还偶尔没水，洗澡洗衣服只能等到晚上十点钟以后。"家住银川市西夏区共享家园的赵淑珍说，自从吃上了黄河水，持续十年的缺水情况得到了彻底改变。

2020 年 6 月 2 日，银川都市圈城乡西线供水工程贺兰、永宁两县顺利通水，银川市三区两县居民全部喝上了经水厂净化的黄河水，替代了已达超采极限的地下水。这也从侧面印证了近几年黄河水生态的改变。

◎黄河宁夏吴忠市城区段。资料图片

环境空间就是发展空间，环境容量就是发展容量。

宁夏是唯一一个全境属于黄河流域的省区。从空中俯瞰，如果没有宁夏平原像一把绿色尖刀插入沙海，腾格里、乌兰布和、毛乌素三大沙漠将在宁夏会合，中国西北将有大片土地被沙海吞没。

宁夏是全国的一个重要生态节点、华北的一个重要生态屏障、西北的一个重要生态通道，这种生态方位、生态定位、生态地位，决定了宁夏必须处理好高质量发展与高水平保护、立足当前与着眼长远、整体协调与突出重点的关系，坚持不懈推动黄河流域生态保护和高质量发展。

宁夏近90%的水资源都来自黄河，所有河流、湖泊的水最终都汇入黄河。近年来，宁夏以问题为导向，刀刃向内，主动发起新时代"黄河保卫战"。全区树立"全流域综合治理"理念，突出抓好"五水共治"，36个县级及以上城镇污水处理厂达到一级 A 排放标准，22个省级及以上工业园区废水实现集中处理，取缔工业企业直排口 58 个，13 条重点入黄排水沟整治取得明显成效，银川市和吴忠市成功创建全国黑臭水体治理示范城市。

宁夏生态环境厅副厅长平学智介绍，经过持续治理，黄河流域宁夏段 15 个国控断面水质达到或优于Ⅲ类比例为 80%，黄河宁夏段出境断面连续两年保持Ⅱ类水质，地表水劣Ⅴ类水体全面消除，11 个地级城市集中式饮用水水源达到或优于Ⅲ类水质比例达到 81.8%。

"银川建成长 50 公里、水域面积 1.1 万亩的滨河水系湿地，截流中干沟等

11 条主要入黄排水沟水体汇入水系，8 处人工湿地采取水生植物吸收＋自然沉淀的方式，实现了滨河水系湿地互连共调同净化的功能，确保入黄水质稳定在Ⅳ类。"银川市水务局副局长丁明说。

推动产业向高端化、绿色化、智能化、融合化方向发展

若论世界上最危险的职业，煤矿工人必是其中之一。

然而，在宁夏，科技创新让矿工"坐在地面采煤"，彻底改变了过去煤炭开采"傻大黑粗""苦脏累险"的画风。

宁夏煤炭探明储量位列全国前六，四分之一国土下面都有煤。6 月 15 日，在国家能源集团宁煤公司枣泉煤矿调度指挥中心，随着采煤司机在远程桌面操控台上按下启动按钮，井下开采设备启动前的预警提示音渐次传来："采煤机启动、运输机启动……"

2020 年 1 月 6 日，智能化无人开采工作面投入运行。春节放假后，新冠肺炎疫情把回老家过年的员工隔离在异地，用工缺口近百人。智能化无人开采工作面核减近 70 名劳动力补充到其他岗位，有力支援了全矿的满负荷运行，第一季度超额完成了生产任务，保障了疫情期间对能源和原料的需求。

除了采煤方式的变化，在新冠肺炎疫情中，宁夏煤炭还以另外一种形式——口罩原料加入战疫大军。从黑色的煤块，经历化学再塑的复杂历程，成为五颜六色的各式口罩。

"黑变白""煤变油""煤块变口罩"，在位于宁夏黄河东岸的宁东能源化工基地，埋藏地下数亿年的"植物骨骼"可以自由切换形态，展示出人类科技对煤炭转化技术的娴熟把握，也成为宁夏产业结构调整和高质量发展的一面镜子。

2020 年 6 月 10 日，习近平总书记在宁夏考察时强调，要坚持不懈推动高质量发展，加快转变经济发展方式，加快产业转型升级，加快新旧动能转换，推动经济发展实现量的合理增长和质的稳步提升。

创新力量薄弱、创新资源短缺、创新活力不强是欠发达地区普遍面临的"创新之窘"。宁夏的创新发展，只能走特色创新之路。

宁夏通过东西部联动和对口支援机制来弥补人才、技术等方面的短板，从而增强科技创新力量，初步形成了"市场主导、政府引导，互惠互利、合作共赢"的东西部科技合作机制，参与东西部科技合作的省市达 26 个，高校和院所超过了 150 家。近几年，通过 500 多项东西部合作项目的实施，在"煤制油""智能采煤"等关键技术领域取得了创新突破，形成了一批"单项冠军"。

目前，宁夏东西部合作领域已从联合技术攻关扩大到共建创新平台、共建科技园区、柔性引进人才、战略咨询指导等方面。截至 2019 年底，通过东西部科技合作，已经搭建了 67 个合作平台和 5 个合作园区，建立了 10 个国家临床医学研究中心宁夏分中心，在北京、苏州、成都等地建设了 5 个离岸科技企业孵化器和飞地科技成果育成平台。

依托东西部科技合作，宁夏已柔性引进科技创新团队 35 个，吸引 1700 多名人才参与宁夏科技创新活动。国能宁煤、宝丰集团、共享铸钢、维尔铸造等一大批企业，通过"周末工程师""假日专家""候鸟式专家"等灵活有效的柔性引才方式，会聚了一批创新人才，形成了强有力的创新团队。

◎在枸杞之乡宁夏中宁县，县委书记陈宏（左）上线直播销售枸杞。张乐楠摄

2020 年 6 月 18 日，在银川经济技术开发区，银川市 2020 年第二批 33 个重大项目集中开工，总投资 178.26 亿元，主要为石墨烯新材料、高端智能装备、大健康产业生态链上的企业。

深化"放管服"改革优化营商环境

疫情打乱了人们原本的工作生活节奏，也对经济社会发展带来前所未有的冲击。扎实做好"六稳"工作、全面落实"六保"任务，关系经济发展和社会稳定大局。

越是特殊时期，越要有特殊的作风、特殊的担当、特殊的干劲。针对企业恢复生产经营的各种困难和问题，宁夏"靶向治疗"，加强要素保障，实施了一批变革性、牵引性、标志性举措。2020 年 4 月 30 日，宁夏回族自治区出台《深化"放管服"改革优化营商环境若干措施》，自治区发改委会同 14 个部门，全面梳理出 148 项持续优化营商环境措施。

"148 项措施，是立足于对 2019 年营商环境政策文件的快速迭代，围绕市

◎国家能源集团宁夏煤业烯烃一分公司，煤炭被转化为口罩原料聚丙烯等工业原材料。赵寅摄

场主体的痛点、难点、堵点提出的。"宁夏发展改革委党组成员、副主任郝留虎说，新措施对标先进地区、企业需求、群众期盼，力争补齐短板和弱项，打造一流营商环境。

项目审批是复工复产的关键一环，审批速度决定开工速度。为统筹推进疫情防控和复工复产，宁夏创新实施"网上办+掌上办""承诺办+容缺办""预约办+延期办""单独办变协同办""现场办变远程办"等项目审批方式，"一件事一次办"，为企业复工复产"助跑提速"，被住建部工程建设项目审批制度改革工作领导小组办公室作为典型经验在全国推广。

"这周有一个大标，能不能赶快帮我把证办出来？"宁夏住建厅行政审批窗口首席代表杨夏云几乎每天都会接到这样的诉求。疫情期间，受中小微企业社保减免和一系列复工复产优惠政策的影响，企业办理各类资质和许可证件的积极性高涨。面对与同期相比两倍以上的办件量，住建厅行政审批窗口加班加点提供全时段、全领域、全方位咨询服务，指导项目单位一次性提供要件、一次性全部办结，办理结果实时发布，相关证书快递送达，保证项目单位第一时间得到信息，第一时间开工复产。

目前，宁夏全区所有工程建设项目都可在线审批，企业资质、人员资格、安全生产等事项100%实现"不见面办"。

宁夏还探索推行"掌上办"模式，依托"我的宁夏"APP，将工程建设项目审批向移动终端延伸，实现用地、气象、测绘等15类事项和工程造价、抗震设防等审批可在"掌上"查询、"指尖"申报、动态跟踪，极大方便了企业和群众办事。

宁夏市场监管部门牵头推进，主要通过打造企业开办"一网一窗通办"平台、全面推进"证照分离"改革等7项措施，将企业开办时间压缩至1个工作日以内。

"我们在银川投资的15GW单晶硅棒硅片项目从签约到正式开工建设，仅用时一个月。"隆基股份董事长钟宝申很有感触地说。隆基在银川投资已经超过10年，营商环境让公司将最重要的两个项目都放在了银川。项目建成后，银川将成为全球最大的单晶硅全产业链制造基地，就业人数将超过17000人。

■长 镜 头 ••

宁夏特产"云端"闯天下

"宝宝们快来看，刚刚采摘的头茬枸杞鲜果，看起来水灵灵，吃起来甜滋滋。"2020 年 6 月 5 日，在宁夏吴忠市红寺堡区百瑞源有机枸杞种植基地，30 个直播组穿梭在田间地头，向全国网友展示枸杞的生长环境、采摘盛况等。

在淘宝、抖音等平台直播间里，枸杞原浆及系列产品的线上预售订单量噌噌上涨。截至当天下午 4 点，仅宁夏百瑞源头茬枸杞鲜果及原浆等产品预售 2138 单，销售额近百万元。

"三月冬藏三月春，头茬枸杞六月红。"枸杞是宁夏的地标性特产。6 月份，宁夏头茬枸杞陆续进入采摘季，在枸杞集中种植区，田间一片红艳，果子挂满枝头。

一直以来，从田间到舌尖，枸杞及其衍生产品和消费者的会面，要经过采摘、晾晒或烘干、包装、加工等漫长的旅程，很多人不知道枸杞树长什么样、枸杞果如何采摘、鲜果怎样晾晒……这段时间，消费者频频与宁夏枸杞"云端"约会，目睹枸杞鲜果采摘、加工生产全过程。

新冠肺炎疫情发生后，不少枸杞企业线下销售市场基本停滞。宁夏 200 多家枸杞线下门店关停，全国最大的枸杞交易市场中宁国际枸杞交易中心关闭了近一个月时间。

危中有机，变中求胜。疫情不仅改变了传统零售业销售模式，也让大家更注重健康养生。宁夏枸杞产业借势而上，种植加工企业迅速改变销售策略、线下转线上，在互联网平台"开疆拓土"，网络销售量持续攀升。

6 月 15 日一大早，宁夏同心县河西镇菊花台村枸杞种植基地人头攒动，头茬枸杞采摘比赛在大鼓的助威下拉开序幕。田间忙个不停的，除了采摘工人，还有现场手机直播带货的男女主播。该基地负责人吕健介绍说，2020 年以来，受疫情影响，线下门店销售受损，但随着线上销售渠道的逐渐打通，这部分损失基本补回来了。

"大家都不是直播出身，刚开始连直播间都不会搭建。经过不断踩坑、补课，我们现在不仅能很好地讲解枸杞产品功效、中医养生、日常保健等方面的内容，还能主动抛出话题引导消费者。"主播闫向阳说。

从昔日的门店销售人员到如今线上的"网红"主播，闫向阳的身份变化是疫情发生以来宁夏枸杞产业主动适应市场骤变、及时转变营销方式的具体实践。在中国枸杞核心产区、"中国枸杞之乡"宁夏中宁县，枸杞鲜果直销节掀起了中宁枸杞网销全球的狂热浪潮。

"2020年枸杞线上销售形势不错。1—4月，中宁枸杞线上销售额达17.4亿元。"中宁县枸杞产业发展服务中心主任孟跃军说，下一步中宁县计划组织200多场次直播带货活动，全面拓宽枸杞线上销售渠道，让更多质优价美的枸杞产品直达消费者。

疫情防控常态化条件下，宁夏枸杞企业将继续立足枸杞品牌优势，加快互联网营销战略转型，借助新媒体"短视频故事＋直播＋信息流"的电商带货模式，持续推动枸杞产业"老树开新花"。

■ 实践者风采

当好社区守门人

"当好社区守门人。"这是宁夏银川市西夏区翟靖巷社区党支部书记杨晓梅和86岁的父亲杨琦共同创作的画册《战疫速写》扉页上的一行字。

"这句话意义深刻，是一名老党员对社区基层党组织的期望，也是我今后努力的方向。"杨晓梅说。

2020年大年初四，正值新冠肺炎疫情蔓延之时，为守好社区大门，翟靖巷社区党支部紧急招募社区党员成立联防联控党员志愿小分队，17名党员在党旗前合影加油。这张照片被杨琦看到后，老爷子提出父女俩一起画一本战疫速写，让社区居民和青少年记住2020年春天的故事。

手指滑过一张张画页，疫情防控期间的艰辛值守历历在目，杨晓梅感慨万千。

情感之外，疫情防控中的经验和短板带给杨晓梅更深的思考：如何运用机制优势和成熟经验应对基层风险挑战？党员如何更好地发挥作用？

2020年3月，于疫情中"开张"的"绿色庭院"成为翟靖巷社区探索党建引领、党员示范、居民参与治理格局的"试验田"。

翟靖巷社区属老旧小区，不少居民退休后在社区绿地上私搭乱建菜园子。劝说的过程中，社区、物业还与居民产生了不愉快。

2017年，杨晓梅在上海培训学习时受到启发，回来后便着手筹建绿色温棚，动员大家进行集中蔬菜栽培，还绿地于民。2018年，社区党支部申报的党建项目"绿色庭院"获组织部门10万元的项目经费支持，再加上12万元的社区为民服务专项资金保障，2019年底，翟靖巷社区怡安小区里一块原来用于堆放杂物的空地，变身田园风十足的小木屋和绿植装饰墙、绿色种植盆……还有一个洋气的名字——"绿色庭院"。

绿色栽培基地建好了，谁来认领、打理？这次社区党员同志成了杨晓梅的优先动员对象。"社区党员随叫随到，这给疫情防控常态化条件下居民共同参与社区治理提供了很好的实践基础。"杨晓梅说，在社区党支部的鼓励下，72岁的高海发等几名老党员主动撤菜园还绿地，积极到"绿色庭院"认领种植。

截至2020年6月，在党员和群众的积极参与下，"绿色庭院"已经种植了300多盆蔬菜。认养了3盆香菜的居民邝士芬每天都去看自己的菜，"这件事情社区做得好，不仅满足了我们种菜的爱好，还不占公共用地"。

经历过疫情的磨难和洗礼，杨晓梅决心赋予"绿色庭院"新的定位，"它不仅仅是菜园子，更应该成为开展爱国卫生运动、推行垃圾分类的试验基地"。

作为2020年银川市老旧小区垃圾分类试点小区，翟靖巷社区怡安小区鼓励居民"绝对定点、相对定时"分类投放垃圾。垃圾房和"绿色庭院"这两座小木屋，因垃圾分类"搭上了话"：经过居民正确投放的水果皮、干菜叶子、厨余垃圾等，被"绿色庭院"的认领者回收并制作成酵素，作为蔬菜的有机肥料。居民还可以用纸箱、矿泉水瓶等资源垃圾直接到"绿色庭院"兑换已经成熟的蔬菜。

杨晓梅说，下一步，社区党支部还要动员在职党员积极到社区报到，以居民呼声为第一信号，以居民利益为第一追求，以居民满意为第一标准，把社区建成和谐有序、绿色文明、创新包容、共建共享的幸福家园。

■ 启示与思考 ···

走出一条高质量发展的新路子

2020年6月，习近平总书记在宁夏考察时强调，要坚持不懈推动高质量发展，加快转变经济发展方式，加快产业转型升级，加快新旧动能转换，推动经济发展实现量的合理增长和质的稳步提升。宁夏将牢固树立新发展理念，坚持以供给侧结构性改革为主线，向结构要质量、向转型要效益、向创新要动

◎宁夏统筹山水林田湖草综合治理，六盘山区山绿民富，村庄红瓦白墙，宛在画中。
资料图片

力，夯实保、稳、进的基础，加大调、转、改的力度，落实去、降、补的任务，走出一条高质量发展的新路子。

把握高质量发展的根本要求。宁夏地处西部，发展不足仍是最大的实际。针对存在的发展不足、质量不高的问题，宁夏牢牢把握高质量发展的根本要求，注重加快转变经济发展方式，以创新为内生动力，大力推进自主创新、开放创新、特色创新，推动质量变革、效率变革、动力变革。注重加快新旧动能转换，推动现代煤化工、新能源、新材料、全域旅游、现代农业等产业向高端化、绿色化、智能化、融合化方向发展，形成新的增长点、新的动力源。

用好改革开放的关键一招。当前，宁夏顺应对外开放形势正由单向开放转向双向开放、"限制"开放转向"自由"开放、重点开放转向全面开放，坚持以改革促进开放、以开放倒逼改革，坚持对外开放与对内开放相统一，推动改革往深里走、往实里走，推动开放内外结合、东西联动，改出动力、放出活力，以更高水平的开放促进更高质量的发展。具体而言，就是构建开放型经济体系、培育开放型经济主体、营造开放型经济环境，聚焦经贸合作办好中阿博览会。改革则要紧盯体制性障碍、机制性梗阻、制度性瓶颈，把准方向、把控过程、评估问效，加快推进以市场化改革为重点的各领域改革。

完成脱贫攻坚的底线任务。近些年来，宁夏各地创造了金融扶贫"盐池模式"、海原县"华润基础母牛银行"模式、彭阳县"互联网＋农村供水"模式等好经验好做法，脱贫攻坚取得显著成效。截至2019年底，宁夏的农村贫困人口降至1.88万人，虽然数量不大，但都是最难啃的硬骨头，收官之年还要答好新冠肺炎疫情防控这道"加试题"。宁夏坚持精准方略，锁定"两不愁、三保障"，聚焦重点区域、重点人群、重点问题，持续发力防松劲、巩固成果防返贫，抓好"四查四补"、压紧压实"四个不摘"责任，下足"绣花"功夫，接续推进全面脱贫和乡村振兴战略有效衔接，防止各种外因导致的返贫。

扛起生态环保的重大责任。改善生态环境是推动高质量发展的基础工程和民生工程。实践表明，没有生态的改善就没有生活的改善。宁夏是全国的一个重要生态节点、华北的一个重要生态屏障、西北的一个重要生态通道，承担着维护西北乃至全国生态安全的重要使命，必须明确生态定位，把改善生态环境作为责无旁贷的政治责任、经济发展的根本要求、事业胜利的重要保证，守好

◎宁夏中卫市中宁县，火红的枸杞进入采摘季。

改善生态环境生命线。准确把握落实黄河上游的生态功能定位，坚决落实以水定需原则，缓解水资源供需矛盾，以水定地，以水定城，以水定产，以水定人，有多少水办多少事，"有多少汤泡多少馍"，既在保护修复上做加法，也在污染治理上做减法，缓解生态环境压力，提升水源涵养能力。牢固树立"绿水青山就是金山银山"的理念，统筹山水林田湖草综合治理，实施好重大生态工程，坚决保护好贺兰山，精心呵护好黄河，打好蓝天、碧水、净土保卫战，用好宁夏人民探索出的有效治沙方法，既防沙之害，又用沙之利，努力建设黄河流域生态保护和高质量发展先行区。

补齐民生保障的短板弱项。就宁夏而言，要全面建成小康社会，就要在民生改善方面下功夫。必须坚持尽力而为、量力而行，不断满足人民群众日益增长的美好生活需要。坚持人民至上、为民造福，优先稳就业、保民生，扎实促团结、治"三化"，持续抓治理、促和谐，用心用情办好民生实事，尽心尽力抓好社会治理。坚持以人民为中心的发展思想，切实解决好群众的操心事、烦心事、揪心事。扎实做好下岗失业工人、高校毕业生、农民工、退役军人等重点群体就业工作，推进城乡义务教育均衡发展，加强公共卫生体系建设，广泛开展爱国卫生运动。做好民族团结工作，坚持党的宗教工作基本方针，依法加强宗教事务管理。扎实推动民法典实施，更好保障人民的权益，努力打造幸福宁夏、平安宁夏。

激发党员干部的奋斗精神。任何事业的发展，都离不开斗志昂扬的奋斗者的共同努力。在我们党近百年的历史中，一代又一代共产党人为了追求民族独立和人民解放，不惜流血牺牲，靠的就是由理想信念激发的英勇顽强、百折不挠的奋斗精神。实践也证明，激发广大党员干部担当作为、干事创业的奋斗激情，是推进本地区高质量发展的有力保障。当前，一方面，广大党员干部作为新时代的奋斗者，必须坚定理想信念，用伟大梦想激发奋斗精神，走好新时代的长征路；另一方面，要进一步健全广大党员干部激励约束机制，鼓舞干事创业的热情，激发担当作为的奋斗精神，把为民造福作为最重要的政绩，凝聚起强大的奋进力量。

真抓实干、狠抓落实是人民群众的呼声，是时代赋予的使命，是高质量发展的保障。宁夏全区上下正在响应"社会主义是干出来的"伟大号召，坚定担当新使命，奋力展现新作为，走出一条高质量发展的新路子。

（作者：郝彤，系宁夏回族自治区委党校（行政学院）副校（院）长，宁夏回族自治区中国特色社会主义理论体系研究中心研究员）

青 海 篇

生 态 保 护
经 济 形 态
民 生 保 障
高质量发展

新时代·新实践

扎实推进"一优两高"战略

2016 年 8 月，习近平总书记在青海考察时就青海工作作出了一系列重要指示，擘画了建设新青海的宏伟蓝图，为青海发展指明了前进方向，提供了根本遵循。

2020 年以来，青海省以"四个转变"推动落实习近平总书记系列重要指示精神，践行"坚持生态保护优先、推动高质量发展、创造高品质生活"的"一优两高"战略，用青山绿水的底色、高品质生活的主色、高质量发展的亮色，描绘出一幅欣欣向荣的新青海画卷。

生态保护优先　全力建设国家公园示范省

8 月是青藏高原最美的季节，草原上盛开的格桑花为山青水绿的生态美图描浓了色彩。一大早，青海省玛多县扎陵湖乡擦泽村的生态管护员索索就骑着马上了山，开始了他的巡山工作，33 岁的索索当生态管护员已有 8 个年头。海拔 4000 多米的黄河源头气候恶劣，为保质保量做好工作，索索每周都要骑马巡护一次。

他说："不久三江源国家公园将建成。我也加大了巡山力度，因为感觉责任更大了。"

"三江源国家公园设园已经进入最后冲刺阶段。"三江源国家公园管理局局长赫万成介绍，2020 年 5 月，青海省印发《推动三江源国家公园设立工作方案》。根据方案，5 月中旬前为准备阶段，5—7 月底为推进阶段，8—9 月底为

◎休闲中的西宁市民。黎晓钢摄

验收阶段，10—12月底为设园阶段。这为在2025年全面完成国家公园示范省建设任务打下坚实基础。

"目前，三江源国家公园已有4.3万人从牧民转变为生态管护者。通过不懈努力，如今，三江源区生态系统宏观结构局部改善，草地退化趋势初步遏制，水源涵养功能逐步恢复，生态保护体系越发完善。"赫万成说，通过发展生态畜牧旅游业及民族特色手工业等，三江源农牧民生产生活条件也得到极大改善，年人均纯收入超过6500元，增长12.4%。

青海是我国重要生态功能区。位于青海省南部的三江源，有"中华水塔"之称。2020年上半年，青海省开启了国家公园示范省三年行动计划。随后，青海湖正式开启国家公园建设序幕，紧随全省步伐，以"三步走"战略打造中国最美国家公园省。

"独特的区位造就了青海独特的资源优势，湿地面积全国第一、生态资源总价值达18.39万亿元，每年有600多亿立方米清洁水源输出，生态大省名副其实，建设国家公园示范省恰逢其时。"青海省委书记王建军说。青海在三江源、祁连山国家公园试点的基础上，建设以国家公园为主体的自然保护地体系示范省，推动习近平生态文明思想在青海大地落地生根、开花结果，在组织架构、依法建园、体系建设、保护发展、科技支撑、人才培养、工程项目、综合管护等方面，青海交出了生态文明建设的新答卷。

据介绍，通过加快实施三江源二期、祁连山、青海湖等重点生态工程，青海省黑土滩治理区植被覆盖率由治理前不到20%增加到80%以上，青海湖裸鲤资源蕴藏量比2002年增长近36倍，藏羚羊由20世纪90年代的不足3万只稳定在目前7万多只，普氏原羚从300多只恢复到2000多只，青海湖鸟类种数由189种增加到225种，各类自然保护地成为野生动物繁衍生息的乐园。

"三江源国家公园2020年正式设立；祁连山国家公园青海省管理局也已挂牌，青海湖、昆仑山国家公园规划编制正在推动。青海国家公园面积要达到21万平方公里。"王建军说，青海国家公园示范省建设是以三江源、祁连山、青海湖、昆仑山国家公园为核心，"四梁八柱"为一体的国家公园建设，将成为保护地球"第三极"青藏高原的重要抓手。

立足定位 培育经济转型发展新格局

2020年4月26日，被称为中国"天空之镜"的青海茶卡盐湖以网络直播的形式复工开园，喜迎八方来客。

6月30日，全长505公里的青海格尔木至新疆库尔勒铁路（青海段）开通运营。

7月15日，以输送新能源为主的特高压输电通道——青海至河南±800千伏特高压直流输电工程启动送电。

…………

突如其来的新冠肺炎疫情对经济造成了前所未有的冲击，面对严峻挑战，青海省紧抓疫情防控不松劲，紧盯全年目标不动摇，坚持稳中求进工作总基调，扎实做好"六稳"工作，全面落实"六保"任务，全省经济经受住了疫情的冲击。

"一批重点工程重点项目的复工复产、建成投运，为青海经济呈现向好态势、经济运行不断改善，为实现经济由降转增提供了保障。"青海省委常委、常务副省长李杰翔介绍，青海地处青藏高原，生态地位重要而特殊。近年来，青海坚持以生态保护优先理念协调推进经济社会发展，已经培育形成了以生态经济、循环经济、数字经济和飞地经济"四种经济形态"为引领的经济转型发展新格局。

"简单说就是，生态经济，变绿水青山为金山银山；循环经济，让自然资源高效利用日渐成熟；数字经济，实现新旧动能转换的新引擎；飞地经济，实现优势互补合作共赢，这也是青海省实现高质量发展的路径选择。"李杰翔说。

目前，柴达木循环经济试验区一二三产业，实现了从独立发展向相互融合、联动发展的嬗变，循环型产业实现了向体系化、高值化、创新化方向的蝶变。青海省努力构建涵盖农业、工业、服务业及企业、园区、社会的多层次全方位循环型经济体系，循环工业增加值占比达到60%，以循环经济为支撑的园区工业增加值占全省工业的74%。

2020年5月8日，全国首个100%利用清洁能源运营的大数据产业示范基地在青海省海南藏族自治州正式投运；6月，西北地区首个根镜像服务器获得工信部批准部署并上线运行……截至2020年8月，青海省建成5G基站1273个，5G建设投资达5.2亿元，青海是数字经济布局发展的"天然良港"，数字

◎ 2020年7月4日，青海省玉树州囊谦县扶贫产业园，手工艺人正在制作工艺品。
万玛加摄

经济也正在逐步引领青海省经济实现转型升级。

祁连县的"飞地牧草"模式，使祁连农畜产品通过河西走廊走向"一带一路"沿线国家和地区。目前，青海省立足功能定位，统筹建设柴达木浙江工业园、格尔木藏青工业园等多个飞地经济园区，有效打破了经济发展中自然条件的制约，在促进区域协调发展、助推藏区脱贫攻坚方面发挥了重要作用。

以民为本　书写幸福民生新答卷

"有了这个体检车，我们以后再也不用跑大老远去医院体检了。"青海省大通县塔尔镇韭菜沟村村民索非亚，刚在西宁市第一医疗集团的健康体检车上接受了免费体检。西宁市第一医疗集团移动数字化体检车深入大通县偏远乡镇卫生院，让4万多老年人在家门口就可以接受免费体检，接受健康知识宣传。

家住西宁市南关街83岁的陈梅英老人，因女儿工作居住地较远，不方便照顾她，现在由社区服务中心的服务人员轮流照顾她的生活。"现在真的方便多了，我打个电话，就有人来照顾我，给我送饭、洗衣服、整理房间，过得特

◎青海，三江源头的壮美景色。马福江摄

别幸福。"陈梅英老人十分开心。

"2020 年是全面建成小康社会决胜之年、'十三五'规划收官之年、脱贫攻坚决胜之年，时间紧、任务重，突如其来的新冠肺炎疫情，更是给青海省民生保障工作难度'加码'。但挑战越艰巨，越要把民生冷暖挂在心头，我们必须全力推动人民生活持续改善，增强人民群众获得感、幸福感、安全感。"王建军说。

截至 2020 年 7 月底，青海省 35 种大病贫困患者有 23073 人，已经救治 23071 人，救治率达 99.99%。大病救治病种的增加，使更多贫困患者受益，全省 7.8 万因病致贫人口脱贫成果得到巩固提升。

令人欣喜的数字，代表的不仅是变化和成就，更是老百姓越过越红火的日子。

随着企业复工复产步伐加快，青海省生产经营逐步恢复，就业稳定。在增设临时性公益岗位、发放消费券和节日慰问费等一系列政策措施的带动下，全省居民收入增幅提高。上半年，青海省全体居民人均可支配收入 10724 元，同比增长 4.9%；城镇居民人均可支配收入 16483 元，同比增长 3.8%。上半年，全省城镇新增就业 3.2 万人，完成全年目标的 53.3%；农牧区富余劳动力转移就业 79.02 万人次，完成 75.3%；城镇登记失业率 2.2%，同比下降 0.1 个百分点。

青海省民生领域投入快速增长。上半年，全省惠民生固定资产投资增长 17.1%，高于固定资产投资增速 14.2 个百分点，占全省固定资产投资的 59.4%，比重同比提高 7.3 个百分点。

■ 长 镜 头 ....

西宁：打好绿色牌　激发新动能

8 月的西宁，鸟语花香，绿树成荫，鲜花盛开，"自然之绿"绘染整个高原古城，"发展之绿"也以强劲之势在高原大地铺展开来。

"打造绿色发展样板城市，是西宁学习贯彻习近平总书记考察青海重要讲话精神的实践载体，是全面落实习近平总书记重要指示要求的现实路径。"西宁市委书记王晓说，西宁始终把绿色发展作为主基调，以"绿色"政策为先导，"绿色"产业优先发展，"绿色"民生优先落实。

绿色画笔　绘就古城新图景

蓝天共碧水，山水城相依。7 月 18 日，占地面积 134.69 万平方米的西宁园博园一期正式开放。翘首以盼的市民与外地游客争相前往游览城市绿色发展的新地标。

"西宁园博园与正在建设的西堡生态森林公园遥相呼应，再加上北川河湿地公园、沿三河六岸铺开的绿道、建设在南北两山绿化成果之上的国家级环城生态公园……"西宁市市长张晓容说，一个个绿色项目成为新时代幸福西宁的绿色名片。

现如今，西宁环境治理、资源利用等绿色发展指数居青海省首位，全市森林覆盖率达 35.1%。西宁市人均公园绿地面积由最初的 3.2 平方米提高到 12.5 平方米。全年空气质量优良率 86%。

"高原绿、西宁蓝、河湖清"等六大建设行动给群众带来越来越多的福利，点缀在城市各处的绿地湿地则是西宁生态改善提质增效的"点睛之笔"。国家园林城市、全国绿化模范城市、国家森林城市……西宁人对绿色的向往，随着时代的发展和"绿水青山就是金山银山"理念的指引而愈发强烈。

精致落笔　营造幸福空间

绿色育民、绿色惠民、绿色利民、绿色为民，西宁市在建设绿色发展样板城市的过程中，先后出台了《西宁市民绿色生活公约》《西宁市建设绿色发展样板城市促进条例》。从生活方式到城市规划建设，都能看到西宁的绿色脚步。

"遥控车的电池要放到红色箱子里，这些废纸要放到黄色箱子里。"对于香格里拉小区居民张婧来说，垃圾分类早已经融入了生活，在日常生活中她也会用实际行动引导教育自己 4 岁的儿子。

在西宁市海宏一号小区，智能垃圾分类设备受到广大群众的追捧。"居民只需在电子屏上输入手机号码，打开柜门，就可以分类投放垃圾，然后进行智能化识别，根据市场价格计算返现金额，返现金额最多的一位居民已经拿到400 元。"小黄狗环保科技有限公司西宁分公司运营主管韩大伟介绍说，目前西宁市已投放 50 个智能垃圾回收设备。

绿色出行、绿色低碳、文明健康的生活方式和消费模式，正在成为市民的自觉选择。

发展之笔　融入国家发展大战略

2020 年 5 月，青海省与甘肃省签署多项协议，将通过开展"1+3+10"行动计划，共同推进兰西城市群建设，一幅提升两城区位优势、带动区域协同发展的蓝图徐徐展开。

根据《兰州—西宁城市群发展规划》，规划涉及甘肃省、青海省 9 个市（州），总面积达 9.75 万平方公里，常住人口 1193 万人。根据该规划，到 2035 年，兰西城市群协同发展格局将基本形成，各领域发展取得长足进步，发展质量明显提升，在全国区域协调发展战略格局中的地位更加巩固。

青海省两会以及西宁市两会的政府工作报告中，都明确提出积极融入国家战略、全面对接"一带一路"和兰西城市群建设，构建"大西宁"发展格局。

为此，西宁进一步深化兰西城市群规划研究，合力推动区域重大基础设施建设，谋划实施生态文明建设整体项目，打造引领区域发展的龙头，以世界眼光、一流标准把握新时代西宁城市未来发展趋势。未来的西宁值得期待。

■ **实践者风采** ···

青海省化隆回族自治县上吾具村第一书记赵军章："小康路上一刻也不能停歇"

2020 年 4 月 17 日，青海省海东市化隆回族自治县巴燕镇上吾具村迎来了两件"喜事"：土鸡散养项目基础设施建设动工，投资 15 万元的村史馆项目开工。

"当天我们的'尕娃'（方言"小孩"）书记高兴得像个新郎官。"上吾具村党支部书记马成麒说。马成麒说的"尕娃"书记，是该村第一书记赵军章。

上吾具村海拔 3100 米，属于深度贫困村，全村 174 户，贫困户 60 多户。2016 年 12 月，经过申请，在青海省格尔木市盐化工质检中心工作的赵军章，以驻村工作队队员的身份来到了上吾具村。

"这么年轻？能不能干事？"刚到村里，村民多少有些疑惑。但赵军章一点儿也不泄气，为尽快摸清村里的情况，他挨家挨户走访，逐渐掌握了村里的实际情况。

通过抓基层党建，赵军章的驻村工作也有了起色，工作成效逐步显现：外出务工的多了；村里 43 人有了医疗救助金；危房改造项目惠及 51 户村民，倡导试种的 30 亩中药材，平均每户增收 1000 元……

51 岁的贫困户马应光身体残疾，生活困难。在赵军章的帮助下，他注册成立农牧场，走上依靠中药材种植的致富路。

赵军章的付出，村民们看在眼里、记在心里。2018 年 3 月，赵军章被组织选派为驻村第一书记。干劲十足的赵军章带领村民，让上吾具村发生嬗变：种植青稞的平均每户增收 1.2 万元；发展肉牛养殖的平均每户增收 5000 元；同时，他还为村里争取到总投资 600 万元的"高原美丽乡村"建设项目。

2018 年底，上吾具村脱贫摘帽，先后被确定为化隆县基层党建示范村、民族团结创建示范村等。赵军章也被评为青海省脱贫攻坚工作先进个人。

"这是 2020 年我们村的主要工作。"赵军章指着村口"鼓干劲、防疫情、稳脱贫、迎小康"的标语说。

"开春后我们开展了环境卫生整治，花费 14700 元为每户配备了垃圾桶。我们确定每月的第一个周六为村里环境整治日。"赵军章说。在赵军章的记事本上记着 2020 年村里要办的大事：谋划一条强村富民的好路子、推动实施一批帮扶项目等。

"小康路上一刻也不能停歇。"赵军章说，2020 年 12 月第一书记的任期即将到期，但他决定继续留在基层工作。

打好"三场硬仗" 推动青海经济社会高质量发展

2020 年是全面建成小康社会决胜之年，面对复杂多变的国内外形势和新冠肺炎疫情带来的多重挑战，青海科学部署、统筹兼顾，打好疫情防控、精准脱贫、推进三江源国家公园体制试点这三场硬仗，紧紧抓住新机遇，千方百计啃"硬骨头"，全力完成"硬任务"，有力促进了全省经济社会和生态文明建设的高质量发展。

坚持"两手抓""两促进"，疫情防控阻击战交出振奋人心的答卷

习近平总书记在 2020 年 2 月 12 日主持召开中共中央政治局常务委员会会议时强调，"各级党委和政府要按照党中央决策部署，突出重点、统筹兼顾，分类指导、分区施策，切实把各项工作抓实、抓细、抓落地，坚决打赢疫情防控的人民战争、总体战、阻击战，努力实现 2020 年经济社会发展目标任务"。这一重要论述为坚持疫情防控和经济社会发展"两手抓""两促进"指明了方向，提供了根本遵循。青海在全力以赴遏制疫情蔓延的前提下，变压力为动力，从应急响应到从容施策，从封闭防疫到释放经济活力，从被动应对到主动出击，实现了"认真落实工作责任，确保防得了；全面升级查控措施，确保控得好；维护良好社会环境，确保稳得住；坚决打好疫情防控阻击战，确保打得赢；坚持经济发展不动摇，确保损失小"的目标。

一是坚持统一领导、统一指挥、统一行动，做到防之有力、防之有效，控之在快、控之在严，构筑起严密的群防群治疫情防控体系。2 月以后再无新增确诊病例，18 例新冠肺炎确诊病例全部治愈出院，及时有效阻断了疫情传播链条，遏制住了疫情输入扩散势头，成为全国最早实现"五清零"的省份之一。

二是对照年度目标，突出抓好复工复产，最大限度降低疫情对经济发展的影响。第一时间成立企业商业开工开业和重大项目开复工领导小组，多管齐下

◎治理后的西宁市湟水河火烧沟段湿地公园。黎晓刚摄

释放潜能，出台覆盖面广、针对性强、含金量高、主体责任明晰的 27 条具体措施，重点解决中小企业面临的人流、物流、资金流等难题，全力帮助企业纾困解难，推动了企业和重大项目健康平稳发展。

三是采取"一校一策"防控举措，有序推进学校复学复课。省委省政府多次召开专题会议，制定分级分类分区、错峰错时错段、牧区农区城区有序开学开课的方案，压实属地、部门、学校、教师和家长"五个责任"，强化学校与政府部门、学生家长、学校周边"三协作"，做到防护物资物品、医疗卫生力量、交通执法保障"三倾斜"，3 月份普通高中和中职学校的学生率先重返校园，4 月份大、中、小学全面开学复课。

牢固树立人民至上理念，脱贫攻坚战取得决定性成就

脱贫攻坚是全面建成小康社会的标志性工程，是我们党作出的庄严承诺。习近平总书记在决战决胜脱贫攻坚座谈会上的重要讲话中指出："脱贫攻坚工作艰苦卓绝，收官之年又遭遇疫情影响，各项工作任务更重、要求更高。我们要不忘初心、牢记使命，坚定信心、顽强奋斗，夺取脱贫攻坚战全面胜利，坚

决完成这项对中华民族、对人类都具有重大意义的伟业！"脱贫攻坚战打响以来，青海认真贯彻习近平总书记关于扶贫工作的重要论述精神，坚决落实党中央国务院决策部署，全省上下把脱贫攻坚作为头等大事和第一民生工程，高位推进，集中发力突破，脱贫攻坚战取得历史性成就。

一是瞄准深度贫困，全力攻克"坚中之坚"，脱贫攻坚任务目标基本实现。2016年以来，青海全面贯彻落实"六个精准"要求，制定具有青海特色的扶贫政策体系和攻坚政策体系，全力推动五大特色扶贫产业，创新生态扶贫模式，引导贫困群众从事生态公益性管护工作，坚持"挪穷窝"与"换穷业"并举，大力推进易地扶贫搬迁，围绕"扶贫先扶志，治穷先治愚"的方针，引导贫困群众树立文明新风，激发自主脱贫的内生动力。截至2019年底，全省义务教育巩固率达96.9%，贫困群众基本医疗参保率达100%，5.2万户易地扶贫搬迁和20万户农民危房改造任务全面完成，42个贫困县全部摘帽，1622个贫困村全部退出，53.9万建档立卡绝对贫困人口全部脱贫"清零"。

二是聚焦薄弱环节，画好"点睛"之笔，切实巩固好脱贫成果。脱贫摘帽不是终点，而是新起点。2020年是脱贫攻坚收官之年，青海省在贫困人口实时"清零"、统筹常态化疫情防控、扎实做好"六稳六保"的基础上，严格落实"四摘四不摘"要求，对标对表全面建成小康社会指标体系，以"补针点睛"专项行动为抓手，健全返贫人口监测帮扶机制，完善控辍保学动态监测机制，落实各学段教育资助政策，持续推进健康扶贫行动，强化基本医保、大病保险、医疗救助"三重保障"，落实应对疫情影响支持措施，加强职业技能培训，加大因疫返贫人口就业扶持，强化兜底保障，临时救助，织密扎牢防返贫安全网，以实际成效力促脱贫攻坚提质量、增成色、可持续，确保脱贫成果经得起历史和实践检验，让各族群众同步共享全面小康幸福生活。

三是衔接乡村振兴，找准脱贫攻坚与乡村振兴战略的结合点，努力形成相互支撑、相互促进的良性互动新格局。青海依托资源禀赋和产业基础，积极发展特色种植业、生态农牧业、民族用品加工业、乡村旅游业，做优做强"青海拉面""青绣"等品牌，促进扶贫产业发展壮大；深入开展精神脱贫，持续加大扶志扶智、移风易俗力度；有效衔接生态扶贫与生态振兴，将生态补偿和扶贫措施紧密结合，加大重点生态工程对贫困劳动力的吸引力度，保持脱贫群众生态公益性管护岗位的总体稳定，深入开展农村人居环境整治，推进高原美丽乡村建设，全面提升农村牧区宜居水平，实现了百姓富和生态美的有机统一，高标准书写好脱贫攻坚的"青海篇章"。

确保一江清水向东流，国家公园体制试点走在全国前列

青海是长江、黄河、澜沧江的发源地，生态地位独特而重要，切实加强三江源生态保护事关国家生态安全和长远发展。2015 年 12 月，中央全面深化改革领导小组第十九次会议审议通过了《中国三江源国家公园体制试点方案》。2016 年 8 月，习近平总书记在青海考察时指出："搞好三江源国家公园体制试点，加强环青海湖地区生态保护，加强沙漠化防治、高寒草原建设，加强退牧还草、退耕还林还草、三北防护林建设，加强节能减排和环境综合治理，确保'一江清水向东流'。"五年来，青海坚决把以习近平同志为核心的党中央的重大要求转化为干事创业的强大动力，把三江源国家公园体制试点作为重点工程，立足青海、面向全国、放眼世界，注重实际、突出特色，扎实推进体制试点各项工作，在全国 10 家国家公园体制试点评估单位中排名第一，不仅为我国国家公园建设积累了可复制、可借鉴的青海经验，还充分彰显了国家公园建

◎玉树传统藏族舞蹈。陈有钧摄

设中的中国方案与中国智慧。

一是大胆改革创新，形成了大部门管理体制和保护地集中统一管理模式，为 2020 年体制试点圆满收官、正式设园创造了良好基础条件。通过机构和职能整合，组建了省、州、县、乡、村五级综合管理实体，形成了以管理局为龙头、管委会（管理处）为支撑、保护站为基点、辐射到村的全新管理体制，从根本上解决政出多门、职能交叉、职责分割的管理体制弊端，实现了生态全要素保护和一体化管理。按照山水林田湖草一体化管理保护的原则，对国家公园范围内的自然保护区、重要湿地、重要饮用水水源地保护区、自然遗产地等各类保护地进行功能重组，实行集中统一管理，形成了归属清晰、权责分明、监管有效的全新模式。

二是筑牢国家生态安全屏障，为全国生态文明建设贡献青海智慧。体制试点期间，青海按照以大工程促进大保护、以大保护促进大修复、以大修复促进大丰富的原则，将国家公园整体划分为长江、黄河、澜沧江三个分园区，分别组建保护力量，依照山水林田湖草生态系统特点实施针对性保护，各分园区又被进一步细化为大小不等的网格，"一格一策"实施精准生态治理与建设，使国家公园的生态环境持续好转，生态系统服务功能日益强大，山水林田湖草系统更加完整，自然景观、生物多样性价值全面提升，"中华水塔"生态更加坚固安全。

三是积极强化生态保护与改善民生有机统一，走上了一条生态生产生活共赢之路。采取保护生态与精准扶贫相结合，与牧民转岗就业、提高素质相结合，与牧民增收、改善生产生活条件相结合的方式，按照"一户一岗"生态管护公益岗位政策，构建"生态管护＋基层党建＋精准脱贫＋维护稳定＋民族团结＋精神文明"六位一体的生态管护员运行机制，不仅实现了山水林田湖草的组织化管护、网格化巡查，而且增加了牧民收入，激发了农牧民参与生态保护的内生动力，为国家公园自然资源的严格保护发挥了重要作用。

（作者：孙发平，系青海省社会科学院副院长、青海省
中国特色社会主义理论体系研究中心特约研究员）

山东篇

制度创新
工业互联网
政策"及时雨"

■ **新时代·新实践** ···

奋力走在前列加速创新发展

习近平总书记强调，要科学分析形势、把握发展大势，坚持用全面、辩证、长远的眼光看待当前的困难、风险、挑战，积极引导全社会特别是各类市场主体增强信心，巩固我国经济稳中向好、长期向好的基本趋势。利用水幕将《论语》立体呈现给游客：喷泉与声光电、全息投影相互融合，再现孔子周游列国景象……连日来，尼山圣境在做好景区防疫工作、确保游客游览安全的前提下，重新启动文化夜游活动，助推地区旅游产业复苏发展。山东积极克服疫情带来的不利影响，聚力"六稳""六保"，深化制度创新，加快流程再造，拥抱工业互联网，培育发展新引擎，不断释放政策红利，激发各类市场主体活力。

流程再造跑出政务服务"加速度"

2020 年 4 月，东营市胜利第四十六中学教学楼改造工程负责人李泮林收到了一份由东营市行政审批局核发的政府投资项目可行性研究报告批复电子证明，这是山东省核发的首份立项批复电子证明。它的核发，标志着东营市项目立项实现"网上申请、网上审批、限时办结、网上校验、系统共享"的全程电子化审批。

"线上申领项目立项电子证明，省去了我们准备纸质材料、上门跑审批等环节，省去了我们拿着一张证明跑多个窗口的麻烦。"李泮林打心眼里对这样的改革创新表示欢迎。

◎山东省枣庄市石嘴子水库风景。山东省大力推进生态文明建设，通过多种举措打造宜居的生态环境。新华社发

将企业开办时间压缩到了 1 个工作日内，推出政府"免单服务"，促进企业开办"零成本"；借鉴创新"拿地即开工"审批模式，工业建设项目审批时间不超过 20 个工作日；按照"依法放权、应放尽放、放无可放"原则，下放 165 个市级行政许可事项……东营市以"放、减、通、优"为重点，推进"一窗受理·一次办好"改革，为好企业、好项目选择东营、落户东营创造最优环境。

东营的改革是山东深化制度创新、加快流程再造的一个缩影。山东把流程再造作为制度创新的核心任务、牵动改革的"牛鼻子"工程，出台《关于深化制度创新加快流程再造的指导意见》和打造精简高效政务生态、再造企业开办流程实现"全程网办"、全面优化工程建设项目审批等 12 个重点流程再造项目具体实施方案。

山东省委书记刘家义表示，我们要以更大力度简政放权、流程再造，让"跑一次"为上限、"不用跑"为常态，让企业少往政府跑、下级少往上级跑，让群众少跑腿、办事不求人。

以工程建设项目审批为例，山东大力压减整合审批事项，创新审批模式：重新梳理规范工程建设项目审批事项，事项数量从 112 项精简为 73 项；

精简事项申请材料，同一申报材料只需申报一次，不同审批部门共享材料，前置环节审批结果全程共享，申报材料从 341 件减到 176 件，申报表单从 112 张变成每个阶段只在网上填报"一张表单"；实行"一窗受理""一链办理"，全过程审批时间从流程再造前的 300 多个工作日改进为最长不超过 100 个工作日。

截至 2019 年底，全省"一云一网一平台"体系初步建立，"政务服务一网通办"总门户上线运行，省级 1209 项事项全程网办，1797 项事项"最多跑一次"，流程再造让办事手续更简、环节更少、成本更低、效率更高。山东省代理省长李干杰说，下一步，按照"放权、精简、集成、共享"总要求，在获得电力、信贷、用地用水用气等方面，将再推出一批新流程。

拥抱工业互联网 培育发展"新引擎"

在山东海特数控机床有限公司的车间里，9 位工人正熟练地操作着终端电脑和手机，对机床产品进行运维、诊断及应用服务。公司负责人介绍，借助工业互联网平台，公司告别了以往烦琐低效的统计和调度，转而通过生产自动化和数据智能分析管理，实现优化运营，大大提高了公司产值。

作为加入山东滕州机床云的上百家受益企业之一，海特数控机床借助浪潮工业互联网机床云平台，通过数据集成共享优化全流程，企业平均生产运营效率提升 10% 以上；通过向互联网、服务型企业转型，利润率提升 5% 以上；通过能源精细化管理，生产成本降了 5% 以上。

滕州机床云是由老牌互联网企业浪潮集团打造的，云计算、工业互联网是浪潮集团正在大力发展的战略业务。浪潮集团董事长孙丕恕表示，浪潮集团全力投身云计算、工业互联网、人工智能等"新基建"，深化向"云＋数＋人工智能"新型互联网企业转型，为新经济的发展提供坚实的"数字底座"。

这是山东积极发挥工业互联网龙头企业赋能作用，带动中小企业加快转型升级和高质量发展的生动诠释。山东抢先谋划推动工业互联网发展，依托本省雄厚的产业基础和丰富的应用场景，在全国率先建立"现代优势产业集群＋人工智能"推进机制，出台"互联网＋先进制造业""5G 产业发展"等多个指导性文件；深入开展平台培育行动，已培育省级平台 70 家，海尔、浪潮入选国家十大双跨平台；先后实施 150 个"现代优势产业集群 + 人工智能"、122个 5G 产业试点示范项目；组建山东省工业互联网协会，发起设立 5 亿元规模的工业互联网创投基金，设立 2 亿元 5G 产业创新发展财政资金。

2020 年 6 月 8 日上午，一场规格高、范围广的工业互联网专题报告会在济南举行，海尔集团董事局主席、首席执行官张瑞敏，海尔集团总裁、山东省工业互联网协会会长周云杰受邀作报告。聆听报告的除了主会场的省级领导干部、省直有关部门负责同志外，还有在各地收看的市、县、乡各级领导干部以及企业负责人。

"有些产品海尔不直接生产，但通过'卡奥斯'，海尔得以整合相关企业，一站式满足用户需求。"周云杰介绍，"卡奥斯"是海尔着力打造的工业互联网平台，平台面向全社会开放，消费者提出场景需求，企业根据需求并结合自身优势配置资源，不同利益主体实现多方共赢。仅在疫情期间，"卡奥斯"就链接 2 万多家不同行业的企业，发布并承接 8700 多项需求。

政策"及时雨"惠及更多市场主体

位于济宁市嘉祥县经济开发区生物产业园的山东创洁洗涤科技有限公司，是一家集洗衣粉、餐具洗涤剂等产品研发和销售于一体的企业。新冠肺炎疫情

◎山东省淄博市孝妇河湿地公园景色。新华社发

期间，公司正常产品生产基本停工，全力生产防疫用品。

"因为疫情，企业招工困难，人工成本上升。"公司副总经理董志说，在全面复工复产以后，受国外疫情影响，企业外贸订单数量急剧下降，原材料价格上涨，流动资金运营压力很大。了解到企业的困难后，国家税务总局嘉祥县税务局专家顾问团队第一时间实地到企业进行指导和帮扶，落实"应享尽享"优惠政策。截至 2020 年 7 月，该公司享受增值税增量留底退税 192868.53 元，城镇土地使用税优惠 7551.27 元，一次性用工补贴 223000 元。

"这些措施实实在在地帮助公司解决了流动资金紧张、用工成本上升等问题。"董志说，"税收优惠政策给企业带来了实质性的支持，让我们更有信心扩大经营，提供更多的就业岗位。"

市场主体是经济运行最基本单位，保市场主体是"六保"之基，保住市场主体才能稳住经济基本盘，才能留得青山，赢得未来。疫情发生以来，山东统筹推进疫情防控和经济社会发展，打出扶持政策组合拳，帮市场主体减压、闯关，出台了一系列政策措施，在融资担保、税费减免、公共服务等方面加大对中小微企业和个体工商户的支持力度。

2020 年 4 月，山东全省新登记企业 8.7 万户，新登记个体工商户 15.5 万户，总量分别发展到 323.7 万户和 737.5 万户；规模以上工业增加值增长 3.9%，固定资产投资增长 5.7%，生产生活秩序正在加快恢复，主要经济指标持续呈现回稳向好发展态势。

为做好"六稳"工作、落实"六保"任务，扶持个体经营者、小微企业等健康平稳发展，山东又推出《关于抓好保居民就业、保基本民生、保市场主体工作的十条措施》，把更多实惠送到广大市场主体手中。这些措施包括税费房租、社会保险、融资保障等方面内容，基本涵盖了涉及个体经营者和小微企业脱困发展的关键环节。

山东提出，力争 2020 年全省地方法人金融机构新增普惠小微信用贷款 300 亿元，人民银行济南分行对符合条件的机构给予贷款本金 40% 的无息再贷款支持。"一加一减"，山东逐步形成了降低小微企业和个体工商户税费负担、促进小微企业创新创业的政策支持体系。

■ 长 镜 头 ···

庆云县：专注做好"体育 +"文章

2020 年 6 月，山东省德州市庆云县紫金湖湿地公园，烟波浩渺，鱼翔浅底。夏日的清晨，这里已有不少前来锻炼和遛弯儿的居民，享受着静谧时光。

庆云县自然资源稀缺、产业基础薄弱，但把发展体育产业作为县域经济转型的重要抓手，借力获批"国家体育产业示范基地"的东风，不断布局具有前沿技术、引领未来产业发展的重大项目，为建设体育产业新高地蓄势筑基。

走进位于庆云县经济开发区的奥康达公司的出货仓库，一个个货箱整齐码放，一辆辆物流卡车正在有序装货。企业负责人魏成先介绍，通过电商平台，数字化智能室外健身器材正源源不断销往全国各地。

面对激烈竞争，庆云县坚持布局数字化、智能化体育产业企业，高标准谋划体育产业发展。庆云县世纪星文体器材有限公司自主研发设计的第二代智能健身器材一进入市场便成了"香饽饽"。"第二代智能健身器材由太阳能供电系统、器材主体、智能芯片及显示系统组成，通过创新把室内健身活动向室外引导，使群众健身更加科学化和智能化。"公司市场总监任文亮介绍说。

目前，该公司自主研发的第二代智能产品已有 50 余种。"庆云体育装备生产企业创新意识明显提高，企业装备产品创新能力不断提升，体育产业的市场竞争力也明显增强。"庆云县教体局副局长赵树良说。

当前，庆云已培育规模以上体育产业相关企业 69 家，产品涵盖健身器材、塑胶跑道、文教用品等十大系列、上千个品种，营销网点遍布全国 100 多个城市，打造了技术领先、链条完善、市场广阔的体育产业集群。同时，庆云县以大型赛事活动为切入点，发展体育赛事经济，体育与文化、旅游、康养、教育不断融合发展。

2020 年 6 月，庆云县举行重点项目集中开工仪式，在 9 个新开工项目中，落户庆云县体育装备与大健康产业园的盛鑫体育项目总投资 1.6 亿元，投产后可实现年产健身器材 20 万件。随着智能化设备的日益普及，体育与新兴产业也逐渐开始紧密结合，为庆云县体育产业转型升级提供了发展机遇。

为何众多体育产业龙头企业纷纷选择落户庆云？这不仅得益于庆云国家体育产业示范基地的建设，更是其打造服务型政府，推动政策、资金、人才等要素资源优先保障支持体育产业的生动体现。

受疫情影响，世纪星文体器材有限公司3—5月订单同比下降50%，6月份订单快速回升又给企业运转带来了一定的资金压力。得知这一情况后，庆云县金融服务中心主动作为，协调金融机构，为企业提供资金支持。"公司获得了500万元的低息贷款，切实缓解了公司的资金压力。"公司副总经理托寿林说。

项目聚则产业兴，产业兴则经济强。庆云县专门规划体育产业园建设，设立新旧动能转换基金，健全体育产业发展财政扶持体系，并与知名体育院校搭建合作平台，实现产学研无缝对接。

"当前，全县上下以解放思想为引领，以高质量发展为主题，聚焦体育产业这个重点工作，聚集资源力量，不断攻坚突破，努力将体育产业培育成县域支柱产业和幸福产业。"庆云县委副书记吕德山说。

■ **实践者风采** ·······

中铁二院北方公司路桥所副所长穆秀明：
坚守一线的高铁建设者

在济枣高铁的项目勘查现场，总能看到一个忙碌的身影：他时而前去查看设备勘探情况，时而对高铁沿线进行地质调绘。这个人，便是中铁二院北方公司路桥所副所长、高级工程师穆秀明。

济枣高铁是2020年山东省重大建设项目之一，是山东"四横六纵"高铁网的重要构成，是引导和带动山东旅游高质量发展的重要载体，也是构建沿线地区对外连接长三角、京津冀等地区快速客运通道的重要组成部分。

地质勘察作为工程设计和工程施工中的重要部分，直接影响建设工程的经济效益和质量安全。

工期紧、任务重、工作量大，穆秀明迎难而上，一直奋战在工程勘察的第一线，和工人们、技术人员们同吃同住，以最快速度推进济枣高铁的线路地质初勘工作，每天工作至深夜已成了他的常态。最终，所在团队保质保量地完成了全线的地质初勘工作。

出生于 1981 年的穆秀明，已经是同事口中的"老同志"，他主持或参与完成了日兰高铁日曲段，济南至莱芜城际铁路，沈阳至吉林电气化改造工程等几十项工程地质勘察设计工作。

日兰高铁日曲段是穆秀明独立负责的第一条高铁项目，在勘察过程中，线路必须经过的沂沭断裂带成为摆在他面前的一大难题。沂沭断裂带是全国较大的活动断裂构造带，发生地震时断裂带处易造成地表错位，危及高铁安全。

"针对沂沭断裂带对高铁的影响，集团有针对性地开展了综合物探和详细的钻探工作，查明了断裂的具体位置、活动特征、细部地层性质，优化线路方案，最大程度减少断裂带变形的影响。"穆秀明说。

工作 15 年来，穆秀明始终坚持做工作就要做到最好的信念。"在项目现场工作、解决现场遇到的问题已成了习惯，哪一次没到现场，心里就不踏实。以后，我还会坚持往工地多跑跑，争取能再参与几条高铁项目，为高铁事业多作贡献。"穆秀明说。

■ 启示与思考 ·································

誓夺"双胜利"　奋力开新局

习近平总书记强调："要坚持用全面、辩证、长远的眼光分析当前经济形势，努力在危机中育新机、于变局中开新局。"2020 年以来，面对新冠肺炎疫情带来的前所未有冲击，山东全面贯彻落实习近平总书记重要指示要求，按照

"走在前列、全面开创"目标定位，扎实推进八大发展战略，深入实施九大改革攻坚行动，在"稳"和"保"的基础上全力做好"进"的工作，奋力夺取统筹推进疫情防控和经济社会发展"双胜利"。

毫不放松抓好常态化疫情防控

山东省委坚决贯彻落实习近平总书记和党中央关于疫情防控决策部署，始终把人民群众生命安全和身体健康放在第一位，坚决打好疫情防控的人民战争、总体战、阻击战。

抓紧抓实抓细疫情防控工作。成立省委新冠肺炎疫情处置和经济运行应急保障两个指挥部，制定实施《关于贯彻落实习近平总书记重要讲话精神统筹推进新冠肺炎疫情防控和经济社会发展工作的实施意见》和常态化疫情防控方案等一系列政策措施。认真落实"四早""四集中"要求，全力做好排查检测、隔离救治、社区防控等工作。目前，全省所有县（市、区）均为低风险区。

有序推进复工复产。及时开通企业诉求网上平台和热线电话，建立常态化信息交流平台，协调解决企业复工复产面临的原材料供应、物流运输、用工招工、资金需求等问题。出台保居民就业、保基本民生、保市场主体等十条措施，组织开展"四进"攻坚行动，选派1.3万余名干部组成2586个工作组进企业、进项目、进乡村、进社区，沉到一线抓防控、抓发展、抓民生。

补齐公共卫生应急管理短板。针对抗击疫情大考中暴露出的问题，着力构建"平战结合、科学高效、功能完善"的公共卫生和重大疫情防控体系。成立省委重大疾病和传染病防治工作领导小组，改革疾控和中医药工作领导体制。制定医疗废物管理办法，推进野生动物保护、动物防疫等修法工作。实施疾控中心标准化建设工程，县级疾控中心全部建成生物安全二级实验室。启动省公共卫生临床中心和两个分中心建设，改进疾病应急救助基金管理办法，提高支付比例。

全力做好"扩、强、稳"工作

把落实"六稳""六保"任务作为重中之重，制定"六保三促"工作方案，出台支持中小企业平稳健康发展20条、推进外商投资19条、稳外贸稳外资

◎日照市阳光海岸绿道。新华社发

32 条等政策，经济发展实现企稳回升。

着力扩消费。把工作着力点放在扩内需促消费上，畅通产业循环、市场循环、经济社会循环，释放内需消费潜力。大力发展特色"夜经济"，重点培育30 个夜间消费集聚区。深入推进农商互联，新建改造一批集购物、餐饮、娱乐、托幼等于一体的乡镇商贸中心。鼓励支持发展"社区团购＋集中配送""中央厨房＋线下配送"等消费模式，在网上家政、在线教育等领域，加快培育壮大一批成长性品牌企业。深入挖掘旅游体验、休闲、康养等功能，打造一批"网红打卡地""网红餐厅"等，促进文旅消费提挡升级。

着力强投资。谋划实施总投资 7300 多亿元的 500 个新旧动能转换重大项目，分两批推进总投资 1.55 万亿元的 769 个补短板强弱项项目。着力加强"两新一重"建设，清单式管理、责任化推进。谋划推进城市社区综合服务设施、棚户区改造、老旧小区改造等项目，让城市更宜业宜居。2020 年以来，新开工建设高铁 5 条、1047 公里，高速公路 5 条、578 公里，综合交通设施完成投资 742 亿元。

着力稳外贸外资。统筹稳市场、稳份额、稳订单、稳外资，建立省级领导同志联系外贸外资企业制度，组建 549 支服务队，对重点企业开展定向服务。狠抓国际市场开拓，"一对一"研究重点国际市场，集中力量开拓日韩、东盟及"一带一路"市场。围绕"十强"产业,加大关键零部件、核心装备等高科技产品和日用消费品、原油等商品进口。加快推进跨境电商、市场采购贸易等外贸新业态新模式发展,打造一批集研发设计、数字营销、仓储物流等于一体的跨境电商产业园。谋划建设济青烟国际招商产业园,推出 104.3 平方公里产业净地,面向世界 500 强靶向招商。1—5 月全省外贸出口增长 2%,实际使用外资增长 1%。

矢志不渝推动高质量发展

坚持新发展理念,树立"最大的风险是不发展、最大的弱项是慢发展、最大的危险是乱发展"的观念,抓住疫情带来的产业迭代升级、区域弯道超车的"窗口期",毫不动摇推动山东经济转入高质量发展轨道。

坚定不移推进新旧动能转换。做到"三个坚决":坚决淘汰落后动能,开展化工安全生产转型升级专项行动,持续压减过剩和落后产业。坚决改造提升传统动能,实施智能化技改三年行动计划,推进"万项技改""万企转型"。坚决培育壮大新动能,大力支持"十强"产业和"四新"经济发展。把发展工

◎青岛市西海岸新区山水新城幼儿园的孩子们在快乐玩耍。新华社发

业互联网作为建设制造业强省的战略抓手，海尔"卡奥斯"、浪潮云入选全国十大"双跨"平台，"上云用云"企业超过 14 万家。

坚定不移推动创新型省份建设。锚定"跻身创新型省份前列"的目标，加快科教大省向科教强省转变。整合设立 120 亿元的科技创新发展资金，重点支持大科学计划和大科学工程。推进实施科技攻关"揭榜制"、首席专家"组阁制"、项目经费"包干制"，持续激发科研人员创造活力。强化创新平台支撑，组建一批新型研发机构，打造创新创业共同体体系，高新技术企业突破 1.1 万家。实施"现代优势产业集群＋人工智能"十大工程，培育龙头型、引领性企业，用创新赋能产业发展，加快构建优良产业生态。始终把人才作为第一资源，颁布《山东省人才发展促进条例》，出台"人才支撑新旧动能转换 20 条""人才兴鲁 32 条"，开展人才创业保险试点，人才创新创业环境加速改善。

坚定不移打造乡村振兴齐鲁样板。着眼农业强、农民富、农村美，健全乡村振兴的政策、标准、监测、考核四个体系，探索重塑城乡关系、推动城乡融合的新路子。坚决扛牢农业大省责任，建设高标准农田 5548 万亩，全力稳定粮食生产。积极开展现代农业产业园、农村产业融合发展示范园创建。深化农村土地"三权"分置改革，全省土地流转面积达到 3890 万亩。充分尊重和顺应群众意愿，扎实有序推进镇村建设，改善农村基础设施和公共服务，农村人居环境整治由点向面推开，新建改造农村公路 3000 公里，污水治理行政村超过 1.6 万个。

坚定不移打好"三大攻坚战"。打好脱贫攻坚战，建立监测预警体系，加强对脱贫不稳定户、边缘易致贫户动态监测，持续巩固提升 197.9 万脱贫享受政策人口脱贫成果，3.12 万人纳入即时帮扶范围，60 多万黄河滩区群众明年上半年全部迁入新居。打好防范化解重大风险攻坚战，对政治安全、意识形态、经济金融等 12 个方面重大风险逐一制定预案，全力防范化解，全省银行不良贷款率持续下降。打好污染防治攻坚战，落实"四减四增"三年行动方案，打好 8 场标志性战役，环境空气质量、国控地表水断面优良比例持续改善。

以改革攻坚释放制度红利

越是困难压力大，越要深化改革。2020 年是山东省委确定的全省"重点工作攻坚年"，也是"改革攻坚年"。全省上下一切围绕高质量发展、一切服务高质量发展，发起九大改革攻坚行动，53 项重点改革任务正有序推进。

健全要素配置机制。坚持市场化方向，建立"要素跟着项目走"机制，出台"标准地"改革指导意见，制定能耗指标收储使用管理办法，预支 10 万亩土地指标保障项目落地。全面推开"亩产效益"评价改革，采取差别化用水、用电、用气等政策，倒逼企业提高全要素生产率。深化财税金融体制改革，建立财政资金股权投资和"大专项+任务清单"机制，推行"金融辅导员"制度。

激发市场主体活力。加大减税降费力度，累计为市场主体减负超过 3200 亿元。以更大力度推进国资国企改革，"一盘棋"优化国资国企布局，推动国有资本加快向"十强"产业、优势企业、核心主业"集结"。开展省属企业改革绩效考核评价，压实改革主体责任。健全促进民企转型升级机制，实施企业上市"县域突破"工程，引导企业对接多层次资本市场。

持续优化营商环境。制定出台《关于持续深入优化营商环境的实施意见》及 19 个方面配套措施。开通企业诉求"接诉即办"平台，3 个工作日内回应答复企业诉求。健全"免罚清单"机制，对 267 项轻微违法行为不予行政处罚、19 项一般违法行为减轻行政处罚。首批在 20 个行业开展"一业一证"试点，破解"准入不准营"问题。

打造对外开放新高地。统筹对内对外开放，在融入国内循环中培育山东优势，在融入国际循环中服务国家大局。推动中国（山东）自由贸易试验区加快制度创新步伐，初步形成"人才有价""跨国不见面办理"等成果。加快中国—上海合作组织地方经贸合作示范区建设，打造"一带一路"国际合作新平台。全面推进开发区体制机制改革，推行"党工委（管委会）＋公司"运作模式。跟踪推进与日韩合作平台及机制建设，不断扩大地方经贸合作成果。

（作者：中共山东省委理论学习中心组）

山西篇

"六新"攻坚战

生 态 环 境

营 商 环 境

■ **新时代·新实践** ···

坚定不移将转型综改进行到底

2020 年 5 月 11 日至 12 日，习近平总书记在山西考察时指出："对山西来说，转型发展既有紧迫感，更要有长远的战略谋划，不能等到资源枯竭了再来搞转型。"他对山西寄予厚望，"路子对了，就要坚持走下去，久久为功，不要反复、不要折腾。希望山西在转型发展上率先蹚出一条新路来。"

同时，中共山西省委十一届十次全体会议审议通过了《关于贯彻落实习近平总书记视察山西重要讲话重要指示在转型发展上率先蹚出一条新路来的实施方案》，坚持把转型发展作为山西经济工作和各项事业的努力方向，凝聚起推动转型发展的强大正能量，真正构建起"一切为了转型，一切服务转型"的工作格局，坚定不移将转型综改进行到底。

打好"六新"攻坚战、争夺战

在山西潞宝兴海新材料有限公司生产车间内，一根根白色的纤维在集束架上快速上丝，经过导丝机、水浴槽、牵伸机等机器三级拉伸，完成卷曲、定型、切割、装包后，成袋的锦纶短纤维呈现在眼前。2019 年 10 月，年产 3 万吨的潞宝尼龙 6 短纤维项目正式建成投产，这是目前世界上最大的尼龙 6 短纤维项目。

潞宝尼龙只是山西转型发展的一个缩影。提起山西转型，人们说得最多的一句话就是"因煤而兴，因煤而困"。如何摆脱对煤炭的过度依赖、形成多元支撑，是山西转型发展的实质和关键。

◎山西省侯马市，大型机械在侯马段上交火车站进行更换轨枕作业。王文华摄

在山西考察期间，习近平总书记特别强调，"大力加强科技创新，在新基建、新技术、新材料、新装备、新产品、新业态上不断取得突破"。"六新"代表着先进生产力变革趋势，代表着新兴产业、未来产业发展方向。山西省委坚定落实习近平总书记重要指示，提出要以敢为人先的勇气和胆识抢占先机，坚决打赢打好"六新"攻坚战、争夺战。

山西经济的"发动机"正在由资源驱动向创新驱动稳步转换。

新材料是战略性、基础性产业，是"六新"突破的重点领域之一。山西的"野心"是把新材料产业打造成为山西转型发展的支柱产业。

截至 2019 年底，山西已拥有新材料规模以上企业 150 户，实现营业收入1295.9 亿元。总体看，在半导体材料、碳基新材料、生物基新材料和特种金属材料四个特色领域，山西部分细分行业已达到国内领先地位，部分产品和技术接近国际水平。

山西综改示范区武宿综合保税区，禧佑源航空科技再制造中心的飞机拆解机库已完成封顶。这是目前山西最大的单体钢结构建筑。项目投产后，将带动形成有规模、有优势、有竞争力的特色航空产业集群。

2020年以来，山西固定资产投资形势出现了新的变化，不仅投资增速保持了稳定增长势头，而且转型发展的力度进一步加强，实现了在投资建设中推进转型发展，在转型发展中加快投资增速的运行格局。

面对新冠肺炎疫情影响，2020年1—5月，山西固定资产投资同比增长7.8%，增速位居全国第四。转型升级与结构优化推动工业制造业投资较快增长，全省工业投资同比增长15.2%。在全省制造业投资中，高科技制造业投资增长39.3%，食品、医药、装备制造业投资分别增长34.3%、18.4%、26.9%。山西在"六新"攻坚战中实现了"开门红"。

打赢蓝天、碧水、净土保卫战

2020年7月1日，汾河治理迎来重要的阶段性进展。山西省生态环境厅对外发布：监测数据显示，2020年1—6月，汾河流域13个国考断面全部退出劣V类水质，累月及单月水质均创历年同期最优。

由于历史原因，汾河水一度受到严重污染，出现有河无水、有水皆污的状况。为了不让母亲河"哭泣"，2019年5月12日，《山西省人民政府关于坚决

◎山西省太原市轨道交通2号线一期工程T2、T3列全自动列车运抵小店南车辆段。史晓波摄

打赢汾河流域治理攻坚战的决定》正式施行，一场保护母亲河的攻坚战全面打响。

经过大力整治和治理，臭水沟变成景观带，尘土道变成快速路，盐碱地变成大公园……原本让群众苦不堪言的"污水河""垃圾道"变身美丽风景线，越来越多的人享受到了由此带来的"绿色福利"。

作为生态环境十分脆弱的省份，山西下定决心，绝不再走"先污染、后治理"的老路，绝不减弱"铁腕治污"高压态势，绝不降低环保倒逼转型的标准和力度。

近年来，山西突出精准治污、科学治污、依法治污，全力推进蓝天、碧水、净土保卫战，污染防治攻坚战取得关键进展，生态环境质量持续改善。

2019 年 7 月 1 日至 10 月 15 日，山西省开展违法排污大整治"百日清零"专项行动。据统计，专项行动累计检查污染源近 2.23 万个、整改完成问题 5294 个，清零率达到 98.71%；查处典型案件 316 件，罚款金额 1.25 亿元。其中，道路扬尘、柴油车冒黑烟、禁煤区原煤散烧等问题的清零率均已达到 100%。

山西省生态环境厅党组书记、厅长潘贤掌表示，这次"百日清零"行动之所以赢得了群众的认可，最根本的就是我们始终和老百姓坐在一条板凳上，坚决同环境违法行为作斗争，露头就打、不停地打，让环境违法行为无处遁形。

如何持续巩固山西的蓝天白云成果？山西出台了一系列政策措施：2020 年山西煤炭产业将退出产能 1500 万吨以上，煤炭洗选能力压减到 18 亿吨 / 年左右，焦化产业压减过剩产能 4027 万吨；对煤炭、钢铁、电力、焦化四大优势传统产业企业，支持"上新压旧""上大压小""上高压低""上整压散"；优先支持绿色能源、先进制造业、数字产业，以及生物产业、现代物流等战略性新兴产业入驻高新技术开发区和经济技术开发区……

强力治污之下，山西空气质量改善有目共睹。2020 年 1—4 月，山西省 11 个设区市环境空气质量综合指数同比下降 15.3%；空气质量优良天数共计增加 134 天，优良天数比例增加 9.6 个百分点；重污染天数共计减少 28 天。

打造"六最"营商环境

转型治污，是为恢复"人说山西好风光"的美景而努力，如何唱响"人说山西好环境"则是山西转型发展迫切需要解决的问题，这里的环境是指"软环境"。

为了改善"软环境"，山西真的"拼了"，给自己定的目标是：营商环境进入全国第一方阵。

2017 年，山西把企业投资项目承诺制作为深化"放管服"改革，打造审批最少、流程最优、体制最顺、机制最活、效率最高、服务最好的"六最"营商环境重大突破口，出台一系列政策性文件。经过几年的实践，山西省承诺制改革取得了重大进展和成效，试点项目已达 5000 多个，企业自行办理事项由原来的 30 项缩减为最多 6 项，缩减约 80%。过去由政府审批的 14 个事项改为政府统一服务事项，项目从立项到开工时间平均缩短一半以上，社会投资活力大大激发。

2019 年 10 月 10 日，山西省打造"六最"营商环境、建设服务型政府的政务信息化标志性项目"一部手机三晋通"APP 正式上线运行。截至 2020 年 6 月 30 日，累计上线事项 1415 项，注册用户达 803 万户，有效推进了山西省政府治理现代化，提升科学治理能力和水平。

◎山西省永济市虞乡镇将优质小麦秸秆作为奶牛草料进行回收利用，增加农民额外收入。姜桦摄

"一部手机三晋通"APP 历经多次迭代升级，涉及全省 33 个厅局，围绕办理、查询、审批、预约、缴费等 5 个服务功能，包括了社会保障、户籍办理、法律服务等 23 个办事主题，涵盖了"我要办社保、我要办户口、我要婚育"等 16 个特色主题，省、市、县三级 65294 项行政审批类事项实现指南查询，打造出"一个软件管全省"的数字山西新局面。

山西作为全国第一个全省域、全方位、系统性的国家资源型经济转型综合配套改革试验区，于 2017 年 2 月整合太原市、晋中市 8 个主要产学研园区，设立了山西转型综合改革示范区。

在山西转型综合改革示范区展厅内的电子大屏能够清楚看到，在政策体系方面，顶层设计了"3+26"政策体系，打造了精准、规范、廉洁、高效的政策兑现模式；在服务体系方面，"一话通办"提效率，"一网通办"管效能，打造了"一枚印章管审批、一个大厅管服务、一支队伍管执法"三个一平台。

2020 年 2 月，山西出台《应对疫情支持中小企业共渡难关的若干措施》，对帮助中小企业增强信心、复工复产、渡过难关起到积极作用。3 月 1 日，《山西省优化营商环境条例》正式施行，扫清了山西优化营商环境改革过程中遇到的困难和障碍。

位于太原市某大型商场的一家主要经营进口化妆品的店铺经理康珊说："商场给我们所有商户减免了 2 月份的租金，3—5 月的租金给予 5 折优惠，物业费 6 折收取。目前商场人流量已有明显提升，相信未来一定会越来越好！"

■长镜头 ....

山西大同：从"一煤独大"到"转型尖兵"

塔吊林立、机器轰鸣、焊花飞溅……仲夏时节，作为山西省十大重点能源项目之一的大同隆基乐叶一期 3GW 单晶电池项目建设工地热火朝天。该项目建成后将进一步助推大同新能源产业快速发展壮大。

2020 年初，大同市把以项目支撑的高质量转型发展定为 2020 年经济发展的"主基调"，通过引进一批战略性新兴产业项目，培育壮大新的增长点、增长极。一季度，该市签约招商引资项目达 62 个，总投资达 254.86 亿元。

能源革命的"新能源之都"

2020 年 4 月 16 日，总投资 40 亿元的现代医药健康产业园项目在大同经济技术开发区正式开工建设。未来，这里将形成大健康产品生产基地、特色原料药生产基地、成品药生产基地等三大产业基地以及一个物流配送中心，形成国内领先、国际一流的综合型医药健康产业集群。

作为老牌资源型城市的大同，如何刷新"煤都"老印记，破解"兴于煤、困于煤"的难题？"在新基建、新技术、新材料、新装备、新产品、新业态上不断取得突破，是培育转型动能的必然要求，是构建创新生态的关键之举，是大同转型发展的现实路径。"山西省委常委、大同市委书记张吉福的话语铿锵有力。

2020 年，大同经济技术开发区共引进新能源转型项目 21 个，目前有 9 个项目已经开工，为打造引领全市经济高质量转型发展的"主阵地"打下坚实基础。

"风光电"成转型新动能

一排排光伏发电板整齐划一，深蓝色的多晶硅组件在太阳的照射下熠熠生辉……通过航拍镜头俯瞰，光伏板组成了两只熊猫形象。它们被命名为"起起""点点"，已成为大同新能源发展的形象大使。这座大同市与联合国开发计划署合作建立的熊猫光伏电站未来可提供 32 亿千瓦时的绿色电力，相当于节约标准煤 105.6 万吨。

加速发展新能源和清洁能源，大同市已经走在山西省的前列。截至 2019 年底，大同市新能源装机 466 万千瓦，占全市电力装机容量的 35%。

在大同市云冈区与左云县接壤的连绵起伏的山峦上，一排排光伏板如波似浪、熠熠生辉。这里曾是生态治理的一大难题。如今，这里建成了全国首个光伏"领跑者"基地——大同采煤沉陷区国家先进技术光伏示范基地。预计到

2020 年底，大同市风电、光伏等新能源占比将达 50%。

科技创新成转型"新动力"

2020 年 4 月 3 日上午，大同市云冈区富达昌煤机公司与太原理工大学、山西大同大学达成意向，共建"校企战略合作基地"，双方合作提高学生综合实践能力和企业的创新能力。

在高质量转型发展的过程中，大同始终把打造创新生态作为战略之举，统筹推进创新平台打造、尖端人才引进、科技成果转化、政策机制制定，对标世界眼光、国际标准，完善了大同国际能源革命科技创新园的建设标准，并全面开工。

依托大同国际能源革命科技创新园，吸引中科院工程热物理研究所大同分所、清华启迪大同能源产业创新中心等 12 大科技创新平台进驻园区，吸纳集聚 28 名两院院士、77 名专家组建了大同新能源战略咨询委员会。

"未来，大同将根据资源型地区特点，大力引进高素质人才，攻克一批关键核心技术，落地转化一批科技成果，在'六新'上不断取得突破，助力经济社会高质量发展。"大同市市长武宏文的这番话，说出了大同未来在科技创新上的努力方向。

■ **实践者风采**

太原理工大学于盛旺科研团队：
让煤层气变成"金刚石"

但凡对煤矿了解的人都知道，煤层气俗称"瓦斯"，是煤炭开采过程中最大的安全隐患。然而，太原理工大学教授于盛旺和他的科研团队却把它变成了价值极高的"金刚石"。

从一间锅炉房改造的实验室、8 万元项目启动资金起步，于盛旺用了 6 年时间，首创煤层气人工合成金刚石。正是看重这项技术创新的可观前景，山西省大型煤炭企业——阳煤集团出资 3.5 亿元，与太原理工大学合作成立山西新碳超硬材料科技有限公司，加速"煤层气生产金刚石"项目的产业化和推广应用，为山西煤层气资源找到了一个"论克拉卖的价值链"。

起步时，于盛旺与 10 余位志同道合的老师一同创建了超硬材料实验室，将学校一间废弃的锅炉房改造成项目组的实验室。当时做实验用的原料气体价格昂贵，为了省钱，于盛旺骑着自行车跑遍太原市找原料。"有一次调研，我看到山沟里全是矿井，矿井地下的瓦斯气体主要成分就是我们做金刚石的一个原料。"

山西煤层气资源丰富，这么多的煤层气为什么不能用来有效降低生产成本？于是，于盛旺开始尝试用煤层气来合成金刚石。于盛旺介绍说，金刚石是自然界最坚硬的物质，被誉为"21 世纪战略性材料"。由于国内人工合成技术落后，国外实施高端产品封锁，我国把自主研发合成金刚石作为打破国外垄断的战略攻关项目。

"为节约开支，我们自己模拟计算，定制零部件，回来动手组装。"于盛旺介绍说，现在实验室里 80%的设备都是他们自主研发制作的，用这套生产线，成本降低了 70%。

功夫不负有心人。2014 年，于盛旺团队设计制造出一套能够长时间连续生产的第一代高功率微波等离子体化学气相沉积金刚石生产装置，使煤层气成为金刚石生产的电力燃料气和反应原料气，反应后的低碳尾气再次成为电力燃料助燃气，实现了煤层气的闭环应用。

"我们现在做一克拉金刚石最低端产品需要 10 立方米的煤层气，成本约30 元；一克拉金刚石按最低价可卖 200 元，等于涨了 6 倍多。"于盛旺说，目前装置已经发展到第五代，与国际上同类装置相比较，制造成本仅为国外的几分之一，而生产同类别金刚石的效率却提高了 2 至 4 倍。

为感谢学校的知遇之恩，于盛旺团队将所研发的装置以太原理工大学的英文缩写"TYUT"命名，该装置及相关技术获得了国家发明专利授权。短短 6年时间，实验室固定资产已经增值了上千倍，申报的专利近 30 项。

■ **启示与思考** ···

山西：努力在转型发展上率先蹚出一条新路来

在决胜全面建成小康社会、决战脱贫攻坚的关键时刻，习近平总书记来到山西，就统筹推进常态化疫情防控和经济社会发展工作、巩固脱贫攻坚成果进行调研，提出"在转型发展上率先蹚出一条新路来"重大任务要求，为山西实现转型发展、奋力推进社会主义现代化建设指明了前进方向、提供了根本遵循。山西牢记嘱托，坚定扛起重大历史使命，省委召开十一届十次全会进行全面部署，动员广大党员干部进一步强化思想武装、凝聚共识合力，按照"四为四高两同步"总体思路和要求，以转型发展作为经济工作和各项事业之纲，以敢为人先的勇气胆识和换道领跑的竞争姿态，在"率先"上抢先机、在"蹚出"上下苦功、在"新路"上勇探索，乘势而上书写山西践行新时代中国特色社会主义的新篇章！

坚持转型为纲　先行先试闯出新路

转型发展是必由之路。山西作为能源重化工基地，为国家发展作出重要贡献，但也导致产业结构失衡、生态环境遭受破坏等问题。山西经济发展及工业结构演变进程，特别是全省经济从断崖式下滑到稳中向好再到转型发展呈现良好态势的变化，充分表明山西的唯一出路是从根本上摒弃粗放型发展方式、先行先试走转型道路。目前，山西转型发展已真正起步并形成良好态势，2019年全省工业战略性新兴产业、高技术产业增加值增速分别快于规模以上工业增速 2.1 个和 0.6 个百分点，非煤工业增长 6.5%（制造业增长 7.0%），对全省工业增长的贡献率达到 61.2%，超过煤炭工业 22.4 个百分点。

坚定推动项目落地。山西把转型项目建设作为硬任务、硬指标、硬抓手，开展投产一批、开工一批、签约一批"三个一批"活动，用一个个项目为转型发展夯基垒台、架梁立柱。围绕千亿产业培育和标志性产业集群两大重点，实施工业转型升级项目"百千工程"，多措并举推动工业转型升级。2019 年，山

◎绿色发展的大同。李毅摄

西工业技改投资、高技术产业投资均明显快于全省投资增速。2020年一季度，共确定省级重点工程248项，产业转型项目占54%；1—5月份，制造业投资增长6.3%，其中高技术制造业增长39.3%，食品、医药、装备制造分别增长34.3%、18.4%、26.9%，安排20亿元财政资金推动乡村振兴重点项目落地。

坚定深化改革举措。山西把改革作为推动高质量转型发展的关键一招，持续深化基础性、全局性、牵引性重大改革，推动形成支撑转型发展的体制机制。基本完成以管资本为主的国资监管体制改革，成立全国首家省级层面的全局性、战略性的国有资本运营公司，组建文旅集团、大地控股、云时代、华远国际陆港、华舰体育等新的国企旗舰劲旅，打造支撑高质量转型新的顶梁柱。加强晋中国家农高区建设，推动谷城院一体化发展。打造"六最"营商环境、深化企业投资项目承诺制改革，省级以上开发区一般工业项目实现了"全承诺、无审批、拿地就可开工"。

坚定提升创新能力。山西牢固树立创新发展的理念，以创新生态为基础性全局性战略性任务，深入推进"1331"工程、"136"工程，启动实施"111"工程，实现多个国家级重大科技创新平台零突破；出台山西人才新政"12条"，高端创新人才培育引进加快；创造性实施"人人持证、技能社会"工程，全力打造一支知识型、技能型、创新型劳动者大军。滚动实行重点项目攻关"揭榜挂帅"，吸引清华大学等23家国内顶尖团队，T1000高端碳纤维、光伏异质结组件、低浓度煤层气发电机组等一批先进产品和技术取得突破，"智创城"省级双创中心启动运营。深化"三评"改革、科研院所改革、科技"放管服效"改革，激发了科技创新主体的积极性创造性。

聚焦"六新"发力　抢占先机成就大业

"六新"代表先进生产力变革趋势。习近平总书记视察时特别强调，大力加强科技创新，在新基建、新技术、新材料、新装备、新产品、新业态上不断取得突破。"六新"把握新兴产业、未来产业方向，是山西蹚出新路的方向目标和路径要求。

坚持以创新驱动为逻辑起点。山西以"六新"突破为牵引，加快实现资源驱动向创新驱动转换，打造战略性新兴产业集群创新生态子系统，带动产业基础高级化和产业链现代化。截至2020年6月，全省开通5G基站7738座，在"5G+智能矿井""5G+工业互联网""5G+远程医疗""5G+智慧文旅"等领域成效明显，疫情期间全省16家定点诊疗医院实现了"5G+互联网"模式远程会诊。运用数据中心设计机架数年均增长率61%，高于全国27.8%的水平，国科晋云先进计算中心、吕梁天河二号云计算中心等超算中心计算能力全国领先，百度数据中心部署运行15万台服务器，存储规模、计算能力和环保节能均属亚洲领先水平，云中e谷、秦淮等超大型数据中心服务器规模排国内前列。同煤集团建设完成煤炭行业第一个标识解析二级节点，可为整个煤炭行业提供标识解析服务。

坚持以新技术为核心要素。"六新"是一个高度关联、互为支撑、互为促进的有机系统，核心是新技术。山西深入实施创新驱动、科教兴国、人才强国重大战略，加快补齐创新能力短板，破解"卡脖子"技术问题，抢占技术创新制高点，以核心技术突破支撑转型发展。"手撕钢"、碳纤维、煤系高岭土等一些领域已处于全国乃至世界领先水平，太钢集团自主研发厚度0.02毫米、宽640毫米的"手撕钢"成为世界首创。第三代半导体碳化硅走在全国前列，山西烁科晶体有限公司 4 英寸 4H—SiC 衬底国内市场占有率达 50%，中北大学研制多型量子传感器件与测试仪器达到国际领先水平。

坚持以培育壮大新动能为战略举措。发展新产业、培育新动能是转型发展出路。山西围绕"六新"抓项目、建生态、抓双创、定标准，着力合成生物、信创、半导体、大数据、新材料等 14 个战略性新兴产业，以全生命周期服务拓展高新企业、高校院所、工程实验室、产业集聚区等创新平台，依托智创城构建低成本、便利化、全要素、开放式的众创空间，全面提高科技法律、财政金融、人力资源、成果转化、减税降费、创业辅导等服务水平和效率，统筹抓好标准体系建设、体制机制创新、标准人才培养、标准化战略性研究等工作，"六新"突破的系统效应正在显现。

强化使命担当　久久为功擘画宏图

在转型发展上率先蹚出一条新路是一场新的革命。山西坚定扛起这一使命，部署《关于贯彻落实习近平总书记视察山西重要讲话重要指示在转型发展

◎位于太原市晋源区的太原植物园内，施工人员正在加紧展览温室外墙面及内装建设和布展工作。孙荣祥摄

上率先蹚出一条新路来的实施方案》6 个方面、65 条、334 项举措，明确标准要求、完成时限，推动责任、措施、落实、成效到位，在转型大考中交出完美答卷。

坚定战略定力。习近平总书记指出："对山西来说，转型发展既有紧迫感，更要有长远的战略谋划，不能等到资源枯竭了再来搞转型。""路子对了，就要坚持走下去，久久为功，不要反复、不要折腾。"山西坚定树立"转型为纲"鲜明导向，一体推进观念转型、经济转型、方式转型、路径转型、动力转型、结构转型、机制转型、管理转型，构建"一切为了转型，一切服务转型"发展格局，正在凝聚起推动转型发展的强大力量，坚持不懈将转型综改进行到底。

加强战略谋划。肩负这一历史使命，科学编制规划至关重要。山西坚持以习近平新时代中国特色社会主义思想为指导，以习近平总书记视察山西重要讲话重要指示为根和魂，按"四为四高两同步"总体思路和要求，从战略上定好位，战术上谋好篇，战法上打好牌、出好招、下好棋，重点实施"十大战略"，以变革性、牵引性、标志性举措，确保"十四五"时期"转型出雏形"，为完成转型目标任务奠定坚实基础。

聚起奋斗力量。山西全省上下一心、团结奋斗，树牢"以结果论英雄"鲜明导向，干事创业激情迸发，真抓实干氛围日益浓厚。2020 年一季度，尽管新冠肺炎疫情冲击突如其来，但全省主要经济指标基本实现"一季度正增长指标增幅高于全国平均水平、负增长指标降幅低于全国平均水平"的预期目标。山西将紧紧围绕转型发展谋划推动经济工作和各项事业，凝聚各方面的智慧和力量，在转型发展率先蹚出新路上建立辉煌功业。

（作者：杨茂林，系山西省中国特色社会主义理论体系研究中心研究员，
山西省社会科学院（山西省政府发展研究中心）党组书记、院长）

陕 西 篇

产业结构优化
创 新 驱 动
"三 个 经 济"

■ **新时代·新实践** ···

向改革要动力　向开放要活力

2020 年 4 月，习近平总书记在陕西考察时，对陕西作出奋力谱写新时代追赶超越新篇章的重要指示，提出推动经济高质量发展迈出更大步伐、打造内陆改革开放高地、推动生态环境质量持续好转、加强民生保障和社会建设、推动全面从严治党向纵深发展等五项要求。这为陕西在新时代做好各项工作指明了前进方向、提供了思想武器、注入了强大动力。

近年来，陕西坚持新发展理念，坚持以供给侧结构性改革为主线，持续下大气力加快推进经济结构战略性调整，加快推进产业优化升级；持续推动科技和经济紧密结合、创新成果和产业发展紧密对接，努力在创新驱动发展方面走在前列；持续发力枢纽经济、门户经济、流动经济"三个经济"，主动融入"一带一路"大格局，各项事业取得了长足进步。

结构优化　经济高质量发展行稳致远

几年前，陕西发展面临诸多挑战：部分传统行业产能过剩，新兴产业还不足以支撑经济发展；第二产业占比较高，"煤主沉浮"的格局没有得到彻底改观；资源环境约束加剧……

陕西经济发展中存在的不平衡不协调不可持续等问题，症结在结构，难点在结构，突破点也在结构。有专家指出，陕西产业结构低端化状况不改变，经济整体素质、效益、竞争力、可持续性就永远难以改观。

那么，如何在结构优化、产业升级、发展方式转变中蹚出一条既有质又有量的可持续发展之路呢？

创新是引领发展的第一动力，是建设现代化经济体系的战略支撑。在中国科学院西安光学精密机械研究所 10 号楼，工作人员正在使用自主研发的超快激光装备进行部件加工。"核心技术靠化缘是要不来的，必须靠自力更生。"研究员杨小君指着墙上的大字，道出了陕西 100 多万名科研人员的心声："习近平总书记的话一直激励着我们，要坚持自主研发、自力更生，解决那些'要不来的'核心技术！"

搬运、加工、测量……在陕西法士特汽车传动集团有限公司铝合金变速器壳体自动化智能生产线上，橘黄色工业机器人灵活地转动机械臂，娴熟地完成各项作业。复工复产以来，近 200 台工业机器人与 50 条智能化生产线 24 小时同频共舞，3 月份变速器产销就突破 10 万台，产能与 2019 年同期持平。作为我国知名的高品质汽车传动系统制造商和供应商，法士特的复产达产，"唤醒"了产业链中上游的大小供应商。

车辆无人驾驶却精准完成转弯、停车等一系列动作……2019 年 11 月 17 日，第十一届中国智能车未来挑战赛上，西安交通大学的"先锋号"无人

◎陕西省宝鸡市汽车产业取得长足发展。图为 2020 年 4 月 15 日，工人在轻型变速器生产线上工作。新华社发

驾驶智能车一鸣惊人，勇夺第一。以"先锋号"智能车为代表，近年来，陕西在机器学习、图形识别、无人系统、智能机器人等人工智能领域形成了近30个世界领先的国家级科研成果。

将科技和经济紧密结合、创新成果和产业发展紧密对接，产业技术创新体系进一步健全，形成具有陕西特色和优势的创新驱动发展体系。近年来，陕西大力推进军民、部省、央地融合发展，各类创新平台纷纷落地；国家科学技术奖获奖数量、技术合同交易额位居全国前列；各类科技资源加速转化为发展新动能，单晶硅产品产量达到全球第一，大型运输机、闪存芯片、高端液晶面板等成为陕西制造新名片。

牢记嘱托，直面挑战，主动变革，走出一条产业转型升级之路。近年来，陕西充分利用工业体系完整、产业集聚度高的优势，新支柱产业加快形成，新能源汽车产业链日益完善，新一代信息技术产业发展壮大，航空航天产业聚集了全国30%的研制生产能力。快速崛起的新动能，正在重塑陕西经济增长的新格局。

着力推进区域协调发展，充分发挥各地区比较优势，增强创新发展动力。

◎陕西省宝鸡市太白县咀头镇七里川村鲁冰花产业园内的鲁冰花、金鸡菊、蓝香芥等花卉竞相绽放，吸引大批游客前来参观。新华社发

近年来，陕西加快建设西安国家中心城市和关中平原城市群，推进关中协同创新发展、陕北转型持续发展、陕南绿色循环发展，三大区域各有特色、互为支撑的格局逐步形成。而今，陕西各区域优势正在转化为以产业为支撑的市场优势和经济优势。

密织交通 "一带一路" 坐标清晰

2020 年 4 月 9 日 9 时 25 分，由曼谷飞来的全货机搭载着榴莲、山竹、菠萝等 10 余吨货物降落在西安咸阳国际机场。4 个半小时后，7 吨榴莲被装载到中转至杭州、广州的全货机以及北京航线腹舱上，销往全国各地。

近年来，随着"一带一路"建设深入推进，陕西紧抓机遇，进一步织密航空网络，将对外开放的"触角"推进至中亚、中东欧、非洲和南亚地区，构建起联通世界的航空大通道。2019 年，西安咸阳国际机场开通至迪拜、里斯本、伊斯坦布尔等 19 条直达客运航线，国际业务取得跨越式发展。

如今，从西安咸阳国际机场飞往世界各地的航线越来越多，国际及港澳台航线累计达 88 条，通达全球 36 个国家、74 个主要枢纽和旅游城市。其中，通达"一带一路"沿线 20 个国家、43 个城市，"一带一路"沿线国家的覆盖率超过 30%。

同时，2013 年 11 月以来，西安先后开通至中亚五国、德国、波兰、匈牙利、伊朗及阿富汗、芬兰、

◎陕西省渭南市潼关县因地制宜，发展花椒产业。图为 2020 年 7 月 16 日，村民在采收花椒。新华社发

白俄罗斯、俄罗斯等 13 条国际班列线路，货品遍布"一带一路"沿线 40 多个国家和地区，基本实现了中亚及欧洲地区主要货源地全覆盖。

连点成线、织线成网的中欧班列"长安号"，不仅满足了三秦老百姓的采购需求，还吸引了更多资源向陕西聚集。"现在'长安号'不仅运货，还开始挑货。符合陕西产业发展需求、距离近、货值大的货，我们优先选择。"西安国际陆港多式联运有限公司总经理邵博尔说，来自全国 29 个省市的货源汇聚在西安港集散分拨，西安港正在成为全国重要商流、物流、信息流、资金流集散中心。

如今，陕西在"一带一路"中的坐标越发清晰：织密交通网，服务"一带一路"，陕西依托自身区位优势，一步一个脚印，不断提速现代交通体系建设，着力完善现代综合交通运输体系，公路、铁路和航空发展不断取得新突破。随着在全国交通运输系统中地位不断提升，陕西加速构建全方位对外开放新格局，加快融入全球分工体系。2019 年，陕西实现引进内外资分别增长 10.4% 和 12.9%，在"一带一路"沿线国家和地区投资增长 49.1%，开放发展的路径更加清晰、举措更加有力、脚步更加坚实。

◎ 2020 年 4 月 8 日，满载 50 个集装箱太阳能板的 75019 次中欧班列从陕西新筑车站驶出。这趟首开列车发往西班牙巴塞罗那，全程约 12000 公里。新华社发

内联外畅 "三个经济"动力强劲

陕西位于中国版图中心部位，也是欧亚大陆桥的重要交通枢纽。近年来，陕西加快"国际运输走廊"和"国际航空枢纽"建设，西安、宝鸡、延安入选国家物流枢纽布局承载城市。一个"米"字形高铁网，正在三秦大地加速铺开。

作为"一带一路"重要节点，陕西正在大力发展枢纽经济、门户经济、流动经济。

从 2020 年 7 月 1 日起，中欧班列公共班列（西安）常态化开行两条线路，每天共开行 4 班，2 去 2 回，全程运行时间稳定，西安的门户、枢纽作用进一步发挥。2020 年上半年，中欧班列"长安号"共开行 1667 列，是 2019 年同期的 2 倍；运送货物总重 130.1 万吨，是 2019 年同期的 1.9 倍，重载率、货运量、开行量稳居全国前列。在中欧班列运输协调委员会高质量开行排名中，2020 年"长安号"连续 6 个月居全国第一位。

开放的枢纽，让陕西与世界的融合更紧更密——以西安为中心通往国内主要城市的"高铁一日生活圈"初步形成：西安咸阳国际机场年旅客吞吐量居全

◎陕西省汉中市汉江湿地植被葱翠、江水秀美。新华社发

国机场第七位、货邮吞吐量增速持续位列全国十大机场第一。

奶制品、巧克力、杯子……2019 年 4 月 8 日，西咸新区空港新城跨境电商保税备货公共仓，码放着来自美国、澳大利亚等国家的进口商品。当日，空港新城完成陕西首单跨境电商保税备货业务。2019 年，空港新城累计完成跨境电商保税进口货值 1439.8 万元，占陕西保税备货业务的 74.1%。

依托西咸空港、西安国际港务区等综合保税区和陕西自贸试验区等对外开放门户平台，陕西省"平台＋贸易＋产业"形成了良性循环。开放的门户，让陕西筑起对外开放新高地——三星储存芯片等一批千亿级龙头项目落地投运；跨境电商综合试验区"两平台六体系"初步建立，300 余家跨境电商企业入驻；78 家世界 500 强企业在陕西投资设立 121 家外资企业。

繁忙的内陆港口、奔驰的国际班列，是陕西开放发展的最好见证。正如陕西省委书记刘国中指出的那样，今日之陕西正在大力推动要素合理流动，促进人流、物流、能量流、资金流、信息流高效集聚，努力使市场在资源配置中起决定性作用。陕西在改革中发展，在开放中融合，枢纽经济、门户经济、流动经济"三个经济"活力日益彰显。

■ 长 镜 头 ···

西安：加速向幸福之城迈进

2020 年 7 月 15 日，在陕鼓集团工业园区的总装车间里，一个直径为 2.4 米的超大型转子正在等待组装。它是陕鼓集团自主研制、拥有世界领先水平的全球最大 AV140—18 轴流压缩机转子，5 月份刚刚成功通过高速动平衡测试。

此前的 1—5 月，陕鼓集团作为西安市先进制造业重点企业，抗疫复产两不误，总销售额同比增长达 146.78%，合同履约率达 100%，实现逆势增长。

工业生产提速、投资增长加快、消费逐步回暖、进出口总值增长、金融市场稳定……面对疫情考验，西安经济在变局中开新局，实现高质量发展。

西安出台了有效应对疫情促进经济平稳发展的若干措施，围绕减成本、扩投资、稳就业、促发展等方面为企业纾困解难，全市 1521 家规模以上工业企业 3 月 1 日全部复工。1—5 月，全市固定资产投资（不含农户）同比增长 7.7%，比 2019 年同期提高 0.8 个百分点，其中，制造业投资增长 45.2%，高技术产业投资增长 93.7%。计算机、通信和其他电子设备制造业固定资产投资同比增长 183.9%。

与此同时，西安充分发挥重点项目引领带动作用，持续扩大有效投资，"扩大投资"与"项目带动"相互促进，已形成西安推动发展的合力。全市 453 个市级重点项目中，上半年共完成投资 1795.5 亿元，达到年计划的 64%，创近年来最好水平。重点项目带动，成为西安稳投资、促发展的重要支撑。

在 2020 年的西安市政府工作报告中，第一条重点工作任务便是聚焦办好"十四运"，全面提升城市发展能级。提升城市对经济和人口的承载力，才能增强西安经济发展的后劲。

7 月 1 日，由中建八局西北公司承建的西安奥体中心主体育场正式交付，这座建筑面积 15.2 万平方米，可容纳 6 万人的西北地区最大的体育中心，如一朵盛世之花绽放在灞河之畔，成为西安的新地标。筹办"十四运"，给了西安补齐短板、均衡发展的绝佳契机，成为西安梳理发展思路、全面提升发展质量的新起点。

在绘就人民美好生活画卷的道路上，西安始终把群众的获得感、幸福感、安全感作为工作的重要标尺；2020 年上半年，更是打出了补齐民生短板的"组合拳"，扎实办好教育、医疗卫生、人居环境等民生实事，努力让人民满意，让城市更有温度、更有情怀。

2020 年上半年，西安一大批新建、扩建中小学及幼儿园项目正在加速建设。170 所学校中已有 100 所主体封顶、70 所竣工，8 月底可以全部建成投用。超额完成 15 所校建项目，新增学位 1.4 万个。2020 年，将成为西安市历年来提供新增学位最多的一年。

与此同时，西安全面统筹推进医院建设项目，市儿童医院经开院区等 10 所医疗卫生机构加快建设，各区县开发区疾控中心建设项目稳步实施，26 个市县级医院新建项目持续推进。把全力稳就业作为重要惠民举措，每年提供不少于 30 万个就业岗位。深入实施全民参保计划,健全多层次养老服务体系,已建成各类养老机构 156 个、新增养老床位 6400 张……

"看看我们小区现在的面貌,变化太大了,与改造前相比,就像进了洋房社区。"雁塔区明德门北区居民谢师傅高兴地说。2020 年,西安市加快实施"三改一通一落地"工作,在老旧小区改造方面已开工 1318 个,惠及群众 22 万余户,让老旧小区好看又好住。

■ **实践者风采** ∙∙∙

西安现代控制技术研究所副总工程师杨绍卿:
殚精竭力攀高峰

荣获 2019 年度陕西省最高科学技术奖,杨绍卿丝毫没有居功自傲。他说:"荣誉永远属于团队!我们将以此为动力,继续向新的高峰攀登!"

杨绍卿是中国工程院院士、西安现代控制技术研究所副总工程师、中国兵器首席专家、末敏弹武器系统总设计师、世界顶尖智能弹药武器系统工程技术专家。末敏弹是继导弹之后出现的新型精确打击弹药,以其点面结合、快速迅猛、准确高效、使用维护方便等特点,成为美、俄等国重要的装备发展技术。

20 世纪 90 年代初,我国将末敏弹技术列为国防重大关键技术。面对全新的领域、复杂的武器系统,杨绍卿带领团队精心研制。作为总设计师,杨绍卿的勤奋博学、严谨务实、逻辑思维、解决问题的能力和创造性,被大家公认。果然,他不负众望,在提出并确定系统总体技术方案、解决关键技术等方面均起到了主导作用,一个个难题被顺利攻克,保证了研制工作的顺利进展。

由杨绍卿带领项目团队主持完成的我国第一个末敏弹武器系统,是目前我军远距离反装甲最有效、最具威慑力的武器之一,在我军精确打击弹药中占有重要地位。它的研制成功,为我军开辟了智能弹药装备的新领域,使我军常规弹药向智能化发展迈出了具有里程碑意义的一步,也标志着我国在末敏弹技术领域跨入世界先进行列。

成功永远属于有准备的人。在野战火箭弹散布和稳定性研究过程中，杨绍卿殚精竭力，志在必得，提出了"高初速、低加速"的概念及其判据；导出了推力偏心引起的散布与初始转速的反比规律，并建立了转速设计的工程方法；提出并构建了我国火箭弹散布函数体系、散布理论体系及散布工程计算方法；提出了我国火箭弹稳定性理论，并给出了工程设计的基本方法；出版了专著《火箭弹散布和稳定性理论》和《火箭外弹道偏差与修正理论》等，成为工程技术人员和高等院校师生的重要参考书，被广泛引用。

■ 启示与思考

奋力谱写陕西新时代追赶超越新篇章

在决胜全面建成小康社会、决战脱贫攻坚之年，在统筹推进新冠肺炎疫情防控和经济社会发展工作的关键时刻，习近平总书记来到陕西考察并发表重要讲话，提出了奋力谱写陕西新时代追赶超越新篇章的总体目标和具体要求，这是做好新时代陕西各项工作的根本遵循和行动指南。我们要深刻领会、准确把握习近平总书记重要讲话的丰富内涵和精神实质，切实把思想和行动统一到讲话精神上来，以勇立潮头、争当时代弄潮儿的志向和气魄，以奋力谱写陕西新时代追赶超越新篇章的具体行动，为实现"两个一百年"奋斗目标、实现中华民族伟大复兴的中国梦真抓实干，努力奋斗。

全面把握"奋力谱写陕西新时代追赶超越新篇章"
这一总体目标的丰富内涵

习近平总书记的重要讲话，深刻阐述了事关陕西发展的一系列根本性、方向性、全局性问题，提出的总体目标和五项要求，与习近平总书记 2015 年在陕西调研考察时提出的追赶超越和"五个扎实"要求既一以贯之，又有深化拓展，体现了以习近平同志为核心的党中央对陕西人民的深切关怀和更高要求，饱含着对陕西发展的殷切期望。这一新目标新定位立意高远、内涵丰富、指向鲜明，极具战略前瞻性、方向引领性。"奋力"，提醒陕西谱写新时代追赶超越新篇章，绝不是轻轻松松、敲锣打鼓就能实现的，必须为之付出巨大、艰苦、长期努力，必须撸起袖子加油干。"新时代"，要求陕西着眼新征程，对照新目标新定位，把谱写追赶超越新篇章总体目标和五项要求作为全省工作的鲜明主题和突出主线，落实到全面建成小康社会、推进社会主义现代化建设全过程，勇立潮头、争当新时代弄潮儿。"追赶超越"，就是要对标先进、精准发力，在推动经济高质量发展迈出更大步伐、打造内陆改革开放高地、推动生态环境质量持续好转、加强民生保障和社会建设、推动全面从严治党向纵深发展等方面加快行动。"新篇章"，意味着陕西要不断地超越自我、提升境界，努力在新时代各项工作中取得新气象新作为。

推进追赶超越和落实"五个扎实"有了新气象新变化

习近平总书记2015年在陕西调研考察时提出了追赶超越和"五个扎实"要求，5年来，陕西认真落实，取得了明显成效，经济持续健康发展，特色现代农业建设富有成效，文化建设力度不断加大，人民生活水平持续改善，全面从严治党向纵深推进，各项工作有了新气象新变化。一是经济总量排名位次前移。陕西地区生产总值从2014年的17689.94亿元增加到2019年的25793.17亿元，年均增长7.5%；人均生产总值从46929元增加到66649元，年均增长6.9%；经济总量从全国第16位上升到第14位。二是脱贫攻坚取得决定性胜利。陕西贫困人口由2011年底的592万人减少到2019年底的18.34万人，贫困发生率由21.40%下降到0.75%，56个贫困县（区）全部实现脱贫摘帽，区域性整体贫困基本解决。三是民生进一步改善。城镇居民人均可支配收入从24366元增加到36098元，农村居民人均可支配收入从7932元增加到12326元，年均分别增长8.2%和9.2%。城乡义务教育均衡发展持续推进，基本养老、医疗、低保等保障水平稳步提高。

陕西省统计局发布的2020年上半年经济运行报告显示，2020年以来，

◎陕西省汉中市洋县田园风光。新华社发

陕西全省上下坚持统筹推进常态化疫情防控和经济社会发展各项工作，疫情防控形势持续向好，复工复产复商复市加快推进，经济运行延续持续复苏态势。上半年，陕西经济企稳回升，社会发展大局稳定，积极因素逐步增多。上半年，陕西实现地区生产总值11794.92亿元，降幅比一季度收窄5.3个百分点，增速高于全国1.3个百分点。夏粮喜获丰收，上半年，陕西夏粮总产量453.5万吨，同比增长7.9%；工业生产恢复较快，规模以上工业增加值增长1%，较一季度回升4个百分点。投资增速由负转正，上半年，陕西固定资产投资同比增长0.1%，较一季度回升16.6个百分点，增速自一季度以来持续回升。货物进出口增长加快，上半年，陕西进出口总额1796.11亿元，同比增长3.5%，较一季度加快3.1个百分点。数据表明，几个月来陕西经受住了疫情冲击的"压力测试"，正在常态化疫情防控中推动经济高质量发展迈出更大步伐。

在新时代各项工作中取得新气象新作为

习近平总书记指出，希望陕西广大干部群众只争朝夕、真抓实干，在新时代各项工作中取得新气象新作为。我们要把学习贯彻习近平总书记重要讲话精神作为首要政治任务，着力在学懂弄通做实上下功夫，自觉用以武装头脑、指导实践、推动工作。

突出创新驱动这个第一动力。陕西是科教大省，是我国重要的国防科技工业基地，创新综合实力雄厚。贯彻落实习近平总书记重要讲话精神，深入实施创新驱动发展战略，一是坚持以深化创新型省份建设为统领，以西安全面创新改革试验区为牵引，以推动创新资源开放互享为突破口，深化军民、部省、央地融合，促进创新优势向发展优势转化。创新与在陕部属高校、科研院所合作模式，全面提高装备制造、新能源汽车、航空航天等新支柱产业的创新供给能力。二是加强原始创新，强化"卡脖子"关键核心技术攻关。推进产业技术创新，在能源化工、装备制造、高新技术等领域实施一批重大科技专项、培育重点产业创新链。三是着力优化创新环境。全面落实创新驱动引领高质量发展若干政策措施、促进科技成果转化"陕九条"等创新政策。重点是提高科技人员职务科技成果转化收益比例，鼓励科技成果就地转移转化，让创新的源泉充分涌流。

用好改革开放这个关键一招。习近平总书记指出，"要围绕推进国家治理

◎工人在位于陕西咸阳的冠捷科技公司工作。新华社发

体系和治理能力现代化，突出基础性、根本性、全局性的重大改革举措，打造内陆改革开放高地"。面对这一要求，需要有紧迫感和危机感。一是大力发展枢纽经济、门户经济、流动经济，加强铁路、公路、航空等交通基础设施建设，构建陆空互动、多式联运的现代交通体系，抓好中欧班列（西安）集结中心建设，构筑内陆地区效率高、成本低、服务优的国际贸易通道。二是发挥好自由贸易试验区的先行示范作用，打造"一带一路"交通商贸物流、国际产能合作、科技教育、国际文化旅游和丝绸之路金融"五大中心"，持续增强辐射集散功能，推动各类资源要素合理流动、高效聚集。三是打造营商环境新高地。要打造内陆改革开放高地，就要推深做实"放管服"改革，持续打造市场化、法治化、国际化营商环境，以增强陕西在更高层次、更高目标上扩大对外开放的吸引力、创造力和竞争力。

扛起生态环保这个重大责任。习近平总书记指出，"陕西生态环境保护，不仅关系自身发展质量和可持续发展，而且关系全国生态环境大局"。贯彻落实习近平总书记重要讲话精神，一是当好秦岭生态卫士。深刻吸取秦岭违建事件教训，落实好《秦岭生态环境保护条例》，守护好中央水塔和中华民族祖脉，还秦岭以宁静、和谐、美丽。二是牢固树立"两山"理念，围绕"山青、水净、坡绿"的目标推进生态环境保护，优化国土空间开发格局，调整区域产业布局，发展清洁生产，打好蓝天、碧水、净土保卫战。三是保护好黄河母亲河，推动黄河流域从过度干预、过度利用向自然修复、休养生息转变。加大白于山区生态脆弱区、渭北旱塬水土流失严重区等生态修复力度，加强以引汉济渭等为重点的重大生态工程建设，改善流域生态环境质量。同时综合推进城乡环境整治，让三秦大地山更绿、水更清、天更蓝。

夯实民生保障这个执政基础。民生是人民幸福之基、社会和谐之本。贯彻落实习近平总书记重要讲话精神，一是坚决打赢脱贫攻坚战。陕西围绕剩余18.34万贫困人口精准施策，全面开展"三排查三清零"工作，补齐"三保障"和饮水安全短板，健全完善多元就业扶贫格局，确保贫困群众持续稳定增收。推广"扶志六法"，激发贫困群众内生动力。健全巩固脱贫防返贫长效机制，防止各种外因导致的返贫。二是千方百计稳定和扩大就业。特别是要以高校毕业生、退役军人、城镇困难人员为重点，加强政府公共就业服务，形成政府激励创业、社会支持创业、劳动者勇于创业的新机制。三是健全以保障基本生活为主的社会保障制度，做到保基本、兜底线。切实解决好人民群众最关心最直接最现实的利益问题，让改革发展成果更多更公平惠及全省人民。

坚持从严治党这个根本保证。习近平总书记要求，"把全面从严治党的要求落实到党的建设全过程"。在奋力谱写陕西新时代追赶超越新篇章的征程中，一是把政治建设摆在首位。旗帜鲜明讲政治，学懂弄通做实习近平新时代中国特色社会主义思想，切实把增强"四个意识"、坚定"四个自信"、做到"两个维护"落实到行动上。二是大力弘扬延安精神。领导干部要把从延安精神中汲取信仰的力量、查找党性的差距、校准前进的方向当成一种生活态度、一种工作责任、一种精神追求。三是以"实"为基改进作风。领导干部要把"实"作为一种品质去追求、作为一种境界去修养、作为一种责任去承担，下足"实"字绣花功，实实在在干事创业。

（作者：张贵孝、张航智，分别系陕西省委党校（陕西行政学院）教授、陕西省中国特色社会主义理论体系研究中心特约研究员）

四川篇

抓项目促投资
高质量发展
新机遇

■ **新时代·新实践** ···

汇集经济回升向上的力量

2020 年 2 月 21 日召开的中共中央政治局会议强调，发挥好有效投资关键作用，加大新投资项目开工力度，加快在建项目建设进度。5 月 12 日，习近平总书记在山西考察时强调，把实体经济特别是制造业做强做优，发挥重大投资项目带动作用。这些重要要求为做好当前的"六稳""六保"工作指明了方向。

四川充分认识当前背景下"投资唱主角"的重要意义，从"人口多、底子薄、不平衡、欠发达"的基本省情出发，坚定抓项目促投资谋发展的信心决心，从供需两侧同步发力，创新作为、担当实干，推动经济持续健康发展，为四川新时代新跨越奠定坚实基础。

抓项目促投资稳大盘

夕阳抹过刚刚设立两个月的成都东部新区，见证着成都天府国际机场建设的火热。2020 年 6 月 16 日晚，机场西一跑道最后一块道面混凝土浇筑完成，提前 4 天全线贯通。这个四川历史上投资体量最大的单体项目加速推进，明年将正式投运。

四川省机场集团有限公司总经理潘刚军介绍："目前，全场有超过 2.4 万名施工人员，人数比 2019 年高峰时期多一倍。"通过加人、加设备，"白加黑"紧紧追赶，延误的工期被赶了回来。

成都以新机场、大运会主会场等重大项目牵引，1030 个重点项目齐发，年度计划投资 4760 亿元。

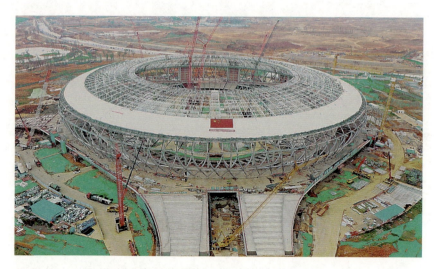

◎ 2020 年 6 月 10 日，东安湖体育公园主体育场金属屋面防水系统完成。资料图片

岷江之畔，乐山五通桥，永祥股份、晶科能源等实力雄厚的新能源企业正加大投资，利用该地水电消纳示范区的低成本优势，共同打造千亿硅谷，抢占芯片、光伏材料高地。

抓项目促投资，正成为四川奋力夺取"双胜利"的关键之举。为何做出此种选择？四川省召开的抓项目促投资现场会透露端倪：欠发达的省情决定，可以干、应该干、亟须干的事情很多，必须靠项目来实现，靠投资来完成；项目投资可有效对冲疫情影响，稳住基本盘，推动经济高质量发展。全省上下认识统一，四川省委"农业多贡献、工业挑大梁、投资唱主角、消费促升级"的工作思路成为创新作为、担当实干的新目标。

常态化疫情防控下，四川经济社会发展加速回升。

早在 2020 年 2 月 4 日，立春当天，四川就拉开了大春备耕大幕。已经结束的夏粮收获季，四川再迎丰收，总量同比增加 2 万多吨。稳定 700 亿斤粮食，6000 万头生猪出栏，成为四川农业的年度目标。

在工业上，四川早于全国多数省份科学有序复工复产。全省出台具体措施，缓解中小企业生产经营困难，下拨 21.8 亿元的工业发展资金和 1.8 亿元的中小企业发展资金给予全方位支持。仅减税降费一项，一季度就让利企业 147亿元。3 月，全省工业增速由降转增，实现"转正"。4 月，省政府组织召开"工业挑大梁"工作会，给出具体操作指南，各市州部门积极跟进行动。5月，全省规模以上工业企业用电超 2019 年同期。

四川精准有效紧扣投资"牛鼻子"，发挥领导干部联系重点项目机制的作用，切实帮助施工单位确保复工尽快恢复到正常水平。3月下旬，借助"云招商"等新方式，招引新项目，全省一季度重大项目集中开工，1416 个重大项目总投资达 7142 亿元。

四川省统计局发布的 5 月全省经济运行主要数据显示，四川经济加速回升。与前 4 个月相比，规模以上工业增加值回升 1 个百分点，全社会固定资产投资回升 2.7 个百分点，社会消费品零售总额降幅比收窄 1.9 个百分点。

战危机补短板育新机

2020 年上半年的经历，让川航集团党委书记、董事长李海鹰对"危中寻机"感受至深。

受疫情冲击，全球航空业进入"至暗时刻"，往日繁忙的机场不少变成"停机坪"。李海鹰说："前 4 个月，我们的营收只有 2019 年同期的 30%，情况最严重时，公司每天减收 7000 万元。"

转机，出现在"客改货"之后。人员流动受限，但货物运输需求量却高位运行，川航原有的 3 架货机一时忙不过来。受此启发，川航大幅调整客运航线，通过"客改货"将货机数量增加至 11 架，大幅提升货运能力和企业收益。

"努力在危机中育新机"，这是危中寻机、化危为机的科学方法论，也是四川面对困境的突破口。

港中旅成都区域公司宣布，计划追加 50 多亿元投资，用于成都金堂海泉湾温泉度假区二期项目建设。该公司副总经理曹必勇对四川旅游业回暖很有信心："四川人口多、旅游资源富集，在行业低谷时加码投资，相信在疫情过后会获得更大收益和回报。"

于企业个体如是，于四川这一经济大省更是如此。四川提出，要围绕传统基础设施和新型基础设施抓好项目投资，扭住基础设施存在的短板不放，同时还要用新型基础设施建设赋能四川现代经济体系。

2020 年 2 月，四川批准建设首个省级新区——宜宾三江新区，着力建设

◎ 2019 年 9 月 7 日，东安湖体育公园的无人机监控施工现场画面。资料图片

四川南向开放合作先行区；4 月，成都东部新区获批设立，带动成渝中部区域城市群快速崛起，打造高端制造基地。两个省级新区的设立，是四川勇担职责使命、抢抓重大机遇，大力培育新动能、激发新活力、塑造新优势之举，着眼当下，更谋划长远。

危中寻机，四川瞄准弱项补短板。一大批高铁、机场、水库、旧改、易地扶贫搬迁等项目开建，建制镇污水处理设施将基本实现全覆盖。正大力实施的新基建三年行动，聚焦 5G、工业互联网等信息基础设施和智能交通、智慧能源等创新基础设施精准发力，全省 2020 年将新建 5G 基站 3 万个。

危中寻机，四川新经济正逆风快跑。2020 年前 5 个月，全省规模以上工业高技术产业增加值同比增长 9.4%。智能手表、3D 打印设备、太阳能电池等高技术产品产量快速增长。全省限额以上批发和零售业通过互联网实现商品零售额同比增长 19.2%，限额以上住宿和餐饮企业通过互联网实现的餐饮收入同比增长 59.6%。

极米科技公司是国内一家投影设备制造商。"公司前 5 个月利润大幅增长。"该公司董事长钟波说，由于疫情期间居家消费大增，公司核心产品迎来巨大市场需求。

◎位于龙泉山森林公园的城市之眼，已经成为成都新的城市地标。陈成摄

新发展新作为新定力

站在长江之头，每日目送青白江的中欧班列西行、双流机场的航班通达世界，四川向外拓展、开放竞合的愿望更为迫切。

在四川"四向拓展，全域开放"的开放格局里，推动成渝地区双城经济圈建设，形成高质量发展的重要增长极，是该省努力不息的新作为。

推动成渝地区双城经济圈建设，川渝两地鼓点密、行动快，从地方、部门到行业、企业，一份份以"一体化"为关键词的合作协议密集签署。

早在2019年7月，成渝两地就签署"2+16"个协议，统筹推进了一批有共识、能见效的合作事项和项目。

2020年3月，视频连接起四川重庆党政联席会第一次会议，形成双城经济圈工作方案及2020年重点任务，建立由两省市党政主要负责同志牵头的联席会议机制，以及由常务副省市长牵头的协调会议机制，设立了7个专项工作组。

谋定而后动，川渝两地从有形的交通建设、产业发展、生态环境，到无形的司法协作、社会事务等众多领域，合作领域不断拓宽，项目化、清单化推进机制更为明晰。

2020年5月17日，《中共中央 国务院关于新时代推进西部大开发形成新格局的指导意见》印发，为四川发展带来新局面、新机遇。除了国家将继续加大对西部的政策支持力度，继续布局和推动实施一大批重大基础设施和产业项目之外，《意见》明确，支持重庆、四川、陕西发挥综合优势，打造内陆开放高地和开发开放枢纽。

面对新机遇，四川保持惯有的开放与发展定力。四川省委书记彭清华告诫四川干部，要以改革创新精神破解发展难题，不断提升新形势下抓项目促投资的能力水平；要担当担责苦干实干，大力营造抓项目促投资的生动局面。全省上下，正凝神聚力，逐一解决招商引资、项目建设等过程中的问题，不断优化营商环境，进一步激发民间投资活力。

疫情冲击下，四川开放态势依然积极向好。海关数据显示，2020年前5个月，四川货物贸易进出口总值3012.2亿元，比2019年同期增长22.3%，增速位居全国前列。从成都开出的中欧班列，同比增长近60%。

育新机、开新局，四川主动作为、久久为功。

■ 长 镜 头 ....

成都：争分夺秒赶 挥洒汗水拼

2020年6月，暴露在四川盆地户外，犹如粘在蒸锅里，建设者们挥汗如雨。

成都这座特大城市，正摆脱"摊大饼"的束缚，掉头向东，开启新的公园城市模式，留下西面的平畴沃野、田园牧歌，那是四川坚守不能触碰的生态底色。

在成都"东进"的核心地带东安湖片区，工程车、吊臂在繁忙作业，施工人员撸起袖子，忙得热火朝天。事实上，这里前不久才迎来了一份捷报。东安湖公园下穿隧道取得重要进展——主体结构顺利如期完工，一天都没有延误。

之所以耽误不得，是因为留给施工者们的时间不多，施工时间都是倒排计算。一年之后，第31届世界大学生夏季运动会将在成都举行，这里将迎来世界各地的客人。如今，9个大运会倒计时装置正滴答作响，提醒人们分秒必争。

东安湖公园湖底隧道是成都市第一条湖底隧道，是连接成都东部主要商业区和大运会主场馆片区的交通要道。在经历了上半年新冠肺炎疫情对施工的影响之后，这一备受关注的项目也并未耽搁进度。除了不断调整的施工方式、不断加码的施工投入，一个不可忽略的关键原因，是成都市在疫情期间为保障复工复产采取的制度创新。彼时，成都市"送政策、帮企业、送服务、解难题"专项行动轰轰烈烈地开展，各建设企业纷纷迎来了专门对接复工复产需求的一对一"专班"成员。

整个3月，彭长江数不清自己多少次前往东安湖基础设施配套工程项目部。彭长江是成都市住建局建管处的一名工作人员，也是建筑"专班"的服务专员，他专门"一对一"对接中国五冶集团，负责该集团在成都121个项目的稳产满产服务工作。各级干部成为企业的协调员，这是成都为加快复工复产而推出的服务措施。自从明确了自己的专员职责后，彭长江每周大多时间在跑项目，每一次去，他都要实地查看项目情况、项目需求，为了与项目企业实时沟通，无缝衔接，彭长江甚至暂时将办公场地搬到了五冶集团的施工现场，"免得来回跑"。

彼时，彭长江能够在无人机摄像头下，清楚看到东安湖基础设施配套工程施工现场的情况——一大片场地上正在进行土方开挖，成都市唯一的一条穿湖下穿隧道，已经开始进行局部结构施工。而今，这条全长为1.715千米的隧道主体结构如期顺利完工。

与东安湖公园下穿隧道几乎同一时间取得重要进展的，还有东安湖体育公园体育场。

作为大运会主场馆"一场三馆"中的"一场"，许多人很早就在新闻发布的设计图中提前了解了它未来的样子——如同"飞碟"，未来感、科技感十足。2020年5月30日下午，成都东安湖体育公园体育场首块玻璃吊装就位，这标志着体育场正式开始"着装"，"飞碟"即将呈现。

事实上，东安湖体育公园项目作为2021年第31届世界大学生夏季运动会的主场馆，本就工期紧、任务重，体育场总工期只有 23 个月。这一项目由华润置地配建代运营，受到疫情影响的情况下，要确保项目顺利施工、完成预计节点，华润置地高级副总裁吴秉琪就曾坦言："这确实是很大的考验。项目在施工原材料供应、建设者人数等方面都曾出现过短缺。"

这也是成都建筑业普遍面临的考验。为促进建筑业全面复工复产、稳产满产，成都市住建局班子成员组成了 11 个工作服务组，分片包干对口服务区、市、县。除了有专班成员一对一蹲点重点企业项目，对接需求，还有专门的综合保障专班、问题集中研判专班等，为企业想办法解决问题。

2020 年 6 月 10 日，东安湖体育公园体育场最后一块屋面 TPO 防水卷材铺设完成，标志着金属屋面正式封闭断水——较既定计划提前了 50 天。成都正以这样的韧劲，不断向前。

■ 实践者风采 ·····

四川朵唯智能云谷有限公司董事长何明寿：
"必须甩开膀子干"

坐在可俯瞰整个四川宜宾三江新区智能终端产业园的办公室，四川朵唯智能云谷有限公司董事长何明寿信心十足："在宜宾发展，前进有路后顾无忧，必须甩开膀子干，带动更多上下游产业链，形成百亿产值、万人就业的产业集群，吸引更多智能终端企业来宜、来川投资，助力四川智能终端产业腾飞。"

2009 年在深圳问世的朵唯手机，2017 年初落户宜宾，当年 6 月，首台"宜宾造"朵唯智能手机就正式下线。朵唯在宜宾的发展，算得上一段传奇——从招商到协议落地，仅用了 11 天；从签订战略合作协议到交付一期两栋厂房，仅用了 45 天；从交付厂房到首台智能手机正式下线，仅用了 96 天。

"深圳速度之后，宜宾效率也让我惊叹！"何明寿感慨，来宜宾三年，政府和部门的服务热情没有冷却，企业发展的热情也越来越高涨。

宜宾发展智能终端产业，不是引进几家龙头企业就完事，而是要围绕产业进行全产业链打造。招引智能终端产业的同时，宜宾大力发展大学城、科创城，可为智能终端产业提供源源不断的人才、科技支撑。

良好的环境，给了何明寿发展的信心。在他看来，宜宾有得天独厚的天时地利：面临新一轮西部大开发和四川南向开放的战略机遇期；地处成渝地区双城经济圈内；如火如荼建设的大学城、科创城，更是吸引企业投资发展的加分项。

2019 年，占地 192 亩、建筑总面积约 18 万平方米的朵唯智能终端产业园自建园区投入使用，朵唯将生产车间全面迁至自建园区，成为集"手机研发、智能制造、SMT 生产、供应链服务"为一体的高科技园区。

截至 2020 年 6 月，朵唯已建成 98 条整机生产线、11 条智能主板生产线，具备年产智能整机/智能主板 2500 万台（片）的生产能力，累计实现产值 55 亿元，带动当地就业 3500 余人。

大步向前之时，新冠肺炎疫情突如其来。朵唯及时调整新形势下公司发展方向——扩大国内市场份额，多元布局智能终端市场，加大物联网产品生产。据统计，2020 年前 5 个月，公司月出货 375 万台（片），创历史新高，产值 14.3 亿元，同比增长 160.5%，其中有六成产品在国内销售。

"危机，就是危中孕机。作为发展中的企业，只要抓住每一次机遇，努力奔跑，就能很好地把握当下，不断缩小与成熟企业的差距，赢得未来。2020 年上半年产值可达 18 亿元，所以全年 40 亿元的目标，我们有信心能实现。"何明寿说。

■ 启示与思考 ....

奋力跑出抓项目促投资"加速度"

在常态化疫情防控下，面对复杂的外部环境和前所未有的风险挑战，四川省委坚持以习近平新时代中国特色社会主义思想为指导，贯彻新发展理念，落

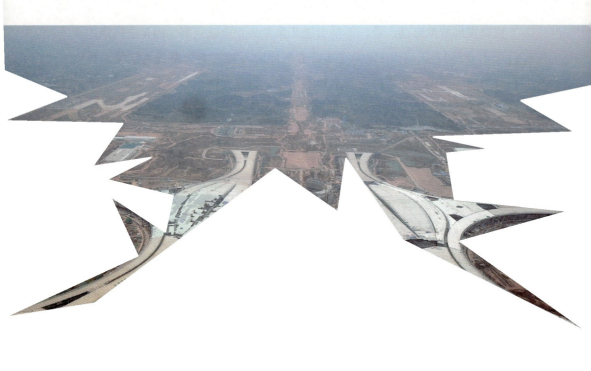

◎俯瞰成都天府国际机场航站楼主体工程。资料图片

实高质量发展要求，深化供给侧结构性改革，抓实抓细项目投资工作，以规划锚定项目、以项目拉动投资、以投资增添动力，推动"六稳""六保"落地落实，奋力跑出抓项目促投资"加速度"，为全面夺取疫情防控和经济社会发展双胜利提供支撑。

对冲疫情影响，让投资唱主角

项目投资是推动经济发展的重要载体。推动重大项目建设，关键是要选好项目，确保投资精准有效。为有效应对疫情影响，四川围绕"农业多贡献、工业挑大梁、投资唱主角、消费促升级"的工作思路，从供需两侧同步发力，充分发挥有效投资的关键作用，着力提高供给体系质量，拓展内需空间，推动经济稳中求进、高质量发展。

四川为统筹疫情防控和经济社会发展工作，提前谋划、迅速行动，密集部署抓项目促投资工作。省委常委会、省政府常务会多次进行专题研究，召开全省推动基础设施等重点领域补短板工作会议、抓项目促投资现场会等系列会议，出台补短板 2020 年工作方案和推进重点项目复工开工 7 条措施，果断组织各类企业有序复工复产，抢时开展重点项目集中开工。1—5 月，全省全社会固定资产投资同比增长 4%，增速比 1—4 月回升 2.7 个百分点；其中，工业投资年内首次由降转增，由 1—4 月下降 1.7 个百分点转为增长 5.1 个百分点。全省投资呈现逐月回升、加速向好的良好态势，有力拉动了工业、进出口、消费等其他主要指标持续回升。

聚焦重点项目，让投资更有效

围绕传统基础设施和新型基础设施抓项目投资。发挥铁路、公路、航空等传统基础设施的投资主力军作用，2020 年以来，新开工天府新区至邛崃高速公路等项目 1416 个，总投资 7142 亿元；成自宜高铁、川南城际铁路、成宜高速公路等一批项目加快建设；成都天府国际机场基本消除疫情影响，赶上了原定建设进度，预计年内可基本建成。启动推进新型基础设施建设三年行动，聚焦 5G、工业互联网等信息基础设施，聚焦智能交通、新型智慧城市等融合基础设施，聚焦大科学装置集群、综合性国家科学中心等创新基础设施精准发力，拉动高端要素投入，抢占未来发展制高点。储备"新基建"项目 600 余个，总投资 1.1 万亿元。

围绕促进区域协调发展抓项目投资。落实推动成渝地区双城经济圈建设重大战略，推进"一干多支、五区协同"发展，从各区域功能定位出发布局重大投资项目。成都市重点布局代表先进技术发展要求的重大项目，增强对高端要素吸附集聚能力；环成都经济圈重点推动产业分工有机协作，主动承接成都产能疏解和转移；成德眉资同城化重点聚焦产业体系、公共服务、生态环保等领域实施标志性合作项目；川南经济区主要依托长江黄金水道发展临港经济和通道经济；川东北经济区重点建设东向北向进出川综合运输大通道，抓好基础性、民生性、成长性项目布局；攀西经济区依托矿产、水能和光热资源，重点培育引进资源综合开发利用和精深加工项目；川西北生态区重点布局环保、民生、文化旅游项目。抢抓成渝地区双城经济圈建设重大战略机遇，梳理提出支撑经济圈建设的重大工程项目 231 个。

围绕传统产业和新兴产业抓项目投资。支持传统产业技术更新和改扩建，筛选 500 个重点工业和技术改造项目，推动存量结构调优，加快实现产业转型发展。强化新兴产业项目的带动作用，中电科成都产业基地、绵阳京东方第 6 代线、宁德时代动力电池、遂宁康佳电子等一批项目开工建设。出台《关于加快构建"4+6"现代服务业体系推动服务业高质量发展的意见》，加快服务业恢复振兴，计划实施 110 个现代服务业项目，总投资 4037.8 亿元。2020 年，四川布局战略性新兴产业、优势特色产业、能源产业等产业及创新平台项目 381 个，总投资 2.3 万亿元。

围绕新型城镇化和乡村振兴发展抓项目投资。大力实施老旧小区改造，重点投向小区水电气热、电梯、停车场等配套设施，健全便民市场、便利店等服务设施。以强化村庄公共基础设施建设为重点，补齐农村饮水安全、村内通组道路等短板，筛选补短板项目 247 个、总投资约 2.9 万亿元，计划年度投资约 3600 亿元。加快补齐防疫救治、医疗卫生供给短板，推进公共卫生综合临床中心、国家区域西南应急救援中心、转化医学研究设施、P3 实验室、高纯度医用同位素药物基地等落地建设。

用改革破难题，让投资有活力

创新投资促进机制，破解招商引资难题。聚焦优势产业行业和产业链重点配套企业，瞄准世界 500 强、中国 500 强、民营企业 500 强，实施精准招商、以商招商、园区招商、联合招商。针对疫情影响下招商人员出不去、投资客商进不来的现实困难，四川策划开展网络招商活动，积极推行"互联网＋招商""云对接""云推介""云签约"等新模式，开展线上展示、供采对接、在线招引等投资促进活动，开辟重点地区经贸人员往来"快速通道"，提升招商对接效率和影响力。2020 年上半年，全省开展 400 多场次网上招商活动，吸引投资总额超过 3000 亿元。成都市通过线上线下新签约引进产业化重大项目 209 个，总投资超 5000 亿元，新批外资企业 184 家，增长 30.5%。

完善投融资机制，破解资金保障难题。搭建银政企融资对接平台，组织银行业金融机构为补短板重大项目建设提供 1.2 万亿元授信额度。创新金融服务

◎成都一工地上的工人正抓紧施工。资料图片

方式和产品，积极发行企业债，探索"债贷组合""投贷联动"等新模式，盘活信贷存量、满足项目融资需求。抢先发行地方政府专项债券，重点向推动成渝地区双城经济圈建设、成都大运会、出川大通道建设等项目领域倾斜，加快形成对经济的拉动作用。用好"专项债券用作资本金比例提高 5 个百分点、基础设施项目资本金最低比例降低 5 个百分点""一升一降"政策组合拳，提高专项债券资金拉动作用，扩大社会资本投资能力。用好抗疫特别国债，减缓疫情造成的冲击。召开全省融资对接会议，推介省市县重点项目 1392 个，融资需求 5388 亿元。

深化"放管服"改革，破解投资环境难题。全面实施市场准入负面清单制度，聚焦投融资领域推进流程再造，将一般企业投资项目开工前审批全流程压缩至 100 天以内。出台《关于推行企业投资项目承诺制的指导意见》，上线运行工程建设项目审批管理系统，推行"一窗受理、一网通办、并联审批、协同监管、联合验收"。深入实施"营商环境指标提升"专项行动和"疏解治理投资堵点"专项行动，认真落实国家为企业新增减负、降低工商业电价、社保费"减免缓"等政策，1—4 月，办理减税降费 586.2 亿元，同比增长 15.7%，其中新增减税降费 142.9 亿元。

强化保障措施，让投资快落地

强化项目调度。实行重点项目省领导牵头推进机制，2020 年全省 773 个重点项目中，有 119 个明确了牵头的省领导。推动重点项目协调调度常态化，定期召开专题会议，协调解决全省重点项目推进中的困难和问题，确保重点项目加快推进。

强化项目督查。省委督查室、省政府督查室定期通报全省重点项目推进和投资运行情况，建立"红黑榜"，对推进有力的上"红榜"通报表扬，给予审批权限、用地指标、资金奖补、环境容量等方面政策激励；对进度滞后的上"黑榜"，"扯袖子""打板子"，倒逼查漏补缺、整改提升。

强化项目联动。加强统筹协调、协作联动，强化发改、经信、财政、审计等重点职能部门的衔接沟通，形成抓项目促投资工作合力。完善招商引资工作机制和政策举措，分区域分行业制定项目准入标准，创新"增存挂钩"激励办法，吸引更多好项目好企业落户四川。压紧压实领导干部责任，明确"抓项目是本职、不抓项目是失职"导向，强化项目意识，聚焦项目建设，大力营造"围着项目转、盯着项目干"的良好氛围。

（作者：四川省委政策研究室）

西藏篇

基础建设
富民兴藏
改善民生
绿色发展

加速富民兴藏　守护蓝天净土

党的十八大以来，习近平总书记就治边稳藏工作作出一系列重要论述，从战略高度为新形势下西藏工作绘制宏伟蓝图，为西藏经济社会全面发展和长治久安指明了方向、提供了根本遵循。

西藏牢记习近平总书记嘱托，围绕发展、稳定、生态三件大事，谋长久之策、行固本之举，改善民生凝聚民心，"两不愁、三保障"问题全部解决，绝对贫困基本得到消除，基础设施瓶颈实现历史性突破，经济增速连续多年位居全国前列，城乡居民人均可支配收入连年保持两位数增长，不断推动党的治藏方略在高原得到成功实践。特别是在 2020 年上半年受新冠肺炎疫情不利影响，西藏"做最充分准备、向最好处争取"，统筹做好疫情防控和经济社会发展，克难渡艰，创新发展，奋力描绘出新时代西藏发展新画卷。

逆势而上　夯基础兴产业

"受疫情影响，复工较计划足足晚了一个月！目前施工人员每天都在加班加点，确保项目顺利完工，绝不给西藏发展拖后腿。"中建八局拉萨贡嘎国际机场新建 T3 航站楼项目经理孙燕说。贡嘎机场航站区改扩建工程工地上，挖掘机轰鸣、数十米高的塔吊伸展自如、焊枪喷出金色的火花……一个现代化高原航站楼已具雏形。

贡嘎机场是进入西藏的重要"门户"。目前，贡嘎机场开通航线 74 条，通达城市 47 座。作为全球规模最大的高原机场之一，贡嘎机场 2019 年旅客吞吐量首次突破 450 万人次，这使得按照年吞吐量 100 万人次设计的 T1、T2 航站楼变得十分拥挤。

"贡嘎机场航站区的改扩建，是西藏快速发展的一个缩影。"民航西藏区局建设项目管理中心工程部副经理李勇说，地处沿雅鲁藏布江经济带，以航空港为中心成立的空港新区，正成为拉动当地发展的"新引擎"。

在中央关心、全国支援下，西藏着力解决基础设施薄弱问题，制约经济发展的交通、能源、电力等历史性瓶颈被一一打破。

经过疫情后的紧张施工，川藏铁路拉萨至林芝段再传捷报。2020 年 6 月 20 日，随着最后一方混凝土的浇筑，重点标志性工程藏木雅鲁藏布江特大桥成功合龙。作为国家"十三五"规划重点工程项目、西藏首条电气化铁路，川藏铁路拉林段目前累计已完成投资 270 多亿元，全线 47 座隧道全部贯通，藏木特大桥的成功合龙标志着拉林铁路线下主体工程施工全面完成，有力保障了后续轨道铺设和电气化施工，为 2021 年通车打下了坚实基础。林芝市委副书记、市长旺堆欣喜地表示："即将建成的拉林铁路，将加速林芝对接'一带一

◎西藏拉萨市墨竹工卡县塔巴村村民身着节日盛装，领取"农机加油一卡通"。资料图片

◎位于拉萨经开区的昆仑天然气厂的工人在操作天然气设备。资料图片

路'建设，融入川渝经济圈和大香格里拉旅游圈的进程。"

夯基础兴产业，富民兴藏步伐不断加快。在基础设施日益完备的前提下，旅游业、高原净土产业、特色农牧业等一大批依托资源禀赋的"世界第三极"品牌产业在高原崛起。旅游业，是近年来带动西藏经济快速发展的支柱产业之一。2019 年，全自治区累计接待国内外游客 4012 万余人次，实现旅游总收入 559.28 亿元，旅游业对全区 GDP 的贡献率达到了 35%。

西藏自治区旅游发展厅厅长王松平说，面对疫情对旅游业的冲击，西藏多渠道投入 7.78 亿元资金，全力推进旅游基础设施规范化标准化项目建设，采取"西藏人游西藏"，积极与线上企业合作创新线上旅游推介方式，打造以"田园牧歌"为主的乡村精品旅游，西藏旅游率先在全国实现了复苏与增长。

据最新发布的经济运行情况显示，2020 年上半年，西藏全区生产总值为 838.38 亿元，比 2019 年同期增长了 5.1%，增速居全国首位；城乡居民人均可支配收入分别同比增长 8.8% 和 10.4%。

带着感情　办好群众牵肠挂肚的小事

"过去村民们喝的是井水，现在喝上了自来水，家家户户还通上了暖气、天然气，遇到头痛脑热走几步路就是村社区医院。"拉萨市塔玛村党总支第一书记格桑卓嘎说，近几年来，村"两委"班子认真落实习近平总书记关于努力改善民生的重要指示精神，见证了医疗、养老、住房、教育等一系列民生项目在高原农村的相继落地。

牧民曲措是一个单亲妈妈。为了生计，她每天起早贪黑去工地打工，女儿的教育问题一直是她的一块心病。自从浙江援藏干部根据当地实际制定精准帮扶方案，由杭州江干区中小学校结对帮扶那曲色尼区 670 名建档立卡贫困家庭子女上学后，曲措顿时感觉轻松许多。

藏北那曲地广人稀、交通不便，当地乡村学生就学十分困难。为了改变色尼区教育落后局面，浙江省援藏干部经多方筹措，投资 9000 万元建设色尼区二中杭嘉中学。这是浙江省"十三五"援藏规划中最大单体项目。在援藏干部的努力下，计划外筹集捐赠的价值 560 万元的图书和书架，给 16 所中小学校和部分幼儿园建立了爱心图书室，三家杭州企业和一所中学捐资打井，让三所乡镇学校的孩子喝上"思源井"井水。

教育是最大的民生工程，也是西藏聚焦改善民生的焦点之一。2020 年，

◎直贡藏医是自治区级非物质文化遗产。图为直贡流派藏药材保护中心工作人员正在晾晒藏香。资料图片

西藏安排教育事业费212.4亿元，同比增长10.7%。其中教育"三包"经费标准再次提高至年生均4200元，继续实施高校学生资助及基层就业代偿、建档立卡贫困家庭子女高等教育免费政策。2020年还安排11.4亿元专项资金，推进高海拔学校供暖工程实施，支持义务教育薄弱环节改善与能力提升。

多年来，西藏把本级财政收入的70%以上用于保障和改善民生，坚持每年办好利民惠民"十件实事"，集中力量办成了一批批实事好事，把党的关怀送到了各族群众的心坎上。自治区党委书记吴英杰说："以人民为中心的发展思想，不是搞几个大手笔、弄几个大项目，而是必须带着感情，办好每一件群众牵肠挂肚的小事，切实让群众有更多的获得感、幸福感和安全感。"

曾被称为"高原孤岛"的墨脱，被险峻的喜马拉雅山脉包围。千百年来，这里的居民只能借助藤桥和溜索出行。墨脱县德兴乡党委副书记白玛曲珍清楚地记得，10岁那年第一次走出墨脱去林芝市区上学，父亲陪着她足足走了5天5夜，"现在，墨脱县不仅交通得到了极大改善，村民也住上了安全舒适的房子，享受看病全免、15年免费教育、生态岗位等优惠政策，借助亚热带气候优势，茶业、旅游业等支柱产业欣欣向荣"。

改善民生、不断提高人民生活水平，是西藏各项工作的出发点和落脚点。2020年，西藏重点聚焦打好三大攻坚战、支持推进高质量发展，在教育、医疗、就业等领域为西藏人民发放一个个大"红包"，进一步增强人民群众的获得感。

护生态守底线　建设幸福美好家园

在山南市全国防沙治沙综合示范区内，身披新绿的树苗、含苞待放的花卉、蓄势生长的青草；一块块草方格整齐有序地在沙堆排列着，喷灌设备正忙于喷洒，一派绿意盎然生机勃勃的景象。

"我从小在这里长大，过去每到多风季节，这里就风沙四起，年轻人总想往外跑，如今政府在这里组织种草，在家周围种树，家乡变得越来越美丽了。"正在快速分苗的曲珍，原是山南市扎囊县阿扎乡的农民，如今她来到西藏藏草生态科技有限公司植物分苗扩繁温室上班，"能为家乡的生态环境建设出力，我感到很高兴。"

澎湃奔涌的雅江行至中游，地势变缓，裹挟而来的泥沙大量沉积。丰水期过后，水位下降，泥沙裸露。在其他地方这也许不是问题，偏偏这里风很大。"吹到农田里、道路上，形成了很多移动沙丘。"山南市林业局副局长尼玛次仁回忆当年的景象。在村民的记忆中，"衣服根本没法晾出去"，"因为是土路，风沙吹得太大会把路堵了，无法通车"。

经过 40 年持续造林治沙，昔日风沙成灾的雅江两岸，如今已是杨柳青青、绿树成荫，一道长 160 多公里、宽 1.8 公里的"绿色长廊"崛起在雅江山南段，成为一道亮丽风景。不仅如此，生态建设还给当地带来了现实的经济社会效益。贡嘎机场年灾害性风沙天气由过去的 60 多天降低到目前的 10 多天，过去沙害严重的地区粮食产量增加了近一倍。

"我们把生态文明建设摆在更加突出的位置，不断加强制度建设，建立生态环境损害责任终身追究制，为西藏生态环境保驾护航。"自治区生态环境厅厅长罗杰介绍，截至 2019 年，西藏已累计投入 117 亿元构筑国家生态安全屏障，先后颁布实施了 60 多部地方性法规，为高原生态保护提供法治保障。

贯彻落实习近平生态文明思想，认真践行绿色发展理念，西藏各族群众在建设美丽幸福家园的同时，正享受着生态保护释放出的红利。2019 年，西藏落实生态岗位 66 万多个，落实重点生态功能区转移支付等各类奖补资金 97.7 亿元，通过参与造林绿化、防沙治沙等生态工程建设，每年有 10 多万农牧民

◎跨越尼洋河的拉林高等级公路林芝多布特大桥。资料图片

群众人均增收 3000 多元，越来越多的农牧民吃上了"生态饭"。

■ 长 镜 头

拉萨：高原古城焕发绿色生机

首次来到西藏拉萨的游客，在感受这座城市厚重的历史文化底蕴和现代化发展交织中迸发出的澎湃活力时，一定会惊异于高原古城呈现出的绿色生机。

拉萨在守住绿色底线的同时，一大批具有高原特色的绿色产业不断兴起、聚集。近年来绿色发展正打破古城拉萨常规发展轨迹，在高寒、缺氧，海拔3650 米的生存高度刷新人们对发展的认知。

"我公司与茅台酒股份有限公司合作，2019 年生产销售玛卡酒 1.2 亿元，2020 年 4 月我们又从银行融资 6000 万元扩大玛卡种植，明年玛卡酒产值有望达到 7 个亿。"

拉萨净土产业集团成立于 2013 年，是拉萨市首家以"绿色、有机"为依托发展起来的规模化净土产业公司，近年来公司迅速发展形成蔬菜、牦牛肉、青稞、藜麦、藏鸡、生猪、藏系绵羊等 7 大产业，2019 年实现产值 32 亿多元。

"净土健康产业，其实质是发展绿色 GDP，重在健康无污染。"拉萨市农业农村局副局长、"净土产业"办公室副主任支建辉说，将特色农牧资源与绿色健康产业对接，不仅让市场对高原传统农牧资源价值进行了重新评估，也使传统农牧产业有了新的发展视角，成为新的历史条件下，拉萨乃至西藏抓住机遇、优势乘势而上的有益尝试。

走进位于拉萨市曲水县才纳村的拉萨净土健康产业示范区，目之所及，绿的是玛卡、雪桃、香水百合等，还有玫瑰、雪菊、剑兰及唐菖蒲等的各种色彩。这个产业区分别被授予"国家级现代农业示范区""农业综合改革示范区""中科院净土健康产业示范区"。

才纳乡党委书记达瓦次仁说，当地农民传统以种青稞为主，刚开始引导种植玛卡、雪菊等净土产业的经济作物时，老百姓并不情愿：一是不懂技术；二是怕卖不出去。他说，青稞一亩地高产才 800 斤，按最高价算，亩收入不过 2400 元，其中投入的种子、肥料等就占七八百元。如今种玛卡，亩收入约 1.4 万元，农民积极性大大增加。

面对"绿色"带来的巨大市场需求和发展潜力，拉萨市积极整合区域内优势资源，以"净土健康产业"为统领，力图在农牧业产业化经营、规模化运作、科学化管理上实现突破，走出一条高原特色的绿色产业发展之路。

"净土"理念如同打开了高原发展的宝库。原来是蔡公堂乡白定村一座山脚下的不毛之地，今天一个高标准奶牛养殖中心在这里拔地而起，这也是目前世界上海拔最高的规模化奶牛养殖基地，源源不断的绿色有机牛奶从这里走上人们的餐桌。不远处，连片建设的 500 栋高效日光温室、净菜加工厂、保鲜冷藏库和物流园区，初步形成了一个奶产业、菜篮子产业和现代仓储物流业产业集群。

"上半年虽受新冠肺炎疫情冲击，全市经济增速放缓，但净土健康产业仍然呈现快速发展，2020 年有望实现产值百亿目标。"拉萨市"净土产业"办公室负责人对此信心满满。目前拉萨市净土健康产业企业有 89 家，形成了"大昭圣泉""吞巴藏香""古荣糌粑"等 100 多个净土产品品牌，其中获"绿色、有机"品牌认证和国家地理标志保护产品的有 50 多个，"净土产业"正成为高原经济的一张亮丽品牌。

■ 实践者风采 ••

西藏林芝巴吉村党支部书记米玛：
政策好，更要加油干

2020 年 8 月的林芝，群山翠绿，尼洋河浸润的两岸花开药香。走进位于国道 318 线上远近闻名的巴吉村，整洁的村道、错落有致的藏式楼房、停放在村民家门口的一辆辆小轿车，现代、文明、殷实的高原新农村气息扑面而来。

临近午时，村头却静得出奇。村党支部书记米玛笑着说："村民一大早就去各自忙活了，我们村没有一个闲人！"

1998 年和 2011 年，习近平同志曾两次到巴吉村考察调研，为这片土地留下了深深关爱和殷殷嘱托。如今，巴吉村不负重托，不断壮大村集体经济，发展产业拓宽增收致富渠道。2019 年，实现村集体收入 1200 余万元，村民人均纯收入达 3.4 万元。

"哪里有商机，咱村支书就去哪里谈合作、谋发展！"在村民眼中，米玛不仅是政治过硬的支部书记，更是为百姓利益绞尽脑汁的精明"商人"。

随着林芝市的城市规模不断扩大，位于城郊的巴吉村一些土地被规划成了建设用地，村民一下子有了 3000 多万元的征地补偿款。另外，通过多年搞车辆运输等副业，村民手头也积累了一些本钱。米玛惦记着如何盘活全村资源，带领村民发家致富。他发动村民集资入股，成立了一家混凝土公司，给村民每户带来每年 8000 多元的增收。他瞅准城市发展契机，带领巴吉村与一家开发商达成协议，共同建设大型综合建材市场，巴吉村以出租土地的形式入股，开发商每年为村集体上交 450 万元。2014 年，林芝市唯一的大型建材市场在巴吉村落成，村集体有了"聚宝盆"。

"我们把部分钱入股项目，让资金变资本、资本生红利。"米玛的考虑更加长远。他与村干部一次次走家入户，征得村民同意后，将大部分租金投资于仓储物流等项目。如今，巴吉村集体资产评估达 8 亿元，年收入连续三年突破 1000 万元。

学有所教、病有所医、老有所养，如今在巴吉村全部实现。全村小学适龄儿童入学率巩固率、小学六年级升学率、养老保险参保率、新型农村合作医疗的参保率全部达到 100%，70 岁以上老人每年领取 2000 元养老金。几座废弃的旧板房，一条坑洼不平的老村道，一段墙面斑驳的土篱笆墙……这些特地保留下来的局部"村景"，和如今的巴吉村村貌形成了鲜明对比。

位于巴吉村不到十里地，有一株树龄超过 3200 年的"世界柏树王"。如今，这片柏树资源已被开发成世界柏树王园林景区。景区游客络绎不绝，销售当地特产的巴吉村妇女德吉说："丈夫在村里的物流产业园区忙活，自己靠卖这些土特产每天能收入两三百元，家里日子越过越甜！"

2020 年上半年，巴吉村总投资 5000 万元的田园观光带、水肥一体化和 318 道路绿化三个项目正式启动，另一项总投资 2.37 亿元的物流产业园正在加紧建设，巴吉村的产业版图再次扩大。米玛又开始谋划全村的产业转型升级，"政策好，我们就更要加油干！城市建设总有饱和的时候，未来我们还是要靠山吃山，依托优势旅游资源向绿水青山要金山银山。"57 岁的米玛对未来发展信心满满。

■ 启示与思考

谋长久之策、行固本之举　更好推进
西藏长治久安和高质量发展

党的十八大以来，习近平总书记亲自为西藏工作把舵定向、谋篇布局，把西藏工作在党和国家工作全局中的重要战略地位提升到了前所未有的高度，开启了长足发展和长治久安的新时代。2020 年是我们党和国家面临诸多挑战、各方面压力接踵而至极不平凡的一年，也是决战脱贫攻坚、决胜全面小康和"十三五"规划收官之年。在以习近平同志为核心的党中央坚强领导下，自治区党委、政府坚持以习近平新时代中国特色社会主义思想为指导，深入贯彻党的十九大，十九届二中、三中、四中全会和中央第六次西藏工作座谈会精神，深入贯彻落实习近平总书记治边稳藏重要论述，自觉把西藏工作放在党和国家大局中来思考谋划，增强"四个意识"、坚定"四个自信"、做到"两个维护"，围绕发展稳定生态三件大事，谋长久之策、行固本之举，统筹做好疫情防控和经济社会发展，着力打好三大攻坚战，推动经济社会发展和长治久安迈出新步伐。

坚定不移强化理论武装，坚定坚决做到"两个维护"。认真学习领会习近平新时代中国特色社会主义思想和习近平总书记系列重要讲话的丰富内涵、精神实质和实践要求，以"不忘初心、牢记使命"主题教育和"两学一做"学习教育为载体，全面系统学、深入思考学、联系实际学。增强"四个意识"，坚定坚决落实习近平总书记和党中央要求部署，推动习近平总书记治边稳藏重要论述在祖国边疆开花结果。加强各族群众思想教育引领，在群众中广泛开展"讲党恩爱核心、讲团结爱祖国、讲贡献爱家园、讲文明爱生活"主题教育实践活动，大力宣传"十三个显著优势"和"十三个坚持和完善"与今天幸福生活的关系，紧密结合各族群众生产生活条件发生的巨大变化，教育引导各族群众更加自觉感党恩、听党话、跟党走。

坚定不移贯彻新发展理念，统筹疫情防控和经济发展。坚持坚定信心、同舟共济、科学防治、精准施策的疫情防控总要求，把人民生命安全和身体健康放在第一位，严格落实外防输入、内防扩散各项防控措施，坚决防止境外疫情向我区蔓延，确保了区内疫情零新增、零扩散，复工复产复学全面推开，疫情防控取得的阶段性成效进一步巩固。在全力抓好疫情防控的同时，坚定不移贯彻新发展理念，深化供给侧结构性改革，正确处理好"十三对关系"，扎实做好"六稳"工作，全面落实"六保"任务，大力发展特色优势产业，着力抓好青稞增产、牦牛出栏等短平快富民产业和文化旅游、清洁能源等战略性产业，

◎拉萨至日喀则铁路自 2014 年 8 月正式开通运营以来，彻底改变了西藏西南部地区依靠公路运输的历史局面。资料图片

◎游客在国道 318 线米拉山口合影。资料图片

加快推进川藏铁路和重大民生项目建设进度，深化重点领域和关键环节改革，不断扩大对外开放，实现了经济持续健康发展。

坚定不移打赢脱贫攻坚战，不断增进各族群众福祉。坚持以人民为中心的发展思想，切实解决群众最盼最急最忧的紧迫问题。着力巩固脱贫成果，建立完善防止返贫机制，持续抓好精准识别、产业支撑、政策激励、就业优先、援藏扶助、社保兜底各项工作，讲好脱贫故事。2019 年底，西藏 74 个贫困县区已全部脱贫摘帽，62.8 万建档立卡人口全部脱贫，稳定实现了"两不愁、三保障"目标。着力解决好群众最关心最现实的利益问题，推动高校毕业生转变观念，多渠道就业和自主创业，2020 年区内高校毕业生初次就业率达到 46.1%，同比提高了 18.6 个百分点；义务教育"三包"政策、15 年公费教育政策不断完善；教育医疗人才"组团式"援藏工作深入推进，人均预期寿命提高到 70.6 岁。

坚定不移维护国家安全，保持社会大局和谐稳定。牢固树立总体国家安全观，紧紧围绕维护祖国统一、加强民族团结这个着眼点和着力点，以防患于未然为原则做工作、以防止出大事打基础做准备、以敢于担当落实责任为标准看干部，着力推动社会治理从"要我稳定"向"我要稳定"转变。全面准确贯彻党的宗教工作基本方针，依法管理宗教事务，提升藏传佛教中国化水平，积极引导宗教与社会主义社会相适应。着力在"导"上下功夫，坚持尊重信仰、依法管理，长期坚持、形成习惯，旗帜鲜明消除十四世达赖利用宗教所产生的负面影响，引导信教群众淡化宗教消极影响、理性对待宗教、过好当下幸福生活。深入开展民族团结进步宣传教育和创建活动，大力推进树立中华民族视觉形象工作，铸牢中华民族共同体意识，中华文化始终是西藏各民族的情感依托、心灵归宿和精神家园，西藏各民族文化是中华文化不可分割的一部分的思想已经深深扎根在群众心中。

坚定不移加强边境建设，确保边疆巩固边境安全。坚持屯兵与安民并举、固边与兴边并重，围绕加快边疆发展、确保边疆巩固边境安全这条主线，既稳定好社会局势、稳定好各族群众的心、稳定好干部职工队伍，又治理好边境、发展好边境。大幅提高一线、二线边民补助标准，自治区对边境县的转移支付、补贴资金年均比非边境县高 20%。大力改善边民生产生活条件，以玉麦为突破口加快推进边境小康村建设。推进边境基础设施共建共享，推动军民融合深度发展，边境县、一线乡镇、行政村全部通公路。深入推进"双拥"工作，开展共学党的理论固信仰信念、共建基层组织固一线堡垒、共促民生改善固脱贫成果、共树文明新风固民族团结、共守神圣国土固边境安宁"五共五固"活动，取得良好效果。

坚定不移建设美丽西藏，筑牢国家生态安全屏障。坚持把推进美丽西藏建设作为关系国家生态安全、统领西藏长足发展和长治久安的重大战略来认识和部署。大力实施水、大气、土壤污染防治行动，统筹山水林田湖草系统治理，坚决打好污染防治攻坚战，全区地级以上城市空气质量优良天数比率达到 98.1%。大力推进国土绿化工程，坚持有所为有所不为，严格执行环境保护"一票否决"制度，严禁"三高"项目进入西藏。

坚定不移全面从严治党，夯实党在西藏的执政基础。坚持新时代党的建设总要求和组织路线，学习贯彻习近平新时代中国特色社会主义思想和以习近平同志为核心的党中央决策部署，坚持全面从严治党和反腐倡廉，严格执行党的纪律标准，严守党的政治纪律和政治规矩特别是反分裂斗争纪律。加强领导班子和干部队伍建设，着力培养忠诚干净担当的高素质干部队伍。加强基层党组织建设，努力把农牧区基层党组织建成听党话、跟党走，善团结、会发展，能

◎布达拉宫。资料图片

致富、保稳定，遇事不糊涂、关键时刻起作用的坚强堡垒。严格执行中央八项规定及其实施细则精神，坚决破除形式主义、官僚主义突出问题，巩固反腐败斗争压倒性胜利，营造雪域高原风清气正的政治生态。

（作者：西藏自治区党委理论学习中心组）

新疆篇

新发展理念
特色产业集群
稳　就　业

■ **新时代·新实践** ···

真抓实干促发展 凝心聚力惠民生

习近平总书记指出："坚持用全面、辩证、长远的眼光分析当前经济形势，努力在危机中育新机、于变局中开新局。"推动经济社会发展，归根到底是为了不断满足人民群众对美好生活的需要。当前，切实做好各族群众的操心事、烦心事、揪心事，把发展摆在第一要务位置是新疆维吾尔自治区党委政府最主要和最关心的事。如何在疫情防控常态化形势下，扎实做好"六稳"工作，全面落实"六保"任务，决胜全面建成小康社会成为新疆各族群众心之所向，并为之奋斗的目标与方向。

稳中有进开新局

加快推进经济高质量发展，是贯彻新时代党的治疆方略特别是社会稳定和长治久安总目标的要求，是充分释放和切实用好社会稳定和疫情防控红利的要求。近年来，新疆全区上下深入贯彻新发展理念，经济发展稳中有进，脱贫攻坚取得决定性进展，各族群众获得感幸福感安全感持续增强。

2020 年 7 月，新疆首批普惠小微企业信用贷款支持计划已陆续办理完毕，中国人民银行乌鲁木齐中心支行共为新疆 14 个地州市的 50 家地方法人银行发放 8.9 亿元的一年期优惠资金，旨在激励地方法人银行增加投放小微企业信用贷款投放量，从而缓解小微企业融资难问题。

稳就业是做好"六稳"工作之首。7 月中旬，新疆国资委拿出新增岗位按不低于 50% 的比例招聘区属（含兵团）高校应届毕业生和返疆内地高校新疆

◎传统的艾德莱丝工艺受到保护并受到人们青睐。王瑟摄

籍应届毕业生，涉及国有企业 100 余家，提供的岗位涵盖装备制造、金融、建筑、交通运输、农林、水电热力等多个领域。

7 月 15 日，全国首个氧气高炉在宝钢集团新疆八一钢铁有限公司（以下简称"八钢"）点火开炉，并启动第一阶段工业试验。氧气高炉工艺使用纯氧气代替热鼓风，与传统高炉相比，二氧化碳排放量明显降低。同时，由于氧气高炉在无氮环境下运行，生产效率可实现大幅提升。

此次点火开炉，推动了八钢氧气高炉从建设期正式转入应用期，进入工业化生产的前期试验阶段。八钢总经理吴彬说，公司的试验团队将继续创新研发，为钢铁行业绿色发展作出贡献。

2020 年 6 月 15 日 16 时，乌鲁木齐市市民黄敏收到了一个快递，这是她当天 10 时在京东下单的加湿器。现在黄敏已经习惯在网上选购商品，因为有本地仓作为保障，可实现当日达或次日达。目前，京东、唯品会、阿里巴巴三大电商在乌鲁木齐进行新一轮的仓储物流布局和建设，在保障更多商品实现当日达或次日达的同时，也让更多"新疆包邮"成为现实。

在位于乌鲁木齐市经济技术开发区（头屯河区）的京东物流乌鲁木齐市园

区，10 万平方米的仓储区加分拣区内，各地货品正在源源不断补进仓，在做好常态化疫情防控的前提下，这些货品经过外包装消杀后才能入仓。另外一端，消费者下单的商品从自动分拣系统输送到各地州和乌鲁木齐各区县，再送到各个站点。

京东快递新疆业务总经理王杰介绍，京东在新疆共建近 200 个站点，乌鲁木齐有近 50 个，日均出单量在 15 万至 20 万单。为保障商品当日达或次日达，本地仓提前两个月就开始备货。

◎各族人民亲如一家，同吃一锅饭。王瑟摄

新疆大学经管学院教授陈兵表示，电商在新疆布局，可以让更多消费者受益，可以享受到和内地同样的当日达或次日达服务，同时，还会带来更多的就业岗位，对新疆整个电商产业的发展带来推动作用。

为帮助各企业复工复产，新疆连续出台《关于帮助个体工商户应对疫情影响降低经营成本促进稳定发展的若干意见》《关于应对新冠肺炎疫情支持中小微企业复工复产健康发展的十六条措施》等多项政策措施，分别从降低经营成本、加大扶持力度和财政支持力度等方面提出 24 条具体措施，从加大中小微企业财政金融扶持力度、减轻经营负担及优化政策服务，支持中小微企业复工复产健康发展等方面提出 16 条具体措施，纾解企业遇到的各种问题。

延伸产业链，激活新动能

新疆源盛科技发展有限公司挤压车间内，工人们正在生产断桥隔热门窗主材料。受疫情影响，2020 年初该公司市场形势不容乐观。但在政府大力支持下，公司目前发展形势喜人。

位于中亚黄金宝玉石产业园的新疆中闽金业珠宝首饰有限公司，于 2018 年与新疆高新卓盈融资租赁有限公司签订了融资租赁合同。2020 年该公司从高新租赁公司租赁价值 1996 万元的设备，疫情防控期间租赁费用为 27.6 万元。

中闽金业董事长吴金龙说，6 月初乌鲁木齐市高新区召开规模以上企业座谈会，让企业说困难、提建议，职能部门来解决。经过沟通，高新租赁公司上门签订延期合同，延期收取设备租赁费用。

新疆出台的《关于应对新冠肺炎疫情支持中小微企业复工复产健康发展的

◎电力部门职工加紧作业。王瑟摄

◎格库铁路阿尔金山隧道贯通。王瑟摄

十六条措施》中明确指出，对于受疫情影响，生产经营出现暂时困难，无力足额缴纳生产经营所需用电、用水、用气的中小微企业，可申请阶段性缓缴费用，缓缴期间实行"欠费不停供"措施。对有发展前景但受疫情影响暂遇困难或不能及时还贷的中小微企业，银行业金融机构合理采取续贷、展期等手段帮助企业渡过难关，不得盲目抽贷、断贷、压贷、罚息；对到期还款困难的中小微企业，予以展期、续贷。

为积极克服新冠肺炎疫情影响，新疆着力构建农业全产业链和全价值链，提升产业发展水平，助力乡村振兴。

伊犁州霍城县清水河镇、喀什地区莎车县阿热勒乡等5地建设农业产业强镇的项目方案获得国家通过，每个项目申请中央投资1000万元，重点围绕巴旦木、伽师瓜等特色产业，着力提升生产基地、仓储保鲜、加工营销等设施装备水平，示范带动乡村产业转型升级。

在产业培育和建设方面，新疆积极争取库尔勒香梨、新疆薄皮核桃2个优势特色产业集群建设项目，打造乡村产业的"线"。目前，2个产业集群建设项目已得到农业农村部批复。未来 3 年，每个集群建设项目每年预计可获得中央投资 1 亿元，将培育以南疆环塔里木盆地 7 个核桃产业优势区为主的核桃产业集群和以库尔勒市为核心区，以阿克苏市为示范区，以尉犁县、轮台县、库车市、温宿县 4 地为辐射区的库尔勒香梨产业集群。

新疆农业农村部门正在新建一批农产品加工园区，引导地州市建设区域性农产品加工园，形成地州市、县市区两级农产品加工园体系；支持发展"园区＋基地＋农户""园区＋物流＋电商"模式，打造集品种培育、原料基地、加工转化、现代物流、营销平台为一体的农产品加工园区，引导产业从分散布局向集聚集群发展转变。

千方百计"稳饭碗"，多管齐下"造饭碗"

和田地区皮山县农民阿迪力·麦麦提吾孜，现在是新疆天蕴有机农业有限公司三文鱼养殖基地的工人。

24 岁的阿迪力·麦麦提吾孜，是建档立卡贫困户。2020 年初，他来到伊犁州尼勒克县的养殖基地。经过一周培训后，他学会了用自动化投料机投放料技术，掌握了水面安全生产的规范要求。他兴奋地说："在这儿每月有固定工资，还包吃包住，一年下来，我有近 5 万元的收入呢。"

像阿迪力·麦麦提吾孜这样在政府帮助下，离开家乡就业的有很多很多，更多的则是在家门口实现就业，成为产业工人，拥有固定收入，走上脱贫致富之路。

喀什地区莎车县阿扎特巴格镇塔尔其吾斯塘村村民阿布杜艾尼·阿布力米提过去从来没想过，自己也能成为有一技之长的技术工，"我参加村里的电工技能培训，考取了电工证，工作队还给我介绍了一份电工工作，2019 年我的收入有 6 万元。我要更加努力工作，做村里的致富带头人"。

据统计，2020 年上半年，新疆实现城镇新增就业 33.97 万人，完成年度目标任务的 75.5%；农村富余劳动力转移就业 256.5 万人，完成年度目标任务的 95.0%；城镇就业困难人员就业 3.16 万人，完成年度目标任务的 79.1%；城镇新增就业完成较好。

新疆人力资源和社会保障厅副厅长刘俊昌说，一组组数字折射出新疆就业形势延续了总体稳定，这得益于各地各部门千方百计"稳饭碗"，多管齐下"造饭碗"，保居民就业。

截至 2020 年 7 月 31 日，新疆区属普通高校毕业生 10.23 万人。为帮助学子们就业创业，新疆精准为毕业生提供充足的就业机会。积极搭建网上招聘平台，新疆人社厅会同新疆教育厅开展网络"云招聘"活动，实施"百日千万网络招聘专项行动"；积极开展网上送政策、送服务、送岗位活动，加强就业政策宣传，加强就业服务，加强岗位推送；进一步优化高校毕业生就业手续办理，推行"不见面"签署毕业生就业协议，鼓励引导用人单位和高校毕业生在网络平台上签订就业协议。

稳就业必须先稳企业。疫情防控期间，新疆出台"免、减、缓、返、补"政策，为企业纾困解难，帮助企业减轻负担，稳定就业岗位，不裁员、少裁员。这些政策包括阶段性地减免企业养老、失业、工伤三项社会保险单位缴费部分；允许受疫情影响生产经营出现严重困难的企业缓缴社会保险费，缓缴期间免收滞纳金，并放宽社会保险费缴费时限要求；加大失业保险稳岗返还力度；发放培训补贴、求职创业补贴等各类就业创业补贴。

■ 长 镜 头 ....

云端数字"飘"来的美景

一张水溶性可降解塑料袋放进一杯 90 摄氏度的水中，仅一分钟，杯子里的水就变成乳白色液体，塑料袋也消失了……乌鲁木齐市企业服务云平台直播现场，新疆康润洁环保科技股份有限公司市场部经理万建永，推介了企业生产的水溶性可降解塑料袋。

有 8 家本土新材料生产制造企业在乌鲁木齐市企业服务云平台直播间，向全国网友推介企业特色产品。这是乌鲁木齐市工信局、中小企业服务中心启动的"企服上云，云上服企"系列活动的第二场专题活动。众多乌鲁木齐新材料企业产品借助"云直播"拓展销售空间，从天山脚下大踏步走向国内外。

运货穿梭机从仓库四五层楼的货架上自动取货，再运送到生产线上；自动生产线仅靠一人监控就能 24 小时不间断生产……这样的画面每天出现在卓郎新疆智能机械有限公司生产车间。如今，卓郎新疆智能机械有限公司正依托智能工厂，运用智能化生产线，不断提升生产效率和产品质量。

这是新疆战略性新兴产业发展的一个缩影。得益于各项改革措施的落实落地，新疆新动能、新业态、新模式持续发力，新经济在经济发展中发挥着越来越突出的作用。

只是在人群中"看"了你一眼，温度就被记录下来。站在由新疆爱华盈通信息技术有限公司研发的人工智能测温仪前，体温数字瞬间就显示在个人影像的额头上。"这是公司推出的智能体温筛查系统，支持多人、超远距离的精准测温，适用于人流量大的场景，可快速测温、预警，并把异常数据上传统计。"公司副总经理郑林说。

智能体温筛查系统面世以来，迅速赢得了市场青睐。8 月 5 日，新疆爱华盈通信息技术有限公司拿下了一份 1000 台的订单。围绕人工智能产业应用这一中心，目前他们已研发形成多条产品线，应用于智慧教育、智慧应急、智慧商业等各行各业。

以人工智能应用为原点，辐射百行万企，悄然推动各个领域的技术革新，这便是"数字"的魅力所在。

不见热火朝天干活的场面，不闻锤敲电焊当当响的作业噪音，走进新疆众和股份有限公司电极箔公司生产车间，干净整洁的环境让人眼前一亮。偌大的车间，一卷卷薄如蝉翼的化成箔从生产设备中缓缓"吐"出来。紧接着，智能化机器人小车即刻到位。控制室中，操作员端坐于电脑前，盯着显示器上的生产数据，偶尔敲击键盘，进行控制。

"只需要把原料放入设备，设置好温度、时间等数值，产品就能自动产出。"新疆众和董事会秘书刘建昊说。

在乌鲁木齐国际陆港智能场站平台大屏上，各趟去回程中欧班列的实时运行情况动态闪烁着，车号、仓号、货品编号、空余舱位等信息一目了然。将数字技术与作业班列深度融合，智能场站平台无形之中推动着物流通道的畅通，打通了海内外的铁路、口岸、海关等多个"信息孤岛"，构建从源头到终点的全程信息链条。

"以前的电子国际联运单都是手写，到一个国家就要翻译成当地的文字，既耽误时间，又容易出错。"新疆国际陆港（集团）有限责任公司副总经理周凯说，"在陆港智能场站平台上，仓单在境外换单时系统后台可自动进行多语种翻译，提高了效率的同时，还使陆运铁路仓单具备了金融属性，可以成为抵押凭证，用来向银行贷款。"

根据地区生产总值统一核算结果，上半年，新疆实现生产总值 6412.80 亿元，按可比价格计算，同比增长 3.3%。

新疆维吾尔自治区统计局党组书记、局长许斌说："新疆经济持续向好，得益于各项改革措施的落实落地，新疆新动能、新业态、新模式持续发力，新经济在经济发展中发挥着越来越突出的作用。"

■ **实践者风采** ···

助推中欧班列跑出加速度

"2020 年 1—6 月，阿拉山口铁路进出口过货量节节攀升，完成进出口过货 741.1 万吨，同比增长 24.8%，占新疆口岸进出口过货量的 74%。"中国铁路乌鲁木齐局集团有限公司阿拉山口站运转车间主任孙德敬说。

2011 年，全国首列"渝新欧"中欧班列经新疆阿拉山口出境时，孙德敬参与到班列的运输组织工作，"以前不敢想象今天的模样，现在阿拉山口早已由镇变市，还有了新疆第一个综合保税区——阿拉山口综合保税区"。

"特别是 2020 年以来，随着疫情防控力度的加强，进出境中欧班列数量逆势增长很快，我们的工作也更加繁忙。"孙德敬说。

据统计，截至 2020 年 7 月底，经阿拉山口铁路口岸进出境中欧班列达 2618 列，同比增长 41.8%，已经完成了 2019 年全年通行 3545 列目标的 74%。

随着口岸中欧班列通关数量的增长，车站的运输压力加大。铁路部门在深入挖潜提效上下功夫，坚持算好效率账，不断释放运输潜力。

孙德敬说："我们采取优先编组、优先挂运、优先发车、优化运输组织等措施加快中欧班列通关效率。过去，车站 24 小时只能接 10 对到 12 对列车，现在每天接发车达 27 对。"

出口的班列要经过铁路部门的票据审核、海关查验等多个环节，参与的部门多，任何一个环节出现延迟，都会导致班列在口岸延误。为确保口岸站运输畅通、运量持续增长，阿拉山口口岸联检单位、货代企业及地方政府沟通协调，架起了口岸通关"高速路"，确保中欧班列 24 小时随到随放快速通关。

"2020 年 7 月以来，'数字口岸'系统投入应用，让中欧班列通关更加高效快捷。这个系统实现了海关与铁路实时共享铁路舱单、运输工具等数据以及铁路出口货物排除查验和特殊监管方式的货物，无须人工接单。"孙德敬说，中欧班列进口转关数据实现系统自动审核秒级放行，使班列在口岸停留时间进一步压缩。经阿拉山口口岸出境中欧班列通关时间压缩至 5 小时内，入境中欧班列通关时间压缩至 18 小时内。

孙德敬算了一笔账：阿拉山口口岸从第一列中欧班列到 2018 年 6 月突破 5000 列，用了近 7 年时间；从 5000 列到 2019 年 9 月突破 10000 列，用了 15 个月时间；从 10000 列到 14000 列，仅用了不到 10 个月时间。

"我特别自豪，因为我见证了中欧班列快速发展的脚步。"孙德敬笑着说。

■ 启示与思考

以固本之策谋长远、育新机、开新局

2020 年是决胜全面建成小康社会、决战脱贫攻坚之年，也是收官"十三五"、谋划"十四五"之年。突如其来的新冠肺炎疫情给经济社会发展带来了前所未有的冲击和挑战。习近平总书记强调，"要科学分析形势、把握发展大势，坚持用全面、辩证、长远的眼光看待当前的困难、风险、挑战"，为我们开展工作提供了科学方法和基本遵循。新疆全面贯彻落实以习近平同志为核心的党中央关于统筹推进疫情防控和经济社会发展的各项决策部署，贯彻落实新时代党的治疆方略，努力在危机中育新机、于变局中开新局，行固本之举，谋长远之策，牢牢把握住发展主动权，实现平稳开局。

行固本之举，为育新机、开新局蓄积优势

于危机中破浪前进、于变局中积极进取，多行固本之举至关重要。"固"是"进"的基础，只有筑牢根基，才能顺势而为，在危机中捕捉新的机遇；"固"是"进"的底气，只有厚植根基，才能转危为安，在困难中创造新的机会。新疆坚持稳中求进工作总基调，保持战略定力，为育新机、开新局蓄积优势。

充分释放政策红利。新疆充分发挥财政、货币、社保、就业等政策合力，让利于民，让利于企，强化困难群体兜底保障。一是支持企业稳岗就业、确保

◎棉花采收机助力新疆棉农采棉。王瑟摄

重点群体就业稳定、以创业带动就业政策全面发力。截至 2020 年 5 月底，新疆实现城镇新增就业 27.16 万人，农村富余劳动力转移就业逾 198 万人次，稳就业工作做到了"时间过半，任务过半"。其中，南疆四地州城镇新增就业 97419 人，占新疆城镇新增就业的 35.87%，为新疆总体就业局势稳定发挥了重要作用。在此期间，新疆累计发放创业担保贷款 12.39 亿元，共有逾 42 万人享受到各项就业补贴 10.7 亿元。二是提高低保标准，扩大救助范围，落实特殊困难群体兜底保障，加大困难家庭临时救助力度，突出普惠性、基础性、兜底性民生建设；持续推进义务教育均衡发展，目前全疆已有 335.5 万义务教育阶段的在校生实现从有学上到上好学；持续深化"医疗、医保、医药"三医联动，有效缓解了广大群众的看病负担。这些举措切实解决了各族群众的操心事、烦心事、揪心事。三是通过加大减税降费力度，强化金融支持，为中小微企业纾困，助力其发展。截至 2020 年 5 月底，新疆已为超过 10 万户用人单位减免社会保险费逾 50 亿元，为 7.2 万户企业返还失业保险费 7.84 亿元。7 月以来，新疆首批 8.9 亿元普惠小微企业信用贷款支持计划陆续办理，为 3.3 万个各类市场主体发放信用贷款 22.3 亿元，这些均为新疆育新机、开新局奠定

◎一列中欧班列驶出乌鲁木齐集结中心。王瑟摄

了重要政策基础。

坚定不移维护社会大局稳定。新疆的一切工作都要围绕社会稳定和长治久安这个总目标来推进。没有稳定，一切都无从谈起。新疆已连续 3 年多未发生暴力恐怖案（事）件，社会大局稳定，人民安居乐业，为新疆经济社会发展提供了最重要的条件和最有力的保障。2020 年以来，美国罔顾国际社会主流民意，诋毁中国政府治疆政策，妄图挑拨新疆民族关系。对此，新疆时刻保持战略定力，坚持依法治疆不动摇，坚持推进反恐维稳常态化不动摇，坚持争取人心和凝聚人心不动摇，毫不放松地维护社会大局稳定，为新疆育新机、开新局持续释放稳定红利。

建强基层党组织，凝聚各族群众。基层稳，则大局稳。育新机、开新局依靠的是各族群众的智慧和力量。第二次新疆工作座谈会以来，自治区党委不断加强和改进基层党组织作风建设，全疆基层党组织建设质量显著提升。面对疫情，全区各级基层党组织和广大党员积极响应、迅速行动、冲锋在前，真心诚意帮助各族群众解决在疫情防控、复工复产、日常生活中遇到的实际困难和现实问题，感人事迹不胜枚举，成绩有目共睹。当前，全疆基层党组织不断创新方式方法，带领全疆各族人民勠力同心、共克时艰，为新疆育新机、开新局不断夯实群众基础。

谋长远之策，为高质量发展培育新动能

面对当今世界更多不稳定不确定因素，我们要有穿透危机、洞察前方的敏锐眼光，要有把握未来发展大势的清晰思路，更要有谋长远之策。近年来，新疆把坚持新发展理念和实现高质量发展的要求贯穿到经济社会发展方方面面，数字经济推动产业转型升级、绿色发展构建新疆优势、丝绸之路经济带核心区建设持续发力，为加快推进经济高质量发展持续培育新动能。

加速推动新旧动能转换。近年来，新疆数字经济蓬勃发展、战略性新兴产业不断壮大、新兴业态方兴未艾，为经济发展注入了强大活力。一是数字经济领跑新疆经济发展。2019 年，新疆数字经济规模总量达 3450 亿元，同比增长12% 以上，已成为促进经济高质量发展的重要力量。随着 5G 建设快速推进，"5G+ 工业互联网"将成为新疆数字经济发展的重要引擎和内生动力。二是战

略性新兴产业不断壮大。2020年上半年，新疆战略性新兴产业增加值比2019年同期增长12.2%；2020年7月，新疆电网单月外送电量首破百亿千瓦时，其中新能源34.3亿千瓦时，占外送电量的33%，为新疆创造直接经济收益23亿元，增加税收3亿元左右。三是新兴业态快速成长。网络购物、直播带货持续火热，远程问诊、在线教育快速扩张，新个体经济等就业新模式快速成长。2020年一季度，新疆企业通过国内第三方电子商务交易平台实现网上零售额达44.4亿元，比上年同期增长4.1%。新产业新业态新模式的迅速成长，为新疆经济转型按下"快进键"。

绿色发展构建美丽新疆。新疆认真贯彻习近平生态文明思想，"绿水青山就是金山银山，冰天雪地也是金山银山"的理念在天山南北形成生动实践。2020年以来，全区14个地州市人民政府（行署）所在城市空气质量平均优良天数比例比上年增加2.4个百分点，全区监测的78条河流169个断面优良水质比例为98.8%，沙漠化趋势得到有效遏制，良好生态环境蓄足了新疆高质量发展的底气。当前，新疆的国家4A级以上景区已突破百家，在全国各省区市中位居前列。2019年新疆接待游客历史性突破2亿人次，实现旅游收入3452.65亿元；生态保护红利持续释放，林果业已成为新疆支柱性产业之一，2500万各族群众正在绿水青山中脱贫致富，踏着坚实步伐迈向全面小康。"在保护中发展、在发展中保护"的理念深入人心，不断厚植新疆高质量发展的基础。

高质量推进丝绸之路经济带核心区建设。新疆把核心区建设作为统筹疫情防控和经济社会发展、全面提升对外开放水平、促进经济高质量发展的重大举措，全力开创核心区建设新局面、拓展经济发展新空间，为实现新疆经济高质量发展提供有力支撑。当前，乌鲁木齐国际陆港区作为丝绸之路经济带核心区建设标志性工程，全面推进核心区交通枢纽中心、商贸物流中心、医疗服务中心、文化科教中心、区域金融中心建设，对内对外开放水平不断提升；中欧班列运行势头良好，发展速度和规模居全国前列，已成为新疆向西开放的"名片"；2020年前5个月新疆跨境电商逆势上扬，出口清单共计1555.15万件，货值约5263.96万美元，同比上涨1880倍，提升潜力巨大；霍尔果斯开发区建设加速推进，霍尔果斯馕产业园已入驻外向型加工企业10余家、地方产品进

◎新疆巴音郭楞蒙古自治州轮台县草湖乡可可桥村卫星工厂，村民在家门口实现就业
增收。王瑟摄

出口企业 60 余家，实现年产值 4500 余万元。丝绸之路经济带核心区的发展在
危机中孕育出勃勃生机，激活了新疆经济高质量发展的蓬勃动力。

（作者：李元斌，系新疆中国特色社会主义理论体系
研究中心助理研究员）

云南篇

绿色发展
产业转型升级
全域旅游

■ **新时代·新实践** ....

绿色"三张牌"撬动高质量发展

云南有灿若星河的民族文化，38 万平方公里三迤大地，拥有植物王国、动物王国、有色金属王国和世界花园的桂冠。今天，云南如何发挥优势，把身边的绿水青山变成金山银山，是云南 4800 万人民共同的考题、共同的追求。

习近平总书记 2020 年 1 月在云南调研考察时强调，云南要努力在建设我国民族团结进步示范区、生态文明建设排头兵、面向南亚东南亚辐射中心上不断取得新进展，谱写好中国梦的云南篇章。

近年来，云南省委省政府全面贯彻习近平生态文明思想，立足省情、发挥优势，坚持绿色发展，打造世界一流的绿色能源、绿色食品、健康生活目的地三张牌，让绿色成为云南产业转型升级、经济高质量发展的鲜明底色。

因地制宜发掘绿色能源

云岭大地峰峦叠嶂，江河纵横，处处有清洁能源。云南绿色能源资源丰富，水能经济可开发量居全国第二位，年接收太阳能能量居全国第八位；生物质能原料种质居全国之首；温泉总数居全国之首，天然放热量居全国第二位……

近年来，云南重点打造"绿色能源牌"，一批大型水电工程启动或建成发电；绿色铝创新产业园等一批重大项目落地投产，绿色铝材、绿色硅材等产业快速发展；省内用电量占比提升到 52.3%，工业用电量增长 5.8%。

2020 年 6 月 29 日上午 11 时 30 分，金沙江下游水电规划四个梯级电站中

◎抚仙湖畔，市民共赏美景，休闲放松，其乐融融。张勇摄

的第一个电站——乌东德水电站正式投产发电。习近平总书记作出重要指示强调，"乌东德水电站是实施'西电东送'的国家重大工程"，"要坚持生态优先、绿色发展，科学有序推进金沙江水能资源开发"。乌东德水电站装机规模为中国第四、世界第七，总装机容量1020万千瓦，年均发电量389.1亿千瓦时。乌东德水电站工程建设部主任杨宗立激动地说："我们要努力把电站打造成精品工程，按照习近平总书记的要求，在开发中保护，在保护中开发，更好地造福金沙江两岸人民！"

据云南省能源局综合处处长徐云亮介绍，云南绿色能源达到了"七个全国第一、五个世界一流、一个100%"，即全省电力装机9500万千瓦，其中以水电为主的清洁能源装机7992万千瓦，占比84.1%；清洁能源交易占比、非化石能源消费比重，均居全国第一位，并达到世界一流水平；全省推广使用国Ⅵ（B）标准车用汽油、国Ⅵ标准车用柴油，油品质量处于国际领先水平；云南是全国第一家"西电东送"省份，其发展速度也居全国第一位；"西电东送"送电量累计突破10000亿千瓦时，100%为清洁电力，相当于减排8.25亿吨二氧化碳、148.5 万吨粉尘。云南绿色能源为东部地区经济发展和全国污染防治攻坚战作出了巨大贡献。

云南水电资源虽然丰富，但存在水电丰多枯少的结构性矛盾、省内电力需求相对不足等问题。2014 年以来累计弃水超过 1100 亿千瓦时。为突破水电困局，解决弃水问题，云南加快发展水电铝材一体化、水电硅材一体化产业。"项目全部落地后，将使云南成为全国最大的电解铝生产基地、全球最大的单晶硅生产基地、全球最大的有机硅生产基地，云南弃水问题将得到有效解决，国家'西电东送'战略将进一步健康发展。"云南省能源局调研员李加荣说。

2020 年受新冠肺炎疫情影响，一季度，全国用电量同比下降 6.5%。在水电铝材、水电硅材新增项目投产拉动下，云南省全社会用电量同比上涨 5.8%，居全国首位。全省发电量同比增长超过一倍，有力对冲了新冠肺炎疫情对全省经济的影响。

就地取材打造绿色食品

云南气候四季如春，年平均气温 23.8 摄氏度，日照充足，所以能成为植物王国。四季都能种菜、开花、结果，为云南打造"绿色食品牌"创造了天然条件。

在玉溪澄江市龙街街道朱家村周围，是壮观的 2000 亩蓝莓种植基地，一排排整齐的蓝莓树郁郁葱葱，10 多位戴着遮阳帽的女员工正在清除杂草。

"我们无公害种植蓝莓，不用除草农药，全部是人工除草，在蓝莓开花之后直到果子采摘完，都不施任何农药和化肥，确保我们种的蓝莓是生态绿色食品。"云蓝蓝莓公司片区项目负责人保垒说。蓝莓边矗立的一个个形似马灯的灭虫灯，灯里睡满了飞蛾。"我们用这些灭虫灯，物理杀虫。"保垒十分自豪。

"澄江的水质好、土壤好、空气好，没有污染，所以这里的蓝莓个头大、味道甜，亩产量 1.5 吨，在全国算比较高的！"保垒禁不住赞叹。云蓝蓝莓公司在澄江建设蓝莓示范种植基地 4700 余亩，初步建成全国最大的早熟蓝莓种植基地，打造出"佳品云蓝"蓝莓品牌，获得绿色食品证书。

云南不仅水果四季飘香，蔬菜也独领风骚。

"我们原来在广东种菜只能种半年，云南气候好，在寻甸我们可以全年种菜，一年可以收获 6 次，目前这里已经是全国较大的西餐蔬菜种植基地。"昆明市寻甸县福邦农业公司董事长黎英强介绍说。福邦农业公司扎根于寻甸县鸡街镇种植西餐蔬菜，流转土地 2100 余亩，建设温室生产大棚 2040 亩，种植 30 多个西餐蔬菜品种，产品销往香港、广州、上海等地，每年销售收入 5000 多万元，带动当地 613 户农户通过土地流转增收 290 万元。

近两年来，云南通过发展八大绿色产业，积极打造"绿色食品牌"。2019 年，云南茶叶面积 676 万亩，茶叶面积、产量均占全国第二位；全省花卉面积 175.7 亩，蔬菜种植面积 1789 万亩，水果种植面积在全国居第六位，核桃面积 4300 万亩，澳洲坚果面积占全国总面积的 95%；云南还是中国最大的咖啡种植区；中药材种植面积居全国第一位；肉牛存栏量居全国第二位。

据云南省农业农村厅绿色食品处副处长张小喆介绍，云南通过实施有力措施来加快打造"绿色食品牌"；全省主要农作物绿色防控覆盖率达 31%；注册了"绿色食品牌"LOGO，连续举办"10 大名品""10 强企业""20 佳创新企业"评选活动；2019 年全省新增国家级龙头企业 13 户；2019 年，全省出口农产品 331.2 亿元，

◎保山潞江坝的小粒咖啡，为世界著名咖啡厂商提供了优质原料。任维东摄

农产品出口连续多年稳居西部省区第一，通过阿里平台销售额超过 65 亿元；建成运营茶叶、花卉、咖啡等 6 个云南特色大宗商品国际现货交易中心。

在普洱茶的故乡普洱市，建立普洱茶追溯体系，实施生态茶园、生态咖啡园改造，全面提升茶叶、咖啡等产品品质。2019 年，茶、咖啡种植获得"三品一标"认证面积占 42.04%，有机茶认证企业数量居全国第一，也是全国种植面积最大、产值最高、品质最优的咖啡主产区。

全域旅游瞄准"健康生活"

云南省认真把习近平总书记的要求贯彻落实到打造"健康生活目的地牌"的行动中，针对旅游市场失范问题，出台严格的 22 条措施，全面整治全省旅游市场秩序；启动建设大滇西旅游环线，深入推进"整治乱象、智慧旅游、提升品质"旅游革命"三部曲"；"一部手机游云南"重构了智慧旅游、全域旅游新生态，2019 年旅游总收入突破 1.1 万亿元。

"抚仙湖太美了！每年夏天我们一群老年人都相约着来抚仙湖边禄充租一

◎澜沧县景迈山上的千年傣族古寨。任维东摄

栋小旅馆，住上两个月。"一位从重庆来抚仙湖度假的老人说。禄充原来只是澄江县抚仙湖西岸一个小渔村，政府、企业等投资把小渔村建成一个国家4A级景区，惠及全村1865人。2019年，景区旅游年总收入达2亿元。禄充景区环保累计投入近1.2亿元，通过实施"退人退田退房还湖"更好地保护了抚仙湖生态环境，吸引了更多的省内外游客前来休闲度假。

抚仙湖畔的旅游热正是"绿水青山就是金山银山"的生动例证，也是云南打造全域旅游的缩影。

"云南只有一个景区，这个景区就叫云南。这是云南全域旅游的新理念。"云南省文旅厅资源开发处副处长许可说。云南成功申报丽江等12家单位为国家全域旅游示范区，成功创建3个国家全域旅游示范区、4个国家生态旅游示范区等，2019年云南旅游重大项目完成投资1000亿元以上，大项目带动了大发展。

2020年新冠肺炎疫情发生以来，云南旅游业受疫情冲击很大。5月9日，云南省出台《支持文旅产业应对新冠肺炎疫情加快转型发展若干措施》。"实行政府指导价的A级以上旅游景区，年内门票价格一律优惠50%。对旅行社组织的旅游团队并通过'一部手机游云南'平台购票的，景区门票全免……"这一系列优惠措施增强了云南文旅企业的信心，吸引了越来越多的游客。

2020年5月10日，云南省省长阮成发在政府工作报告中提出：2020年后几个月，云南打造世界一流"三张牌"要取得更大突破，筹集100亿元高标准建设特色农产品加工产业园，全面提升云南名品的美誉度和影响力。创建国家级全域旅游示范区，促进配方颗粒为代表的现代中药产业加快发展；加快建设美丽县城、康养小镇、特色小镇，让云南成为创新创业、休闲度假的聚集地。

■ 长 镜 头 ···

做大"一棵菜" 扮靓古渔村

绿色是大理苍山洱海的发展底色。近年来，云南大理白族自治州倾力打造世界一流"绿色食品牌""绿色能源牌""健康生活目的地牌"这绿色"三张牌",引领全州经济高质量发展。

在大理耘飞农业科技有限公司弥渡育苗基地,公司员工任丽萍和五个同事正忙着育茄子苗。"每盘128苗,每人一天可以育苗100多盘。"任丽萍干劲儿十足。

"弥渡没有工业污染,光照、温度、土地和劳动力等优势,是发展蔬菜产业的黄金之地。"大理耘飞农业科技有限公司董事长李树春这样说。2012年11月,来自山东寿光的李树春路过大理弥渡县,这里的好环境让他印象深刻。2013年3月,李树春在这里投资320多万元,第一个76亩高标准设施蔬菜基地正式开工建设,当年建成。

"他种下了一粒'种子',长出的果实是弥渡高标准、规模化、效益化的新路子。"弥渡县农业技术推广中心主任潘志华介绍,在李树春的引领下,以"蔬菜王国"著称的弥渡在蔬菜产业发展中实现了"换挡升级",曾经的"小、散、弱"局面一去不复返,真正做强做大了"一棵菜"产业,带动4.6万农户种植蔬菜22.4万亩,产值23.3亿元。

弥渡的"一棵菜"只是大理打造世界一流"绿色食品牌"的一个缩影。"近年来,大理州以构建云南绿色农产品和食品区域中心为定位,着力打造滇西绿色农产品聚集中心、绿色农产品产业加工流通中心、绿色农产品重大产业基地及品牌中心、绿色农产品对外辐射中心。"大理州农业农村局原产业办主任张茂云介绍,大理重点推进核桃、蔬菜(含食用菌)、水果、乳业及肉牛、生猪、中药材6个特色优势产业发展,以农产品和食品加工营销为龙头,以打造"洱海绿色食品牌"为重点,努力把洱海流域建设成为农业绿色发展先行区、云南省打造世界一流"绿色食品牌"示范区。

12年前,沈见华一家从上海迁到了山清水秀的小渔村双廊,成立"双廊白族农民画社",培养了王秉秀、张培秀、赵新莲等双廊最早的一批农民画家。5年前,沈见华把他的家连同双廊白族农民画社一起搬到了伙山村。导演张扬以沈见华和农民画家们的生活为题材,拍摄了一部纪录电影《火山》,已在2019年农民画家珠海画展开幕式上首映。

大理市双廊镇这个"洱海边千年古渔村"特色旅游小镇正在释放出独特的魅力。大理市在古镇核心区实施创4A级景区各项措施,通过盘活山区资源吸引游客上山体验乡村旅游，推动山区劳动力下山务工；引入优质龙头企业上山发展优势特色产业，帮助山区农产品下山销售拓宽产品销路；引导艺术家上山落户创作，带动山区群众制作艺术品下山出售，形成了"游客""老板""艺术家"三上山，"劳动力""农产品""艺术品"三下山的良好格局，走出一条山下旅游带动山上产业发展、山上扶贫拓展山下旅游经济的绿色发展之路。

目前，大理州确立了"全力把大理打造成全国知名的高端医疗健康园、医药产业科技园、养生度假后花园、康体养老幸福园、体育健身娱乐园、文化旅游伊甸园"的世界一流"健康生活目的地"发展目标，努力将大理的蓝天白云、青山绿水、特色文化、民俗风情转化为发展优势，将大理州打造成为"宜医、宜养、宜健、宜游"的世界一流"健康生活目的地"。

■ **实践者风采** ⋯⋯⋯⋯⋯⋯⋯⋯⋯⋯⋯⋯⋯⋯⋯⋯⋯⋯⋯⋯⋯⋯⋯⋯⋯⋯⋯⋯⋯⋯⋯⋯

云南省农科院粮食作物研究所所长番兴明：
一粒种子可以改变世界

番兴明很忙，作为云南省农业科学院的玉米科学家，他每年三分之一的时间在野外玉米地里度过。番兴明现任云南省农科院粮食作物研究所所长，30多年来潜心于玉米遗传育种研究。

为什么对玉米情有独钟？"有个偶然的机缘。1988年，我去墨西哥国际玉米小麦改良中心学习培训。墨西哥是玉米的起源地，玉米的遗传多样性非常丰富，但是我国推广的玉米种子颗粒不大，产量不高。如何利用国外优良品种来进一步提高我们的产量？从墨西哥回来后我就决心研究玉米。"番兴明回忆说。

番兴明表示，中国是世界上玉米种植面积最大的国家，全国种植约6.3亿亩，云南有3000多万亩。但我国玉米种植只集中在少数几个品种上，一旦品种发生了问题，就可能导致大规模毁灭性的灾害，对于粮食安全和农民的生活将会造成极大的影响。为了解决中国粮食安全风险问题，他和团队去往世界各地考察调研，从南美洲国家、墨西哥、印度引进了一大批种子，并利用云南地理优势，加以驯化改良，推广种植。

多年来，番兴明团队利用选育的热带、亚热带种质培育的优质高产玉米杂交种累计推广应用 1.14 亿亩，新增产值 137.5 亿元；建立了玉米品质改良分子育种关键技术，解决了国内优质蛋白玉米软质或半硬质胚乳、抗病性差的重大问题；建立了热带亚热带玉米种质创新体系，大规模创制抗病优质玉米种质，有效拓宽了我国玉米种质遗传基础；建立了玉米多抗育种技术体系，有效解决了云南省玉米生产上面临的灰斑病大面积暴发的重大技术难题。这些成果为保障我国粮食安全、助推脱贫攻坚作出了重要贡献。

"这些成果说明，一粒种子可以改变世界。我们培育的玉米品种绿色环保、抗病性强、适应性广，不需要打农药，不需要使用太多肥料，符合绿色食品要求，为千万农民朋友带去了实实在在的实惠。"番兴明很自信。

最近，云南省举行 2019 年度科学技术奖励大会，授予番兴明云南省科学技术杰出贡献奖。他发表获奖感言说："我作为长期从事农业科技研究的工作人员，科研方向与绿色'三张牌'中的绿色食品、绿色能源紧密相关，我将带领团队把我们的专长与全省经济社会发展和人民的幸福结合起来，聚焦绿色农业发展中的关键问题，为保障我国粮食安全作出新的贡献。"

"我出生于云南，对云南的青山绿水有着特殊感情，我将用毕生精力回报养育我的这片土地及家乡父老。"番兴明动情地说。对于这次获得的 300 万元奖金，他希望用于为贫困学生提供奖学金，完善在西双版纳基地的科研设施，让科技人员不用再住在工棚里。

■ **启示与思考** ···

谱写好中国梦的云南篇章

深入学习宣传贯彻习近平新时代中国特色社会主义思想和习近平总书记考

◎游客在昆明滇池畔观赏红嘴鸥。任维东摄

察云南重要讲话精神，是云南当前和今后工作的首要政治任务。云南将继续坚持新发展理念，统筹推进疫情防控和经济社会发展，实现全面建成小康社会的目标任务，推进高质量发展。人间奇迹都是人民创造出来的，幸福都是奋斗出来的。云南牢记习近平总书记的殷殷嘱托，坚决贯彻落实党中央作出的重大决策、展开的重大部署，集中精力打好世界一流"三张牌"，一年接着一年干、一张蓝图绘到底，奋力谱写中国梦的云南新篇章。

牢记殷殷嘱托，落实党中央重大决策部署

习近平总书记一直牵挂着云南各族人民，十分关心云南发展。2008 年 11 月和 2015 年 1 月，他两次到云南考察指导，作出了一系列重要指示批示。2020 年 1 月，习近平总书记再次考察云南，充分肯定了党的十九大以来云南经济社会发展和党的建设取得的成绩，对云南工作提出了新的要求，希望云南"正确认识和把握在全国发展大局中的地位和作用，坚决贯彻党中央重大决策部署，统筹推进稳增长、促改革、调结构、惠民生、防风险、保稳定工作，努

◎曲靖市市民在采摘杨梅。新华社发

力在建设我国民族团结进步示范区、生态文明建设排头兵、面向南亚东南亚辐
射中心上不断取得新进展，谱写好中国梦的云南篇章"。习近平总书记的重要
讲话精神，同 2015 年 1 月考察云南工作时提出的要求，同近年来对云南工作
作出的一系列重要指示批示精神，一脉相承、紧密联系、相互贯通，深刻阐明
了事关云南发展的方向性、根本性、原则性问题，进一步为新时代云南发展指
明了前进方向、明确了发展目标、赋予了重大使命、注入了强大动力。

　　云南省委省政府从政治的、全局的、战略的高度，带领全省干部群众坚决
把思想和行动统一到讲话精神上来，切实把习近平总书记为云南擘画的蓝图一
步步变为美好现实。一是深刻领会关于正确认识和把握云南在全国发展大局中
的地位和作用的重要指示，充分认识云南在全国发展大局中的四个突出特点，
更好承担起新时代的使命和责任。二是深刻领会关于坚持新发展理念，推动经
济高质量发展的重要指示，处理好稳和进、立和破、虚和实、标和本、近和远
的关系，自觉把新发展理念贯穿到经济社会发展全过程，不断开创云南经济高
质量发展新局面。三是深刻领会关于认真贯彻落实党的十九届四中全会精神，
不断增强边疆民族地区治理能力的重要指示，坚持和加强党的全面领导，做好
民族宗教工作，确保支撑中国特色社会主义制度的根本制度、基本制度、重要

制度在云南得到坚决贯彻落实。四是深刻领会关于保障和改善民生、决战脱贫攻坚的重要指示，全面落实党中央各项惠民政策，全力做好普惠性、基础性、兜底性民生建设，让各族群众有更多获得感、幸福感、安全感。五是深刻领会关于践行初心使命，激发奋进新时代的力量的重要指示，加强党史、新中国史、改革开放史、社会主义发展史学习，涵养风清气正的政治生态，让守初心、担使命成为加强党的建设永恒课题和全体党员、干部终身课题。

贯彻新发展理念，大力推动高质量发展

习近平总书记指出，发展理念是发展行动的先导，是管全局、管根本、管方向、管长远的东西，是发展思路、发展方向、发展着力点的集中体现。发展理念搞对了，目标任务就好定了，政策举措也就跟着好定了。党的十八届五中全会提出创新、协调、绿色、开放、共享的发展理念，是我们党在深刻总结国内外发展经验教训的基础上形成的，也是针对我国发展中的突出矛盾和问题提出来的，集中反映了我们党对经济社会发展规律认识的深化。

新发展理念是新时代云南高质量发展的指路明灯。云南提出走开放型、创新型和高端化、信息化、绿色化的"两型三化"产业发展路子，打好世界一流"三张牌"，就是要紧紧扭住新发展理念推动发展，加快建设现代产业体系。一是推动八大重点产业高质量发展。着力健全发展先进制造业、振兴实体经济的体制机制，优化升级烟草、电力、有色金属等传统产业，加快发展新材料、信息技术、生物医药、智能制造、现代服务业等新兴产业，全力打造世界一流"三张牌"。二是大力推进创新型云南建设。实施创新驱动发展战略和质量强省战略，推进企业、科研院所和高校创新资源整合共享，加大研发投入，推动重大创新和产品应用。三是全力促进区域协调发展。坚持"做强滇中、搞活沿边、多点支撑、联动廊带"，构建以滇中城市群为核心、以区域性中心城市为带动的城市化格局，整合优化提升各类开发区；纵深推进滇西发展，统筹推进滇东北、滇西北等高寒山区和少数民族聚居地区、革命老区加快发展，推进大滇西旅游环线建设，构建以高速公路为主体的交通体系。四是全面提升沿边开放水平，推进沿边三年行动计划，加快沿边高速公路建设，加快建设边境小康示范村。五是全力建设最美丽省份。扎实做好空间规划大管控、城乡环境大提

升、国土山川大绿化、污染防治大攻坚、生产生活方式大转变等工作，让"边疆、民族、山区、美丽"成为云南的亮丽名片。

坚持绿色发展，全力打好世界一流"三张牌"

云南是我国西南生态安全屏障，必须坚持绿色发展，把绿色作为云南高质量发展的底色。打好世界一流"三张牌"，是云南省委省政府全面贯彻习近平生态文明思想作出的重大战略抉择。

打好世界一流的"绿色能源牌"。云南水电资源可开发量居我国第三位，电力绿色能源装机占比超过 80%，能源产业已成为云南第二大支柱产业，清洁能源交易占比居全国首位，非化石能源占一次能源消费总量的比重居全国首位，绿色能源优势转换为经济发展优势的潜力十分巨大。云南将进一步做强做优绿色能源产业，加快建设干流水电基地，推进省内电网、西电东送通道、境外输电项目建设，拓展省内外和境外电力市场。在保护好环境的前提下，推进水电铝材、水电硅材一体化发展，着力发展新材料、改性材料和材料深加工，延长产业链。加快发展新能源汽车产业，把绿色能源打造成为云南第一大支柱产业。

打好世界一流的"绿色食品牌"。云南有纯净的高原生长环境，有多样的立体地形地貌及立体气候，有丰富而独特的各类生物资源，鲜花远销海内外，高原特色农产品绿色、健康且美味，中药材地道无污染，生物及特色农业资源非常丰富，具有得天独厚的发展条件。云南打造"绿色食品牌"，就是要依托高原特色现代农业发展的良好基础，加快推进农业高质量发展。云南将把高起点发展高原特色现代农业作为今后一个时期的战略重点，深入推进农业供给侧结构性改革，加强冷链物流仓储设施等现代农业设施建设，提高农产品加工转化率、延伸产业链、提高附加值。突出绿色化、优质化、特色化、品牌化，走质量兴农、绿色兴农之路，在确保粮食生产能力稳中提质和粮食安全的基础上，力争到 2025 年形成若干个过千亿元的产业。大力打造名优产品，依托茶叶、花卉、水果、蔬菜、坚果、咖啡、中药材、肉牛等产业，做好"特色"文章，加快形成品牌集群效应，打造一批具有云南特色、高品质、有口碑的"云南名品"和"金字招牌"。

◎美丽的洱海。任维东摄

　　打好世界一流的"健康生活目的地牌"。云南拥有世界一流的蓝天白云、青山绿水，处处好山、好水、好空气，有"南天春不老，繁花四时香"的美景，是休闲的胜地、养生的天堂、心灵的驿站。打造"健康生活目的地牌"，就是要充分发挥云南丰富的生物资源和良好生态环境优势，打造健康生活的向往之地。按照"世界一流"的标准，在昆明等有条件的地方建设大健康产业示范区，打造国际医疗健康城，引进国际一流高端资源和管理模式，建设集医疗、研发、教育、康养为一体的医疗产业综合体，使云南成为国际先进的医学中心、诊疗中心、康复中心和医疗旅游目的地、医疗产业集聚地，促进生物医药和大健康产业跨越式发展。旅游业是"七彩云南"的"第一朝阳产业"，以"云南只有一个景区，这个景区叫云南"的理念打造"全域旅游"，以"一部手机游云南"为平台打造"智慧旅游"，以"游客旅游自由自在""政府管理服务无处不在"为目标建设"一流旅游"，大力整治旅游市场秩序，推动旅游产业全面转型升级。围绕"国际化、高端化、特色化、智慧化"目标，紧扣"特色、产业、生态、易达、宜居、智慧、成网"七大要素，高质量、高标准加快推进"健康"主题康养小镇和特色小镇建设。

（作者：中共云南省委理论学习中心组）

浙江篇

避危抢机

新动能

双循环

营商环境

■ **新时代·新实践** ....

实体经济强势复苏的动力之源

2020 年 3 月 29 日至 4 月 1 日，在统筹推进新冠肺炎疫情防控和经济社会发展的特殊时期，习近平总书记考察浙江并发表重要讲话，赋予"红船精神"诞生地的浙江"努力成为新时代全面展示中国特色社会主义制度优越性的重要窗口"的新目标新定位。

从消费到生产，从小店到车间，从线上到线下，浙江按动重启键后，稳中求进，以进固稳，一季度疫情重压下地区生产总值（GDP）增速为 –5.6%，到二季度主要经济运行指标回升向好。半年成绩单显示，上半年 GDP 同比增长 0.5%，浙江经济绘出了一条"V"字形强劲反弹的曲线，为浙江建设"重要窗口"增添了精彩的一笔。

"非常之时"行"非常之力"

"由负转正，'V'字形强劲反弹的动力来自实体经济实实在在的复苏，特别是工业经济。"浙江省统计局总统计师王美福说。

新冠肺炎疫情突如其来，浙江以最快速度为实体经济赋能。复工复产伊始，在异常复杂困难的环境下，浙江深入学习贯彻习近平总书记关于统筹推进新冠肺炎疫情防控和经济社会发展的重要讲话精神，牢牢扛起"三个地"和"重要窗口"的使命担当，坚持长短结合，坚定不移打好稳中求进和高质量发展组合拳，争先创优落实"六保""六稳"任务。省委省政府提出"两手都要硬、两战都要赢"，疫情防控要取得胜利，经济复苏发展也要取得胜利。

◎浙江天际汽车匠心智造工厂。资料图片

早在2月1日，浙江就成立了复工复产工作专班，整合力量协同推进。一系列精密智控措施的推出，不断为浙江企业复工复产提速。从五色"疫情图"到"健康码"，从"一图一码一指数"精密智控机制，到首创"复工率五色图"，企业复工复产确认程序不断简化，员工返程绿色通道越来越宽。在做好疫情防控的同时，浙江经济的人流物流商流加速畅通。

"抢"出时间窗口，留得发展青山。为了帮企业把失去的时间抢回来、把失去的订单救回来，浙江的惠企、暖企政策不断加码。仅仅半年时间，浙江连续出台三轮政策，从"17条"到"18条"，再到如今的"19条"，政策层层加码，只为扶持企业渡过难关。

在疫情面前，浙江把保市场主体作为保住经济发展的希望，打出了各种政策组合拳：全力稳企业稳经济稳发展的30条意见，对个体工商户扶持力度的16条意见，实施减税减费减租减息减支共克时艰行动方案……非常之时的精准施策和有效作为给企业注入了强大信心。浙江华莎驰机械有限公司综合部经理唐建平向当地经信部门提交了"合金件50万件项目"技改补助申请，"从我2013年进公司，公司每年技改投入至少1000万元。2020年到6月底，已经投了800多万元"。平日里下的苦功，在危机中给了华莎驰惊喜，订单不降反增。

市场主体稳，实体经济稳。上半年，工业成为浙江经济增长贡献最主要的一股力量。工业经济一季度负增长 10.2%，二季度增长率为 8.6%。二季度工业对经济增长贡献 3.6 个百分点，贡献率 59%。工业投资提速增效明显，尤其是技术改造投资，同比增长 6.3%，高出工业投资 1.7 个百分点。

科学应变中激发新动能

疫情就像一场极限压力测试，淬炼了浙江民企"避危抢机"的能力，这是 2020 年上半年浙江经济实现"V"字形强劲反弹的重要原因，也是浙江经济的韧性所在。

宇视科技及时应对，打赢了抗疫关键一仗。公司热影测温产品的需求量在疫情期间增长了五六倍，原先平均两个月的供应周期被压缩至以天为单位。抢抓机遇，宇视科技跑出"加速度"，以最短时间、最大化兼容复用已有生产线，凭借柔性生产体系迅速提升规模供应能力。

像宇视科技一样，海康威视、大华股份、大立科技等安防行业龙头企业已构筑起产业高地，而这离不开浙江在安防产业持续二十载的耕耘。

"危和机总是同生并存的，克服了危即是机。"这一理念，贯穿浙江产业转型升级的进程：企业持续积淀，在产业链关键环节实现技术突破；政府潜心培育，以强链补链延链激发"链"锁反应，推动相关配套产业协同布局。

遇强更强，遇弱则补，伴随产业链重构，浙江产业带集群巩固竞争优势，重新定义自己在全球分工体系中的位置。而以数字化为基础的智能制造成为企业快速复工复产、深化转型升级的重要助推力。

新基建、在线消费等孕育着新一轮商机；生命健康、应急产业等迎来新的发展契机。从"机器换人"到智能工厂、工业大脑，数字化、智能化正在逐步深入浙江制造企业的内核。在新基建的号角下，将于年内投产的兆丰股份第四工厂把数据作为核心生产要素之一，探索建立全域感知、全局协同、全线智能的智能制造工厂。

作为国家数字经济创新发展首批试验区，浙江具备数字经济先发优势：2019 年数字经济总量 2.7 万亿元，占 GDP 比重 43.3%。抢抓新基建重大机遇，2020 年 7 月，浙江又提出新目标：力争通过 3 年时间、万亿元投资，加快建立高质量、现代化的新型基础设施体系，创建领先的新型基础设施产业链生态。围绕第五代移动通信技术（5G）商用网络、物联网、云数据中心、工业互联网等 13 条新基建产业链，做强优势的序幕已经拉开。

内外兼修打造双循环新格局

2020 年下半年，有近 30 万只"正泰制造"的一体式智能断路器将从温州陆续发至沙特，助力沙特落实"2030 愿景"智能电网发展。特殊时期成功斩获亿元级大订单，全球化布局的正泰电器，成为浙江企业疫情下构筑国际国内双循环格局的最佳缩影。

在逐步形成"以国内大循环为主体、国内国际双循环相互促进的新发展格局"战略的全新指引下，嗅觉敏锐的浙江外贸企业正积极参与国内大循环的生态构建。

2020 年上半年，浙江一手稳外贸基本盘，一手实施扩大内需战略。外贸企业危中寻机、创新外贸模式，1—6 月，浙江出口同比增长 3.3%，高于全国、领先东部。与此同时，上半年全省利用外资不减反增，实际使用外资同比增长 7.9%，增幅高于全国 11.9 个百分点，增速位列沿海主要省份第一。

◎夜晚的绍兴鲁迅故里。骆海森摄

　　与此同时，3月以来，浙江在全国率先以省级政府名义出台提振消费专项政策意见，各地相继出台促进消费措施，引领内需市场消费加速回暖。6月，200多家杭州4S店通过"汽车消费嘉年华"系列活动和超过6500万元的政府补贴激活汽车消费这一拉动内需的重要动力。

　　在云逛街、云购物等新模式带动下，浙江打造新的经济增长点，全省网络零售额持续向好。上半年，省商务厅联合多部门累计举办电商直播活动495场，参与平台品牌商超百个，成交量2300余万单、成交额64亿元。阿里巴巴、网易、拼多多等平台也深入浙江产业带，充分发挥政策优势、平台优势和当地制造资源优势，助力企业统筹国际国内、线上线下两个市场。

◎舟山跨海大桥雄姿。资料图片

疫情催生新需求，企业就开发新品种。在传统冷柜、冰箱市场面临巨大下滑压力的情况下，台州星星冷链成功开发了满足社区应用场景的"生鲜自提柜"与"生鲜智能无人售货柜"，解决用户"最后一公里"的日常生活需求问题。

新的市场形势，需要新的发展战略。疫情之下，在浙江这个外贸大省，越来越多偏重出口的企业重视起出口转内销，开始内销、外贸"两条腿"走路，他们按照"双循环"的发展战略，重新审视和运营国际国内两个市场两种资源，加快打造有进有出、优进优出的双循环新发展格局。

下改革先手棋提升营商环境

"上半年，博洋不但没有收缩，还逆势开启 5 年破千亿元的新征程。"谈及未来发展，宁波博洋控股集团董事长戎巨川信心很足。他的信心离不开"越来越好的发展环境"。

2020 年的客观困难史无前例，但越来越多的浙江企业更清楚地看到了政策环境、发展环境正变得更好。这个"好"，与浙江持续不断深化改革密不可分。

越是困难时越要不失时机推动改革，为企业发展营造良好营商环境。在浙江，"刀刃向内"促改革早已成为普遍共识。以"最多跑一次"改革为牵引、以数字化变革为动力，浙江充分发挥改革的突破和先导作用，下好应对变局的改革先手棋，打好开拓新局的主动仗。

2020 年以来，掌上办公、云办公业态在疫情催生下成为主流。作为全国最早推进"互联网＋政务服务"工作的省份之一，浙江 133 万公职人员手握"浙政钉"，在减少聚集的客观要求下全力推动各项工作不停摆。2 月初，浙江只用一天就在"浙政钉"上搭建了防控组织体系，实现即时互查、沟通。

治理效能提升，得益于政府数字化转型的前瞻布局。从基于疫情防控要求 3 天内开发出"健康码"引擎，到陆续推出"企业码"、浙江"安全码"，浙江"最多跑一次"改革持续深化，已在全国率先推出"亩均论英雄"、"标准地"、特色小镇、矛盾纠纷调处化解"最多跑一地"、移动微法院等一批改革创新举措。

创新不竭，便企利民始终是改革深化的方向。在绍兴市柯桥区，柯桥水务集团 2—5 月为全区 23525 家企业派发水费"红包"2484 万元，其中以小微企业为主。上半年，全省共减轻企业成本负担 2652 亿元，减负金额居全国前列。

眼下浙江正在全力推广"企业码"，探索惠企政策"码上办"，让企业不必上门和提供额外资料即可实现政策在线兑付。与此同时，"最多跑一次"改革还将向交通设施、旅游景区、文化场馆、商圈、市场、公共体育场馆、医疗场所、车辆检测站、城乡公共厕所等 9 类公共场所服务全面推进。

压力依然，信心更足。已实现"V"字形回升的浙江，正以更加昂扬的姿态开启新征程、展现新作为。

■ 长 镜 头

绍兴柯桥区：从纺织之都迈向时尚之都

世界纺织看中国，中国纺织在柯桥。浙江省绍兴市柯桥区中国轻纺城是浙江改革开放的一张"金名片"，也是当地的立城之本、产业之基。在统筹推进新冠肺炎疫情防控和经济社会发展的关键期，柯桥持续发挥"产业＋市场"的独特优势，加快推动市场向智慧化、时尚化、国际化转型，不断提升产业链供应链现代化水平，高水平打造新时期"国际纺织之都"。

在蓝印时尚小镇，浙江迎丰科技股份有限公司年产 1.3 亿米高档面料智能化绿色印染项目即将投入生产。作为柯桥区印染标杆企业，"迎丰科技"近年来持续加大技改投入，正加快从传统型工厂向"智慧工厂"转变。

印染是纺织产业链中的关键环节。围绕"绿色高端，世界领先"目标，从 2016 年起，柯桥区集全区之力率先强势推进印染产业集聚提升。2017 年，在绍兴列入浙江省传统产业改造提升试点后，柯桥区又抢占先机，持续实施印染产业集聚升级工程。

柯桥区专门设立了传统产业改造提升专项激励资金和规模达 10 亿元的绿色印染产业集聚发展基金予以金融支持，到目前已投放 3.9 亿元，支持 56 家印染企业发展。柯桥区投资百亿建设蓝印时尚小镇，如今柯桥印染企业由集聚前的 200 多家整合成 108 家，并全部落户印染产业集聚区。

在政府推动下，乐高印染、兴明染整、禾盛印染等一大批印染企业纷纷推行"机器换人"，走智能化发展之路。在标杆企业引领下，柯桥纺织印染企业不断加快智能化发展步伐。近 3 年来，柯桥印染企业累计投入技改资金达 12.73 亿元。以"互联网＋""大数据＋""机器人＋"等新技术为主导的绍兴传统产业正释放新的生命力。

从传统工厂到"智慧工厂"，创新科技赋能让柯桥发生"时尚蝶变"，从纺织之都变身为时尚之都。

在北京举行的中国国际时装周秀场上，柯桥本土面料企业浙江金晟纺织的竹纤维面料服装秀给现场观众带来一场视觉盛宴。柯桥设计师、面料企业频频登上国际化时尚大舞台，见证了柯桥本土时尚力量的崛起。

时尚产业是极具发展潜力的新兴产业。柯桥区在抓实传统产业改造提升的同时，积极推进中国轻纺城三次创业，着力打造时尚创意产业生态圈。柯桥瞄准全球前沿技术和时尚产品，每年设立 1500 万元时尚创意产业培育扶持资金助力时尚产业发展，促进时尚设计要素在轻纺城集聚。

依托多年积累的纺织面料产业基础，追踪消费者需求升级方向和产业技术创新趋势，加大研发设计投入，柯桥正推动时尚产品制造企业智能化绿色化转型升级。

在一系列政策鼓励和支持下，吉麻良丝、金晟纺织等一批柯桥本土面料品牌、服装品牌，紧跟国际时尚潮流，引领面料流行趋势，以不断扩大的品牌矩阵向外界传递柯桥日新月异的发展新景象。在大力发展新材料产业的背景下，柯桥日益激发纺织面料科技创新动力。借力科技创新，绍兴标点纺织等一批以新材料研发为核心的科技型纺织企业快速成长。

吉利浙江福林国润汽车零部件公司总工程师吕义聪：
"技术达人"让工匠精神落地生根

从最初的装配工到调试员、技术员，再到如今的汽车调试专家，吉利集团浙江福林国润汽车零部件有限公司的总工程师吕义聪凭借自己的勤恳努力，成长为一名汽车领域的"技术达人"。

因家庭原因，吕义聪在高二那年不得不放弃考大学的梦想，离开安徽滁州老家投奔远在浙江台州的姑姑。当时的他，抱着先学一门手艺养活自己的想法，来到一家汽车修理厂当学徒。经过两年的经验积累，吕义聪抓住机遇顺利入职吉利集团。

因为深知自己在学历方面没有优势，吕义聪必须付出比别人多几倍的努力。为了提高技能和知识，他不厌其烦地请教师傅，与同事比技能，把故障车拆散，把怀疑件换个遍，学看线路图纸和整车电气原理图。他还常常一个人钻进成品车里研究汽车故障，一钻就是几个小时。

"那时，生怕自己在试用期就被解雇，只有把技术练好了，才能站稳脚跟。"吕义聪回忆，为了扩充自己的汽车理论知识，他的床头贴满了各式各样的汽车原理图，床边堆满了各类汽车书籍。

勤能补拙。经过长时间的拆装维修，吕义聪不仅收获了丰富的汽车理论知识和操作经验，还练就了单凭耳朵就能准确辨别40多种故障声音的绝活。他先后获得全国汽车装调工大赛一等奖、全国汽车装调工操作技术能手、"浙江省职业技能带头人"、"浙江省十佳能工巧匠"等荣誉，并当选为党的十九大代表。

虽有令人艳羡的头衔，可在吕义聪看来，自己最本质的工作还是在一线车间。每天早上7点，还未到上班时间，就能在生产线上看到他穿梭的身影。吕义聪每天的日常工作，除了例行检查、把关工程质量，还要解决在车辆交付过程中出现的问题，把市场的反馈意见带回车间，并及时进行整改落实。

因为吕义聪出色的技能水平，早在 2005 年，吉利集团就安排他担任调试组副组长，希望把他个人的单兵能力转化为全班组的技能提升，培养出更多的高技术人才。依托"吕义聪技能大师工作室"平台，他带出了十几名整车调试技能高手，其中很多人都成了调试班组的"技能担当"。

"接触汽车这么久，最初的梦想一直没有改变，那就是通过我们这一代青年人的不懈努力，让中国自主生产的品牌汽车享誉全世界。"吕义聪通过不断学习，已经拥有很多创新成果，其中"变速器油封装配工具""空调制冷系统效果提升装置"等均获得国家专利。

■ **启示与思考** ....

奋力谱写新时代建设"重要窗口"的壮丽篇章

2020 年 3 月 29 日至 4 月 1 日，习近平总书记在浙江考察时赋予浙江"努力成为新时代全面展示中国特色社会主义制度优越性的重要窗口"的新目标新定位。道不离器，器中有道。建设"重要窗口"，核心是坚持中国特色社会主义之"道"，关键是体现中国道路的科学性正确性，路径是将科学思想转化为制度优势、制度优势转化为治理效能、治理效能转化为实践成果，目的是以"浙江之窗"展示"中国之治"、以"浙江之答"回应"时代之问"。6 月 17 日至 18 日，中共浙江省委召开十四届七次全体（扩大）会议，审议通过了《中共浙江省委关于深入学习贯彻习近平总书记考察浙江重要讲话精神 努力建设新时代全面展示中国特色社会主义制度优越性重要窗口的决议》《中共浙江省委关于建设高素质强大人才队伍 打造高水平创新型省份的决定》，号召全省干部群众勇扛使命、勇挑重担，坚忍不拔、锲而不舍，奋力谱写壮丽新篇章。

"八八战略"——建设"重要窗口"的导航器

"八八战略"是习近平新时代中国特色社会主义思想在浙江萌发与实践的集中体现，是引领浙江发展的总纲领、推进浙江各项工作的总方略。"八八战略"实施 17 年来，正确指引浙江改革发展取得历史性成就。浙江干部群众发自内心认同"八八战略"、拥护"八八战略"。建设"重要窗口"与"八八战略"在目标方向上是一致的，在精神要旨上是契合的，在具体要求上是延续的，并为"八八战略"注入了新时代的新内涵。浙江把建设"重要窗口"看作新时代的"赶考"，着力推进"八八战略"再深化、改革开放再出发，努力交出建设"重要窗口"的高分答卷。

浙江将坚定不移沿着"八八战略"指引的路子走下去，坚持一张蓝图绘到底、一任接着一任干，勇扛使命、勇挑重担，坚忍不拔、锲而不舍，努力建设 10 个方面"重要窗口"：一是努力建设展示坚持党的科学理论、彰显习近平新时代中国特色社会主义思想真理力量的重要窗口；二是努力建设展示中国特色社会主义制度下加强党的全面领导、集中力量办大事的重要窗口；三是努力建设展示发展社会主义民主政治、走中国特色社会主义法治道路的重要窗口；四

◎温州鹿城南塘风貌。光明图片

是努力建设展示坚持和完善社会主义市场经济体制、不断推动高质量发展的重要窗口；五是努力建设展示将改革开放进行到底、使社会始终充满生机活力的重要窗口；六是努力建设展示坚持社会主义核心价值体系、弘扬中华优秀传统文化革命文化社会主义先进文化的重要窗口；七是努力建设展示推进国家治理体系和治理能力现代化、把制度优势更好转化为治理效能的重要窗口；八是努力建设展示坚持以人民为中心、实现社会全面进步和人的全面发展的重要窗口；九是努力建设展示人与自然和谐共生、生态文明高度发达的重要窗口；十是努力建设展示中国共产党自觉践行初心使命、推动全面从严治党走向纵深的重要窗口。

改革强省——建设"重要窗口"的推进器

深入实施"八八战略"、努力建设"重要窗口"，在工作导向上要继续突出改革强省、创新强省、开放强省、人才强省，集中力量、集聚资源、集成政策，不断形成引领未来发展的新优势。习近平总书记指出，"推进改革的目的是要不断推进我国社会主义制度自我完善和发展，赋予社会主义新的生机活力。这里面最核心的是坚持和改善党的领导、坚持和完善中国特色社会主义制度"。这一论断科学阐明了全面深化改革和坚持完善中国特色社会主义制度的关系，为建设"重要窗口"指明了正确方向。

努力让改革成为"重要窗口"的最鲜明标识。浙江是中国改革开放先行地。浙江发展首要的优势在体制机制，关键的举措在深化改革。"最多跑一次"改革已经成为浙江工作的一张"金名片"。浙江将坚持以"最多跑一次"改革为突破口，在经济、政治、文化、社会、生态文明和党的建设各个领域，谋划实施一批群众最期盼、发展最急需的重大改革举措，以改革再创民营经济高质量发展新辉煌，以改革夯实社会治理体系和治理能力现代化基础，以改革优化发展环境，以改革惠及更多人民。把"最多跑一次"改革蕴含的改革精神、理念、方法、作风融入全省改革发展的方方面面，确保全面深化改革取得更多实质性、突破性、系统性成果，推动"最多跑一次"改革成为新时代引领改革风气之先的最鲜明特色。

创新强省——建设"重要窗口"的加速器

惟创新者进，惟创新者强，惟创新者胜。可以说，谋创新就是谋未来，抓创新就是抓发展。浙江省把人才强省、创新强省作为首位战略，提出要打造高水平创新型省份，在"重要窗口"建设中发挥示范引领作用；强调要坚持制度创新和科技创新双轮驱动，以超常规举措打造人才引领优势、创新策源优势、产业创新优势和创新生态优势，全面构建全域创新体系，全面增强自主创新能力，成为"重要窗口"建设的强大持久动力和鲜明标志，成为我国建设世界科技强国、育新机开新局的中坚力量。

《中共浙江省委关于建设高素质强大人才队伍　打造高水平创新型省份的决定》提出了两个阶段的发展目标：到 2025 年，初步建成科技创新综合实力全国领先、特色领域创新具有全球影响力、区域创新体系有力支撑现代化建设的高水平创新型省份；到 2035 年，建成高水平创新型省份和科技强省，在世界创新版图中确立特色优势、跻身前列，为以人民为中心的高水平社会主义现代化建设奠定坚实基础。第一阶段，将着力推动"互联网+"、生命健康和新材料三大科创高地建设，基本建成国际一流的"互联网+"科创高地，初步建成国际一流的生命健康和新材料科创高地；着力优化全域创新体系和创新生态，创新空间布局和产业平台体系明显优化，"产学研用金、才政介美云"十联动创新生态体系更加完善；着力实现重要指标"六倍增六提升"：基础研究经费占研发经费比重、PCT 国际发明专利申请数、数字经济增加值等 6 个方面奋力实现倍增，全社会 R&D 经费支出占GDP 比重力争达 3.2%，规模以上工业企业 R&D 经费支出占营业收入的比重力争达 2.5%，高新技术产业增加值占规模以上工业比重超过 60%，每万名就业人员中研发人员达 185 人年，全社会劳动生产率达 25 万元 / 人，科技进步贡献率超过 70%。

开放强省——建设"重要窗口"的扩容器

浙江要建设"重要窗口"，必须加快融入以国内大循环为主体、国内国际双循环相互促进的新发展格局。习近平总书记在企业家座谈会上强调，要"通

◎杭州青山湖科技城内华立科技现代智能车间。光明图片

过发挥内需潜力，使国内市场和国际市场更好联通，更好利用国际国内两个市场、两种资源，实现更加强劲可持续的发展"。建设"重要窗口"，既要练好"内功"，建设全球先进制造业基地，做优做强数字经济、生命健康、新材料等战略性新兴产业、未来产业，又要加快推进新一轮高水平对外开放，谋划实施一批最体现浙江资源禀赋、最契合国家战略使命的重大开放举措，把浙江打造成为"一带一路"重要枢纽。

以"一带一路"统领新一轮高水平对外开放，就要大力做好借梯登高、借船出海、借势发力的文章，努力成为参与"一带一路"建设的排头兵。主动融入长三角一体化高质量发展，抓好长三角联合创新基地、都市圈城际轨道、洋山开发合作等一批重大标志性工程建设，加快共建省际协同发展平台，推进长三角生态绿色一体化发展示范区建设，促进省际毗邻区域协同发展。深度参与"一带一路"建设，高质量建设"一带一路"十大标志性工程，深化与"一带一路"沿线国家和地区合作。深入推进中国（浙江）自由贸易试验区创新发展，复制推广改革创新最新制度成果。

人才强省——建设"重要窗口"的稳压器

人是生产力中最活跃的因素，人才越来越成为推动经济社会发展的战略性资源。当今世界的综合国力竞争，说到底是人才竞争。建设"重要窗口"，归根结底还是取决于人才的集聚度、活跃度、贡献度和创新的能力、动力、活力。在"重要窗口"建设中，要按照首位战略的标准和要求，深入实施人才强省战略，建设高素质强大人才队伍，努力打造人才发展最优生态省，全力建设具有影响力吸引力的全球人才蓄水池。

建设高素质强大人才队伍，要统筹党政人才、企业经营管理人才、专业技术人才、高技能人才、农村实用人才、社会工作人才等各类人才队伍建设，突出创新型科技人才、企业家和工匠等紧缺人才，紧紧抓住引进人才、培育人才、用好人才关键环节，组织实施系列人才工程，进一步形成聚天下英才共建浙江、发展浙江的生动局面。抓住全球人才流动新机遇，大力引进国际高端创新人才，使浙江成为最具影响力、吸引力的国际人才流入地之一。重视培育和用好本土人才，优化政策激发本土人才积极性，加快高素质人才国际化培养步伐。实施青年英才集聚系列行动，打造青年创新创业活力之省。实施"浙商青蓝接力工程"和新生代企业家"双传承"计划，加快创新型浙商队伍建设。实施新时代工匠培育工程，启动"金蓝领"职业技能提升行动。建设一批人才管理改革试验区，充分赋予人才"引育留用管"自主权，全方位激发人才创新活力。

（作者：楼胆群，系浙江省中国特色社会主义理论体系
　　研究中心特约研究员）

新疆生产建设
兵团篇

———————

复工复产
支农惠农
提质增效

———————

■ **新时代·新实践** ···

弹好民族协奏曲　　跑出经济加速度

习近平总书记强调，"坚持用全面、辩证、长远的眼光看待当前的困难、风险、挑战，积极引导全社会特别是各类市场主体增强信心"。面对突如其来的新冠肺炎疫情，新疆生产建设兵团党委坚定贯彻落实习近平总书记系列重要讲话精神，统筹推进常态化疫情防控和经济社会发展各项工作，发挥区位优势，壮大综合实力，在危机中育新机，在变局中开新局，努力推动改革发展稳定各项工作迈上新台阶。

新疆生产建设兵团第十四师 47 团的工业园内，四连群众吉米沙汗·买买提正在鸿源润祥纺织品有限公司宽大的生产车间里忙碌着。

吉米沙汗·买买提所在的企业是 47 团于 2019 年 6 月通过招商引资方式入驻工业园的。企业法人孙金芳说："我们看中了这里的政策好，投资 1.8 亿元建设了这个地毯厂，现在工厂生产的产品供不应求。"

随着疫情防控常态化，兵团经济发展逐步回到正轨：第二师铁门关市现代农业产业园入选 2020 年国家现代农业产业园创建名单，第六师五家渠经济技术开发区集中签约总投资 120 亿元的 10 个项目，第八师石河子市多举措促进服务业迅速回暖……

在做好疫情防控的同时，兵团的经济社会发展迅速进入新阶段，各师市发挥各自的优势，为兵团经济高质量发展增添动力。

◎ "访惠聚" 工作队队长龚松林（左）在指导职工群众种西瓜。新超杰摄

企业加紧复工复产

2020年6月8日，新疆生产建设兵团第三师图木舒克市传来捷报：随着三期东湖兴纺织项目世界最先进的25台气流纺设备安装投产，东湖兴公司40万锭气流纺设备全部开工。这标志着新疆东纯兴集团100万纱锭建设项目全部达产。

兵团草湖广东纺织服装产业园东纯兴集团是广东东莞援疆的标杆项目，也是援疆各省市中最大的产业援疆项目，由东莞东实集团、兵团第三师、以纯集团、东莞德恒四方出资建设。

项目的建成，吸纳近5000人就业，实现年销售收入30.5亿元。项目采用的设备为世界一流的环锭纺、气流纺、涡流纺，产品定位为高端纱线，质量指标均能满足高端客户需求。复工复产以来，东纯兴集团的产品质量得到客户的广泛认可，实现了产销两旺。

第一师阿拉尔市禾禾米业有限责任公司的生产车间，工人们动作娴熟地加紧生产，一袋袋包装精美的大米源源不断从流水线上缓缓滑下来。公司董事长冯伟说："公司自恢复大米生产后，保证了市场供应。另外，我们还不断做好

◎又是一个红枣丰收年。李志贤摄

大米的储备工作，保证群众的大米需求。"

　　在第六师五家渠市青湖经济技术开发区申通快递转运中心内，先进的自动化设备交叉带分拣机在自动分拣快递，扫描员吴菊香熟练地扫描快递信息。她说："我们每小时可操作 900 件快件。"

　　位于第二师铁门关经济技术开发区的新疆天诚农机具制造有限公司生产车间内，机器轰鸣、焊花飞溅。他们生产的精量播种机等农机具在新疆拥有70%以上的市场占有率。2020 年，得益于各类支持政策和企业科技创新，这一优势得到了巩固和扩大。

支农惠农政策频出

　　眼下正是枣树病虫害防治的关键时期，47 团五连职工阿不都赛迪·吾拉木正忙着找工人给家里20亩枣树打药。他说："最近团里连队都出台了好政策，我们种枣的热情再次被点燃。2019 年我的红枣收入达到 7 万元，2020 年可以更高。"

　　第六师六运湖农场一连种植户史大权 2020 年种了 14 座大棚，西红柿早就采摘上市，这让他高兴得合不拢嘴。他说："2020年我承包的蔬菜大棚主要种植西红柿、辣椒、茄子、黄瓜，收入可观。"

共青团农场五连职工贾淑珍夫妇春节前回老家探亲，因为疫情没能在春耕前赶回来。连管会不仅帮助他们协调解决了农机检修问题，还帮助他们备好了所需要的农资。当他们回到连队看到准备好的一切时，贾淑珍高兴地说："多亏连管会帮我们解决了备耕问题，没让我们误了农时，现在地里的庄稼生长得很好。"

耕地保护补贴、农机购置补贴……疫情防控以来，兵团各师市充分利用互联网、微信等手段，宣传出台的支农惠农政策，引导职工群众提高生产积极性，加强了对农业生产的有效引导。

第十四师47团二连职工何传胜2020年在帮扶对口单位——第十二师三坪农场技术人员的帮助下，第一次在地里种了桃树、西瓜、萝卜等水果和蔬菜。说起现在的生产，他兴奋地说："2020年春天以来，我仅靠西瓜和萝卜就增收5万元。"

2020年春耕以来，第十二师驻47团老兵镇三连"访惠聚"工作队队长龚松林和妻子为保障嫁接西瓜苗成活，在地里忙得不亦乐乎。自2018年到三连参加"访惠聚"工作以来，龚松林不仅为连队带来了嫁接西瓜技术，还把嫁接的西瓜苗免费提供给种植户，带领大家增收致富。

说起这些，龚松林说："做好疫情防控和发展农业生产不矛盾，我们就是想在兵团党委的领导下，发挥兵团人敢于奋斗、敢于斗争的精神，冲锋在前，夺取疫情防控和经济社会发展双胜利。"

推动经济发展提质增效

2020年2月底，当第三师图木舒克市税务部门得知新疆锦泰电力有限责任公司的财务人员在内地不能按时回到单位，无法办理涉税事项的情况后，专门派出主要负责人专程到该公司现场"容缺"办理延期纳税申报，帮助企业解决难题。

第一师阿拉尔市各团场成立互助组，全力帮助职工群众开展生产。12团七连职工、互助组成员林建明说："我们虽然不能像医务人员那样奋战在防疫一线，但可以发挥自身优势，尽力帮助连队职工群众保质保量做好农田生产的事，力争2020年丰产丰收。"

◎第一师职工尤良英（左一）正在讲解苹果树栽培技术。王瑟摄

◎第十四师 47 团新村的环境让人心旷神怡。靳超杰摄

第六师五家渠市充分发挥和运用团场综合配套改革成果，连管会牵头组织成立910个互助组、191个民兵应急分队，发挥422个合作社的作用；通过"一事一议""四议两公开"方式，帮助未返回职工解决备耕资金、农资采购、农机作业、代耕代种等问题；积极主动联系农资、办理贷款，为职工群众农业生产解决后顾之忧。

第三师图木舒克市前海棉纺织有限公司是一家劳动密集型企业，2020年3月全面复工复产后，第三师图木舒克市社会保险事业管理局工作人员主动走访该企业，对接落实稳岗补贴和社保减免等政策，为企业降低了近70万元的成本。3月当月，兵团各级发放稳岗补贴近1亿元，惠及2500多家企业。

正是因为全面落实各项惠企政策，兵团复工复产工作才精准有效推进，各类市场主体尤其是中小微企业生存发展有了基本保障。3月以来，兵团各行各业基本实现能复尽复。

兵团经济的"底盘"稳住了。兵团党委提出，做好当前和今后一个时期经济工作，既要保存量，更要扩增量，要把项目建设和招商引资作为重要抓手，推动经济发展提质增效。

各师市迅速行动，采取线上签约、"云端招商"等做法，推动一批批招商引资项目落地。第五师双河市传来好消息：2020年一季度，师市生产总值等主要经济指数逆势上扬，仅招商引资到位资金实物量就达6.32亿元。

兵团工业经济运行克难开局，预计规模以上工业企业实现总产值420亿元。3月份，兵团全面恢复经济社会正常秩序，在抓好常态化疫情防控的前提下，努力交出实现高质量发展的优异答卷。

3月末，在兵团乌鲁木齐工业园区，总投资3.3亿元的4个重点项目开工。短短20多天内，第十二师17个重点项目集中开复工。5月底，第十二师实施的71个兵团重点项目全部开工，为经济增长提供重要支撑。

放眼望去，兵团上下正用全面、辩证、长远的眼光看待发展。统筹抓好经济社会发展各项工作，不仅关系到兵团自身命运，也与履行国家使命、责任密切相关。各类政策红利不断叠加，兵团贫困人口全部脱贫，稳健发展的条件越来越充分。

兵团党委书记、政委王君正认为，兵团2020年响鼓重锤的中心工作，就是统筹抓好经济社会发展。把党领导经济工作的制度优势充分转化为工作效能，结合实际"弹好钢琴"，就一定能谱写兵团经济运行最动人的乐章。

■ 长 镜 头 ....

让群众在合作社抱团致富

到了棉花生长最关键的时节，新疆生产建设兵团第五师 81 团一连职工范荣站在自家的棉花地里，感慨地说："幸亏我去年加入了合作社，2020 年春耕备耕的时候才能这么省心。"

范荣所说的"合作社"，就是一连 2019 年成立的金农种植专业合作社，社长是连队致富带头人王孝治。

实施团场综合配套改革后，连队的职工放开了手脚，自己选择棉花种植品种、采买农资。但职工们意识到单打独斗已经不适合当下的市场，急迫地想要"抱团"闯市场。在连队党支部书记、连管会指导员张华武的推动下，王孝治主动站出来，成立了合作社，带领大家共奔致富路。

从成立合作社至今，王孝治像旋转的陀螺一样忙个不停。鞋底磨穿，嘴皮磨烂，王孝治不厌其烦地寻找合适的农资供应商，还多次叫来供应商和社员面谈，让社员挑选，终于赶在 2020 年春播前为大家及时采买了农资。

负责合作社财务工作的赵海一边整理账务一边介绍说："合作社的各项账务都是公开透明的，特别是农资这一块，都是原价购进原价卖出，不赚任何差价。"

成立合作社时，连队有 66 名职工加入合作社。看到加入合作社的收益后，2020 年又有 40 名职工加入合作社。"我们秉持一颗抱团发展的初心，努力办好合作社。我相信通过大家的努力，一定会获得丰收的喜悦，共同走上致富路。"王孝治信心满满地说。

86 团十连同兴养殖合作社社长王志荣这几天一直与几位社员一起商量扩大合作社养殖规模的事。说起这事，王志荣说："2020 年连队又给我们划了 10

个圈舍的地，我们准备自筹资金200万元建设圈舍。"

86团十连职工、合作社社员马清宝2019年通过养殖挣了20万元，他对合作社扩大养殖规模充满信心："我们跟着王社长一起干很有信心，我相信2020年合作社的养殖规模扩大后，社员的收入会更高。"

近年来，86团积极鼓励养殖能手成立专业养殖合作社，并为合作社提供相应服务。王志荣与连队10户养殖户成立了同兴养殖合作社。合作社采取统一管理、集中养殖、统一销售的办法，解决管理技术不到位的问题，降低了分散养殖的风险。

合作社刚成立时，由于市场行情不好，大家都没有挣到钱。王志荣就外出考察周边牛羊市场，决定从塔城地区、伊犁哈萨克自治州引进育肥牛羊饲养。王志荣还把连队有养殖经验的职工群众都吸纳到合作社来。如今，合作社现有的10个圈舍存栏育肥牛达580头、育肥羊620只，年收入可达380万元。

2020年3月，兵团办公厅印发了《兵团关于保障经济社会持续健康发展的政策措施》，为各师市统筹抓好改革发展稳定各项工作，最大限度减少疫情对经济的影响，推动经济社会平稳健康发展提供了有力的政策支撑。也是从3月初开始，兵团全面恢复经济社会正常秩序，在抓好常态化疫情防控的前提下，坚定不移贯彻新发展理念，努力交出实现高质量发展的优异答卷。

■ **实践者风采** ···

新疆生产建设兵团第十四师47团：
扎根大漠甘当沙海尖兵

见到新疆生产建设兵团第十四师47团党委书记、政委郭鸿海时，他正忙着在田间地头指挥职工群众做好春耕后的田间管理的事。

别看他是个"老兵"，在47团，他却是个"新兵"。2018年11月前，他是兵团第十二师222团副政委、团长。来到47团担任党委书记、政委刚刚一年多点时间。

说起新职务，郭鸿海笑着说："47团是一个有光荣历史的团场，当年1800多名解放军为了解放和田地区，穿越塔克拉玛干沙漠，为祖国的屯垦戍边事业，献了青春献终身，献了终身献子孙。我们这些'新兵'一定要接过他们手中的钢枪和劳动工具，继续坚守在祖国这片土地上，更要为经济发展作出我们应有的贡献。"

见到雷志伟时，这位皮肤黝黑的小伙子正骑着电动车在沙漠边"瞎转悠"。作为47团经济发展办公室的工作人员，2015年志愿服务期满后本可以回到内地，他却主动申请留在47团工作至今。

一瓶水，一个馕，一辆电瓶车。5年时间，6万多公里，雷志伟跑遍了47团100多个项目建设工地，还经常独自前往沙漠附近的项目建设工地。复工复产后，47团老兵镇工业园区里，如火如荼的生产建设场景立即恢复。雷志伟的身影再次出现在这里。

2019年，在第十二师的全力支持下，47团老兵镇招商引资19家企业，现已落地运营7家，在建企业6家，已注册正在办理落地企业6家，完成招商引资到位资金3.15亿元。

新疆鸿源润祥纺织品有限公司生产车间内，机器飞速运转，一张张华丽的地毯从机器下方"吐出"。公司总经理刘同国说："2万平方米的一期工程目前已经建设完毕，正在调试机器进行试生产，一旦完成，立马投产。"

与地毯厂一路之隔的众益包装有限公司项目建设工地上，也是一派热火朝天的生产场景。该项目总投资2100万元，计划建设标准化厂房7600平方米，目前已全面复工复产。

说起自己对47团的热爱，雷志伟永远忘不了2016年元旦。那一天，雷志伟正准备着一个月后的婚礼，突然接到家里的电话："你爸患了胆管癌……"为了给父亲看病，准备用来结婚的6万元很快花完，走投无路的他正发愁时，47团的同事朋友把20万元汇到了他的账户上。

"当时我就暗下决心：这辈子，我哪儿也不去，就留在47团。"雷志伟说，这份恩情，要用一辈子来还。

感情留人，事业留人，一大批像雷志伟这样的年轻人永远留在47团，成了"沙海新兵"。他们成为 47 团经济发展、社会稳定的主力军，成为这片沙漠里最美的人。

■ 启示与思考

奋力夺取"双胜利"
彰显中国特色社会主义制度优势

新疆生产建设兵团是实现新疆工作总目标的战略力量，也是夺取"双胜利"的主要力量。新疆生产建设兵团党委坚定贯彻落实以习近平同志为核心的党中央对兵团的定位要求，在抓好常态化疫情防控的前提下，将工作重心放在抓"六稳"促"六保"任务和推动经济高质量发展上，兵团各行各业稳步实现复工复产，经济发展捷报频传，全面恢复经济社会正常秩序。

重思想指引，彰显真理穿透力

新疆生产建设兵团党委以习近平新时代中国特色社会主义思想为指引，坚持和加强党的全面领导，统筹谋划疫情防控、经济社会发展和脱贫攻坚等各项工作，充分发挥好集中力量办大事这一显著制度优势，调动兵团企事业单位、高校科研院所等各方面积极性，形成了强大的贯彻力、组织力、动员力、执行力和落实力。在脱贫攻坚战场上创造性地提出了"一团一企帮一连，一单位一部门引一连"的帮扶方向，第十二师对口帮扶第十四师 47 团脱贫与振兴就是其中的典型代表。2019 年底兵团脱贫攻坚战取得了决定性进展，实现了贫困团场全部摘帽、贫困连队全部退出、贫困人口全部脱贫。新一轮援疆工作开展以来，先后有北京等 13 个省市对口支援兵团 14 个师，其中兵团草湖广东纺织服装产业园是产业援疆标杆项目，也是援疆各省市中最大的产业援疆项目，项目建成可吸纳近 5000 人就业，实现年销售收入达 30.5 亿元。复工复产以来，集团所生产的产品已全部与客户签订合同，实现了产销两旺。

◎崛起在塔克拉玛干沙漠边缘的兵团新城——老兵镇。靳超杰摄

重人民利益，彰显初心凝聚力

坚持以人民为中心，是新时代坚持和发展中国特色社会主义的根本立场。新疆生产建设兵团党委始终坚持人民立场，维护人民利益，矢志不渝地为党和人民的事业而奋斗。在国家和人民需要的危难时刻，新疆生产建设兵团组成100余人紧急医学救援队分两批驰援武汉，人民至上、生命至上的崇高理念得到了极大彰显。2014年以来，新疆生产建设兵团8000多名党员干部扎根到边境山区的团场连队、贫困落后的乡镇村庄，深入兵团14个师市及地方的387个连队（村、社区），扎实开展"访民情、惠民生、聚民心"活动，与各族职工群众心心相印、同甘共苦。截至2018年底，兵团"民族团结一家亲"活动有112585名干部职工与136069户各族职工群众结对认亲，669名援疆干部与663户各族职工群众结对认亲。他们在稳住经济底盘、夯实社会根基、筑牢防疫红线中发挥了突出作用，为夺取"双胜利"奠定了坚实基础。

重真抓实干，彰显实践引领力

坚持实事求是，是中国共产党实现中华民族伟大复兴的根本思想保证。对于新疆工作，南疆是棋眼，南疆活则全盘活，南疆稳则全国稳。向南发展成为新时代兵团的最强音。短短几年间，南疆地区各师团就建起重点园区 6 个，师级工业园区、职工创业园、产业园等各类园区 22 个，入园企业达 297 家。截至 2018 年，各类园区入驻企业用工总人数达 3.76 万人。目前，南疆地区的 4 个师已全部设市，建制镇达 30 个，针对南疆师团的全方位、多层次帮扶体系已经形成。兵团以深化改革为动力，以新型工业化为主导，着力推进城镇化建设，全力打赢脱贫攻坚战，深入推进兵地融合，坚定不移推动中央关于兵团向南发展决策部署落地生根，取得实效。

◎第十二师农科所科技人员刘君正在指导 47 团职工群众种大棚蔬菜。王瑟摄

重精神传承，彰显文化自信力

中国特色社会主义制度扎根于几千年厚重的历史土壤，汲取了多民族璀璨的文化精粹，传承着数代人共筑的精神内核，充满了无限活力与耀眼光芒。由此形成的兵团精神与红船精神、井冈山精神、长征精神等一脉相承、同根同源，成为夺取"双胜利"的不竭动力和精神力量。面对"多线作战"，二师

◎兵团科技人员正在帮助指导职工群众种大棚蔬菜水果。冯晓玲摄

铁门关市现代农业产业园入选 2020 年国家现代农业产业园创建名单；五师双河市一季度主要经济指数逆势上扬；六师五家渠经济技术开发区集中签约总投资 120 亿元的 10 个项目；八师石河子市服务业迅速回暖；十二师 71 个兵团重点项目全部开工；兵团乌鲁木齐工业园区总投资 3.3 亿元的 4 个重点项目开工。兵团工业经济预计规模以上工业企业实现总产值 420 亿元，尤其是中小微企业生存发展有了基本保障，仅 2020 年 3 月当月兵团各级发放稳岗补贴近 1 亿元，惠及 2500 多家企业。

重自我完善，彰显创新驱动力

坚持以改革创新为动力。新疆生产建设兵团正是由于不断改革创新才使兵团综合实力不断壮大。现阶段，应持续巩固深化兵团改革成果，不断提高发展活力，提升行政效能，把维稳戍边事业推向新的阶段。深化兵团改革是以习近平同志为核心的党中央作出的重大战略部署，是党中央治疆方略的重要内容，是做好新时代新疆工作的关键举措。近年来，深化改革给兵团带来一系列可喜变化：党的领导全面加强，基层党组织组织力战斗力明显增强；团场综合配套改革全面推开，农业生产力得到切实解放；民兵队伍建设全面加强，"兵"的能力得到全面提升；国资国企改革全面推进，"企"的市场主体地位进一步确立；财政管理体制正式实施，政府职能改革取得突破。

（作者：刘林，系石河子大学经济与管理学院教授）

大连篇

全面深化改革
"两先区"
高质量发展

■ **新时代·新实践** ··

识变求变应变建设"两先区"

习近平总书记在主持召开中央全面深化改革委员会第十四次会议时强调，必须发挥好改革的突破和先导作用，依靠改革应对变局、开拓新局，坚持目标引领和问题导向，既善于积势蓄势谋势，又善于识变求变应变，紧紧扭住关键，积极鼓励探索，突出改革实效，推动改革更好服务经济社会发展大局。

大连始终坚持统筹推进改革发展稳定大局，强力推动经济高质量发展，牢记习近平总书记 2013 年 8 月在辽宁考察时的重要指示精神，全力推进建成产业结构优化的先导区和经济社会发展的先行区，坚持全面深化改革、扩大开放的治本之策，把"两先区"建设作为贯彻落实习近平新时代中国特色社会主义思想的生动实践，在东北全面振兴、全方位振兴中率先突破，承担起排头兵和领头羊的历史责任。

改革先导转型发展攒足后劲

尽管已经参加过无数次新产品发布会，但在 6 月 19 日的新品上线仪式上，大连新源动力股份有限公司总经理刘常福仍有些激动。"公司成立 20 年，2020 年收到了最重要的利好消息。"揭开公司自主研发、达到国际先进水平的最新款金属双极板燃料电池模块 HYMOD–110"红盖头"的一刹那，刘常福脸上的笑容透出一份坚定。

刘常福所称的"最重要的利好"，是大连提出以氢燃料电池汽车为突破口，提前谋划氢能产业布局。大连拥有较完整的石化产业全产业链，一批中大型石化企业可提供大量工业副产氢，保守估计年供应量可稳定在 12 万吨以上，大约可以支持 1.5 万辆燃料电池公交车或卡车运行。一汽客车（大连）有限公司生产的氢燃料电池公交车 8 月将交付样车，华晨专用车装备科技（大连）有限公司的氢燃料电池客车和轿运物流车样车 10 月末下线，中车大连机车车辆有限公司正加紧研制的氢燃料电池轨道机车，未来有望投入轻轨、地铁等公共交通线路。此外，大连氢能产业自主研发和人才储备优势突出，氢能产业示范应用推广场景也很丰富。

正是基于此，大连提出力争通过 5 年左右时间，将氢能产业培育成为一个初具雏形、年产值超过 400 亿元的新兴产业，再通过 10 年左右时间发展壮大，形成一个基本成熟、年产值突破 2000 亿元的新兴支柱型产业。

补链强链固链延链，产业链与创新链互动，大连战略性新兴产业又增添一支劲旅。2020 年 5 月 8 日，国务院办公厅印发《关于对 2019 年落实有关重大政策措施真抓实干成效明显地方予以督查激励的通报》，大连获评"大力培育发展战略性新兴产业、产业特色优势明显、技术创新能力较强、产业基础雄

◎环保志愿者在傅家庄海滨浴场，开展清洁海滩、清除海洋垃圾的公益活动。王华摄

厚的地方"。2019 年，全市战略性新兴产业实现增加值 595.8 亿元，同比增长 21.3%；战略性新兴产业增加值（工业）占规模以上工业比重为 24.2%，对工业增长贡献率达 33.9%。

战略性新兴产业的异军突起，动力是改革。近年来，大连坚持深化供给侧结构性改革，着力提升发展质量，深入实施创新驱动战略，加快转变发展方式。加速推动传统优势产业向智能化、绿色化、服务化和品牌化方向转型升级，大力培育发展新兴产业，推动新旧动能转换和产业结构优化升级"双轮驱动"。

与航空母舰"辽宁舰""山东舰"渊源深厚的大连，其装备制造业向中高端挺进的脚步从未停歇。疫情防控进入常态化，大连企业复工复产达产达效在提速。大连光洋科技集团有限公司展现了大连高端装备制造的"硬核实力"，自主研发的高端数控加工中心新产品——KFMC2040U 卧式五轴翻板加工中心完成，它将大大提升航空结构件加工系统的自动化水平。

战略性新兴产业谋定而动、精准发力，传统优势产业厚积薄发、铿锵上行，共同守护城市实体经济基本盘。2020 年前 5 个月，全市规模以上工业增加值同比增长 3.2%，比 1—4 月提高 0.4 个百分点，高出全国和全省 6.0 个和 6.7 个百分点。

建设产业结构优化的先导区，大连持续改革攻坚。

改革先行城市治理肯下"绣花功夫"

"要像绣花一样治理城市"，大连用改革创新理清千头万绪，努力"织绣"更具活力、更有魅力、更加美丽的新大连。大连以"为民靠民惠民"理念开创"党委政府主导、社会多方参与、社区居民共治"的模式，激活楼院"小细胞"，将文明楼院建设与中央文明办提出的文明城市、文明单位等五大创建活动并列为全市精神文明建设"5+1"工程，同时将文明楼院建设与"暖房子"工程、老旧社区改造、住房维修"一二三"等民生工程整体推进，实现了改造一片老旧楼、打造一处文明院，齐头并进创新推动，让越来越多的百姓共享社会治理的"红利"。

先锋楼院、清风楼院、孝老楼院、科普楼院等一大批主题文明楼院如雨后

◎ "创建文明城市，做文明大连人"主题活动现场。王华摄

◎ 2019 中国数交会展场，与会者观看 5G 医疗外壳远程手术。姚壮摄

春笋层出不穷。截至 2020 年 8 月，大连已建成市级文明楼院 400 多个、区级文明楼院 1000 多个，串珠成链、连线成片，群众性的精神文明创建活动正在逐步打造人人有责、人人尽责、人人享有的社会治理体系。

对此，辽宁省委常委、大连市委书记谭作钧谈道："文明城市创建起源于人民群众的期盼。群众的积极支持和广泛参与，是创建活动的根基所在。进入新时代，我们要继续坚持创建为了人民、创建依靠人民、创建成果全民共享，继续打牢文明城市创建的群众根基，继续保持创建工作的生机和活力。"

大连紧紧围绕深化改革，牢牢把握推进社会治理体系和治理能力现代化的总要求，积极推动理念、制度、机制、方法创新，打造党政善治、社会共治、厉行法治为核心的"平安大连"升级版，以文明城市创建为契机，推进城市环境秩序改善、推进市民素质提升、增强人民群众获得感幸福感安全感，走出了一条以平安建设促进经济社会发展、维护社会安全稳定、保障人民群众安居乐业的"平安路"。

建设经济社会发展的先行区，大连勇于改革探索。

改革发力营商环境释放吸引力

大连荣华彩印包装有限公司为增加两种塑料复合膜袋的生产项目，向大连市市场监督管理局申请食品相关产品生产许可证增项，没想到申请当天就发证了。

大连深化商事制度改革，下放企业登记权限，开通企业登记"24 小时自助 +8 小时人工"，采取延时服务、"5+2"服务等方式，做到"当日事当日毕"。重点抓好"证照分离"，通过优化开办流程、企业登记信息共享等措施，强化"一个窗口受理、一套申请材料、限时办结"的工作模式，实现同步完成公章刻制备案、社保建户、职工建档和缴费申请等企业开办业务，实施"承诺办理""容缺办理""告知承诺制""免评审换证"，减材料、减环节、减时限、减次数，目前，企业登记注册时间压缩至 2 小时，网上登记占比达80% 以上。

营商环境没有最好，只有更好。对标先进，瞄准一流的市场化、法治化、

◎大连造船厂。王华摄

国际化营商环境，大连坚持问题导向、需求导向和目标导向，奋起直追，发力深化改革。在公开透明便利的环境中，企业和群众愈发放心舒心。

大连市政务服务大厅最近增加了一批 24 小时工作制的"员工"，它们被安排在大厅一楼东侧的"24 小时自助审批服务办理区"办公，对审批服务、税务办理、公积金查询等服务办理"有求必应"，"员工"还统一了名字：智能办自助服务工作台。工作台具备自助办理、可选登录、材料智审、自助查询、材料打印、自助交件、人证核验、智能导办等功能，系统分别与辽宁省统一身份认证系统、一体化在线政务服务平台、大连市政务信息共享交换平台、市民综合服务平台对接，市级 665 项、区级 4876 项政务服务事项均能办理。推行政务服务自助化，是深化"放管服"改革、推进"互联网＋政务服务"特别是"一网通办"的内在要求，也是满足市场主体和办事群众需求的内在要求。通过数据共享和人工智能技术的应用，"政务服务不打烊"在大连得以实现。

只有市场主体平稳运转，经济社会发展才能持续保持活力。大连不断加大对市场主体的服务力度，动真格，下真功，求实效。截至 2020 年 8 月，大连市本级政务服务事项中 170 项实现"马上办"，1174 项实现"网上办"，1045

项实现"一次办"，57项实现"就近办"；市级第一批116项高频事项实现"最多跑一次"；市本级70%以上政务服务事项实现"一窗"分类受理。

2019年7月举行的"2019中国国际化营商环境高峰论坛"，大连脱颖而出，上榜"中国国际化营商环境建设标杆城市"。这是大连推动市场化、法治化、国际化营商环境建设的又一突破。与之相印证，2019年，大连实际利用外资增长62.8%，到位的省外内资增长10.8%。2020年疫情之下，国内外企业依然信任大连的营商环境。继日本电产（大连）新工厂开工建设后，大连金普新区重大项目建设频传好消息，联东U谷·金普生态科技谷、达利凯普新工厂等重点项目相继开工，多个项目投资方不但加快开工进度，还追加了投资。

补短板、强弱项，大连挺进改革深水区。

■ 长 镜 头 ···

用创新为大连开放"点睛"

2020年5月22日，大连阔森特新型建材有限公司扩建项目在辽宁自由贸易试验区大连片区开工建设。从土地摘牌到取得"施工许可"实现开工，仅用了20个工作日。这样的速度背后，涌动着创新之力。

2020年4月，辽宁自由贸易试验区大连片区迎来了挂牌启动3周年，这里用大连全市二百分之一的面积，集聚了全市九分之一的企业、六分之一的外资企业，贡献了全市三分之一的进出口总额。大胆试、大胆闯、自主改，这里不断进行"首创性"探索，发挥了"试验田"作用，平均每8天完成一项复制推广任务，每4天完成一项创新成果，全面完成《中国（辽宁）自由贸易试验区总体方案》中涉及大连的119项改革试点任务，完成率100%，总结梳理制度创新举措273项。

点击进入辽宁自由贸易试验区大连片区的微信公众号，"率先""首个"目不暇接：建设东北首个香蕉交易中心，拉开建设东北亚冷链产品交易中心的大幕；在全国率先推出乙类非处方药品经营新模式；在全国率先推出"出口货物检验检疫证书云签发平台"，全面助推外贸型企业复工复产；率先在东北地区建立跨境商品追溯体系，每件跨境商品都有 ID"身份证"……

自由贸易试验区是改革的前沿，也是开放的缩影。党的十八大以来，大连对外开放的实践与内涵与时俱进。这个过程中，辽宁自由贸易试验区大连片区用创新为大连开放"点睛"。60 岁的美籍华人于伯来到大连自贸片区行政服务大厅办理企业登记手续，他将相关材料整理好提交到窗口，仅仅 15 分钟营业执照便已交到他手中。大连自贸片区紧密对接市场和企业需求，在已承接首批 131 项省级管理权限的基础上，全国首创"五位一体"商事登记确认制，实现无人审批、智能确认，执照立等可取；全国首创"主体资格行政确认规划标准化"，企业变"人工审核"为"标准适用"。成功申请"企业全生命周期一窗受理"国家基本公共服务综合标准化试点，实现行政审批的"标准化、可预期"目标，营业执照最快 25 分钟可取。

创新围绕着投资贸易便利化展开。东芝机车油电混动机车蓄电池项目是日本东芝株式会社与中车集团在大连自贸片区投资建设的新项目，从取得土地使用证到完成全部厂房建设，总用时 76 天，比以往同类项目建设工期至少压缩了 2 个月。大连自贸片区为便利企业投资兴业，创新注册管理模式，持续推出贸易便利化举措，并完善与之匹配的监管制度。全面建立外商投资企业实施准入前国民待遇加负面清单管理模式，外商投资项目和企业设立及变更实行备案制管理，对赴境外投资的一般项目实行备案制管理。

辽宁国际贸易"单一窗口"办理业务综合覆盖率接近 100%。以企业需求为导向，全国首创"以审代查"和"非侵入式稽查"等海关、海事稽查制度，进一步降低对守法企业干扰。改进加工贸易监管模式，实行"以企业为单元＋全程信任式监管"制度，审核作业程序"秒"通过，大大减轻企业资金周转压力，助力企业内销便利化。2019 年，大连自贸片区口岸进出口通关时间比 2017 年分别压缩了 77.9% 和 79.7%。

"点睛"的创新之力在全市的开放发展中延展传导。大连引资、引智、引技相结合，创新推动产业链招商、并购招商、总部和上市公司招商、资本招商等多种利用外资方式，利用外资规模不断扩大的同时，利用外资质量进一步提高，外资结构进一步优化。外资大项目的引进，对推动大连产业集群式发展、促进城市功能提升、增强大连在全球产业分工中的竞争优势起到重要作用。目前，大连市高端制造业和现代服务业利用外资比重达 60%。

在防控疫情的同时，大连开放的脚步未停，用良好的城市治理能力和治理水平，展现出新一层次的竞争力和吸引力。3 月 4 日，日本电产（大连）有限公司新工厂开工建设，这是日本电产在大连增资扩产的重大产业项目，开启了大连新一轮对外开放合作的新篇章。

■ 实践者风采

"一辈子研究鱼这一件事"

牙鲆和红鳍东方鲀（河豚的一种）是大连海洋大学水产与生命学院教授姜志强 38 年科研生涯中十分具有代表性的"作品"。

20 世纪 90 年代初，姜志强指导辽宁省第一家海水工厂化养鱼厂正常运转，突破了牙鲆、红鳍东方鲀等鱼类的人工育苗和养成技术难关，开创辽宁省牙鲆人工养殖先例。

20 多年来，姜志强坚持在生产一线与企业合作，对红鳍东方鲀的人工繁育、养殖模式、市场开放等进行了全方位研究，使红鳍东方鲀育苗、工厂养殖技术处于国内外领先水平。随着控毒养殖技术逐渐成熟，味道鲜美的河豚不再是让人闻之色变的"有毒鱼"。

"最近，我还在研究一条鱼。"姜志强笑眯眯地说，好像这条鱼就在眼前跳跃。这条鱼的名字叫太平洋鳕，他已经研究这条鱼十几年了。姜志强甚至将自己的微信名都改成了"鳕鱼"。

"20 世纪 50 年代，太平洋鳕在辽宁产量很大，但由于过度捕捞等原因，渐渐消失在市场上。老大连人可能知道这种鱼，称它'大头腥'。因为以前船上保鲜条件差，鱼拉到岸上就不新鲜了，很腥。实际上，这种鱼如果能吃到新鲜的，味道特别鲜美。如果人工养殖成功，市场价值很高。"

太平洋鳕的自然繁殖期是东北最冷的时候，一般都在春节前后。为了突破太平洋鳕的人工繁殖技术，姜志强连续多年没有回家过年，和学生在实验室、渔场度过。

太平洋鳕的研究做起来不容易。每次育苗都可能有鱼苗大量死亡。"现在我们的繁殖技术基本成熟了，鱼苗死亡的原因也找到了，源于太平洋鳕天生带的一种神经坏死病毒。我们想了很多办法都行不通，即使那些成活的，成活量也达不到产业化要求。"

虽然说的是令人头疼的问题，但姜志强的语气中仍带着兴奋："最近我又有了一个新的思路，准备再试试。再干个三五年，这条鱼应该没问题。"

姜志强是一名接地气的鱼类学专家，他评价自己的特点是"常年与生产一线企业合作，坚持科研与生产结合"。确实如此，38年来，他主持国家、省、市等各级项目30余项，每一项都是多年深入一线，根据企业需求开展的研究，解决企业的生产技术难题，寻求辽宁发展海水养鱼的新模式。

大连海洋经济基础雄厚，大连海洋渔业已成为国内水产品行业不可忽视的区域品牌力量。科技改变渔业，姜志强见证了大连改革创新的成果，海洋技术相关人才干事创业的政策与环境不断完善，科技人才有了施展才华的广阔舞台。姜志强说："海洋水产事业是重要的事业，未来大连将发挥更加明显的区域优势，释放更加积极的发展信号，我们的研究工作要借助这些优势继续努力下去。"

■ **启示与思考** ⋯⋯⋯⋯⋯⋯⋯⋯⋯⋯⋯⋯⋯⋯⋯⋯⋯⋯⋯⋯⋯⋯⋯⋯⋯

以"五治融合"提高市域社会治理现代化水平

党的十九届四中全会首次提出"加快推进市域社会治理现代化"的要求。市域社会治理现代化是建成经济社会发展先行区的题中应有之义。辽宁省大连市以"五治融合"（政治、自治、法治、德治、智治）为牵引，守牢政治引领制高点，夯实自治基础立足点，抓细法治保障关键点，选准德治先导结合点，撬动智治支撑创新点，以"五治"促"共治"，打造出具有大连特色的市域社会治理体系，显著提升了人民群众的获得感、幸福感、安全感。

政治引领——打造"一核多元"市域社会治理主体格局

实现市域社会治理现代化必须牢牢抓住党的领导这个关键。发挥党总揽全局、协调各方的领导核心作用，首先要理顺一贯到底纵向架构、完善互联互动横向机制，打造以党建为核心的基层社会治理新格局。

近年来，大连守好政治安全"生命线"，抓住党组织引领社会治理的关键要素，着力将健全机制、改革机构、完善体系等基础性工作由党组织自上而下"统"起来，提出"区域统筹、条块结合、上下联动、融合发展"的总体思路，制定出台《关于全面加强城市基层党建工作引领基层治理创新的实施意见》等，构建具有大连特点的工作模式；坚持为民服务"主航线"，紧盯群众生活中的堵点、痛点，由下而上"破"难点，完善街道"大工委"、社区"大党委"组织体系，实施基层党组织"一线筑垒"工程，促进基层党组织向抓党建、抓治理、抓服务的主责主业聚焦聚力。同时，积极引导、培育、规范其他社会治理主体，例如，通过示范孵化基地建设、"和谐邻里"示范服务项目等方式培育、发展了8000多家扎根基层、富有活力、服务群众、管理规范的社区社会组织，有效促进了民生保障、服务优化、社区和谐和社会稳定。

自治夯基——整合"源头活水"市域社会治理资源要素

当今社会，利益结构多元、社会阶层多样、利益诉求复杂。社会系统要实现充满活力又和谐有序的动态平衡，必须紧紧抓住人这个核心和基层这个重心。通过健全利益表达机制、完善民主协商机制、落实基层便民服务机制等，挖掘城市生命体、有机体健康运行的内生动力，是维护社会稳定的根本之道，更是对以人民为中心发展思想的生动实践。

为实现广听民声、广纳民智，大连通过"12345"市民热线、"8890"政务服务平台畅通民意反映渠道，并确保事事有回应、件件有回音；健全基层党组织领导下的民主协商机制，全市推广西岗区基层治理"七携手"品牌项目，聚

◎大连全景图。王华摄

焦"弃管楼"管理难题，中山区合和大院"1315"工作法、长利社区 3 号楼自治经验为群众自己"说事、议事、主事、平事"树立榜样，以物业纠纷化解难为切口，甘井子区通过建成 19 个高标准、高质量"红色阵地"加速推动了"红色物业"建设，区内成立了首家"红色物业"人民调解工作室；加强社区自身建设让便民服务更有"底气"，大连每年拨出 1.2 亿元专项经费，按照每个社区 20 万元标准下拨服务群众专项经费，推进社区工作者职业薪酬体系改革，全市城市社区工作者每月人均收入 5300 余元，全面推进社区工作"全岗通"改革，严格执行社区事务准入制度等。

法治保障——支撑"完备规范"市域社会治理制度体系

市域社会治理体系中的"法治"要求，是法治国家、法治政府、法治社会建设在社会治理领域的集中体现和迫切要求，以法治政府建设为牵引和载体，在社会领域发挥法治保障作用，体现为运用法治思维谋划、推进市域社会治理，在法治框架内完善、创新社会治理制度，用法治方式、手段破解社会治理难题，引导社会成员养成在法治轨道上主张权利、解决纠纷的习惯。

大连以法治政府建设引领带动法治社会建设，2020 年 6 月，大连入选首

◎大窑湾集装箱码头。王华摄

批全国法治政府建设示范地区，法治政府建设成效位居全国前列；以信用体系建设作为城市治理的重要抓手，市委市政府抓实抓好信用工作，专门组建大连市信用中心，市委常委会每季度听取工作汇报，市政府每周召开信用体系建设专题会议，组织专家团队起草《大连市社会信用条例》，针对疫情防控工作，建立疫情防控领域守信失信"红黑名单"制度；重点提高基层矛盾纠纷预防化解能力，大连坚持和发展新时代"枫桥经验"，关口前移、综合施策，现已建成"村（居）民评理说事点"1000 余个，正在积极创建"一站式"矛盾纠纷解决平台，推进基层议事协商制度化。

德治先导——涵养"和美与共"市域社会治理文化生态

法德共治，是中国传统文化的精髓，只有植根于深厚的道德土壤，法治、自治才有生命力。市域社会治理的德治体系，以社会主义核心价值观为统领，依托社会公德、职业道德、家庭美德、个人品德建设，以德治心、以德聚人，凝聚"以人为本"价值认同，培育平等尊重、开放包容的城市文化。

大连以培育和践行社会主义核心价值观为引领，强化教育引导、实践养成和制度保障，广泛开展以弘扬孝老爱亲、诚实守信、勤俭节约等为主题的"道德讲堂"活动，积极发挥"道德模范""大连好人"等典型榜样和"关键群体"力量，注重家庭家教家风建设，以"身边人讲身边事"等活动感召群众、激励群众；以红色文化提升城市精神，利用关向应纪念馆、旅顺日俄监狱旧址博物馆等资源，结合大连地方史，发挥红色文化在城市美德建设中的积极作用；以党员志愿服务引领社会志愿服务之风，通过运用"道德银行""红色账户"等"积分制管理"方式，运行"党员＋志愿者"联动机制和志愿服务褒奖回馈机制进行"组团式服务"，打造以党员骨干为主体，其他群众为补充的志愿服务团队，目前，大连共有志愿者 127.9 万余人，志愿服务项目 1 万余个，志愿服务组织 7700 余支。

智治支撑——提升"运筹帷幄"市域社会治理整体效能

新冠肺炎疫情加速了社会的深刻变革，建设网络空间治理共同体势在必行。城市社会治理全方位、全领域、全过程嫁接"互联网＋"，是落实"全周期管理"理念，提升城市"弹性""韧性"，实现市域社会全面系统、精准科学、动态综合治理的必由之路。

大连紧抓变革机遇，以政务服务"一网通办"和城市运行"一网统管"牵引智慧城市建设，为市域社会治理提供数据底板、重塑业务流程、优化体制机制，落实快速响应；以智慧助力"平安大连"建设为重要抓手，大连市委政法委推动市综治信息化平台和"雪亮工程"建设，形成了"大数据＋视频监控"综合治理模式，提炼出"大连经验"，连续两届获平安建设最高荣誉"长安杯"；以"党建＋网格"模式打通基层治理和服务的关键环节，全市已建立2200 余个网格，成立 5700 个网格党组织，通过力量下沉、资源下沉、服务下沉实现"一网管全街，小事不出网格，大事不出社区"，沙河口区不断探索、升级"党建＋网格"模式，区内推行的"网格吹哨、各方报道"，用小网格引领大党建、推动大治理、实现大服务。

（作者：宿玥，系中共大连市委党校公共与社会管理教研部主任）

青岛篇

平台思维
"国际客厅"
"智造"高峰

■ **新时代·新实践** ·······················

创新思路激活发展"乘法"

2018 年 6 月 10 日，上合组织青岛峰会成功举行，这也是上合组织成立以来规模最大、级别最高、成果最多的一次峰会。习近平总书记对峰会的成功举办给予了充分肯定，并强调举办上合峰会，为青岛、为山东的发展带来了新的机遇，希望认真总结"办好一次会，搞活一座城"的有益经验，推广好的做法，弘扬好的作风，放大办会效应，开拓创新、苦干实干，推动各项工作再上新台阶。2019 年，在谋求跨越式发展中，青岛提出"平台思维"工作方法，即把城市作为各类资源、要素集聚配置的"大平台"，全方位搞活青岛这座城，将发展"加法"变为发展"乘法"。2020 年以来，在"办好一次会，搞活一座城"的精神指引下，青岛战疫情、促发展，化危为机、奋勇前行，奋力夺取疫情防控和经济社会发展双胜利，以"开放、现代、活力、时尚"的新定位，打响了一场高质量发展的恢宏战役。

用平台思维打造发展的强劲引擎

"青岛是一座青春之岛，是一个正在创业的城市，是城市中的'独角兽'；青岛是一个平台，一个汇聚天下创新创业者的平台……"2020 年 7 月 8 日，在青岛—上海现代服务业发展交流与合作对接会上，山东省委常委、青岛市委书记王清宪发表主旨演讲时，再一次表达了用平台思维经营和发展城市的宏大思路。

"全球（青岛）创投风投大会、博鳌亚洲论坛全球健康论坛大会、跨国公司领导人青岛峰会……"季晓鹏是青岛国际会议中心总经理，他说上合组织青岛峰会之后，青岛国际会议中心承接的大会一个接着一个，这些顶尖会议来到青岛，爆发出强劲的平台集聚效应，亦成为青岛用平台思维打造城市内生动力的一个缩影。

2020 年 5 月 8 日至 9 日，青岛·全球创投风投网络大会如期举行，虽然大部分活动都是"屏对屏"举行，但这丝毫没有影响大会的高品质：参会的学界、产业界、投资界领军人物云集，粉丝活跃，首日点击量就突破了 740 多万人次。

"2020 年创投风投招商项目线上共签约 30 个，落户基金意向规模为 559 亿元。"青岛市地方金融监管局局长王锋表示，随着全球创投风投大会知名度的提升，已经有越来越多的城市合伙人感受到了青岛的发展诚意，积极加入到这个城市平台上来。

"5 月 11 日接触项目，5 月 26 日达成合作意向，仅用 12 个工作日，我们就与河北敬业集团牵手成功。项目落户后，当年就能实现营业收入 100 亿元。"青岛市高新区招商部部长李明宽说，高效招商的背后，是不断强化的平台思

◎山东港口青岛港自动化码头"连钢创新团队"。资料图片

维：高新区借助科研平台、园区平台、基金平台等进行产业链式招商，形成产业集聚，让引进来的企业从原来的"单打独斗"变为"相互借力"，共享资源、跨越发展。

在平台思维下，青岛对大项目的磁吸效应凸显。仅 2019 年，就引进世界 500 强投资项目 39 个，引进和增资中国 500 强项目 70 个。

建"国际客厅"，打开交流窗口

"我曾长期在中铁阿拉木图办事处工作，上合示范区的设立，点燃了我到中国创业的热情。"在青岛胶州上合示范区"国际客厅"，来自哈萨克斯坦的贸易商成吉思正和上合示范区欧亚贸易港的项目经理纪璇讨论业务合作方向。成吉思说，这里政策优惠、交通便利、项目遍地，是理想的创业之地。

2019 年 7 月 24 日，在中央全面深化改革委员会第九次会议上，《中国—上海合作组织地方经贸合作示范区建设总体方案》等获得审议通过。会议指出，在青岛建设中国—上海合作组织地方经贸合作示范区。这是国家战略对青岛的叠加赋能，站在开放最前沿的青岛，承担着打造长江以北地区国家纵深开

◎青岛中韩交流合作"国际客厅"。资料图片

放新的重要战略支点、打造"一带一路"国际合作新平台、形成中国高水平对外开放新格局的历史机遇与国家使命。

在这一使命驱动下，建设"国际客厅"成为青岛集聚全球优质资源，推动更高质量发展的创新探索。2020年2月，青岛制定了《青岛市"国际客厅"建设总体方案》。经过持续推进，目前已基本建成韩国、日本、德国、以色列、上合组织、央企、人工智能等7家"国际客厅"并正式投入使用。

"最近一直在忙活中韩电商网红直播节，每天都要与参与直播节的各类企业进行反复对接，确保直播节达到预期效果。"崔春花是青岛市城阳区日韩专班韩国部部长，负责中韩交流合作"国际客厅"的接待、项目推进等事项。最忙的时候，一天要接上百个电话。中韩"国际客厅"位于青岛城阳区，至少有3.5万韩国友人在此生活，2000多家韩资企业在此蓬勃发展。

"现在，中韩交流合作'国际客厅'已成为在青韩国人最热门的话题，大家也对这一'国际客厅'所产生的资源整合、信息融通等平台效应充满期待。"青岛外商投资企业协会韩国投资企业分会首席副会长郑在雄说，"有了这个平台，我们就能更好地嫁接资源、整合贸易链和产业链，相信中韩之间、青岛与韩商之间的经贸往来很快会重新活跃起来。"

"'国际客厅'涵盖了展示、推介、路演、接洽、交易等基本功能，针对每个国家的特点，形成特色服务。"崔春花介绍，"国际客厅"的作用就是要在国内国际双循环的能量交换中，成为国内外规则相互衔接的窗口，成为外资进入国内市场最便捷的通道、国内企业进军国际市场最重要的跳板。

工业互联网助推再攀"智造"高峰

2020年4月24日，青岛召开工业互联网专项工作组会议，研究《青岛市工业互联网三年攻坚实施方案（2020—2022年）》，这一方案被称为青岛打造"世界工业互联网之都"的总动员令。

"1000个体温枪，我向外界求购一周无果，没想到在这个平台上很快就解决了。"疫情期间，医生马涛通过海尔"卡奥斯"平台发布了求购1000个体温枪的需求，仅仅10个小时，需求便得到解决。

"'卡奥斯'已成长为比肩美国通用电气和德国西门子的全球三大工业互联

◎第30届青岛国际啤酒节金沙滩啤酒城巡游表演。资料图片

网平台之一，聚集了3.4亿用户，在工信部发布的2019年跨行业跨领域工业互联网平台中位居第一。"海尔集团总裁周云杰介绍，工业互联网的本质，就是把各类企业汇集到一个平台上，让它们之间的人、资源、资金、技术、市场等实现互动耦合，用最低的成本组织企业的生产经营。

"新冠肺炎疫情短期内给经济社会发展带来冲击，但也倒逼新技术、新模式、新需求变革。青岛此时提出全力发展工业互联网，也是危中觅机，把复工复产、做好六稳与企业转型升级结合起来。"青岛市工信局局长卞成说，青岛城市工业基础雄厚、门类齐全，在41个工业门类中，青岛有36个；青岛还是国家第一批5G试点城市、人工智能教育试点城市……这些都是其发展工业互联网的底牌和底气所在。

除了"卡奥斯"，青岛还培育了酷特智能、软控股份、赛轮集团等行业级解决方案提供商。到2022年，计划打造10个国内知名的工业互联网平台、20家具有行业影响的解决方案供应商，与"卡奥斯"一起，成为"世界工业互联网之都"的平台支撑。

数字显示，青岛目前已有300余个智能工厂、数字化车间、自动化生产线项目。根据发展方案，全市将在全行业推动3000家以上工业企业实施数字化、网络化、智能化改造升级。

让有为者有位，释放城市发展活力

"搞活一座城，决定性的因素是干部队伍，干部的思想开放了，创业内生动力强起来了，人民的劲头就高涨了，我们的各项事业也就蓬勃起来了。"王清宪表示，选拔培养干部，就是要在政治标准第一位的前提下，坚持用事实说话，让有为者有位。

为大力培养和使用"三化一型"（市场化、法治化、专业化、开放型）干部，自2019年开始，青岛大批量选派干部到深圳体悟实训，目前已派出3批457名干部到深圳学习取经，500多天的"学深圳、赶深圳"为城市发展注入了强大动能。

"一百天的体悟实训，感受最深的是深圳确实是一座'科技＋金融'之城，金融创新无处不在。"第三批去深圳学习的青岛市李沧区金融监管局副局长王思阳说，在深圳学习到的理念、经验和做法，将对他的本职工作产生深远的影响。对标知识产权证券化的"深圳模式"，李沧区也将支持鼓励国有小额贷款

◎诺唯真喜悦号邮轮停靠在青岛邮轮母港。资料图片

公司开展资产证券化类创新业务，并尝试通过政府补贴，降低企业实际融资利率。

2020 年 7 月，青岛又派出了 51 名干部深入上海的现代服务业企业、中介组织等开展现代服务业专业实训，学习上海的现代服务业专业精神和知识技能，为青岛进一步深化市场化、法治化改革提供经验细节。

一个城市的活力，除了来源于"关键少数"，还来源于让人舒服的营商环境，来源于企业多元共融的活力，来源于城市新的增长极。因此，提升办事效率与质量成为青岛首当其冲的目标：全国首创企业登记"无人工干预"智能审批、保证金自动缴退系统；全省率先启用电子保函"智能办"系统、"电子施工许可证"制度……一年多来，多项改革创新见证了青岛营商环境全面优化的进程。

"读懂企业、读懂企业家"亦成为青岛广大党员干部的必修课。2020 年开始，青岛将 11 月 1 日设立为"青岛企业家日"。让企业和企业家站"C 位"，必将极大激发企业家投资青岛的热情。

■ 长 镜 头 ···

让人才在"先行先试"中乘风破浪

"招引 2 万名人才、有 42 个高端产才融合项目落地，产业链、人才链、资金链、技术链相融合的人才融合链条初步形成……"疫情发生以来，青岛西海岸新区亮出了一份不错的招才引智成绩单。

在危机中破解引才困局，怎么做到的？黄岛区委常委、青岛西海岸新区工委（黄岛区委）组织部部长杜乐江道出了其中的奥秘——敢于先行先试，建立以企业为主体的人才引育用机制。

早在 2017 年，西海岸新区就在全国 19 个国家级新区中率先成立招才中心，截至 2020 年 8 月，有 18.7 万名人才通过招才中心加入到新区的发展建设中来。

"2020年是特殊的一年，疫情打乱了企业招聘的节奏，我们用'上云转型'的方式帮助新区企业招引全国优秀人才。"最近，冰鉴人才信息科技（青岛）有限公司董事长刘汪洋非常忙碌，接待着一拨又一拨来青岛西海岸考察的企业和个人。

2019年，刘汪洋在西海岸新区投资1000万元，创建了冰鉴全球人才市场配置中心。在西海岸专项政策的扶持下，短短一年时间，冰鉴就引进了全国11个省市19家成熟的人才公司，涵盖全国3500万高端人才的"冰鉴人才云"也顺利开发完成。

"面对激烈的人才竞争，传统招才引智的方式总是碎片化、点状化，或者只是点到点之间的线状引才，我们迫切地需要搭建平台，构建人才融合生态。"青岛西海岸新区工委组织部副部长、招才中心主任逄建辉说，实施人才融合新战略，就是要深入分析上下游链条的内在联系，打造全产业链人才生态。

"新区招才部门经常邀请我们这些企业参加招才引智座谈，通过交流，我们也逐步改变了'唯头衔引人才'的观念。"西海岸新区建墩集团董事长姜墩伟说。

脚轮行业是一个传统的五金制造行业，疫情发生以来，市场销售低迷。姜墩伟在危机中看到商机，斥资近1亿元，除了对旗下公司伟海脚轮进行升级改造，还高薪聘用实用型人才，职业经理人蒋凌云就是其中之一。

"建墩集团给我搭建了一个广阔的平台，让我能够充分发挥自己的技术专长和运营能力。"蒋凌云说，她入职几个月，伟海脚轮的业绩就异军突起：企业降低了35%的制造成本，提升了60%的生产能效，预计年产值达到4亿元。

高端人才创业，资金是瓶颈。中国工程院院士顾国彪在数据中心冷却节能项目上遇到了"资金坎"。他研发的蒸发冷却技术世界领先，已成功应用于三峡电站的全球最大功率水轮发电机中。然而技术越先进，就越需要庞大的资金链支持。西海岸招才中心招才引智一部部长贺炯天主动联系了北京、重庆和当地的投融资机构，帮助院士项目顺利获得了资金支持。

"人才与资本的高效对接如果仅依靠一线人员去做，力量始终是单薄的，需要我们在推进人才融合的同时，搭建专业化数字金融平台。"杜乐江说。

借力央行数字货币改革试点的契机，西海岸新区开启了人才金融创新，2020年7月，引进了一家金融科技领军企业——瑞泰格科技公司，为人才提供全面的产融服务。

同时，西海岸新区又出台了人才金融新政——创业创新直接股权投资资金管理办法。人才项目经评审研究，初创期就可以获得国有公司的直接股权投资，不仅扶持资金"前置"了，股权回购后的国有资本也实现了"保值增值"。在这一新政激励下，2020年将有院士等高端人才领衔的23个产才融合项目在新区落地，吸引投资超30亿元。

■ 实践者风采 ....

山东港口青岛港自动化码头"连钢创新队"：
未来港口的"智造者"

"我们很幸运，推开了未来港口的大门，我们不断总结自动化码头建设经验并形成一套'中国方案'，沿着'一带一路'把它推向世界。"山东港口青岛港自动化码头"连钢创新团队"带头人张连钢介绍，项目组仅用了3年半时间，一座全球领先的全自动化集装箱码头屹立于青岛海岸。

1983年，23岁的张连钢从武汉水运学院机械控制专业一毕业就被分配到了当时的青岛港安技处工作。进港不到10个月，这个年轻小伙主动放弃了人人羡慕的机关岗位，投身到码头建设一线。在青岛港集装箱码头上，一干就是37年。

说起自动化码头初创，张连钢说，当时就是不甘心，想着一定要靠自己的力量打造出世界一流、科技水平领先的港口。

"拼命都不一定能干好，不拼命肯定干不好"是"连钢创新团队"的座右铭。自动化码头项目组办公室的灯光晚上10点前就没熄灭过。

在精益求精的探索下，"连钢创新团队"推出了一连串耀眼的"全球首创"：全球首次研制成功机器人自动拆装集装箱扭锁；全球首次研制成功轨道吊防风"一键锚定"装置；全球首创自动导引车循环充电技术；全球首创非等长后伸距双小车桥吊……他们攻克了 10 多项世界性技术难题，用 3 年走完了国外常规 8 到 10 年的路，节省建设资金数亿元，成本远远低于国外同类码头。

直到现在，加班奋战依然是团队的工作常态，他们不仅要继续冲击世界自动化码头效率的极限，更要实现自动化码头高度智能化的升级，用自主创新敲开未来港口的大门。

在"连钢创新团队"里，每个人都拥有着一颗为国争光、为民族争气的滚烫"中国心"。他们是海港科技精英，但同时也是家中的父亲和母亲，丈夫和妻子，儿子和女儿。有没能见上老人最后一面的遗憾；有无法佳节团圆的辛酸；有手术后出院立即回到岗位的坚守。

亲情绵绵，儿女情长，是内心深处最柔软的牵挂，也是披荆斩棘时最坚强的铠甲。在长达数年的冲锋路上，"连钢创新团队"怀揣一份家国梦想，没日没夜，埋头苦干，创造出中国全自动化集装箱码头"大国重器"。"能建成中国一流全自动化码头，此生不算虚度！"这是"连钢创新团队"每个成员的共同心声。

将个人梦融入中国梦，怀着这颗初心，张连钢和他的团队还在继续迎接新挑战，利用工业互联网、大数据、人工智能等技术，让自动化码头进一步智能化，向着更加浩瀚辽阔的星辰大海，开启砥砺奋进的新征程。

■ **启示与思考** ···

全方位"搞活"青岛这座城

习近平总书记对上合组织青岛峰会成功举办作出重要指示，强调举办上合峰会，为青岛、为山东的发展带来了新的机遇，希望认真总结"办好一次会，搞活一座城"的有益经验，推广好的做法，弘扬好的作风，放大办会效应，开拓创新、苦干实干，推动各项工作再上新台阶。中央全面深化改革委员会第九次会议指出，在青岛建设中国—上海合作组织地方经贸合作示范区，旨在打造"一带一路"国际合作新平台，拓展国际物流、现代贸易、双向投资合作、商旅文化交流等领域合作，更好发挥青岛在"一带一路"新亚欧大陆桥经济走廊建设和海上合作中的作用，加强我国同上合组织国家互联互通，着力推动东西双向互济、陆海内外联动的开放格局。

青岛市按照山东省委对青岛"树立更高定位、更高标准、更高追求"的要求，提出加快建设开放、现代、活力、时尚的国际大都市：在省内，打造山东面向世界开放发展的高地；在全国，打造长江以北地区国家纵深开放新的重要战略支点；在全球，打造"一带一路"国际合作新平台，向东联通日韩，向西沿黄河流域联通上合组织国家、中亚、西亚、欧洲，推动形成东西双向互济、陆海内外联动的开放格局。

系统性、整体性、协同性"搞活"

习近平总书记的重要指示，确立了青岛发展的总定位、总遵循、总航标，需要统筹抓好贯彻落实。青岛放大坐标找不足，提高标准找差距，提出"学深圳、赶深圳"，发起经略海洋、国际航运贸易金融创新中心建设、"高端制造业＋人工智能"、国际时尚城建设等15个攻势，立体、综合、全方位、内生

◎航拍青岛璀璨灯光秀。资料图片

地搞活青岛这座城。

青岛把 15 个攻势作为 15 组改革，一体谋划、部署、推进，各攻势分别成立由市相关领导同志担任指挥长、各相关部门主要负责同志任攻坚队队长、主责部门为总牵头单位的攻势指挥部，跨行业、跨部门设立专班推进，把条条、块块和各个攻势拧成"一股绳"。创新工作机制，攻势作战方案全部进行公开答辩，完成情况进行公开质询，配套完善财政资金、政策向 15 个攻势整合等机制，以政策制定落实的公开化、透明化，推动攻势贯通、协同。打造协同监督体系，以党内监督为主导，统筹人大监督、行政监督、舆论监督等力量，形成闭环控制，不到一年推动 240 多个问题整改到位。

以更高水平开放引领"搞活"

开放是青岛最大的优势和机遇。青岛充分发挥连接南北、贯通东西的"双节点"价值，积极融入以国内大循环为主体、国内国际双循环相互促进的新发展格局，统筹国内国际两个市场、两种资源，坚持以开放促进创新，以创新倒逼改革，以更高水平开放服务山东、黄河流域乃至整个北方地区高质量发展。

勇担国家开放重任。发挥港口门户城市优势，召开 2020·青岛·陆海联动研讨会，联合沿黄九省（区）省会（首府）城市和胶东经济圈五市，共同发起"东西互济陆海联动合作倡议"，引领黄河流域更高水平开放。把上合示范区、山东自贸试验区青岛片区等作为青岛开放发展的最大平台，上合示范区国际物流中心、现代贸易中心、双向投资合作中心、商旅文交流发展中心、海洋合作中心"五大中心"建设有序推进；山东自贸试验区青岛片区承担的 106 项改革创新试点，有 86 项试点破题并取得进展。

用平台思维做发展乘法。把"双招双引"作为经济工作的"第一战场"，积极构建产业链招商、中介招商、会展招商等平台，"投资青岛就是投资国家战略"成为广泛共识。2019 年全市固定资产投资增长 21.6%，增速创全国 35 个大城市第一；2020 年上半年投资增长 4.0%，高于全国 7.1 个百分点。加快建设对日本、韩国、德国、以色列以及上合组织国家的"国际客厅"、央企"一带一路"国际客厅、山东会客厅，为有意进入中国市场的国际市场主体，以及有意对接国际市场的中国企业、地方政府，打造一体化平台。乘开放大势，青岛上半年货物进出口增长 1.8%，高于全国 5 个百分点。

打造世界工业互联网之都。青岛抢抓互联网"下半场"机遇，发挥制造业基础雄厚、应用场景丰富、拥有世界三大工业互联网平台之一——海尔"卡奥斯"工业互联网平台等优势，打造包括大数据、云计算、人工智能、芯片、传感器、区块链、产业数字金融、细分产业工业互联网平台、网络安全技术、工业互联网科技应用服务等产业在内的工业互联网全产业生态，推动产业链、资金链、人才链、技术链"四链合一"。现已集聚工业互联网领域企业 1800 余家，布设 5G 基站 1 万余处，海尔"卡奥斯"成为全国工业互联网领域唯一"独角兽"，全省 4.8 万家、青岛 1.13 万家企业正通过其赋能。

用市场的逻辑和资本的力量"搞活"

市场的逻辑、资本的力量，是对投资者最大的感召。青岛坚持用市场的逻辑谋事、资本的力量干事，让市场在"搞活一座城"中发挥决定性作用。

打造市场化、法治化、专业化、开放型、服务型、效率型"三化三型"政务服务环境。全面推行顶格倾听、顶格协调、顶格推进机制，形成高效的工作决策、推进机制。鼓励支持企业家创意创新创造、提出产业规划或政策蓝本，论证可行的给予精准扶持，在 21 个经济社会发展部门设立市场配置促进处，发挥商协会在经济社会治理中的作用，真正让企业家在青岛感到温暖。

以资本的力量推动人才集聚、科技创新。连续两年举办全球创投风投大会，让青岛成为世界创投风投关注的新风口，已汇聚私募基金近 700 只，管理规模近千亿元。发挥资本集聚信息、技术、人脉等优势，促进高新项目、新兴企业加速成长，6 家企业入选中国独角兽企业榜单，列全国第七、北方第二。开展万名企业家资本市场培训，企业资本意识明显提高，全市过会及上市企业达 56 家，拟上市公司 29 家，创历史最好水平。

营造"4+1"发展生态。"4"是产业链、资金链、人才链、技术链"四链合一"，"1"是优质高效的政务服务环境，用生态思维培育"乔木"参天、"灌木"苗壮、"草木"葱郁的企业成长"热带雨林"，吸引越来越多的企业、资本、人才和技术汇聚青岛。华为、腾讯、科大讯飞、商汤科技等 15 家人工智能头部企业在青岛成立人工智能产业共同体，广泛开展工业互联网、人工智能等创业培训，打造创业大军。以企业需求为导向制定人才政策，变政府"端菜"为企业"点单"，已围绕海尔打造工业互联网平台，开出政策定制"第一单"。出台大学生落户和就业新政，大幅放宽落户门槛，上半年引进各类人才9.25万人。

凝聚全社会合力"搞活"

"搞活一座城"关系全社会，也需要全社会参与。青岛发挥好政府、社会、市民等各方力量，不断推进治理体系和治理能力现代化，做到人民城市人民建，人民城市为人民。

青岛提出"搞活一座城"先要搞活"关键的人"，常态化开展述理论、述政策、述典型"三述"，推动干部在"搞活一座城"上想透、说清、干实。坚持在攻山头、稳阵地中发现识别使用干部，建立优秀干部到基层去、从基层来的良性循环机制，持续开展体悟实训工作，已选派三批457名干部赴深圳实训，首批51名干部赴上海现代服务业企业专业实训，让干部读懂企业、读懂企业家。

坚持在法治框架内"搞活"。市场经济本质上是法治经济，青岛把公共政策兑现纳入法律框架，全面开展政府购买法律服务督促惠企政策落实工作，已选定13家律师事务所140名律师，帮助企业依法依规申请政策兑现。推进党政群

◎第十二届青岛国际帆船周·青岛国际海洋节活动现场。资料图片

机关履约专项清理，偿还企业欠款 30 余亿元。鼓励"民告官"，督促行政机关负责人通过出庭应诉接受法治教育，2020 年以来负责人出庭应诉率保持 100%。

开展"我爱青岛·我有不满·我要说话"民声倾听主题活动，打通民意收集、办理、反馈、落实、监督各个环节，让全体市民和企业家有意见随时提、有想法尽管讲、有不满大胆说，倒逼政府提升为民服务能力。活动开展以来受理各类诉求 82 万件，投诉类诉求办结率达 97.7%，凝聚了"爱青岛，让青岛更美好"的广泛共识。

站在以国内大循环为主体、国内国际双循环相互促进的新发展格局高度上，青岛市将牢记习近平总书记的厚望嘱托，坚持开放创新改革的内在逻辑，以"钉钉子"精神推动习近平总书记重要指示要求落实落地，在更高水平上"搞活"青岛这座城！

（作者：中共青岛市委理论学习中心组）

宁波篇

产业集群

外贸结构

服务业

乡村振兴

■ **新时代·新实践** ···

高质量发展的四组密码

2020 年 3 月 29 日至 4 月 1 日，习近平总书记在浙江考察时作出"努力成为新时代全面展示中国特色社会主义制度优越性的重要窗口"的重要指示。

沿着习近平总书记在宁波考察的足迹，贯彻习近平总书记重要讲话精神，宁波市委十三届八次全体（扩大）会议在 7 月 8 日明确了"知行合一、知难而进、知书达礼、知恩图报"的宁波精神。

经过精心布局，宁波全面实行了推进"246"万千亿级产业集群建设行动、实施"225"外贸双万亿行动、实施"3433"服务业倍增发展行动和"4566"乡村产业振兴行动。这四组数字，就像四组密码，搭建起宁波现代产业体系的"四梁八柱"，勾勒出一个"无死角"、全面发展的宁波。

筑好产业体系之基

2020 年 6 月 10 日，宁波舟山港穿山港区集装箱码头，一字排开的 5 艘 2 万标准箱级巨轮同时进行装卸作业，气势恢宏。至此，宁波舟山港集装箱码头生产操作系统已平稳运行半个月，结束了我国千万级大型集装箱码头依赖国外系统的历史。

7 月 3 日，宁波市梅山保税港区，康达洲际医疗器械有限公司花园般的厂区里生产有条不紊。副总经理王德纯介绍说，作为医学影像领域专业制造商，企业近年来累计已经投入高达 1 亿多元的研发费用，获得了 30 多张注册证，每一张注册证就对应着一种能够生产上市的医疗设备。在疫情期间他们向武汉地区医院捐赠的 7 台 CT 设备总价值达 2400 余万元。

第一家日用化工厂、第一家机器染织企业、最早的华人银行……近百个中国第一、中国之最是宁波人对近代中国民族工业的巨大贡献。改革开放以来，雅戈尔、杉杉、方太、奥克斯等一批民营企业不断发力成为中国经济的新兴力量。进入新时代，宁波舟山港连续 3 年货物吞吐量超 10 亿吨，每天有百余艘次万吨级以上船舶进出；汽车制造规模以上企业总产值突破两千亿元，占浙江省汽车制造业规模以上总值的半壁江山；宁波连续两年地区生产总值突破万亿元大关，是全国第 15 个"万亿俱乐部"成员。

历史的积淀与当下的搏击，为宁波完善产业体系创造了绝佳条件。2019年，围绕国家"一带一路"建设、长江经济带、长三角区域一体化等机遇，宁波借梯登高，绘出了一幅统领全局的产业发展图——"246"万千亿级产业集群规划。到 2025 年，宁波将在全市培育形成绿色石化、汽车 2 个世界级的万

◎气势恢宏的宁波舟山港穿山港区集装箱码头。资料图片

亿级产业集群，高端装备、新材料、电子信息、软件与新兴服务 4 个具有国际影响力的 5000 亿级产业集群，关键基础件、智能家电、时尚纺织服装、生物医药、文体用品、节能环保 6 个国内领先的千亿级产业集群。

7 月 3 日，宁波"246"万千亿级产业集群示范园首批重大项目在北仑开工。开工项目有 9 个，总投资 42 亿元。与此同时，甬江科创大走廊的建设也按下了"快进键"，敲定了 2020 年重点项目库，涉及重点项目 82 个、重点平台 9 个，总投资达 2107 亿元，不断集聚宁波最主要的研发和创新主体。

7 月 8 日，宁波召开市委十三届八次全体（扩大）会议，明确"知行合一、知难而进、知书达礼、知恩图报"为宁波精神。宁波精神高度概括了宁波独特的城市气质，进一步筑牢宁波产业高质量发展的"根"与"魂"。

为制造业插上外贸羽翼

"2020 年前 5 个月，我们跨境电商业务增长了 63%！"视频镜头前，乐歌人体工学科技股份有限公司董事长项乐宏侃侃而谈。6 月 15 日，第 127 届广交会"云端"开幕。国务院总理李克强在北京出席开幕式时，特意与三家外贸企业视频连线。来自宁波鄞州的乐歌成为长三角唯一入选企业。

"乐歌的产品基本销往海外。而我们能够脱离外贸困境，得益于政府精准的外贸政策和公司长期以来国际化战略布局。"项乐宏表示，目前，乐歌部署多个自有海外仓，虽然海外疫情蔓延，但公司仍然保持正常生产，货物仍然配送顺畅。

作为中国的主要对外窗口之一，外向型贸易是宁波经济发展的重要支柱，跨境电商出口已经连续 3 年位列全国第一。2019 年 9 月，针对外贸发展新形势，宁波发布实施"225"外贸双万亿行动方案。到 2025 年，宁波将实现全市外贸进出口总额翻一番，达到 2 万亿元。同时，外贸结构将进一步优化，机电及高新技术产品出口额、能源及大宗商品进口额分别达到 5000 亿元，跨境电商、数字贸易、服务贸易、优质商品进口、转口贸易额分别达到 2000 亿元。

疫情期间，为保证企业的稳定发展，宁波破解着跨境运输停滞、零售终端停摆国际形势下的外贸企业难题，积极引导外贸企业尝试开辟国内市场。2月初，宁波出台了6个方面12条政策，为全市2.5万余家外贸企业纾困解难。3月底，宁波再次出台稳外贸十条政策加码扶持力度，创新打造数字展贸平台，有效助力企业转内需、抢订单、拓市场，跨境电商逐渐成为商品出海的主要方式。据统计，疫情之下，全市跨境电商出口业务量继续保持两位数以上增长。6月11日，中国（宁波）跨境电商出海联盟成立。

如今，宁波开展了打造一流枢纽型口岸、开拓十大新兴市场、培育百个国际品牌等专项行动。在近期闭幕的"2020宁波投资贸易云洽会暨中东欧商品云上展"上，共有542家中东欧国家及"一带一路"沿线国家和地区参展商入驻"云端"，吸引了2516家国内采购商线上采购。其间，中东欧国际产业合作园在余姚揭牌，首批签约入驻15个项目，总投资70.7亿元，涉及斯洛文尼亚、塞尔维亚等多个国家。

2020年5月，宁波全市出口增长23%，这已是连续第3个月实现正增长。1—5月，全市出口规模占全国比重的3.55%，较2019年底提高0.09个百分点。

以服务业强健产业筋骨

2020年6月28日上午，宁波阿里中心落户宁波市海曙区，将充分发挥信息服务的优势，为宁波科技创新和新兴产业发展带来聚变效应。6月初，字节跳动正式入驻位于江北的宁波文创港，这家中国社交娱乐行业的头部公司，将与宁波在短视频等文创领域擦出不一样的火花。

要提升城市能级、推动经济高质量发展，就必须做大服务业规模、优化服务业结构、提高服务业质量。2019年，宁波第三产业实现增加值5880亿元，占经济总量的49.1%，首次超过第二产业。特别是现代服务业、生产性服务业占服务业的比重，分别是三成和六成左右，成为经济发展的新动能。

近几年，宁波各大产业之间的关联互动越来越紧密。对制造业来说，从前端的技术研发、产品设计，到中端的金融服务、生产管理，再到后端的市场营销、物流配送，生产性服务业的作用无处不在。反过来，服务业的发展壮大为产业转型发展提供了有力支持。

◎奉化水蜜桃近日新鲜上市。丁继敏摄

◎宁波舟山港铁路穿山港站2020年4月15日正式启用。丁继敏摄

　　2020年，宁波实施"3433"服务业倍增发展行动，从产业空间优化、总部经济集聚、功能平台构建、龙头企业培育、特色品牌塑造等方面进行突破，

提出了做强现代贸易、现代物流、现代金融三大 5 万亿级产业，做优文化创意、旅游休闲、科技及软件信息、商务服务四大 5000 亿级产业，以及做精餐饮服务等三大 500 亿级产业，做深家庭服务等三个细分产业。

"到 2025 年实现服务业倍增，使服务业这块相对短板成为宁波起跳的'跳板'之一。"全市实施"3433"服务业倍增发展行动部署会提出了这个目标。

增添农林牧渔的五彩斑斓

慈溪的杨梅、象山的柑橘、宁海的绿茶……宁波就像打翻了调色盘，五彩斑斓。如今提起宁波的农业，除了红膏呛蟹等闻名在外的海产品，人们有了更多色彩的联想。

根据《高质量推进"4566"乡村产业振兴行动方案》，到 2025 年，将培育形成粮食、蔬菜、畜牧、渔业 4 个绿色基础产业，现代种业、精品果业、茶产业、花卉竹木、中药材 5 个特色优势产业，乡村休闲旅游业、乡村文体康养业、乡土特色产业、乡村能源环保产业、乡村数字产业、乡村现代化服务业 6 个新型融合产业，以及 6 个现代加工流通产业。

走进宁海大佳何镇葛家村，石头椅、千年画廊、私人美术馆各有特色，艺术振兴乡村行动如火如荼；在余姚鹿亭乡，当地农合联村级服务社为农户提供了农产品代加工、展销、电商物流等服务，仅番薯粉丝销售额就达 500 万元；慈溪则着力打造 10 万亩国家现代农业产业园，并协同建成绿色农产品加工园等功能性产业园，形成"一区多园"格局，打造"生产＋加工＋科技"的现代农业产业集群。宁波的农村，是让人羡慕的模样。

农产品、加工链、乡村产业集群，一个都不能少。宁波坚持点线面结合，促进农村产业融合，努力实现农业更强、农村更美、农民更富的目标。在这幅蓝图里，到 2025 年，宁波乡村产业总产值将达到 4000 亿元，农村居民人均可支配收入将达到 6 万元。

…………

2020 年，"246""225""3433""4566"，四组密码让宁波的高质量发展风生水起。

打造制造业单项冠军之城

2020 年 7 月 2 日，打造制造业单项冠军之城、推进制造业高质量发展部署会开启了宁波发展的新视角。

作为全国重要的先进制造业基地，宁波以全国千分之一的土地面积，培育出了占全国 7.7% 的国家级制造业单项冠军。截至 2019 年底，已有 308 家企业列入宁波市制造业单项冠军企业培育库，其中有 39 家企业是国家级制造业单项冠军，数量持续位居全国各城市之首。在 308 家企业中，主导产品市场占有率全球第一的有 76 家、全球前三的有 171 家、全国第一的有 205 家。

在鄞州区下应街道的一座小厂房里，宁波德鹰精密机械有限公司坐落于此，看着毫不起眼。然而，从里面运出的产品却被送往全世界 90% 以上的著名缝纫机厂。它生产的旋梭，半径不超过 2 厘米，却要经过 250 多道工序，被称为缝纫机的"心脏"。凭借工匠精神，德鹰在全球产量占比 40%，稳居世界第一。2016 年，德鹰成功入选首批中国制造业单项冠军示范企业。

走进宁波公牛集团有限公司的插座保护门自动化制造车间，机械手正有节奏地忙碌着。经过顺序排列、组合拼装、质量检查等工序，一只只浅蓝色的插座保护门新鲜出炉。300 余款各式插座、200 多项国家专利、多个驰名商标，经历了 20 多年的风雨，公牛早已成长为细分行业的"领头雁"，2018 年销售额达 90.46 亿元，是第三批中国制造业单项冠军示范企业。

从德鹰到公牛，这些企业异在体量，同在精神——持之以恒，坚韧不拔，直至成为行业的冠军，形成了"宁波制造"的独特群像。

近年来，宁波开展制造业单项冠军企业培育工作，坚持走"系统谋划、分步推进、培育提升、宣传推广"的培育路径。宁波提出了到 2022 年，力争国家级制造业单项冠军企业数量实现翻一番，攻克关键核心技术 100 项以上，年均开发重点新产品 1000 项以上，培育打造若干条重点产业链。到 2025 年，国家级单项冠军企业数量达到 130 家，细分领域的标志性产业链达到若干条，单项冠军企业对制造业增长贡献度达到 40% 以上，成为全国制造业单项冠军之城。

找准一个切口、拿出所有的专注、发挥"小而精"的特色，是宁波这些单项冠军企业的发展之道。宁波致力于帮助更多企业突破更多关键核心技术"卡脖子"问题，鼓励企业参与国际、国家和行业标准的制定工作，积极申请国际和国家发明专利。在智能化改造、技术研发、工艺设计、检验检测、创业孵化、公共平台服务、产业基金、市场拓展等方面，宁波积极派发一系列政策"红包"，为企业发展壮大提供必需的土壤、阳光和雨露。围绕产业链安全问题，宁波则提出延链补链强链的解决路径，加快提升产业链水平，形成配套协作紧密的发展格局。

在危机中育新机，宁波以打造制造业单项冠军之城为方向，推动更多企业成为全球行业的"小巨人"。位于北仑区的"246"万千亿级产业集群示范园举行首批重大项目开工仪式。在 5 年内集聚 50 家以上独角兽企业、隐性冠军、单项冠军企业，以强化产业链创新载体支撑是园区的奋斗目标之一。疫情期间单项冠军企业的逆势发展更验证了这座城市的选择。2020 年前 5 个月，39 家国家级制造业单项冠军企业产值增长 8.9%，高于全市规模以上工业产值增速 19.1 个百分点，成为宁波制造业顶天立地的力量。这也是宁波打造制造业单项冠军之城的底气。

■ **实践者风采**

宁波北仑大港社区党委书记朱红明：
600 余家企业的"女管家"

"没想到社区竟然还有做电脑控制器的企业，我们来详细谈谈这项智能家用垃圾处理器的开发吧。"7 月 8 日，宁波市北仑区新碶街道大港社区某公司办公室里，两家企业负责人握手合作。

将他们牵在一起的，是大港社区的"女管家"——党委书记朱红明。大港社区是全国首个不设居委会的工业社区，社区内共有 600 余家民营企业、外商投资企业，以及近 10 万名职工。所以，这抛给了朱红明一个不同于一般社区干部的管理命题。

2008 年，36 岁的朱红明来到刚刚设立的大港社区。12 年来，在朱红明的带领下，大港社区以"家文化"为理念，把企业当"家业"，把员工当"家人"，把需求当"家事"，并依托区域性党组织平台，不断创新服务方式，走出了一条工业园区社区化服务的新路子。

2020 年，疫情影响了社区内大部分企业的生产经营，为了纾解企业困难，朱红明领着社工天天连轴转，却从不叫苦不说累。"我有信心服务好企业，实现自己的人生价值。"朱红明说。

大港社区开发了"工业产品超市"微信小程序。点击进入，只见百余家公司按照纺织服装、设备制造、新材料应用等行业整齐分类，每个公司条目下都有地址和联系方式。"在国外市场形势比较严峻的情况下，我们现在更不能流失自己区内企业的市场。"朱红明表示，这个小程序能让区内产业上下游快速对接，加强企业间的业务合作。

朱红明还提出了"共享员工"的概念。2020 年初，宁波瑞佳塑胶有限公司因到岗人员不够，一批 30 万只玩具飞机的订单眼看就要违约了，公司负责人蔡开福非常着急，向社区求助。朱红明随即在园区企业中发起"共享员工"行动，招募了十多位其他企业的空闲劳动力，火速在瑞佳开辟了新生产线，确保订单如期交货。

据统计，2008 年到 2019 年，大港社区的企业工业总产值从 190 亿元上涨至 390 亿元，连续 12 年企业职工评价满意率为 100%。2020 年 3 月，因在抗疫一线表现突出，朱红明被授予"浙江省优秀共产党员"称号。

■ 启示与思考 ....

描绘宁波发展新蓝图

习近平总书记强调，要胸怀两个大局，一个是中华民族伟大复兴的战略全

◎宁波杭州湾国家湿地公园景色宜人，是市民休闲旅游的好去处。宁波市委宣传部供图

局，一个是世界百年未有之大变局，这是我们谋划工作的基本出发点。在服务"两个大局"中，承担什么使命、展现什么作为、作出什么贡献，宁波一直在不懈探索和实践。近年来，宁波市委市政府围绕国家战略定位要求，立足最具优势领域，谋划部署了打造"246"万千亿级产业集群、推进"225"外贸双万亿、"3433"服务业倍增发展和"4566"乡村产业振兴行动，为一二三产业高质量融合发展描绘了新蓝图。

架起制造业"四梁八柱"

制造业是宁波的立市之本、强市之基。从改革开放初期"家家点火、村村冒烟"的乡镇经济，到现在拥有超过 100 万家市场主体，其中 12 万家工业市场主体，涵盖 35 个工业行业大类，制造业成为宁波发展道路上最浓厚的底色。但与全球先进城市相比，宁波制造业还存在产业层次不高、核心竞争力不够强等问题。未来何去何从？党的十九大报告为宁波指明了方向，就是要促进产业迈向全球价值链中高端，培育若干世界级先进制造业集群。基于这一现实背景，宁波谋划打造"246"万千亿级产业集群，这既是产业发展的基础优势所在，也是应对外部复杂形势、提升城市核心竞争力的必然要求。

如何做大做强"246"万千亿级产业集群，宁波推出了针对性举措。一是深入实施人才和创新"栽树工程"。创新引领未来发展，创新决定城市未来。宁波认真贯彻落实习近平总书记考察浙江、宁波时的重要讲话精神，就人才强市、创新强市作出部署，提出了加快建设高水平创新型城市，打造新材料、工业互联网、关键核心技术三大科创高地。同时着眼新形势下人才评价激励、知识产权保护、科技成果转化等难点问题，推行了一批超常规举措，力求为"246"万千亿级产业集群插上腾飞的翅膀。二是打造全国制造业单项冠军之城。经过多年培育，宁波有 308 家企业进入单项冠军培育库，其中有国家级单项冠军企业 39 家，数量居全国城市首位。宁波将继续大力弘扬企业家精神、工匠精神，激励企业做强实业、深耕主业，打造一批"顶天立地"和"专精特新"企业集群，擦亮打响宁波制造业单项冠军之城这张"金名片"。三是建设强大有韧性的重点产业链。关键核心技术和产业链安全关乎国家稳定发展大局。宁波在深入调研、多方论证的基础上，提出要集中优势力量攻克一批"卡脖子"的关键核心技术，全力打造 10 条以上强大、有韧性的重点产业链，全面提升产业基础能力和产业链现代化水平。四是整合提升各类产业园区。长时期的县域经济发展模式造成了宁波"园区多、布局散"现象。当前，宁波正在紧锣密鼓地谋划各类开发区（园区）整合提升工作，按照系统性重构、创新性变革要求，实质性大幅精简开发区（园区）管理机构。同时，以产业链为标准、以资本为纽带，着力打造一批高能级战略平台，切实提高资源利用效率，做大做强"246"万千亿级产业集群。

深耕国际国内两个市场

港口是宁波最大的资源，开放是宁波最大的优势。正是凭借这一独特资源和优势，宁波改革开放以来实现了外向型经济的快速发展。2019 年，宁波舟山港货物吞吐量超 11.2 亿吨，连续 11 年居全球港口第一位；宁波外贸自营进出口额达 9170.3 亿元，实现了 6.9% 的逆势增长，跻身全国城市外贸出口前 5位。随着改革开放的纵深推进，无论是沿海城市还是内陆城市，都迎来全面开放，过去传统开放优势将会逐步弱化。如何在新形势下继续把港口最大资源、开放最大优势发挥到极致，统筹国际国内两个市场，"225"外贸双万亿行动是宁波直面这个问题的解法。

2020 年以来，新冠肺炎疫情给宁波发展增加了许多不确定性因素。越是困难重重，越要砥砺前行。宁波将坚持以高水平开放推动高质量发展，以"225"外贸双万亿行动为抓手，持续构建多类型、多层级、广覆盖的开放平台体系，全力打造双向开放合作新高地。以牢牢稳住外贸基本盘为底线，全面落实稳外贸十条新政等系列政策，支持企业开拓多元化国际市场，帮助外贸企业化解风险、渡过难关。以参与"一带一路"建设为统领，深化"17+1"经贸合作区建设，实施外商投资准入前国民待遇加负面清单管理制度，探索更加开放的创新举措，争创中国（浙江）自贸试验区宁波新片区。以建设新型国际贸易中心为重点，加快拓展跨境贸易、数字贸易、转口贸易、易货贸易等新型贸易，引进一批国际贸易供应链企业，聚集一批有影响力的大宗商品离岸和在岸贸易主体，落户一批跨境电商龙头企业，努力建设新型贸易示范区。以融入长三角高质量一体化发展为牵引，深化沪甬全方位合作，推进前湾沪浙合作发展示范区建设，唱好杭州宁波"双城记"，推动宁波都市区同城化，建设依托长三角、辐射东南地区、服务中西部的区域中心城市。

推动产业体系融合共生

"万元美金社会"这个词在经济学界被频繁提及，即一个国家人均 GDP 达到 1 万美元时，推动经济发展的引擎将会从制造业逐渐切换到服务业，这是产业结构演化和经济转型的一般规律。2019 年，宁波人均 GDP 达到 20729 美元，超过世界银行定义的 12057 美元高收入国家门槛；服务业增加值达到 5880 亿元，占 GDP 总量的 49.1%，首次超过第二产业。基于这一趋势研判，同时也是为了补齐产业体系中现代服务业相对短板，宁波谋划实施"3433"服务业倍增发展行动，计划用 6 年时间实现服务业倍增，助推经济转型升级，实现高质量发展。

如何构建好发展服务业的路径和抓手，关键是做好四个融合和协同。一是与新制造融合。围绕打造"246"万千亿级产业集群，做大做强以研发设计、信息技术、检验检测认证、知识产权等为代表的生产性服务业，加快推进先进

◎均胜集团工人在为表面贴装线备料。宁波市委宣传部供图

制造业与现代服务业融合发展。二是与新消费对接。顺应居民消费升级大趋势，加快提供更多优质产品和服务供给，建设中高端服务载体和商圈平台，拓展网络消费、数字消费、绿色消费等新兴消费服务，更好满足人民群众对美好生活的向往。三是与新外贸接轨。把握国内服务外贸快速发展和国际服务外贸跨国转移加速的趋势，充分利用国家服务外包示范城市、跨境电商综试区、保险创新综试区改革试点，创新发展模式，推动服务贸易扩容提质，尤其是以生产性服务业"走出去"为重点推动制造业全球化布局。四是与新型城镇化并进。充分发挥服务业在城市建设、提供就业、产业协同和服务民生方面的积极作用，加快文化教育、医疗卫生、体育娱乐等产业发展，引导人口和公共资源向城区集中，提升中心城区经济和人口集聚度。

拓宽"两山"理论转化通道

虽然农业在宁波经济总量比重不高，不到3%，但农业是经济社会安全的"生命线"，其基础性地位只能加强不能削弱。习近平总书记在浙江考察时指出，要抓紧抓实农业、畜牧业生产，确保市民的"米袋子""菜篮子"货足价稳，确保农民的"钱袋子"富足殷实。近些年来，宁波坚持以习近平总书记给浙江宁波余姚市梁弄镇横坎头村全体党员回信精神为指引，突出红色引领绿色发展理念，通过农村基层党建对标建强、文明助力乡村振兴、改善农村人居环境、发展民宿经济、壮大村级集体经济、打造绿色都市农业示范区等系列行动，真正走出了一条生态美、产业兴、百姓富的可持续发展之路。今后，宁波将继续按照习近平总书记指引的方向，以"4566"乡村产业振兴行动为抓手，依托山水林田湖等特有的"美丽资源"，积极盘活农村闲置民房、集体用房等沉睡"资产"，做精做专渔业、畜牧业、精品果业等绿色优势产业，着力打造乡村旅游、健康养生、文化创意、农业体验等新业态，不断拓宽"绿水青山"向"金山银山"的转化通道，让绿水青山真正成为群众增收致富的"聚宝盆"和乡村振兴的"大引擎"。

"246""225""3433""4566"这四组"数字密码"道出了宁波未来高质量发展的解法。只要坚定发展信心，锚定发展目标，保持"乱云飞渡仍从容"的战略定力，变压力为动力，化挑战为机遇，宁波就一定能够率先实现高质量发展目标、率先基本实现现代化。

（作者：何兴法　付志鹏，分别系浙江省宁波市委政研室副主任、干部）

厦门篇

提升本岛、跨岛发展
抓招商抓项目
产城人融合
牢记嘱托
一张蓝图干到底

■ **新时代·新实践** ....

全力推进"岛内大提升，岛外大发展"

　　厦门市以习近平新时代中国特色社会主义思想为指引，深入学习贯彻习近平总书记重要指示批示精神和党中央决策部署，坚定不移抓招商促发展、抓项目增后劲，全力推进"岛内大提升，岛外大发展"，大力推进科技创新，着力壮大新增长点、形成发展新动能、不断激发新动力，形成全方位推动高质量发展超越的强大合力。

　　厦门很"小"，城市面积 1600 多平方公里，厦门岛更"小"，仅 158 平方公里。尽管这座岛城自古向海而生，迎揽八面来风，但是，如果只有海，没有跨越湾区联通广袤内陆，那便只是孤城小岛。

　　"提升本岛、跨岛发展"，这一战略为破解城市发展难题指明了前进方向，提供了科学指南。高擎蓝图，厦门探索实践，从此豁然开朗，海阔天空。

　　时间的指针回拨到 18 年前。2002 年 6 月，时任福建省委副书记、省长的习近平同志到厦门调研，创造性提出"提升本岛、跨岛发展"的重大战略，精辟论述了"四个结合"的战略思路——提升本岛与拓展海湾结合、城市转型与经济转型结合、农村工业化与城市化结合、凸显城市特色与保护海湾生态结合。

　　跨岛发展天地宽，一张蓝图摆在了厦门的眼前。18 年来，厦门历届市委市政府牢牢把握战略内涵和城市发展规律，一张蓝图干到底，有力推动了厦门城市化进程，形成了城市格局跨岛拓展、产业结构跨岛优化、公共服务跨岛覆盖、人文内涵跨岛提升、生态文明跨岛建设的良好发展态势。

数据显示：厦门建成区从 18 年前的 94 平方公里，拓展到现在的 398 平方公里，城市空间不断拉开；全市常住人口城镇化率从 18 年前的 52%，提高到如今的 89.2%，城市化进程走在全国前列；全市地区生产总值从 18 年前的 648 亿元，跃升到 2019 年的 5995 亿元，城市综合实力和区域辐射带动力显著提升。

2020 年 5 月 18 日，一场厦门跨岛发展史上具有划时代意义的"岛内大提升，岛外大发展"推进会召开。其根本目的就是促进厦门经济特区更好更快发展。力争到 2022 年，岛内主要经济指标保持全国全省领先，每平方公里生产总值提高至 25.5 亿元，城区品质大幅提升，建成区域创新中心的核心区、区域金融中心的聚集区、全国文明典范城市的标杆区；岛外生产总值占全市比重超过 55%，固投、工业增加值占比超过 80%，新城片区迅速崛起、功能品质比肩岛内、人气商气快速集聚；厦门城市能级和核心竞争力全面跃升，为加快建设高素质高颜值现代化国际化城市打下坚实基础。

如今"岛内大提升，岛外大发展"战略已成为厦门经济社会发展"短跑冲刺"的力量爆发点和"中长跑竞赛"的能量蓄积器。

纵深推进　坚持大招商招大商

2020 年 8 月 28 日，厦门元初食品、深圳联成远洋渔业战略合作启动仪式在厦门第八市场举行。这意味着厦门在打造成为全国金枪鱼集散交易中心之路上又迈出了重要一步。

我国远洋捕捞事业起步较晚，全球金枪鱼的捕捞资源一直分配不均匀。如今，厦门市海洋发展局牵线搭桥，让拥有大型远洋捕捞能力的船队与厦门本地的零售企业合作，把在太平洋深处捕捞到的优质金枪鱼直接通过销售门店辐射到厦门各个社区，摆上市民餐桌，填补了厦门高端水产品的空缺。

同时，由厦门市海洋发展局牵头，各方共同发力，逐步将厦门打造成全国金枪鱼集散交易中心，并获得区域定价权，优质的金枪鱼系列产品将销往全国各地。

为克服疫情对经济社会发展带来的影响，厦门以招商引资为突破口，逆势前行，坚持大招商招大商，推动高质量发展。

厦门市举行重大招商项目集中"云签约"活动。本批次"云签约"重大招

◎厦门市翔安区胡萝卜喜获丰收。朱毅力摄

商项目共 122 个、总投资 1325.41 亿元。

据了解，近一年来，厦门市累计生成对接招商项目 3199 个、预计总投资 1.4 万亿元，其中世界 500 强项目 197 个、中国 500 强项目 174 个，大型央企项目 114 个、新锐企业项目 50 个，累计落地项目 983 个、总投资 3500 亿元。

厚积"家底"、强健"体魄"，大招商招大商为厦门"双战双胜"和跨岛发展提供了强大支撑。

2020 年上半年，厦门 GDP 逆势增长 0.6%。与全省相比，实际使用外资、农村居民人均可支配收入均排名第一。福建省委常委、厦门市委书记胡昌升表示，厦门将继续对标国际国内先进水平，遵循市场化、法治化、国际化、便利化的原则，坚持问题导向，锐意改革创新，关注市场主体的"痛点""难点"，持续找差距补短板，构建亲清新型政商关系，进一步优化营商环境，不断激发企业发展的内生动力，增强高质量发展的新动能。

跳起摸高　聚焦新城拓展和城市更新

2020 年 6 月 7 日，厦门市召开生物医药创新发展大会，以电子签约方式

◎厦门市大宅社区火龙果迎来丰收。张天骄摄

集中签约的 8 个生物医药产业相关项目落地海沧区。该区第一时间发布《厦门生物医药港产业发展规划》，以清晰的战略思维、精准的发展路径，再次吹响产业发展的冲锋号角。

作为厦门跨岛发展主战场之一的翔安区，全市 8 个重大项目建设指挥部有 5 个在此。两条地铁线进入翔安，新机场建设如火如荼，东部体育会展新城建设重任在肩……

如今，四个岛外城市次中心——海沧新城、集美新城、同安新城、环东海域新城建设全面提速，厦门新机场、东部体育会展新城等八大片区成为厦门经济强劲发展的新增长点。

为加快高素质高颜值现代化国际化城市建设步伐，厦门以习近平新时代中国特色社会主义思想为指引，继续发挥经济特区先行先试、敢为人先的开拓精神，跳起摸高、锐意进取、攻坚克难，在岛外聚焦新城拓展，在岛内聚焦城市更新。

作为成熟建成区，岛内发展空间不足是最大的矛盾。厦门本岛通过推进旧城旧村改造，在城市有机更新中带动产业项目落地，着力提升产业能级。厦门经济特区发祥地湖里区，迅速奏响"东进序曲"，厦门本岛东部 11 个村即将华丽变身。思明区突出精耕细作、内外兼修，以 5G、区块链、人工智能等新技术为引领，引入培育一大批高技术、高成长、高附加值的"三高"企业，把有限产业空间"种"成经济"高产田"。

以人为本　加快推进产城人融合

以前，很多厦门人的传统观念是"宁要岛内一张床，也不要岛外一套房"。如今，这些传统观念正悄然发生改变。

是什么让人们的传统观念发生改变呢？

在跨岛发展中厦门坚持以人为核心的城镇化，推进产城人融合发展，着力加快公共服务在更高水平上实现均衡发展。比如，厦门的基本养老保险和医疗保险实现城乡一体化；岛外义务教育学位数占全市 57.1%；岛外大中型公共文体设施占全市近 50%；岛外公园数量、面积人均超岛内等。

如今，在集美区，随处可见"穿西装、戴斗笠"的嘉庚建筑，会让人们联想到"华侨旗帜，民族光辉"的陈嘉庚先生。在翔安区，闽南民居建筑风格环绕着充满活力的城区。海沧区在最繁华的地段将海、山、城一体化，形成城在海边、在湖中、在山上的格局。同安区则依托海岸线资源，建"黄金海岸"，让人第一眼爱上厦门，因为人们坐飞机看到厦门的第一眼和离开时看到的最后

◎厦门的美丽景色。 王火炎摄

一眼，都是这里的海滩。

　　嘉庚风格、闽南风貌、海洋风情的建筑，无处不在"诉说"着岛外新城浓厚的人文传承。物，透过建筑看历史；人，透过生活看精神。现在，厦门岛外的百姓过上了"吹拉弹唱"的生活，成为有文化的农民。

　　跨岛发展战略下，越来越多的人到厦门岛外工作创业、置业安家，岛外人口增速大大超过岛内。岛内人口比重降至49.8%，开始少于岛外，群众幸福感和获得感不断增强。

爱心厦门　让跨岛发展更具情怀和温度

　　"实在太感谢你们了，帮我找回走失的孩子。"8月26日晚8时40分左右，厦门同安区梧侣南街，一位年轻妈妈抱着孩子，泣不成声，向同安区城管局机动三中队执法队员连声道谢。

　　原来，事发当晚，这位妈妈和孩子出门散步。因为街道人流量大，这位妈妈一不留神，孩子走丢了。正在进行夜市巡查的同安区城管局机动三中队队员苏婷婷和吴小郎，立即根据这位妈妈提供的孩子外貌特征，发动群众一起帮忙寻找。

　　20分钟后，苏婷婷在500多米远的一个小巷子拐角内，发现一个小孩躲在那里哭泣，口中喊着"妈妈"。苏婷婷赶紧喊来那位妈妈，确认正是走失的孩子，母子二人抱头痛哭，于是就有了上述一幕。

　　在大力推进"岛内大提升，岛外大发展"的同时，2020年厦门还深入实施"爱心厦门"建设，动员全市上下更加自觉地奉献爱心、关爱他人、服务社会。这一举措不仅标刻了城市文明新高度，也让跨岛发展更具情怀和温度。

　　厦门，奉献爱心、关爱他人已蔚然成风。

　　厦门957路公交车上，一位小学生在车门边席地而坐，借着灯光写起了作业。身后一位陌生女士见状，默默打开手机手电筒，为孩子照明……这件暖心事，引发市民关注、媒体报道。网友"一路行走与欢歌"留言："最美厦门，最美厦门市民。"

■ 长 镜 头 ....

厦门思明区：高站位推进生态环境保护

环顾筼筜湖，一片波光荡漾的碧水里，白鹭休憩起舞；漫步东坪山，郁郁葱葱的丛林绿意怡人……厦门市思明区呈现出一幕幕空灵美丽的画面。

作为厦门市的主城区，思明区长期以来把提升生态环境作为重要的民生工程来抓，2020年以来，更是高站位推进生态环境保护工作，持续开展蓝天、碧水、净土三大保卫战。

实施管网溯源排查

"好，快走到头了，线缆往后收一段。"持续按着手中平面显示器上的"前进"键，施工人员张文风一边观察"机器人"传回的管道内部实时情况，一边指挥控制"机器人"线缆盘的工友按需操作。在思明区厚德花园小区门口道路上，施工单位清疏检测组人员正在对一段雨水管道进行溯源排查。

现场施工人员介绍，"机器人"就是管道检测机器人，它搭载了高清防水摄像镜头，可传回并保存管道内部的实时影像，让他们掌握管道内部健康状况，比如辨别是否有暗接管、雨污混流、裂缝等情况，从而达到溯源排查的目的。而在"机器人"下管道排查前，施工人员已先通过高压清洗车对管道进行冲洗。

据悉，思明区推进实施管网溯源排查项目的排查面积约53.09平方公里，估算雨污管网总长度约2500公里，覆盖范围包括道路、小区、学校、酒店、写字楼等，以及排海口溯源调查，是一场全覆盖、无盲区的"管网大体检"。

从2020年3月进场施工至今，溯源排查项目已经完成70%。

智能监测空气质量

碧海蓝天，空气清新，是每一位厦门人的骄傲。

为了确保空气清新，思明区建立健全空气质量联防共治机制，通过分析会、微信群，定期调度各类问题整改进度，及时部署各项工作任务。

在此基础上，思明区还积极运用高科技手段，提升大气管控水平。

在大气环境监测超级站楼顶安装污染源雷达，通过雷达扫描快速精准找到污染源或污染传输线路，并做好管控工作，从源头上精准防控重点区域颗粒物污染问题。

通过汽修行业智能化环境监管平台，实现对重点区域汽修企业24小时在线监控，远程掌握企业产污、排污情况，并组织网格员强化对施工扬尘、露天烧烤、焚烧垃圾等影响环境空气质量问题的巡查。

整治提升并重

东坪山，是厦门的"城市绿肺"。2019年底，东坪山生态敏感区域违法建设专项整治已全面完成。如今，再次登上东坪山，已是旧貌换新颜。

2020年以来，东坪山主要道路开展市政配套设施改造提升，道路修缮拓宽、埋设污水管道、增设路灯设施、实施"白改黑"……这一系列改造提升措施陆续落实到位，不仅解决了村民出行安全、污水排放等问题，也为下一步东坪山整体发展提升做好基础设施准备。

专项整治提升后，思明区还引入象屿集团整体租用东坪山林地，每年给村集体经济带来数百万元收入，同时着手编制东坪山旅游专项规划，计划建设"城市阳台"，打造"一山观两门"等新景点，加快培育旅游业新增长点。

■ **实践者风采** ••••••••••••••••••••••••••••••••••••

厦门市翔安区河长制办公室负责人杜康：
为小微水体评星级

"酒店行业评星级，您听说过池塘等小微水体也评星级吗？"最近，厦门市翔安区河长制办公室负责人杜康这样向人家介绍他的工作。

小微水体是水系的"毛细血管",一般具有汇水面积较小、水体面积小、周边空间封闭、水体流动性差、数量多、分布广、形态各异、管理监督易被忽视、对周边居民生活休闲影响最直接等特点。

"可别小看小微水体,这个与居民的生活关系太紧密了。"杜康说,前一阵子,厦门市翔安区吕塘社区林边村黑臭"消污塘"的变身就是一个很好的例子。建村以来,作为1000多名居民的生活污水排水点,这个池塘曾臭气熏天,特别是大热天,池塘底泥发酵,在家门窗紧闭仍能闻到气味。后来,杜康与同事用了一个多月的时间,协调各方,一起来治理。现在,这个地方成了居民休闲散步的好去处。

8月5日下午,杜康及同事进行了首批3处试点小微水体的星级评定工作。在当天的现场评估中,由大嶝街道、新店镇、马巷镇、内厝镇、新圩镇派员进行现场互评,同时相互学习治理经验。杜康说,这次是试点,在以后的正式评估过程中,将结合生活在小微水体附近民众给出的具体评价,再行评分。

完成试点水体的评星工作后,杜康忙着完善评分标准,以便于指导各镇街按标准执行。"前期准备工作于6月开始,目前进入试点改进阶段,正式实施从10月开始。"杜康说,"我们现在把'河长吹哨,部门报到'工作机制创新融入到小微水体整治之中。"

评级工作目前预计每年一次,分数都将入档,形成常态化管理。杜康介绍说,通过建立小微水体星级评价体系,可以形成民众实时监督的长效机制,促进各小微水体负责人之间既合作又竞争的协调关系,充分发挥各方优势,保持水体水质。更关键的是,这更便于统一监督管理,可以形成一套实用型的长效机制。

在2019年完成120处小微水体整治的基础上,2020年翔安区再次开展3轮摸排,共排查受污染小微水体295处。"翔安区是厦门跨岛发展主战场之一,小微水体星级评价体系是翔安水体整治的一个缩影。"杜康说,"我们将为助力翔安进一步提升全区生态环境,打造宜居宜业新城区贡献一份力量。人们在忙碌了一天后,能到一潭碧水边走走,也是一种幸福。"

杜康坚信,优美的环境,将吸引更多的人才一起把翔安新城建设得更加美好。

■ **启示与思考** ....

从高速度向高质量转型

习近平总书记 2014 年 11 月在福建调研时指出，希望福建"抓住机遇""努力建设机制活、产业优、百姓富、生态美的新福建"。2017 年 9 月，金砖国家领导人厦门会晤期间，习近平总书记肯定厦门已经发展成为"高素质的创新创业之城""高颜值的生态花园之城""现代化国际化城市"。这一高度评价，既是肯定褒奖和有力鞭策，更是对厦门新时代发展目标定位的形象描绘和清晰擘画，为厦门履行新时代经济特区使命进一步指明了前进方向，寄予更高期许。厦门坚持以习近平新时代中国特色社会主义思想为指导，深入学习贯彻习近平总书记对福建、厦门工作的重要指示，认真按照中央关于经济特区要"成为改革开放的重要窗口、试验平台、开拓者、实干家"的新要求，紧紧围绕"五位一体"总体布局和"四个全面"战略布局，把握 2014 年以来中央支持福建加快发展、2015 年获批自贸试验区等重大战略机遇，以全面深化改革扩大开放为动力，持续加快跨岛发展，率先推进转型发展，制定实施美丽厦门战略规划，致力建设"五大发展"示范市，经济发展进入了从高速度向高质量转型的新阶段，各领域发展协调均衡推进，进一步发挥了经济特区的排头兵作用。

坚持科学的理论指引，沿着中国特色社会主义道路前进

厦门的成功实践，充分证明了党的十一届三中全会以来形成的党的基本理论、基本路线、基本方略是完全正确的，中国特色社会主义道路、改革开放道路是实现社会主义现代化、创造人民美好生活的必由之路、成功之路。无论国际风云如何变幻、自身发展遇到多大困难，厦门始终坚持在中国特色社会主义理论体系的指引下，坚决贯彻执行党的十一届三中全会以来的路线方针政策，不断强化理论武装，坚持以马克思列宁主义、毛泽东思想、邓小平理论、"三个代表"重要思想、科学发展观、习近平新时代中国特色社会主义思想为指导，坚持解放思想和实事求是有机统一，自觉以科学理论指导实践、推动工

◎厦门鹭江两岸新貌。王火炎摄

作；始终按照习近平总书记为厦门擘画的城市发展战略、跨岛发展战略等宏伟蓝图接续奋斗，做到一任接着一任干、一张蓝图绘到底；始终自觉在党和国家战略全局下找准工作定位、主动作为，充分彰显优势特色，致力服务祖国和平统一大业和国家重大战略部署，努力发挥服务全局的战略支点作用，用实际行动走在中国特色社会主义实践前沿，向世人昭示了中国特色社会主义道路的勃勃生机和光辉前景。实践启示我们，只要我们始终高举中国特色社会主义伟大旗帜不动摇，坚定不移以习近平新时代中国特色社会主义思想为指引，把习近平总书记在厦门工作时留下的科学理念、宝贵经验和优良作风当作做好各项工作的最大优势，一以贯之地按照习近平总书记为厦门擘画的宏伟蓝图接力奋进，就一定能够在新时代中国特色社会主义道路上走在前列、当好示范。

不断解放思想，将改革开放进行到底

厦门的成功实践，充分证明了改革开放是决定当代中国命运的关键抉择，是当代中国发展进步的活力之源。厦门始终以解放思想为先导，坚持实践是检验真理的唯一标准，紧紧围绕正确处理市场和政府的关系这一关键，充分发挥市场在资源配置中的决定性作用，更好地发挥政府作用，激发市场活力。始终牢记特区使命，坚持以当好改革开放的排头兵为己任，充分发扬敢闯敢试、敢为人先、埋头苦干的特区精神，坚决破除一切妨碍发展的体制机制障碍和利益固化藩篱，坚决破除一切阻碍发展的陈旧观念和框框套套，以开放胸襟积极参与并深度融入世界经济大循环，以海纳百川的虚心态度学习借鉴国内外先进发展经验，极大激发了发展生机与活力，探索形成了许多具有自身特色和推广价值的改革创新成果，为全国范围内的体制机制改革提供了有益借鉴，较好发挥了改革"试验田"和开放"窗口"作用。实践启示我们，只要我们坚持辩证唯物主义和历史唯物主义世界观和方法论，始终坚持解放思想不停滞，致力改革开放不止步，勇当新时代改革开放的弄潮儿，不断探索新路径，创造新经验，就一定能够不断激发发展新动力，在持续推动全面深化改革扩大开放的进程中走在前列、当好示范。

坚持发展第一要务，自觉践行新发展理念

厦门的成功实践，充分证明了"发展才是硬道理"是经济特区的最强生命力和说服力所在。厦门始终坚持以经济建设为中心，坚持聚精会神搞建设、一心一意谋发展，努力以发展解决前进中的矛盾和问题，不断解放和发展社会生产力，不断"做大蛋糕"、改善人民生活，有力促进经济社会持续健康发展；积极适应发展环境变化，及时转变经济发展方式，毫不动摇巩固和发展公有制经济，毫不动摇鼓励、支持、引导非公有制经济发展，在保持持续较快发展的同时，实现了发展速度、质量和效益的协调统一，实现了从海防前线、海岛小城发展成为高素质高颜值现代化国际化城市的嬗变，在实践中走出了一条契合新发展理念精髓的发展之路。实践启示我们，只要牢牢抓住发展第一要务不动摇，坚决贯彻新发展理念，优化发展路径，增创发展优势，推动经济发展质量变革、效率变革、动力变革，新时代厦门经济特区就一定能够率先闯过转型升级、爬坡过坎的关口，实现更高质量、更有效率、更加公平、更可持续的发展，在推动高质量发展、建设现代化经济体系上走在前列、当好示范。

坚持理论联系实际，走出一条符合实际、彰显特色的发展路子

厦门的成功实践，充分证明了理论联系实际作为我党的有力思想武器，具有强大生机活力和旺盛创造力。厦门注重发挥区位、口岸、对台、华侨、生态等鲜明优势，将党的创新理论与厦门实际紧密结合起来，始终着眼于实现城市

◎厦门火炬（翔安）产业区。朱毅力摄

永续发展，因地制宜、因时而变，不盲目求全、求大、求快，而是注重做精、做强、做特，创造性地谋划和探索符合市情条件和城市发展规律、具有厦门特色的发展路径；始终坚持统筹兼顾的工作方法，在实践中较好保持了改革发展与社会稳定相协调、经济建设与社会发展相协调、城市开发与生态保护相协调、城市发展与人的全面发展相协调，经济社会发展呈现出协调、均衡、可持续的鲜明特征。实践启示我们，只要牢牢坚持理论与实际相结合，实事求是、锐意创新、与时俱进，不断增强战略思维、历史思维、辩证思维、创新思维、法治思维、底线思维能力，立足厦门实际不断完善和提升自身发展的思路举措，提高工作的创造性和实效性，厦门经济特区就一定能够永葆发展的蓬勃生机与旺盛活力，在更好服务国家战略大局、创造发展新经验上走在前列、当好示范。

坚持人民群众的主体地位，充分调动广大人民群众的积极性创造性

厦门的成功实践，充分证明了人民才是推动历史前进的根本动力，为人民创造美好生活是我们的初心使命。历届厦门市委市政府始终把实现好、维护好、发展好最广大人民根本利益作为一切工作的出发点和落脚点，坚持把人民拥护不拥护、赞成不赞成、高兴不高兴作为制定政策的依据，尊重群众首创精

神，在让广大群众共享发展成果的同时，积极推进社会治理创新，推进和谐社会建设，最大限度地激发和凝聚全社会的智慧和力量；全市人民用勤劳和智慧书写了厦门发展翻天覆地的壮阔历史画卷，共同培育塑造了真心热爱厦门、齐心共建厦门的深挚家园情怀。实践启示我们，只要始终坚持以人民为中心的发展思想，在发展中补齐民生短板、促进社会公平正义，充分调动人民群众的积极性、主动性、创造性，就一定能够不断满足人民日益增长的美好生活需要，经济特区的现代化建设事业就一定能够赢得最广泛的支持，厦门就一定能够在实现人的全面发展、促进社会全面进步上走在前列、当好示范。

（作者：中共厦门市委理论学习中心组）

深圳篇

惠企政策

营商环境

"新基建"

■ **新时代 · 新实践** ···

逆势增长背后的关键四招

从提出"两个率先"到"四个走在全国前列"的要求，再到亲自谋划、部署和推动支持深圳建设中国特色社会主义先行示范区的国家战略，习近平总书记对广东、对深圳一直寄予殷切期待。

2020年是深圳经济特区成立40周年的特殊年份，深圳以建设中国特色社会主义先行示范区的担当奋力作为，在一季度地区生产总值下降6.6%的不利形势下，通过制定惠企政策、扩大有效投资、优化营商环境和加强创新驱动的关键四招，实现了上半年0.1%的增长，在全国四个一线城市中率先转负为正，展现了经济发展的良好韧性。

惠企政策　守住"保"的底线

在两条写着"党建引领双胜利，逆势上扬大增长""精干高效齐努力，产量销售创新高"的横幅下面，工人正在广场空地上搭建临时仓库。深圳市龙岗区兆驰股份有限公司厂区内忙碌的热度丝毫不亚于南国8月的温度。尽管面临疫情的严峻挑战，兆驰股份2020年上半年产值还是增长了61.2%，主营业务的TV事业部已连续3个月产量和销量双双突破百万台。公司总裁助理丁莎莎坦言，这些成绩的取得离不开政府的支持。

深圳市委市政府认识到，要在做好疫情防控工作的同时保障经济稳定增长，就必须帮助市场主体有效对冲疫情影响、渡过难关。

留得青山在，不愁没柴烧。经过多方听取企业家建议、充分吸纳各地好的

◎比亚迪自建的口罩生产线。

做法，2 月 7 日，《深圳市应对新型冠状病毒感染的肺炎疫情支持企业共渡难关的若干措施》出台。这套被称为"惠企 16 条"的措施，突出防控疫情需要、突出纾解中小企业困难、突出强化城市运行保障、突出全社会同舟共济，针对性强、可操作、可持续、覆盖面广，真金白银帮助企业，财政支持约 100 亿元，为企业直接减负超 600 亿元，最大力度减轻疫情对企业的影响。

仅提高企业职工技能培训补贴力度这一项，制造业大户比亚迪就涉及参与适岗培训补贴项目 59 个工种、近 6 万人，培训补贴资金约 8000 余万元。

从送口罩、招员工、运工人，到协调上游供应链复产、协调信贷额度、指导出口转内销……兆驰公司总裁助理丁莎莎一一细数 2020 年以来深圳市各级党委政府提供的支持，她说，市里的"惠企 16 条"和龙岗区的"惠企 7 条"等一系列惠企政策，既是一场"及时雨"，更是一颗"定心丸"，企业不仅享受到真金白银的帮助，更感受到真心诚意的鼓励，必须更加奋发图强。

有效投资 筑牢"稳"的根基

2020 年 6 月 29 日，广东省委副书记、深圳市委书记王伟中和市长陈如桂，同时出现在穗莞深城际铁路深圳宝安国际机场至前海段开工仪式上，深圳市"新增千亿投资工程"首批项目集中启动。当天开工的穗莞深城际铁路对进一步提升穗莞深城际铁路功能，完善粤港澳大湾区城际网络具有重要意义。同时启动的"新增千亿投资工程"首批共 163 个项目，总投资约 1351.1 亿元，本年度计划投资约 282.4 亿元。

面对疫情防控常态化的形势，深圳意识到稳投资是稳经济的关键支撑，作为拉动经济增长"三驾马车"之一的投资，特别是重大项目投资，有望成为保民生、稳就业的"压舱石"。市委常委会把 2020 年列为"重大项目攻坚年"，全年计划安排重大项目 487 个，年度计划投资 2005.2 亿元，并专门成立稳投资工作和项目审批服务两个专班，贴心提供重大项目审批直通车、集中办理、分级协调等服务，确保重大项目顺利推进。

深圳市委一再强调，要更好发挥有效投资在稳增长中的关键作用。为此，深圳一方面注重调动社会投资的积极性、不断释放民间投资活力，另一方面将目光聚集到能够支撑经济社会数字化转型的"新基建"上。7 月中旬，深圳市出台《关于加快推进新型基础设施建设的实施意见》，明确提出力争到 2025年，深圳"新基建"的建设规模和创新水平居全球前列，数字化、网络化、智

◎积极参与国际抗疫的"火眼"实验室。资料图片

能化与经济社会发展深度融合，智能泛在、融合高效、科产协同的城市发展格局基本形成，为带动信息产业升级提供崭新机遇，并且为拉动新一轮经济增长提供强大动力，为推动高质量发展提供重要支撑。

深圳全市梳理出首批新基建项目总计 95 个，总投资 4119 亿元，预计本年度可完成投资 1006 亿元。就拿最有代表性的 5G 来说，深圳不仅已累计建成 46480 个 5G 基站，成为全球首个 5G 独立组网全覆盖的城市，而且在 5G 的推广普及上也走在前列，搭建实施了 "5G+ 智慧警务" "5G+ 智慧医疗" "5G+ 智慧园区" 等多个应用示范场景。今后还将在交通、警务、城市管理、电力、水务、健康医疗、教育、旅游等十大领域开展 5G 应用重点项目。

营商环境 增强 "胜" 的信心

深圳是一个把企业和企业家捧在手心里的城市，"企业没有事政府不插手，企业有好事政府不伸手，企业有难事政府不放手" 的新型亲清政商关系一直广受各界赞誉。但在深圳看来，优化营商环境永无止境，深圳把优化营商环境列为 "一号改革工程"，近 3 年来每年都推出一批重大改革举措，持续解决企业和市民关心的重点问题。

面对疫情大考，为帮助企业渡过难关，深圳继续实施优化营商环境的 "一号改革工程"，对标国际一流，顺应市场主体期待，"精准式、点穴式" 制定了《深圳市 2020 年优化营商环境改革重点任务清单》。这份涵盖 14 个重点领域、210 项具体改革举措的任务清单，围绕 "一网通办、智慧秒批、精准服务" 的全新服务理念，从企业和群众的角度出发，全面提升政务服务便利度和精准度，推进资源要素市场化高效配置，增强公开透明市场化环境和法治保障水平，坚持 "改革先行、法治先行、智慧先行、信用先行"，体现了浓浓的深圳特色。

针对清单上的第六个领域 "优化纳税服务"，罗湖区税务局持续做好 "一企一策" 跟踪服务，全面梳理税收优惠政策，耐心细致地为企业讲解最新政策，帮助企业应享尽享。只要得知企业近期有转型扩张计划，就根据企业扩张情况量身定制用票方案，做好应对业务量反弹高峰的准备。

该区一家旅行社的财务负责人袁小姐表示："税务部门主动服务给予公司

很大帮助，随着国内旅游市场的回暖，在接连不断的各项优惠政策激励下，我们对国内旅游的前景很有信心。"据悉，该旅行社原来只有 2 家门店，目前已新增 28 家，2020 年的目标是要扩张到 100 家。

如今在深圳，企业的办事流程大幅简化，"网上办""指尖办""一站办""一窗办""一次办"全面实施；办事效率大幅提高，"秒批"的服务范围不断扩大，能秒尽秒成为政府各部门共同的目标；办事成本大幅降低，不仅材料复印等收费项目早已取消，新办企业还可享受免费刻章和免费领取税控设备等福利。在这样的营商环境下，企业发展不仅安心、舒心，更坚定了战胜挑战的信心。

创新驱动　拓展"进"的态势

北京时间 2020 年 7 月 27 日下午，由华为举办的"2020 共赢未来"全球线上峰会开幕，华为轮值董事长郭平在介绍完上半年公司销售收入同比增长约

◎深圳市福田中心区。资料图片

13%的好成绩之后，马上表示，面向未来，华为仍将坚定投入研发，吸纳更多高水平的科研人员，保持创新的活力。

核酸检测是防控疫情的必要手段，深圳的华大基因凭借 20 年参与全球传染病防控的技术积累和经验，在核酸检测需求激增之时，集成创新，打造了一套高通量的核酸检测一体化解决方案——"火眼"实验室，不仅在国内 16 个城市建成启用，还成功落地塞尔维亚等国，成为参与国际抗疫行动的"中国名片"。截至 2020 年 6 月 30 日，华大已在海外 17 个国家和地区设计建造 58 座"火眼"实验室，企业发展"进"的态势明显。

创新是引领发展的第一动力，是建设现代化经济体系的战略支撑。对此，深圳感触最深。如果说早期发展靠的是改革开放的政策红利，那近些年深圳的进取则很大程度上得益于创新驱动。2020 年以来，深圳继续瞄准世界科技前沿，强化基础研究和源头创新，加快构建"基础研究＋技术攻关＋成果产业化＋科技金融＋人才支撑"的全过程创新生态链，为经济发展和产业升级源源不断注入创新动能。

2020 年 3 月，国家有关部门明确深圳成为我国第四个综合性国家科学中心。深圳紧紧抓住这一机遇，以加快建设综合性国家科学中心为牵引，不断补齐原始创新能力短板，推动实现高新技术产业高质量发展。深圳配合国家编制了《综合性国家科学中心先行启动区建设方案》，全面加快重大科技基础设施布局，挂牌成立国际化、专业化的综合粒子设施研究院，脑解析与脑模拟、合成生物研究设施工程等预计年内封顶，持续推进精准医学影像、材料基因组等项目，引进孵化工程生物、脑科学产业创新中心等科技基础设施关联企业。

为进一步夯实创新的基础，一批高水平研究型大学和科研机构正在集聚：中山大学深圳校区 9 月首批学生入驻；中科院深圳理工大学年内有望开工；人工智能与数字经济广东省实验室（深圳）筹建方案已经报批……

稳中求进取，未来更可期。深圳正在朝着建设中国特色社会主义先行示范区的目标坚定前行。

全球最大口罩生产商是如何快速炼成的

2020年1月31日，正月初七，往年都是春节长假之后的第一个工作日。但由于新冠肺炎疫情正在肆虐，假期仍在继续，对于绝大多数普通人来说，待在家里就是为抗击疫情作贡献。然而，不能就这样停摆下去，企业必须尽快复工复产。这一天凌晨，正在海外出差的比亚迪总裁王传福在内部工作群发出一条指令："比亚迪必须尽快把口罩生产出来。"

作出这一决定，王传福心里算了两笔账：小账是比亚迪自己有20多万名员工，如果全面复工每天需要50万只口罩，深圳有2000多万人口，每天也需要大量口罩，但当时市场上一"罩"难求，必须尽快加大供给；大账则是全国疫情严重，国家防疫任务艰巨，人民迫切需要口罩，作为中国制造业的代表，比亚迪有责任站出来。

小小口罩，看似并不难造。但要在短时间内实现大量生产，就必须具备一定规模的生产线，关键的口罩生产设备成了最大的瓶颈。因为春节期间市场上根本就买不到设备，如果订购的话交货周期漫长，难以缓解燃眉之急。

买不到，等不及，就自己造。王传福亲自挂帅，携新能源汽车、电子、电池、轨道交通等事业部的12位负责人，调集3000名工程师成立项目组，开始全身心投入口罩生产设备的研发和测试工作。在3天时间内，他们画出了400多张设备图纸。

随后，比亚迪整合集团的电子模具开发、汽车智能制造、电池设备开发等资源，3000多名技术人员24小时轮班赶制。齿轮买不到，直接采用线切割机不计成本地制作，滚子买不到，调用电池产线、汽车产线的设备来加工。口罩生产设备上各种齿轮、链条、滚轴、滚轮大概需要1300个零部件，其中90%是自制的。仅用7天时间，比亚迪自主研制的口罩生产设备就横空出世，远远超出了市面上最快也要15天才能造一台口罩机的速度。

2020年2月17日，拥有了自主生产设备之后的比亚迪开始量产口罩。3

月 12 日，日产量达 500 万只，相当于之前全国日产能的四分之一。这一数字随后还不断攀升，到 5 月 10 日就达到了每天 5000 万只的产能，比亚迪也从一家新能源车企新晋成为全球日产量最大的口罩厂商。

快速投产、华丽转型背后是深圳企业长年练就的硬功夫。据比亚迪总裁办主任李巍介绍，比亚迪从成立之初，就组建了一支专业的装备研发和制造团队，一直从事电子、电池、新能源汽车等复杂生产线及设备的自主研发制造，整个集团有几万个加工中心，更有各种各样的磨床、模具等高精设备。强大的硬件条件和专业技术人员储备，让比亚迪在过去多年形成了开展大批量精密制造的能力和丰富经验。如果没有大批量精密制造的能力、没有各种高端模具和设备、没有大量工程师的人才储备、没有大规模的洁净房和无尘车间，全球第一的日产量根本无从谈起。

比亚迪品质处总经理赵俭平说："以比亚迪电子业务为例，我们做的高端手机对质量、防水性等各方面要求非常高，对相应的模具、自动化设备、制造工艺等的要求也非常高。也就是说，我们其实是用加工高端精密产品的设备去加工口罩机的，做出来的精度、质量各方面都远高于口罩的要求。"

2—4 月期间，比亚迪生产的口罩主要捐往湖北抗疫一线，也为深圳本地复工复产提供了有力支撑。4 月下旬之后，在国内疫情防控阻击战取得重大战略成果、口罩供应充足的情况下，比亚迪又积极响应国家号召，针对国外口罩需求，新增生产专线，供往意大利、日本、塞尔维亚等国家和地区，为全球抗疫贡献中国力量。仅 5 月份，比亚迪口罩出口就超过 10 亿只。

■ 实践者风采 ••

打造高效的病毒核酸提取设备

"1 月 23 日，我还在国外出差时接到了这个任务，当时国内疫情形势严峻，散落在各地准备回家过年的团队成员们马上不分白昼黑夜开始在线上共同研究起方案来。"回忆起争分夺秒研发病毒核酸提取设备的那段经历，深圳华大智造科技股份有限公司（以下简称"华大智造"）仪器研发副总监李景难掩心中激动，"一周后，我终于买到机票赶回国内投入到研发工作中。"

核酸检测是抗击新冠肺炎疫情的重要武器，核酸筛查有助于及时阻断病毒的进一步传染扩散。李景和他的同事在短短20多天内，完成高通量、自动化核酸提取仪器的升级迭代。

李景解释说，科学家们以基因测序技术为基础，可以对病毒进行全基因组测序，拿到病毒序列后就可以快速进行病毒核酸检测试剂盒的开发，这样就能迅速识别出病毒的信号，将核酸检测的时间提速到4小时之内。

试剂盒的技术方案解决后，新的问题又来了——要如何快速提高检测效率，尽可能让更多的人在更短的时间内完成核酸检测？李景和他的同事们先后赶赴北京等多地的"火眼"实验室，深入一线解决这道难题。

"最开始我们设计的通量是每次96个样本，测算时间是50分钟，平均每个样本是一分半钟，想要更加迅速，提高通量，就需要加班加点设计新的方案。在2月份我们将通量翻了一番，达到80分钟完成192个样本，通量是第一个被解决的'拦路虎'。"李景说，第二个"拦路虎"则是自动化的部分。

"当时医护人员人手缺乏，工作强度大。研发人员观察到，实验室有几百人在做的，其实是将拭子样本从采样管转到检测板里，机械的工作耗费了大量人力，我们就想能不能让机器来做这件事。"当时，任何一台可用的设备都很珍贵，大部分厂商停工，很难直接购买零部件，李景和同事们就从旧仪器上拆零件下来组装测试机，反复进行原理验证，终于研制出自动抽取、转移样本的核酸提取仪，让医护人员"解放双手"去做更多的事。

就这样，短时间内，李景和他的同事们实现了"从无到有"，还针对不同应用场景实现了产品迭代。到6月北京大兴"火眼"实验室建成时，该实验室的检测通量已经可以达到每天10万管，成为全球最高通量的实验室。

李景团队的努力，不仅在国内抗击疫情中发挥了作用，也在助力全球抗疫——目前已有超 500 台华大智造研发的高通量病毒核酸提取设备，在全球超过 30 个国家和地区参与抗疫。

"在接到前往抗疫一线的任务时，没有一丝一毫的犹豫，这是我们的责任。我们心里想的就是一件事，让大家能尽快拿到核酸检测报告安下心来。"李景说。

■ **启示与思考** ···

描绘先行示范区新蓝图

2019 年 7 月，由习近平总书记主持召开的中央全面深化改革委员会第九次会议强调，"支持深圳建设中国特色社会主义先行示范区，要牢记党中央创办经济特区的战略意图，坚定不移走中国特色社会主义道路，坚持改革开放，践行高质量发展要求，深入实施创新驱动发展战略，抓住粤港澳大湾区建设重要机遇，努力创建社会主义现代化国家的城市范例"。深圳市委市政府勇担新时代使命，攻坚克难、砥砺奋进，努力在社会主义现代化建设新征程中为全国做示范、当尖兵。2020 年以来，面对严峻的新冠肺炎疫情和复杂的国际经贸形势，深圳一手抓疫情防控，一手抓经济社会发展，经济增速从一季度的 -6.6% 到二季度的 6.2%，实现大逆转，展现了应对风险挑战的强劲韧性和澎湃活力。

推进高质量发展，打造经济发展的"深圳范例"

深圳牢牢把握高质量发展这个根本要求，深化供给侧结构性改革，实施创新驱动发展战略，建设现代化经济体系，扎实做好"六稳"工作，全面落实"六保"任务，推动高质量发展走在全国前列。

优化营商环境是建设现代化经济体系、促进高质量发展的重要内容。深圳按照中央部署，把优化营商环境列为"一号改革工程"，特别是 2020 年在统筹做好疫情防控和经济社会发展各项工作的关键时期，瞄准企业所想所急所难，推出营商环境改革 3.0 版，帮助企业克服疫情影响，提振企业发展信心。2020 年上半年，深圳创业热情不减反增，新增商事主体 23.7 万户，累计达到 340.6 万户，数量和密度均居全国第一。

创新是引领发展的第一动力，唯有不断提升科技创新能级，才能赢得发展主动权和话语权，为高质量发展提供强劲动力源。近年来，深圳深入实施创新驱动发展战略，聚焦建设综合性国家科学中心主阵地，立足科学基础研究长远布局，打造"基础研究＋技术攻关＋成果产业化＋科技金融＋人才保障"全产业链创新。2019 年科技专项资金增长近一倍，其中 30% 以上投向基础研究和应用基础研究，全社会研发投入 GDP 占比达到 4.2%，PCT 国际专利申请量连续 16 年居全国第一。

新经济不仅为应对疫情冲击提供重要支撑，更能引领经济转型升级。深圳把培育新技术、新产业、新业态、新模式作为推动高质量发展的重要任务，近年来先后出台工业互联网、人工智能、生物医药、4K/8K、5G 等领域政策文件，制定战略性新兴产业实施方案，新经济呈现蓬勃发展态势。2020 年上半年，深圳七大战略性新兴产业实现增加值 4498 亿元，增速较一季度回升 8.7 个百分点；新登记七大新兴产业企业 17234 户，同比大幅上涨 38.5%，为稳增长积聚了源源不断的新动能。

坚持以人民为中心，绘就幸福中国的"深圳样板"

民之所盼，政之所向。增进民生福祉是发展的根本目的。深圳市委市政府始终把市民对美好生活的向往作为奋斗目标，持续加大民生投入，不断提升公共服务水平，建设高质量的民生幸福城市。2020 年上半年九大类民生支出为 1405.6 亿元，占财政支出比重为 71%，其中教育和卫生健康支出分别增长 15.7%、11.8%。

深圳深化教育改革，加大教育投入，全力支持增学位、提质量、促均衡。过去 3 年，基础教育领域累计投入财政资金近 1500 亿元，年均增长近 30%，以全省最高的教育投入强度持续增加优质学位供给。5 年来累计完成新改扩建公办义务教育学校 170 所，新增公办义务教育学位 26.28 万个。

◎前海深港青年梦工场。资料图片

人民健康是民族昌盛和国家富强的重要标志，为人民群众提供全方位全周期的健康服务是城市发展的重要内容。深圳坚定不移把人民健康放在优先发展的地位，持续实施"三名工程"，不断加大医疗卫生投入，加快打造医疗卫生高地，努力做到全方位全周期保障市民群众健康。近5年来，深圳引进245个高层次医学团队，三级医院和三甲医院分别增加到42家、18家。

坚持绿色发展理念，描绘美丽中国的"深圳画卷"

保护生态环境就是保护生产力、改善生态环境就是发展生产力。深圳践行"绿水青山就是金山银山"理念，实施"深圳蓝"可持续行动计划、"治水提质"行动，推进城市净化、绿化、美化、亮化工程，打造安全高效的生产空间、舒适宜居的生活空间、碧水蓝天的生态空间，使绿色成为深圳最亮的底色。2020年上半年深圳PM2.5年平均浓度18.5微克/立方米，创有监测数据以来新低；建成区绿化覆盖率45.1%，荣膺"国家森林城市""全国绿化模范城市"等称号。

深圳积极破解在城市快速发展中维持森林面积的难题，千方百计在不到

◎深圳蛇口集装箱码头。资料图片

2000 平方公里的狭小地域上，寻找空间，提升绿量，实现"推窗见绿，出门见园"。如今，全市森林覆盖率达 40.68%，森林面积 7.97 万公顷；全市公园已达到 1090 个，人均公园绿地面积 15.95 平方米，公园绿地服务半径覆盖率达 90.87%。

为了让碧水和蓝天共同成为深圳亮丽的城市名片，自 2015 年起深圳就全面启动治水提质攻坚战，五年来累计完成水污染治理投资 1000 多亿元，建成污水管网 6000 多公里，159 个黑臭水体和 1467 个小微黑臭水体得到治理，成为中国黑臭水体治理示范城市。

践行社会主义核心价值观，打造城市文明的"深圳典范"

一座城市的伟大，不在于高楼林立，而在于有文化、有精神、有品质。深圳积极践行社会主义核心价值观，构建高水平的公共文化服务体系，发展更具竞争力的文化产业和旅游业，着力建设区域文化中心城市和彰显国家文化软实力的现代化文明之城，努力打造城市文明典范，荣获联合国教科文组织颁发的"设计之都""全球全民阅读典范城市"等称号。

优质的公共文化服务是人民美好生活的重要组成部分，一流的基础设施是提供优质文化服务的重要载体。深圳坚持国际标准、文化价值、社会需求、多元运营的原则，近年来掀起新一轮文化设施建设高潮，高水平规划建设了深圳歌剧院等"新十大文化设施"以及一批重大文化项目，打造南头古城等"十大特色文化街区"，有效提升了深圳的文化特色和文化品位。

深圳自 2016 年起实施"文化创新发展 2020 方案"，2017 年率先在全国发布城市文化菜单，每年举办 30 多个大型文化品牌活动和数万场群众文化活动，做到"月月有主题，全年都精彩"，不断拓展着市民文化生活的广度、深度、体验度。

践行依法治国理念，展现法治中国的"深圳实践"

法治兴则国兴，法治强则国强。法治是坚持和发展中国特色社会主义的本质要求，是治理体系和治理能力现代化的重要保障。深圳始终坚持依法治市，与国际规则惯例接轨，向一流法治城市迈进，率先营造彰显公平正义的法治环境，为建设法治国家探索地方实践，为国家治理体系和治理能力现代化提供深圳经验。

全面依法治市首先要有法可依，坚持立法先行，发挥立法引领和推动作用。深圳发挥特区立法优势，坚持以立法推改革、促发展、惠民生。近 3 年来，深圳围绕营商环境改革密集立法，先后制定科技创新、知识产权保护、破产重组等地方法规，为深圳的改革发展注入了强劲动力、提供了重要保障，也为国家立法提供参考蓝本。

建设法治政府是全面推进依法治国的重点任务和主体工程。深圳不断提高运用法治思维和法治方式深化改革、推动发展、化解矛盾、维护稳定的能力，在全国率先制定法治政府建设指标体系，首创法律顾问制度，建设全国首个法治政府信息平台，建立健全重大行政决策程序制度，始终把决策置于法治思维之上、法治轨道之中，着力打造一流法治政府。

深圳还充分发挥法治对社会治理的引领、规范和保障作用。充分运用大数据、云计算、人工智能等科技手段，加强重点领域执法、严格执法行为规范、创新执法模式以及严格执法监督，加强社会信用体系、基层治理能力建设，提升社会治理水平。

（作者：吴思康，系深圳市政府发展研究中心主任）

后 记

　　本书由光明日报社编写组编著，中共重庆市委理论学习中心组、中共山东省委理论学习中心组、中共河南省委理论学习中心组、广西壮族自治区党委理论学习中心组、中共贵州省委理论学习中心组、中共河北省委理论学习中心组、中共云南省委理论学习中心组、西藏自治区党委理论学习中心组、中共青岛市委理论学习中心组、中共厦门市委理论学习中心组以及中共四川省委政策研究室、中共甘肃省委政策研究室、北京市习近平新时代中国特色社会主义思想研究中心、湖北省中国特色社会主义理论体系研究中心、内蒙古自治区中国特色社会主义理论体系研究中心等参与书稿写作。各地党委宣传部门给予了大力支持和帮助。光明日报社编写组成员包括：张政、李春林、张碧涌、赵建国、邓海云、薄洁萍、周立文、邢宇皓、陈劲松、刘昆、郭丽君、李亚彬、吴春燕、王忠耀、常河、马荣瑞、颜维琦、曹继军、任鹏、孟歆迪、周仕兴、高建进、马跃华、王晓樱、张国圣、王建宏、张文攀、李晓东、周洪双、王瑟、苏雁、郑晋鸣、张士英、王胜昔、崔志坚、丁艳、刘勇、陈建强、刘茜、赵秋丽、李志臣、冯帆、龙军、禹爱华、吕慎、黄小异、耿建扩、陈元秋、张勇、杨珏、李建斌、宋喜群、王冰雅、夏静、张锐、高平、曾毅、吴琳、万玛加、尕玛多吉、胡晓军、张哲浩、杨永林、任爽、陆健、严红枫、董城、张景华、严圣禾、党文婷、刘艳杰、马跃华、罗旭、王海磬、王昊魁、龚亮、彭景晖、靳昊、俞海萍、陈慧娟、任欢、刘华东、安胜蓝、李丹阳、李睿宸、王金虎、曹建文、张雁、户华为、曲一琳、王琎、周晓菲、陈恒、赵凡、底亚星、张颖天、冀文亚、殷泓、王梦敏、陈旭。毛艳华、李兵、汤蕴懿、干春晖、黄清波、杨威、郝彤、刘林、陈雯、孙伟、董伟俊、田鹏颖、袁世军、王庆杰、肖卜文、杨茂林、何兴法、付志鹏、宿玥、孙发平、李志萌、张贵孝、张航智、韩喜平、楼胆群、吴思康、李元斌等参与理论文章撰写。同时，王晗笑、黄元松、谭珺、李磊、林川、杨洋、朱雪黎、王垚、王春艳、张学鹏、马迎春、刘军旗、孔爱群、宁奎、陈儒、博达、范亚笑、赵媛媛、程晓、田凤元、干杉杉、张玮炜、徐伯元、薛斌、张瑞、杨焦、刘艳、祝梅、朱利奇、郑蓉、邹韵婕、何洪涛、陈乾、吴奇、耿宁、刘春修、林瑞声等同志对本书作出了贡献。在此，谨对所有给予本书帮助支持的单位和同志表示衷心感谢。

　　由于水平有限，书中难免有疏漏和错误之处，敬请广大读者对本书提出宝贵意见。

光明日报社编写组

2020 年 12 月